Robert Enke

Ronald Reng

Robert Enke

Een al te kort leven

VERTAALD DOOR PETER CLAESSENS

UITGEVERIJ DE ARBEIDERSPERS
AMSTERDAM · ANTWERPEN

De vertaling van dit werk werd ondersteund door een subsidie van het Goethe-Institut, gefinancierd door het Duitse ministerie van Buitenlandse Zaken.

Het motto van dit boek, dat is ontleend aan J.M. Coetzee, *Portret van een jongeman*, is in de vertaling van Peter Bergsma overgenomen met vriendelijke toestemming van Uitgeverij Cossee, Amsterdam.

Eerste druk september 2011
Vijfde druk december 2011

Redactie en uitgever hebben de grootste zorgvuldigheid betracht bij het achterhalen en regelen van de rechten op het beeldmateriaal. Diegenen die menen toch nog rechten te kunnen doen gelden, kunnen zich wenden tot de uitgever.

Copyright © 2010 Piper Verlag GmbH
Copyright Nederlandse vertaling © 2011 Peter Claessens /
BV Uitgeverij De Arbeiderspers, Amsterdam

Oorspronkelijke titel: *Robert Enke. Ein allzu kurzes Leben*
Oorspronkelijke uitgave: Piper Verlag GmbH, München

Niets uit deze uitgave mag worden verveelvoudigd en/of openbaar gemaakt, door middel van druk, fotokopie, microfilm of op welke andere wijze ook, zonder voorafgaande schriftelijke toestemming van BV Uitgeverij De Arbeiderspers, Herengracht 370-372, 1016 CH Amsterdam. *No part of this book may be reproduced in any form, by print, photoprint, microfilm or any other means, without written permission from BV Uitgeverij De Arbeiderspers, Herengracht 370-372, 1016 CH Amsterdam.*

Omslagontwerp: Bram van Baal
Omslagfoto: Kai Stuht

ISBN 978 90 295 7610 9 / NUR 320

www.arbeiderspers.nl

'Tijdens deze weldadige zomerdagen, die gemaakt lijken voor gemak en plezier, lijkt hij nog steeds op de proef te worden gesteld: welk deel er op de proef wordt gesteld weet hij niet meer. Soms is het alsof het alleen om het op de proef stellen zelf gaat, om te zien of hij de proef zal doorstaan.'

J.M. Coetzee, *Portret van een jongeman*

WOORD VOORAF

De afnemende kracht van de poëzie

Ze zou graag een gedicht krijgen, zegt Teresa, en een seconde lang, die een eeuwigheid duurt, is het stil in huis.

Robert Enke kijkt zijn vrouw vragend aan, niet helemaal zeker of ze dat echt meent. Wil ze dat hij haar een gedicht voor haar verjaardag geeft?

'Dat zou nou eens mooi zijn,' zegt ze terloops en denkt er al snel niet meer aan.

Het idee laat hem echter niet meer los.

Het is al heel wat jaren geleden dat hij voor het laatst een gedicht gelezen, laat staan geschreven heeft. Hij probeert het zich te herinneren. Een gedicht, vindt hij, moet rijmen, een mooi gedicht, zo komt hem voor, is zoiets als een vage glimlach, met subtiele humor tussen de regels. Met dit idee voor ogen begint Robert Enke te schrijven.

Heel wat middagen liegt hij Teresa voor dat hij even naar zijn kantoor gaat, belastingpapieren opbergen, bankoverschrijvingen afhandelen. Dan zit hij met zijn ballpoint en een vel kladpapier aan zijn schrijftafel. Zijn blik dwaalt door de tuin. De achterzijde van zijn kantoor bestaat uit een enkel reusachtig raam, het geeft een behaaglijk gevoel wanneer in de lente de zonnestralen door de glasplaat op hem vallen. Maar nu in de winter is het aan zijn bureau minder aangenaam. De verwarming in zijn kantoor doet het maar zozo. Hun huis in Empede, op het vlakke land van Nedersaksen, is een verbouwde boerderij. Zijn kantoor was ooit de stal.

Krom en onbehouwen zien de woorden eruit, die hij op het papier slingert, hij gebruikt de kostbare vingers van een keeper maar zelden om te schrijven. Maar in zijn hoofd nemen de woorden steeds sneller de vorm aan van rijmen, hij krijgt er schik in, het is niet zo'n overweldigend gevoel als het geluk dat hij voelt wanneer hij een moeilijk schot over de lat tikt, eerder een zacht gevoel maar toch zo intensief dat Robert Enke steeds meer moet schrijven, op kantoor, in het hotel 's avonds voor een Bundesliga-wedstrijd, op kladpapier, op de achterkant van bonnetjes. Soms, als hij geen papier bij de hand heeft, noteert hij zijn invallen in zijn mobieltje. Als de grote dag, 18 februari 2009, daar is, heeft hij een gedicht van 104 regels klaar.

Hij feliciteert Teresa met haar verjaardag als ze nog in bed liggen. Terwijl zij naar de badkamer gaat, glipt hij de kamer uit naar de hal en laat de honden naar buiten. Ze hebben er negen, en ook nog twee poezen. Teresa heeft ze tijdens haar jaren in Zuid-Europa op straat opgepikt. Voor haar vorige verjaardag wilde ze een tam varken. Hij hield het er maar op dat het een grap was.

Hij steekt in de woonkamer kaarsen aan.

'Laten we dat met de cadeaus en zo maar vanmiddag doen, als we meer rust hebben,' zegt Teresa wanneer ze binnenkomt.

Hij schudt zijn hoofd, het duurt niet lang, hij vraagt haar toch voor even plaats te nemen aan de oude boerentafel, hij duwt haar zachtjes aan de schouders neer op de stoel en heeft daarbij de hele tijd een glimlach van voorpret op het gezicht. Dan neemt hij zijn positie in aan de andere kant van de tafel.

Hij legt zijn gedicht voor zich. Maar hij spreekt uit het hoofd.

Voor je verjaardag, wat zal het zijn?
Een diamant, heel groot, zuiver, fijn?
Of wil je van de juwelier dat horloge?
Bielert is niet duur, geloof me.

Wat zou je denken van een varken voor in huis?
Dat vindt Robbi totaal niet pluis.

Poes, paard of een hond,
Nee, nu wordt het me toch te bont.
Kan ik haar niet nog wat anders geven,
iets waarnaar Teresa streeft in het leven.

Ja, ze wil graag een gedicht!
Mij bezorgt het een glimlach op het gezicht.
Eindelijk is het eens niet groot, veel, duur wat ze verwacht
Toch vind ik het wel verdacht.

Teresa is stil van geluk. Strofe na strofe draagt hij haar halve leven voor, de verhuizing naar Empede, haar dierenliefde, ook de dood van haar dochter Lara, die met een ernstige hartafwijking ter wereld kwam en toen ze twee was na een operatie stierf, *Toen kwam Lara met half hart/dat bereidde ons veel smart/maar ze was sterk, en je moet bedenken/het betrof hier een Enke.* Wanneer zijn voordracht ten einde is, heeft Teresa tranen in haar ogen. Ze brengt maar één zin uit: 'Alsjeblieft lees het nog een keer aan me voor.'

Hij begint van voren af aan, alle zesentwintig strofen, 104 regels. Aan het eind rijmt hij:

Je vraagt je af, hoe zal het nu verdergaan
Op onze lange levensbaan?
Blijft opa, blijft hij niet?
Is er een verhuizing in het verschiet?

Ik maak mij geen grote zorgen,
Het heden gaat, dan komt de dag van morgen.
Eén ding staat vast, en hoor mij nou:
Ik heb je nodig en ik houd van jou!

Robert Enke is 31, doelman van het Duitse nationale voetbalelftal, sterk, met een opgeruimd gemoed, gelukkig. Het zal de laatste verjaardag zijn die Teresa met hem viert.

Op dinsdag 10 november 2009 roept hij 'hallo Ela!' uit de keuken wanneer de huishoudster om negen uur bij hen arriveert. Hij geeft zijn tweede dochter Leila, die tien maanden is, een kus op het voorhoofd en zegt Teresa goedendag. Op het magnetenbord in de keuken heeft hij met viltstift genoteerd wat allemaal nog te doen staat, vier kaarten voor de wedstrijd tegen Bayern. Dan gaat hij de deur uit. Hij heeft tweemaal individuele training, een 's morgens

met de fitnesstrainer, een 's middags met de keeperstrainer van Hannover 96, tegen zessen zal hij weer thuis zijn, zoals altijd. Dat heeft hij Teresa gezegd.
Maar er is geen training op deze dinsdag afgesproken.
Ik bereik hem even na halfeen op zijn mobiel in de auto. Ik moet hem twee verzoeken overbrengen, een bevriende Engelse journalist wil hem interviewen, de Duitse Olympische Sportbibliotheek zou hem graag als gastspreker hebben voor hun jaarvergadering in januari, man, nu ben ik al je secretaris, die je de aanvragen overbrengt, wil ik gekscherend zeggen. Maar hij is kortaangebonden aan de telefoon; natuurlijk, hij zit in de auto tussen twee trainingsonderdelen, denk ik, hij wil vast gaan lunchen in de Espada of bij Heimweh, zoals altijd. 'Ik bel je vanavond terug, Ronnie, oké?' zegt hij, en ik herinner me niet meer hoe hij afbreekt.
's Avonds bellen dan alleen een heleboel andere mensen mij op.

Zijn zelfmoord op deze koele herfstavond bracht mensen samen die dicht bij hem stonden, en mensen die zijn naam nog nooit hadden gehoord, in een toestand waarin ze zich innerlijk gekwetst, als verscheurd voelen. In de dagen daarna grenst het medeleven vaak aan hysterie; dat in Londen een halve voorpagina van *The Times* werd gewijd aan Robert Enke, in China de staatstelevisie in de hoofdpunten van het nieuws over hem berichtte en de persbureaus het aantal gasten van de rouwplechtigheid een record noemden ('Een massa mensen als nooit tevoren in Duitsland sinds de begrafenis van bondskanselier Konrad Adenauer'), zulke proporties waren alleen nog maar daardoor te verklaren dat tegenwoordig alles, ook de dood, een event wordt. Diep vanbinnen bleef echter een echte pijn achter, een intense verlamming. Robert Enkes dood deed de meesten van ons beseffen hoe weinig we van de ziekte depressie begrijpen. Anderen onder ons, en dat waren er schrikbarend veel, werden zich als een donderslag bij heldere hemel bewust hoe weinig we over depressies kunnen spreken. Net als Robert Enke hadden ze altijd gemeend hun ziekte of die van een familielid te moeten verzwijgen.
De feiten staan regelmatig in de krant: elk jaar sterven meer

mensen door zelfmoord als gevolg van depressie dan door autoongelukken. Maar meer dan een globaal idee dat voor sommige mensen hun bedroefdheid te moeilijk te verdragen is, geven ons deze cijfers niet. En wanneer de krantenkoppen vetter zijn omdat beroemdheden als Marilyn Monroe of de auteur Ernest Hemingway zich van het leven hebben beroofd, dan lijkt dit – ook al zegt men het niet hardop – ergens toch aan een zekere logica te gehoorzamen: van kunstenaars kun je zoiets verwachten. Want is het niet zo dat melancholie, de duistere kant, onvermijdelijk bij kunst hoort?

    Robert Enke was echter Duitslands nummer een. De doelman is de rots in de branding, rustig en koel in de meest verhitte situaties, hij kan stress en angsten op de extreemste momenten onder controle houden. Professionals zoals hij leven ons elk weekend weer de droom voor dat alles haalbaar is, en Robert Enke gaf het publiek meer dan de meeste voetballers de illusie dat elke hindernis te nemen is: op zijn negenentwintigste nog vond hij de weg naar het doel van het nationale elftal, nadat hij na een eerste depressie vier jaar eerder al werkloos was geweest en daarna in de Tweede Bundesliga was gestrand; het lukte hem en Teresa na Lara's dood in 2006 een leven parallel aan de pijn te vinden. En op een moment waarop hij volgens onze uiterlijke maatstaven toch het geluk eindelijk weer ontdekt had, toen hij een gezin met een dochter had en het vooruitzicht had bij het wereldkampioenschap in Zuid-Afrika in het doel te staan, breekt de depressie begin augustus 2009 in heviger mate dan ooit uit.

    Welke kracht moet deze ziekte niet hebben als deze iemand zoals hem tot de bedrieglijke conclusie verleidt dat de dood een oplossing is? In wat voor duisternis moet hij zich bevonden hebben als een meelevend mens als hij niet meer inziet hoeveel leed hij anderen met zijn dood berokkent, degenen van wie hij houdt net zozeer als de treinmachinist voor wiens trein hij op die novemberavond gaat staan?

    Hoe leef je met depressies of ook maar met het vermoeden dat ze elk moment weer terug kunnen komen? Met de angst voor de angst?

    De antwoorden wilde Robert Enke graag zelf geven.

Hij wilde dit boek schrijven, niet ik.

We kenden elkaar sinds 2002, ik berichtte van tijd tot tijd voor kranten over hem, opeens woonden we in dezelfde stad, Barcelona. We ontmoetten elkaar steeds vaker, ik had het gevoel dat we dezelfde dingen in het leven belangrijk vonden: beleefdheid, rust, keepershandschoenen. Hij zei eens: 'Ik heb een boek van je gelezen, ik vond het super!' Ik werd rood van de lofprijzing en antwoordde in paniek, alleen om met een quasi vlotte uitspraak het gesprek snel een andere wending te geven: 'Ooit schrijven we er samen een over jou.' Mijn gêne nam toe toen ik merkte dat hij mijn spontane woorden opvatte als een serieus voorstel.

Daarna herinnerde hij me steeds maar weer aan ons project, 'ik heb notities gemaakt om maar niets te vergeten'. Nu weet ik waarom de biografie hem zozeer ter harte ging: als zijn carrière als keeper voorbij was, zou hij in de biografie eindelijk over zijn ziekte kunnen vertellen. Een doelman, de rots in de branding, mag in onze prestatiemaatschappij niet depressief zijn. Zodoende hield Robert Enke uit alle macht zijn depressies geheim. Hij sloot zich in zijn ziekte op.

Daarom moet ik zijn verhaal nu zonder hem vertellen.

Het is moeilijk voor te stellen dat ik ooit weer zulke nietsontziend openhartige interviewpartners zal tegenkomen als tijdens mijn reis door Roberts leven. Vrienden van hem vertelden opeens over hun eigen zwarte gedachten. Zijn concurrenten tussen de palen die, een wet van de professionele sport getrouw, in interviews wel het masker van de onkwetsbaarheid moeten opzetten, praatten opeens over hun twijfels en angsten.

De dood van een dierbaar mens maakt in de meesten van ons de aandrang los eerlijk te zijn, goed te doen, de dingen te willen veranderen. Maar op de eerste plaats brengt een publieke dood één ding tot uiting: onze machteloosheid als mens.

We wisten nog niet eens hoe we gepast moesten rouwen. Meedogenloze debatten werden overal in Duitsland gevoerd, of de rouwplechtigheid in het voetbalstadion van Hannover nog wel van eerbied getuigde of deel uitmaakte van een event. Ook Roberts moeder stoorde zich eraan dat de kist in het stadion stond opgesteld. 'Toen dacht ik bij mezelf: joh, hij is toch niet Lenin!'

zegt Gisela Enke wanneer we in haar keuken in Jena zitten. Robert, sportief-elegant in zijn blauwfluwelen pullover met v-hals onder zijn grijze kostuum, houdt haar arm stevig in de zijne op een van de vele foto's aan de muur boven de eettafel. Maar door hoe ze hier zit, een energieke, hartelijke vrouw, brengt ze ons allemaal bij wat deemoed is: ze heeft begrepen dat het absurd is er met elkaar over te bekvechten hoe geslaagd de rouwplechtigheid was, ze heeft zich ermee verzoend vanuit de gedachte dat iedereen het beste voorhad; dat we juist ook dan, als we absoluut de intentie hebben het goed te doen, heel veel fouten maken.

Velen hebben zijn dood verkeerd begrepen: hij zou een eind aan zijn leven gemaakt hebben omdat hij het niet meer uithield te leven. Er waren daders die hem imiteerden omdat ze steeds meer in het waanzinnige idee waren gaan geloven dat ze dan waren zoals hij, dat ze dan dicht bij hem waren. Wat een tragisch misverstand. De meeste depressieve mensen die een zelfmoordpoging doen, willen niet sterven. Ze willen alleen maar dat eindelijk de duisternis verdwijnt die hun gedachten bepaalt. Robert Enke ervoer het niet anders. 'Als je maar eens een halfuur mijn kop zou hebben, dan zou je begrijpen waarom ik gek word,' zei hij eens tegen Teresa.

Het maakt niet uit hoeveel verklaringen van dien aard ik tegenkom, de vragen die steeds maar terugkeren, die zich in een cirkel bewegen, laten zich door geen enkel antwoord tegenhouden.
 Is er iets in zijn jeugd gebeurd wat hem vatbaar voor depressies heeft gemaakt? Wat ging er op die dinsdag in november door zijn hoofd toen hij acht uur lang in zijn auto rondreed voor hij op het spoor stapte?
 De vragen komen onverbiddelijk terug, ook op de dag na Teresa's vierendertigste verjaardag, die tegelijkertijd haar eerste is; de eerste zonder hem. We zitten in de keuken in Empede, Leila vermaakt zich met het favoriete spelletje van alle eenjarige kinderen: ze haalt de keukenkastjes leeg.
 Het verjaardagsfeest de avond tevoren was draaglijk. Dat zijn Teresa's nieuwe maatstaven: draaglijk of ondraaglijk. Veel buren

kwamen met hun kinderen langs en brachten zelfgebakken taart, bloemen, beste wensen mee zonder dat Teresa, zonder dat ook maar iemand hun iets gevraagd had. In de keuken verzamelden zich een stuk of wat vrienden. De felicitatiekaarten las ze liever pas later, zei Teresa. En even viel er een stilte. Hoe verkeerd vermeend gepaste woorden kunnen klinken: felicitatiekaarten.

Nu, de morgen erna, zijn de gasten weer vertrokken. De leegte in het huis, de absolute afwezigheid, is weer voelbaar, en vanzelf moet Teresa aan de vorige verjaardag denken, haar drieëndertigste, die op een bepaalde manier ook altijd haar laatste zal blijven. Toen Robert haar het gedicht cadeau deed.

Teresa geloofde nog aan de kracht van de poëzie toen de depressie hem in de nazomer van 2009 overviel. 'Schrijf toch weer eens een gedicht voor me,' zei ze tegen hem aan de telefoon toen hij begin september in Keulen tijdens een cursus van het nationale elftal in zijn hotelkamer lag en de angst voor de nieuwe dag, de vrees dat iemand ook maar iets van hem zou verwachten, hem aan zijn bed gekluisterd hield. 's Avonds schoof hij een stoel het balkon van zijn hotelkamer op, op de achtergrond schitterde de Keulse Dom, en Robert Enke dichtte weer op zijn mobiel:

Zit op het balkon,
mijn kop is een ballon.
Zo zwaar als lood en steen,
Dat kan toch gewoon niet, neen.

Hij voelde de vreugde niet meer die mooie woorden kunnen losmaken, de tevredenheid die je voelt als je je gedachten noteert. Zijn gedicht deed hem niks.

Ook in zijn dagboek, dat hij tijdens zijn depressie bijhield, werden de notities steeds kariger, naarmate zijn ziekte hem heviger aangreep. Op de laatste bladzijde staat een enkele zin in reusachtige letters. Het was vermoedelijk een waarschuwing aan hemzelf, maar nu laat de zin zich lezen als een aansporing aan ieder van ons: 'Vergeet deze dagen niet.'

EEN

Een zondagskind, eigenlijk

Op een zondagmiddag ging Robert Enke naar de Westbahnhof in Jena en begon te wachten. De sneltrein uit Neurenberg reed binnen, reizigers stapten uit, en hij liet geen teleurstelling blijken toen ze allemaal aan hem voorbij het perron af liepen. Hij wachtte verder. Twee uur later kwam de vroege avondtrein uit het zuiden aan. Weer liet hij alle mensen die aankwamen gespeeld nonchalant aan zich voorbijgaan. Het was winter, december 1995, niet het ideale seizoen om in een tochtig station de halve zondag de treinen te zien vertrekken. Hij besloot tot de volgende trein kwam naar de bioscoop te gaan. Hij woonde nog bij zijn moeder in de flat in de Liselotte Herrmannstraße, vier maanden daarvoor was hij 18 geworden, een leeftijd die bijna elk eigenzinnig gedrag verontschuldigt en waarop, naar ons idee, toch eigenlijk altijd alleen de anderen zich eigenaardig gedragen.

Teresa kwam zondags altijd met de laatste trein uit Bad Windsheim naar het Sportgymnasium in Jena terug. Ook in haar tweede jaar in Jena reisde ze nog elk weekend naar haar ouders in Franken. Ze zette er nog meer vaart achter om uit het ijskoude station te komen, en toen ontdekte ze hem op de bank. Ze had op school naast Robert gezeten. Toen zij, een nieuwkomer uit Beieren, anderhalf jaar geleden naar de twaalfde klas van het Sportgymnasium was gegaan, had ze slechts de keuze tussen twee vrije plaatsen gehad, alleen in de laatste rij of naast Robert. Ze konden goed met elkaar overweg, vond ze, alleen over zijn kapsel zou zij als ze hem was nog eens goed nadenken. Sinds hij buiten schooltijden bij de profvoetballers van Carl Zeiss Jena trainde, droeg hij zijn blonde haren volgens hun mode aan de zijkant kort, bovenop lang, 'als een vogelnest op het hoofd'.

Robert met Teresa en zijn familie na een wedstrijd van het Sportgymnasium Jena tegen een selectie uit Thüringen.

'Hallo, wat doe jij hier?' vroeg ze hem op het perron, het was al na tienen.

'Ik wacht op iemand.'

'O zo. Nou, nog een prettige avond dan.' Ze glimlachte even naar hem en spoedde zich verder.

'Hallo!' riep hij haar na, 'op jou wacht ik natuurlijk!'

En wel al meer dan vijf uur lang, vertelde hij haar kort daarna toen ze in de French Pub iets dronken.

Hij had niemand verteld dat hij gewoon eens op het station op Teresa ging wachten. Over zijn gevoelens, zijn belangrijke beslissingen ging hijzelf alleen. Nog wekenlang, terwijl hij en Teresa toenadering zochten, vertelde hij er zijn vrienden niets over. Het verraste hen overigens niet dat de twee een paar werden, dat Robert Enke ook dat voor elkaar kreeg. 'We hebben het er nog vaak over,' zegt een van zijn jeugdvrienden, Torsten Ziegner, 'dat Robert een echt zondagskind was, bij wie alles lukte, die door niets van zijn stuk gebracht werd en die altijd een goed humeur had.' Torsten geeft het glas water dat voor hem staat een draai, om de korte stilte die valt niet te groot te laten worden. En ieder voor zich in de woonkamer van Andy Meyer, een andere vriend uit die tijd, denkt er precies zo over. Hoe vreemd het nu klinkt, om over Robert Enke als een zondagskind te denken.

Het daglicht valt gereflecteerd door de sneeuw en daardoor feller door het raam van de eengezinswoning in Jena-Zwätzen, een nieuwbouwgebied vlak buiten de stad. Het is één uur 's middags, Andy is net opgestaan. Een restje vermoeidheid is nog in zijn ogen zichtbaar. Hij is ziekenverzorger en heeft nachtdienst gehad. Torstens spijkerbroek slobbert, sportief losjes, het jasje met kleine ruiten en opstaand kraagje zou de rocksterren van Oasis bevallen. Hij is profvoetballer, op zijn tweeëndertigste weer bij FC Carl Zeiss Jena in de derde divisie, een slanke, pezige atleet. Als je Andy en Torsten, begin dertig, ziet, voel je snel de warmte, de humor van de jeugd, die van toen. 'We merkten meteen dat we dezelfde interesses hadden, dat wil zeggen vooral dezelfde ongeïnteresseerdheid,' zegt Torsten. 'Meer dan wat ook,' zegt Andy, 'hebben we gelachen.'

Ze waren altijd met z'n vieren, Mario Kanopa, die als leraar aan de grens met Nederland is beland, Torsten Ziegner, Andy Meyer en Robert Enke, die ze Enkus noemden, die ze nog steeds Enkus noemen, omdat hij voor hen de jongen van toen is gebleven. 'Maar toch,' spreekt Andy ten slotte moedig tegen de stilte in, 'eigenlijk denk ik dat nog steeds, ondanks alles: Enkus was een zondagskind.'

Hij groeide tussen de stangen voor het wasgoed op. 's Middags troffen ze elkaar op de binnenplaats, 'over de stang' heette het spel van de buurt. De een stond tussen twee stangen in het doel, speelde de bal met een lob over de stang tegenover hem, aan de andere kant stond de medespeler te wachten om de bal met een volley op het doel te schieten.

Uit de verte is zijn geboortestad, de Trabantenstad Lobeda, heden ten dage nog het eerste wat je van Jena ziet. Veertigduizend mensen moesten hier gaan wonen, meer dan een derde van de inwoners van Jena. Zeventienduizend zijn er gebleven. Tussen de vijftien etages hoge flatgebouwen langs de communistische boulevards staan in de zijstraten ettelijke lagere blokken met huurwoningen, die zich niet onderscheiden van die in Frankfurt-Schwanheim of Dortmund-Nordstadt. Terwijl de twee Duitse staten elkaar permanent herinnerden aan wat hen onderscheidde van elkaar, was het jongensleven in de jaren tachtig tussen de woningblokken in het Oosten gelijk aan dat in het Westen. De stangen voor het wasgoed regeerden de wereld van Jena-Lobeda tot Frankfurt-Schwanheim.

Over de zorgen van de volwassenen, zegt Andy Meyer, kwamen ze pas na de ineenstorting van de DDR iets te weten. Misschien hadden ze die als kinderen echter ook eenvoudigweg saai gevonden en er derhalve geen aandacht aan besteed. Dat Andy's vader geen leraar mocht worden omdat hij geen lid van de partij was; dat Roberts vader begin jaren zestig als hardloper op de vierhonderd meter horden de toelage voor competitiesport was kwijtgeraakt omdat hij ansichtkaarten ontving van zijn broer die naar het Westen was gevlucht.

Ze onderbraken het voetbalspel op de binnenplaats alleen voor bijzondere gebeurtenissen – als ze naar de voetbaltraining moesten. Andy Meyer, die een paar blokken verderop woonde, was al vroeg door de grote club van de stad, FC Carl Zeiss, geselecteerd. Hij was zeven jaar en was gewend met Carl Zeiss altijd te winnen. Daarom herinnert Andy zich die ene nederlaag bijzonder goed. Op het hobbelige sportveld Am Jenzig, aan de voet van de Hausberg in Jena, verloor FC Carl Zeiss met 1-3 van de SV Jenapharm. Grote clubs hebben de gewoonte zulke nederlagen niet op zich te laten zitten, zelfs bij kinderelftallen: Helmut Müller, de trainer van Carl Zeiss, ging meteen na de wedstrijd naar de ouders van de aanvaller van Jenapharm die alle drie de goals had gemaakt, en zei hun dat hun zoon onmiddellijk lid van Carl Zeiss moest worden. Het was Robert Enke.

In elke biografie van een sportman komt een moment voor waarbij sommigen zeggen: Wat een toeval! En de anderen: Dat is dus wat ze het lot noemen. De Swinn-fiets van Mohammed Ali werd gestolen toen hij twaalf was, en de politieman die zijn aangifte opnam, adviseerde hem in plaats van te huilen maar bokser te worden. In de D-jeugd van FC Carl Zeiss Jena, waarin Robert Enke zich inmiddels een heel acceptabele voorhoedespeler toon-

Robert Enke (links) met carnaval.

de, werd de vader van Thomas, de doelman, voor zijn werk naar Moskou overgeplaatst. Ze hadden een nieuwe keeper nodig. 'De trainer wist het ook niet,' zegt Andy Meyer, 'dus moest iedereen een keer op proef in het doel staan. Bij mij waren we snel uitgepraat. Ons zondagskind kreeg tweemaal een bal te verwerken en was voortaan nummer één.'

Zonder zelf te weten hoe, deed hij alles goed: de krachtige afzet, hoe je je hand houdt met gespreide duimen bij het vangen, de beslissing de ene voorzet uit de lucht te plukken en zich bij de volgende er niet aan te wagen.

Hij ontdekte een nieuw, een betoverend gevoel. Als hij in de lucht hing, als hij de druk van de hard geschoten bal in zijn handen voelde, dan wist hij hoe geluk aanvoelt.

Ook al stond hij, eerlijk gezegd, 'de meeste tijd helemaal niks te doen,' zei zijn vader. 'Carl Zeiss was bij de jeugdelftallen zo superieur dat de doelman zich verveelde. Maar hij vond het oké.' Een zachte glimlach, een paar seconden lang zonder pijn, ontglipt zijn vader bij deze herinnering. 'Dan hoefde hij niet zoveel te lopen.'

Dirk Enke heeft dezelfde glimlach als zijn zoon. Opvallend

traag, als wil hij zich voornaam inhouden, breidt hij zich over het gezicht uit. Zijn vader zegt dat hij bang is geweest voor het moment waarop hij voor de biografie over Robert moet praten; bang dat de herinneringen hem te veel worden. Daarom laat hij in zijn woning aan de Marktplatz, hoog boven de daken van Jena, eerst maar de dia's spreken. Iemand heeft hem onlangs – Dirk Enke zegt 'daarna' – een projector cadeau gedaan om de oude DDR-dia's uit Roberts jeugd nog eens te kunnen bekijken. De drie kinderen tijdens de kampeervakantie aan de Oostzee, Anja, Gunnar en Robert, het nakomertje, dat negen jaar na de zus, zeven jaar na zijn broer ter wereld is gekomen. 'De vergunning voor een kampeerplek kreeg je in de DDR eigenlijk pas vanaf vier kinderen,' zegt de vader, maar er waren dingen die ook in een bewakingsstaat niet zo heel precies bewaakt werden. 'We hebben gewoon altijd vier opgegeven, niemand heeft het nageteld.' De projector klikt verder, Robert met zijn derde oma. 'Mijn echte oma' noemde hij mevrouw Käthe, de gepensioneerde buurvrouw die vaak op hem paste, en die hij als jongen nog opzocht. Als kind somde hij altijd op: 'Ik heb een dikke oma, een dunne oma en een echte oma.'

Op een zeker moment zijn de dia's op. Op een gegeven moment waren ook in het leven van het zondagskind de mooie plaatjes even op.

Hij was elf toen hij van de school in de Liselotte Herrmannstraße terugkwam. Zijn vader stond met een tas in de hand voor de deur.

'Pappie, waar ga jij heen?'

Dirk Enke slaagde er niet in antwoord te geven. Hij liep zonder een woord te zeggen, met waterige ogen naar zijn auto. De zoon liep naar zijn moeder toe die binnen stond.

'Wat is er dan gebeurd?'

Zijn moeder slikte. 'We hebben een beetje ruziegemaakt. Je vader gaat eerst maar eens naar de hut in Cospeda.'

Er was een nieuwe vrouw in het leven van zijn vader.

Robert vroeg zijn moeder elke dag, wekenlang: 'Mama, hoe gaat het nu met je?' Gisela Enke kon aan zijn gezicht zien hoe bang hij was voor een droevig antwoord.

Maar zijn ouders wilden er niet aan dat hun huwelijk afgelopen was. Ze bleven elkaar zien, 'en we hebben dat niet alleen vanwege de kinderen gedaan,' zegt zijn moeder, 'ik was dertig jaar met Dirk samen, we hadden elkaar in onze jeugd leren kennen.' In de zomer gingen ze samen naar het Balatonmeer op vakantie. Robert zat op de achterbank en zei hardop maar tussen neus en lippen door, alsof hij tegen niemand specifiek praatte, 'Nou, als het tot de verzoening bijdraagt, dan gaan we toch naar het Balatonmeer op vakantie.' Hij klonk niet zozeer gelukkig als wel gespannen en hoopvol.

Weer verenigd werd het gezin daarna op verrassende wijze door een grotere hereniging. 'De *Wende* heeft ons nog een keer samengesmeed,' zegt zijn moeder. De roes van de demonstraties op maandag, de opwinding van de ophanden zijnde grote veranderingen bewerkte nog vóór de nationale eenheid eerst de gezinseenheid. Dirk Enke trok weer bij hen in, bij de zilveren bruiloft maakten ze een fietstocht langs de Rijn in de buurt van Koblenz.

De Enkes behoren tot degenen die de hereniging zonder scepsis begroetten. Zijn vader wist het grootste deel van zijn familie aan de westelijke kant van de grens. 'Mijn gevoel was: eindelijk!' De jongens tussen de wasstangen waren bij de Wende twaalf, dertien. Ze behoren tot de laatste generatie die de beide Duitse staten nog bewust heeft meegemaakt, de eerste die in beide staten volwassen werd. Hij kan zich nog herinneren hoe Robert en hij met hun Carl Zeiss-jeugdelftal ter ere van DDR-Staatspresident Erich Honecker bij een parade de Löbdergraben op en neer marcheren moesten, zegt Andy Meyer, 'en wat wij te gek vonden was dat we na afloop maaltijdbonnen voor rookworst kregen'. Net zo terloops namen ze kennis van de nieuwe tijd. Ze speelden gewoon verder, tussen de veranderingen door. Ze namen nog niet eens een kwartier rust voor de hereniging. 'Echt ingrijpend was daaraan voor ons kinderen niks,' zegt Andy. Hij lacht, hij krijgt een ingeving. 'De voetbaltraining ging toch gewoon door.'

In Lobeda, ooit de socialistische droom van *Schöner Wohnen*, meldde zich nu wel een nieuw proletariaat. Daarmee moesten de kinderen wel degelijk leren omgaan. Turken uit West-Duitsland gingen met vloerkleden langs de huizen, ze dachten de Ossi's markteconomisch te kunnen uitkleden. Jongeren uit de Trabantenstad verenigden zich opeens in bendes en noemden zich rechts-radicaal.

'Laat niemand binnen,' waarschuwde zijn moeder haar zoon die na school regelmatig alleen thuis was omdat allebei de ouders werkten, zij als lerares Russisch en als gymlerares, zijn vader als psychotherapeut in het gemeentelijk ziekenhuis.

Voorzichtig maakte Robert de deur open als de bel ging. Oudoom Rudi, hoogleraar Latijn aan de universiteit, kwam op bezoek.

'Goedendag, zijn je ouders thuis?'

De jongen keek hem met samengeknepen ogen aan.

'Je herkent me niet, hè? Ik ben je oudoom Rudi.'

'Dat kan iedereen wel beweren,' riep Robert, duwde de verbaasde professor naar buiten en gooide de deur dicht.

Een andere keer wachtten rechtse hooligans op de terugweg van school naar huis hem op. Ze pakten hem vast, duwden tegen hem aan. Voor ze hem sloegen, werd hij door een van hen herkend. 'Houd eens op, dat is toch Robert Enke.' Hij was twaalf. Blijkbaar was hij al beroemd als keeper. Ze lieten hem gaan.

Maar de angst week niet. Hij wilde absoluut een beschermende laag hebben: hij smeekte zijn moeder een bomberjack voor hem te kopen. Daarin zouden de rechts-radicalen hem abusievelijk voor een van hen aanzien en met rust laten. 'Ik was eerst verbijsterd dat hij zo wijken wilde voor die lui,' zei zijn moeder, 'maar oké, dacht ik, als hij dan niet meer bang is. Hij droeg dat jack daarna ook maar een aantal weken.'

Toen de eerste ontgoocheling postvatte in het herenigde Duitsland, verloor de hereniging in 1994 ook haar vermogen om het huwelijk van de Enkes in stand te houden.

Het gezin zat op zondag in de woonkamer toen zijn vader innerlijk een aanloop nam.

'Ik moet jullie wat vertellen.'

Zijn moeder wist het al. De andere vrouw in zijn leven was nooit helemaal verdwenen.

'Gisela en ik gaan scheiden. Ik verhuis.'

Robert sprong van de bank op en rende deur uit.

'Gunnar, snel, haal hem terug!' riep zijn moeder. Zijn broer vond hem op straat. Hij weigerde te praten.

Hij zou niemand iets laten merken. Hij had zich aangewend verdriet alleen te verwerken.

Voor zijn drie vrienden was hij nog steeds het zonnetje. 'Enkus gooide een glas water omver, en iedereen was nat, alleen hij niet, zo ging het toch altijd,' zegt Andy. De lerares betrapte Robert Enke tijdens een biologie-examen op spieken. Hij kreeg een forse onvoldoende. Maar toen de rapporten werden uitgedeeld, stond op zijn rapport bij biologie een voldoende. Hij was opmerkelijk hulpvaardig, bedachtzaam en een begaafd doelman, die combinatie stemde zijn leraren blijkbaar mild.

Hij wist dat hij het op school zonder veel moeite heel aardig zou rooien, en streefde niet naar meer.

Zijn vrienden ontmoetten elkaar nu vaak bij Mario Kanopa en Torsten Ziegner op hun kamer op het internaat. Met veertien waren die twee van het platteland naar het Sportgymnasium gekomen, in de naam van de streekvereniging lag nog de klank van een dorpswereld besloten, ver weg van Jena: Mario kwam van BSG Traktor Frauenprießnitz, Torsten van BSG Mikroelektronik Neuhaus/Rennweg. Vaak genoeg maakten ze ruzie in hun kleine internaatskamer. Torsten ging meteen tekeer als hem iets stoorde. Die impulsiviteit maakte Mario kwaad. Enkus kon met elk van beiden heel goed opschieten; als hij erbij was, konden ze allemaal goed met elkaar overweg.

In de toegangshal van het Sportgymnasium hingen steeds vaker krantenartikelen over hen. In 1993 gingen Robert Enke, Torsten Ziegner en Mario Kanopa met de Thüringse selectie naar Duisburg voor de traditionele bekerwedstrijd van de B-jeugd van de Bondslanden. Aan de zijlijn stonden de scouts van de profclubs. Bij het jaarlijkse toernooi in de sportschool Wedau veranderden onder het wakend oog van het voetbalwereldje vijftienjarigen voor de eerste keer in potentiële profs. In het begin dacht het Thüringse elftal dat het een goede grap was, wat daar in Duisburg gebeurde, maar uiteindelijk 'lachten we ons dood over onszelf', herinnert Torsten Ziegner zich. De ene wedstrijd leek tot in het absurde op de andere. Regelmatig leken ze het zwakkere elftal, verliezen deden ze echter nooit. 'Het was,' zegt Torsten, 'alsof Robert helemaal alleen speelde.' Hij werd steeds groter. Met

Het jeugdelftal van CZ Jena tijdens een trip naar Tunesië,
de tweede van voren links is Robert Enke, de tweede van
voren rechts zijn vriend Mario Kanopa

elk gestopt schot op doel leek hij voor de aanvallers die voor hem opdoken reusachtiger. Hij bereikte de hoogst bereikbare geestestoestand voor een doelman: opeens komt in alle hectiek van de wedstrijd een absolute rust over je. De aanvallers mogen nog zo'n harde trap tegen de bal geven, je bent er zeker van dat de bal alleen jou gehoorzaamt. Er komt een enorm gevoel van superioriteit over je en dat maakt je nog groter, alsmaar groter: 0-0, 0-0, 1-0, 4-0 waren de uitslagen van Thüringen in Duisburg. Tegen hem scoorde je geen goal.

In hetzelfde jaar bereikte Carl Zeiss Jena de finale van het Duitse B-jeugdkampioenschap, wat in de daaropvolgende vijftien jaren geen club met dergelijke bescheiden middelen hen zou nadoen. De voorzitter van de club trakteerde de ploeg in een bar die Sockenschuss heette op een rondje cola. Ze verloren de finale met 1-5 tegen Borussia Dortmund. Maar zelfs de *Frankfurter Allgemeine Zeitung* stuurde een verslaggever om in positieve zin over het internaat te berichten. De directrice van het internaat meldde over haar voetballers in het verslag het volgende: 'Ze zijn niet bijzonder netjes, ze eten alles, ze treden bijna altijd op als team en ze hebben een goed ontwikkeld zelfvertrouwen.'

Naderhand zullen de vier vrienden het volledige spectrum vertegenwoordigen van wat uit een getalenteerde voetballer kan worden: Robert Enke wordt keeper van het nationale elftal. Torsten wordt local hero, aanvoerder, spelverdeler bij Carl Zeiss Jena in de tweede en de derde divisie. Mario zal op tweeëntwintigjarige leeftijd na een ernstige blessure zijn profcarrière beëindigen en gaan studeren, met als eindbalans één wedstrijd in de Tweede Bundesliga, en één goal. Andy krijgt op zijn vijftiende van Carl Zeiss te horen dat het hun spijt maar dat hij niet meer voldoet, en zal voortaan alleen nog voor zijn lol in lagere teams spelen.

Toentertijd hadden ze gezamenlijke dromen.

Voor 30.000 schoolkinderen speelden Robert Enke, Torsten Ziegner en Mario Kanopa met het Duitse nationale jeugdelftal tegen Engeland in het legendarische Wembleystadion. Ze waren vijftien. De wedstrijd eindigde in 0-0 en de *Daily Telegraph*, Margaret Thatchers favoriete krant, berichtte: 'Een combinatie van fantastische keepersprestaties en armzalige schoten op doel stond een Engelse overwinning in de weg.' Ze doelden op Robert Enke.

Hij lag nog op de grond nadat hij een geweldige knal van Stephen Clemence in de lucht had geblokt, toen het volgende schot van Jay Curtis al richting het doel vloog. Hij sprong op, het ging te snel voor het publiek om te bevatten waar zijn hand vandaan kwam. Maar hij weerde ook dit schot af.

Hij werd ontdekt. Duitse Jeugdvoetballer van de Maand, een hele pagina aan hem gewijd in *Kicker*. *Stern* portretteerde hem in een speciale uitgave 'De zestienjarigen' als protagonist van zijn generatie. 'Vaak denk ik niet over de wereld na,' zei Robert Enke, zeer zestienjarig, tegen *Stern*, 'maar soms heb ik een gevoel alsof hij ten onder gaat.'

Op de tribune van het Wembleystadion zat Dirk Enke met een aantal andere ouders van spelers. Het voetbal werd voor de vader de band met zijn zoon.

Sinds hij verhuisd was, probeerde hij naar elke wedstrijd te komen. Hij observeerde de andere vaders, hij zag hoe sommigen hun kinderen bij fouten toeschreeuwden, en wanneer hun kinderen een goede actie maakten, brulden ze alweer, schiet nu toch, geef een pass, sneller, schiet toch!' Dirk Enke zat stil, oplettend aan de rand van het veld. Hij vond dat hij het goed deed. 'Dirk was een geweldige vader voor hem,' zegt zijn moeder. 'Maar na onze scheiding had hij het moeilijk met de kinderen.'

Na de wedstrijden spraken vader en zoon met elkaar.
Sterke redding.
Dank je.
Zoals je die ene bal uit de hoek haalt.
Ik was er bijna niet meer aangekomen, de toppen van mijn vingers zijn er afgeschroeid, zo hard was dat schot.
En Torsten, die Ziege weer, idioot gewoon!
Je weet toch hoe die is.
Ik dacht aan het eind, man, Ziege, ben je van de pot gerukt? Een tegenstander wil hem passeren – en Ziege loopt de kerel doodleuk omver, rent frontaal tegen zijn tegenstander op. En dat drie keer! Normaal ziet hij daarvoor drie keer rood.
Papa, ik moet naar de kleedkamer.

Ze glimlachten naar elkaar bij hun intense poging, die zoveel vaders en zonen ondernemen, om via de sport de ander van de eigen nabijheid te verzekeren, met het gesprek over voetbal het gebrek aan communicatie tussen hen te verdoezelen. 'Dirk en Robert hebben veel te zelden echt gepraat,' zegt zijn moeder. 'Ik was ook niet in staat ruzie te maken in het gezin, eens iets negatiefs te zeggen. En ik denk dat Robert het ook niet kon. Er was altijd zo'n voorname reserve in ons gezin.'

Ook al ontbraken hem van tijd tot tijd de woorden, zijn vader beschikte wel over een goed oog. Terwijl zijn moeder haar oudere zoon Gunnar nog dagenlang goedmoedig geloofde dat hij haar gitaar bij een vriend had vergeten, bespeurde zijn vader de bedremmeldheid van zijn zoon. Hij kwam erachter dat Gunnar de gitaar had verkocht.

Zijn vader bemerkte Roberts opgejaagde gezichtsuitdrukking toen hij voor het eerst in de A-jeugd, bij de achttienjarigen, moest spelen. Hij was nog steeds zestien. De trainers deelden hem in de hogere leeftijdsgroep in om hem eens echt uit te dagen; voor jongens van zijn leeftijd was hij immers te goed. Hij deed het ook in de A-jeugd onberispelijk. Maar hij nam het niet als zodanig waar.

Voor een zestienjarige zijn achttienjarigen de groten. De meeste zestienjarige keepers die bij de ouderen moeten spelen, zijn bang. Want een doelman wordt uiteindelijk altijd alleen maar op zijn fouten afgerekend, en hoe kan hij foutloos spelen als de aanvallers van de tegenstander zo groot en sterk zijn? Hoe zullen de groten, de sterken in zijn ploeg op hem neerkijken wanneer hij faalt?

Robert Enke huilde toen hij na de wedstrijd met zijn vader alleen was, en zei dat hij niet meer in de A-jeugd wilde spelen. 'Papa,' zei hij, 'je wordt toch niet boos op me als ik ophoud met voetballen?'

Zijn vrienden kennen deze Robert niet. 'In de jeugdelftallen waren er altijd gekken die op de zwaksten inhakten, daar zal Enkus vast ook weleens op de huid gezeten zijn,' vertelt Torsten, 'maar neerhalen kon je hem niet, integendeel. Wij hadden destijds de indruk dat niets Enkus uit zijn evenwicht kon brengen. Hij was al als zeventienjarige tussen de palen net zo soeverein als anderen na tien jaar als prof.'

Zijn moeder beleefde in de tijd dat hij in de A-jeugd zat een heel andere Robert dan zijn vader. 'Ik herinner me nog hoe hij na het avondeten opstond en tegen me zei: "Ma, ik moet iets doen."' Hij nam de tram naar het Ernst Abbe-Sportfeld en zei tegen Ronald Prause, de A-jeugdtrainer, dat hij weer in de B-jeugd wilde spelen. Een jongen van zestien, zelfbewust en charmant genoeg om de autoritaire trainer duidelijk te maken wat hij wilde.

Maar Dirk Enke is psychotherapeut. Hij heeft er een andere kijk op. Thuis, zegt zijn moeder, had ze al eens geroepen: 'Shit psycho's!' wanneer haar schoonzus en zwager op bezoek waren, allebei ook psycholoog, 'en ze me met z'n drieën wilden uiteenzetten hoe ik in elkaar stak. Maar,' zegt ze, 'Dirk had zeker een neus voor die dingen.'

Zijn vader legt mes en vork bij de lunch aan de Marktplatz neer, hij wrijft met zijn vlakke handen over zijn bovenbenen. Dan zegt hij: 'Ik dacht bij mezelf, wat gebeurt daar eigenlijk? Heeft hij problemen met zijn ploeggenoten? Nee, het werd al snel duidelijk dat er iets in hem aan het gebeuren was: de angst te falen had hem te grazen genomen, deze gedachte: Als ik niet de beste ben, ben ik de slechtste. Destijds als b-jeugdspeler in de a-jeugd moet deze kwelling zijn begonnen.'

Maar het was toch maar één enkel moment, een kort ogenblik van angst zoals honderden keepers in het jeugdvoetbal dat meemaken!

'Maar vanbinnen blijft deze grenservaring je altijd bij.'

Als zeventienjarige scholier kreeg hij een bijzondere vergunning van de Duitse voetbalbond, en Robert Enke ondertekende bij Carl Zeiss Jena een profcontract voor de Tweede Bundesliga. Vader en moeder gingen met hem mee naar de burelen van de club. Ernst Schmidt, de zakelijk directeur, en Hans Meyer, de trainer, hadden op hen gewacht. Zijn specifieke neiging meteen met lollige uitspraken de toon van een gesprek te zetten, zou Meyer later doen uitgroeien tot een entertainer van de Bundesliga. Op zijn kantoor begon hij de zeventienjarige doelman dan ook meteen iets over Jena's mythische keeper uit de jaren vijftig te vertellen. 'Harald Fritzsche had hier meer dan tien jaar lang geen enkele goal op zijn geweten,' zei Meyer. 'Tenminste, als je het aan hém vroeg.'

Zijn vader spitste zijn oren. Wist Meyer iets over Roberts zeurende zelfverwijten na fouten? Wilde de trainer hem een signaal geven? Laat je niet gek maken.

Robert Enkes leven bestond nu uit twee delen. Hij kreeg op school privéles om 's middags als vervangende doelman met het tweede divisie-elftal te kunnen trainen, hij was nu echt een prof, inclusief het gevoel dat bij dat beroep hoort, niet te mogen degraderen – en tegelijkertijd begon 's zondags op de Westbahnhof van Jena met Teresa een onbekommerde jeugd.

Ze kampeerden bij zijn moeder op een matras in de woonkamer en zeiden haar dat ze voor het eindexamen moesten leren. Soms gingen ze 's avonds uit, hij dronk zo nu en dan een biertje met limonade, en 'ik danste op de tafels', zegt Teresa, wat vermoedelijk niet letterlijk genomen dient te worden. Maar hij voelde dat zij er beter in was haar levensvreugde te tonen.

Zij kon alles makkelijk uiten, haar hartelijkheid, haar nieuwsgierigheid, haar besluitvaardigheid. Het stond voor hem vast dat zij veel sterker was dan hij.

'Ik heb nooit geleerd zo te feesten als jij,' zei hij alsof hij zich moest verdedigen. Haar beviel juist zijn ingehouden, zachtaardige charme. Hij had het gezicht van de eeuwige lieve jongen.

Ze was met twee oudere broers in een dorp in Franken opgegroeid, hun vader had op hen allemaal zijn passie voor de moderne vijfkamp overgebracht, zwemmen, schermen, paardrijden, schieten, hardlopen. Thuis in de kinderkamer schoten Teresa en haar broer heimelijk met het luchtpistool op Playmobilmannetjes: 'Kijk dan, als je ze op de borst raakt, springen ze in duizend stukjes,' zei haar broer, trots op zijn ontdekking. Officieel kwam Teresa vanwege de sport naar het gymnasium in Jena. Dat het er ook om ging het Beierse schoolsysteem met het vervloekte Latijn te ontvluchten, dat hoefde ze niet met zoveel woorden te zeggen. 'Doe maar geen merkkleding aan, dan straal je niet "West is best" uit,' gaven haar vrienden uit het Westen haar mee als reisbagage. 'En toen zag ik op de eerste dag op de nieuwe school, dat ze alleen maar merkkleding droegen.'

Oost en West, de tegenstellingen die zoveel mensen in die tijd wilden zien, waren voor haar van geen belang; alleen maar af en toe aanleiding om samen om te lachen. Toen Robert kerstavond bij Teresa's familie doorbracht, bleek hij door zijn atheïstische DDR-opvoeding enige hiaten te hebben in zijn kennis van het kerstverhaal. 'Wie was dat dan, Jozef?'

In voetbal was Teresa niet erg geïnteresseerd. Voetbal stond voor haar voor teleurstellende zaterdagavonden als tiener, 'als ik thuis de serie *Beverly Hills* wilde kijken en dat niet kon omdat mijn broers de tv opeisten vanwege de Sportschau.'

Ook daarom vertelde hij haar helemaal niets over zijn eerste profwedstrijden, totdat ze ooit, veel later, daarnaar vroeg. Hij vond dat je daarover niet uit eigen beweging moest praten, dat was opschepperij.

Carl Zeiss Jena hield opvallend goed stand in de eerste helft van het seizoen 1995/96. Op het middenveld viel zo nu en dan een twintigjarige speler met de naam Bernd Schneider op door zijn elegantie; een paar jaar later zou hij voor de technisch beste Duitse voetballer doorgaan. Het elftal had zich in de stand in de subtop genesteld toen het in de herfst twee zware nederlagen achter elkaar leed, 1-4 in Duisburg, 0-4 tegen VfL Bochum. Doelman Mario Neumann had gelukkiger dagen gekend. Op 11 november 1995 speelde Carl Zeiss uit tegen Hannover 96. Goede keepers hebben naar men zegt bovenal ervaring nodig, en Robert Enke was achttien. Trainer Eberhard Vogel stelde hem voor het eerst op.

Wat vooral indruk maakte was hoe leeg het stadion was. Zesduizend toeschouwers maakten een verloren indruk in een stadion waar voor 56000 plaats was. Daardoor vielen de vreemde lichtmasten met kunstlicht nog meer op. Als gigantische tandenborstels rezen ze op in de lucht. Het was voetbal voordat de sport een event, hét volksfeest werd.

De wedstrijd was aan de gang, Robert Enke wachtte af. De strijd ging heen en weer op het middenveld, hij concentreerde zich omdat de tegenstander elk ogenblik bij zijn strafschopgebied kon opduiken, maar dan ging het toch weer de andere kant op. Toen, plotseling, na een halfuur, een kopbal van Hannovers Reinhold Daschner. Ook een bijna leeg stadion kon opeens luidruchtig worden. Robert Enke stond precies daar waar de kopbal terechtkwam, en ving hem klemvast.

Het duurde niet eens twee minuten voordat hij na zijn eerste opvallende actie zijn eerste tegendoelpunt in het profvoetbal moest incasseren. De *Ostthüringer Zeitung* koos zeer ongewone woorden om hem in bescherming te nemen: 'De 1-0 voor Hannover kan voor een deel aan Jena's verdediger Dejan Raickovic worden toegeschreven, maar geenszins aan Robert Enke.'

Wat restte waren een paar simpele keepersacties, een paar hoekschoppen onschadelijk maken, goed en geplaatst uittrappen. Eén keer ontlokte hij het stadion nog een gefluister. Hij begroef een schot van Kreso Kovacec onder zich. Aan het eind stond er 1-1 op het scorebord, na een wedstrijd die de toeschouwers al begonnen te vergeten op het moment dat ze de stadiontrappen afdaalden, en met een jonge, gelukkige doelverdediger die bij zijn gang naar de kleedkamer nog een keer schrok. Boven hem op het tunneldak uit plexiglas klonk er een luide klap. Zijn vader hing over de balustrade van de tribune en bonsde van boven trots op het dak van de spelerstunnel, om hem te zeggen, geweldig gedaan jongen!

Het sprak voor zich dat hij in het doel zou blijven staan.

De zaterdag daarna maakte zijn moeder met een vriendin een uitstapje naar de bergen buiten Jena. Ze hadden de radio aangezet. 'Ik werd niet goed,' zegt Gisela Enke.

'Lübeck over rechts,' riep de verslaggever op de radio, 'voorzet van Behnert, Enke komt uit zijn doel, hij heeft de bal – en laat hem door zijn handen glippen! Doelpunt voor Lübeck! Een vreselijke fout van de doelman!'

Op ogenblikken als deze werd Andy Meyer in zijn mening bevestigd: Enkus was een zondagskind. Want als hij er al eens naast greep, wat eigenlijk bijna nooit gebeurde, won zijn elftal prompt, en niemand had het meer over de fout van de keeper.

Jena won met 3-1 van VfB Lübeck.

Met een beetje goede wil had Robert Enke kunnen inzien wat Andy bedoelde: zijn fout was van geen belang. Maar later, vele jaren daarna, bekende hij hoe hij er als jonge doelman in feite tegenaan keek: 'Ik kon mezelf een fout niet vergeven.' Zijn ploeggenoten zeiden, maakt niet uit, de trainer zei, dat overkomt iedereen weleens, volgende zaterdag gaat het verder, natuurlijk blijf je op doel staan, maar 'bij mij spookte de hele week daarna de fout door mijn kop, ik kon het niet vergeten.'

Hij ging de hele week niet naar school. Hij was ziek, zei hij.

Het is de marteling van de doelman: de onhoudbare eis die hij zichzelf stelt foutloos te zijn. Hun fouten vergeten kan geen van hen. Maar een keeper moet kunnen verdringen. Anders gaat bij de eerstvolgende wedstrijd alles compleet mis.

Carl Zeiss moest een derby spelen in Leipzig. Zijn vader kwam op de tribune een bekende uit vroeger tijden tegen toen hij nog aan atletiek deed. Ze gingen naast elkaar zitten. Zij was voor VfB Leipzig, maar in de derde speelminuut schreeuwde zelfs zij vol medelijden: 'O nee!'

Robert Enke had een afstandsschot van twintig meter, met weinig effect en niet al te hard, onder zijn buik door laten schieten: doelpunt.

Een doelman moet dan doen alsof er niets gebeurd is.

Robert in het doel van CZ Jena bij het Duitse
B-jeugdkampioenschap.

In de vierendertigste speelminuut dook een aanvaller van Leipzig, Ronny Kujat, alleen voor hem op. Op dergelijke momenten lijkt de wedstrijd opeens in slowmotion te gaan. De keeper registreert elke voetbeweging van de aanvaller, de toeschouwers staan doodstil met hun mond open. De doelman wacht bevroren op de aanvaller, hij mag zich nu niet bewegen, wie hier het eerst uithaalt – hij de hand of de aanvaller zijn voet –, heeft doorgaans verloren, want de ander kan zijn manoeuvre doorzien. Kujat schoot. Robert Enke dook. Hij weerde de bal af. Het was de beste save uit zijn nog korte profcarrière. Maar hij genoot er al niet meer van.

In de rust zei hij vertwijfeld tegen de trainer: 'Mag ik alsjeblieft gewisseld worden?'

'Hoe kom je d'r op,' zegt zijn vader.

Een prof doet zoiets niet. Die kent geen zwakte.

Eberhard Vogel, de trainer, antwoordde Robert Enke tijdens de rust in Leipzig dat hij geen onzin moest uitkramen en liet hem tot het eindsignaal in het doel staan. Daarna stelde hij hem nooit meer op.

Zijn moeder merkte dat hij thuis nauwelijks nog praatte, na het eten naar zijn kamer ging en de deur achter zich op slot draaide. 'Maar dat kende ik van Dirk ook al na een slechte hordeloop.'

Na een week ontdekte Robert Enke aarzelend weer dat hij kon lachen en ging naar de Westbahnhof. Hij dacht er destijds niet over na, hij zag geen verband, maar in de resterende zes maanden van het seizoen waarin hij weer de jonge reservedoelman was van wie niemand iets verwachtte, was hij ook weer vrolijk, in evenwicht. Hij dacht hoogstens dat het aan Teresa lag.

De trainer had openhartig gesproken over het voorval in Leipzig. 'De jongen heeft zijn zelfvertrouwen verloren. Hij wilde dat ik hem in de rust zou wisselen. Maar zo simpel gaat dat niet,' zei Vogel tegen de sportverslaggevers direct na afloop van de wedstrijd.

Tien jaar later zou dit het einde voor een keeper hebben kunnen betekenen: hij maakt een beginnersfout en smeekt daarna in de rust ervandoor te kunnen gaan. Het bericht zou op het internet verspreid worden, door het Duitse sportjournaal op tv en door talloze andere media die inmiddels van wedstrijden in de Tweede Bundesliga een hele happening maken. Een reputatie zou in de roddelzieke profvoetbalwereld hebben postgevat: die is labiel. Toentertijd reikte het nieuws echter niet verder dan een zestienregelig bericht in de *Ostthüringer Zeitung*.

De Bundesligaclubs die hem opgemerkt hadden bij zijn opvallende jeugdinterlands, bleven onveranderlijk in hem geïnteresseerd. Sommige hadden in de afgelopen jaren met zijn ouders gesproken, onder wie iemand van Bayer Leverkusen, die had gezegd: 'Goedendag, Reiner Calmund hier,' en er vervolgens zonder dralen binnen veertig seconden tien zinnen had uitgegooid. De beste indruk lieten de afgezanten van Borussia Mönchengladbach achter. Want anders dan bijvoorbeeld Leverkusen of VfB Stuttgart, anders dan gewoonlijk, stuurde Borussia niet alleen de technisch directeur maar ook de keeperstrainer.

Vóór zijn eindexamen zou hij niet weggaan, dat hadden zijn

ouders hem opgedragen, nu naderde echter al de zomer van 1996, het einde van de schooltijd.

Teresa dacht er hardop over na waar ze samen naar de universiteit konden gaan, ze dacht aan een lerarenopleiding of diergeneeskunde.

'Wat denk je van Würzburg?'
'Nou ja, ik moet natuurlijk ook nog voetballen.'
'Is dat dan zo belangrijk? Maar oké, in Würzburg is er vast ook een club.'
'Nee, ik bedoel profvoetbal. Ik heb een paar aanbiedingen.'
'Ja, en?'
'Nou, die bieden ook niet het slechtste salaris. In Mönchengladbach zou ik per maand 12.000 mark kunnen verdienen.'

O zit dat zo, besefte Teresa; ze was wellicht toch een klein beetje naïef uit de hoek gekomen door haar onwetendheid op voetbalgebied.

Een paar dagen nadat Robert en zijn vader een eerste gesprek in Mönchengladbach met de managers van Borussia hadden gevoerd, ging de telefoon over bij Dirk Enke.

Pflippen aan de lijn. Hij was de adviseur van Günter Netzer geweest, en Lothar Matthäus, Stefan Effenberg en Mehmet Scholl behoorden tot zijn cliënten. 'Ik zou uw zoon kunnen helpen.'

Gewoonlijk sloot een voetbalmakelaar een contract met een speler en ging dan op zoek naar een geschikte club. In die tijd ging het echter vaak nog wat eenvoudiger voor de handvol makelaars die de markt bestreken. Via hun informanten bij de Bundesligaclubs vernamen ze wanneer een club een jonge voetballer wilde contracteren, die nog geen adviseur had. Met kerende post bood de agent de speler zijn diensten aan. Zo ging het met Norbert Pflippen en Borussia Mönchengladbach in de jaren tachtig en negentig nogal eens.

Pflippen, ook wel Flippi genaamd, had een sterk punt: hij was een van de eersten in het vak geweest. Daardoor heette het tientallen jaren lang dat hij een van de besten was.

Flippi zocht de Enkes in Jena op. Een man met vlezige onderarmen en ongedwongen omgangsvormen die niet zuinig was met anekdotes hoe hij destijds de transfer van Günter naar Real Madrid geregeld had, en die van Lothar naar Inter Milaan. Het was een tijd waarin nauwelijks nog een jeugdspeler een adviseur had, en nu bood deze man uit de hoogste contreien van het voetbal zijn diensten aan Robert Enke aan. De Enkes voelden zich een beetje vereerd. Flippi deed met zijn jolige manier van doen ook echt sympathiek aan. Ze zagen door de vingers dat hij aan het eind van het verhaal nog echt platvloers werd. 'Als we zaken gaan doen,' fluisterde Pflippen zijn vader in het oor, 'krijgt u van mij een telefoon met fax. En,' wendde hij zich tot Robert, 'jij krijgt een auto van me.'

Al voor zijn mondeling eindexamen aardrijkskunde, onderwerp: gesteente, ondertekende Robert Enke in mei 1996 een door zijn adviseur Norbert Pflippen uitonderhandeld driejarig contract bij de Bundesligaclub Borussia Mönchengladbach.

Een tijdje daarvoor waren er op de A2 van Dortmund in oostelijke richting vonken gespat uit de motor van een kleine Peugeot. Daarna was er rook opgestegen onder uit de motorkap. Met zo'n auto de weg opgaan was levensgevaarlijk, olie en koelwater waren op, de ventielen verstopt, legde de pechhulp de Enkes uit. Torsten Ziegner en Mario Kanopa zaten na een jeugdinterland in Bocholt ook in de auto.

Maar dat viel hém toch niet aan te rekenen, riep Flippi, dat de tweedehands auto die hij Robert Enke cadeau had gedaan, zich in zo'n toestand bevond.

TWEE

De knal

Hij lag op de grond, zijn hoofd in het her en der al bruine gras. Hij richtte zijn blik omhoog, en op drie meter afstand, ook ter hoogte van de grashalmen, wachtten twee grijsblauwe ogen op hem. Nou, kom op, zeiden die ogen, stijf van de concentratie: ik zal je eens leren.
Ze moesten zich samen opwarmen.
Op hun buik lagen ze in het strafschopgebied van het trainingsveld tegenover elkaar en wierpen elkaar met twee handen de bal toe. Hun lichaam was als een buigzame wip, ritmisch schommelden ze op en neer, alleen een korte, doffe klap klonk wanneer de bal in het zachte schuim van hun keepershandschoenen verzonk. Het is wel genoeg zo, dacht Robert Enke bij zichzelf na een paar minuten, we hoeven ons toch alleen maar op te warmen, waarom houdt hij eindelijk niet eens op?
Het duurde een week in Mönchengladbach voordat Robert Enke begon te begrijpen dat Uwe Kamps nooit zou ophouden. Hij wilde hem, Enke, de nieuwe reservedoelman, de potentiële rivaal, zien opgeven; hem verslaan, bij de geringste warming-up, elke dag.
Kamps had al meer dan driehonderd Bundesligawedstrijden voor Borussia Mönchengladbach gespeeld, hij was tweeëndertig, de lieveling van de fans en eigenlijk, na afloop van de training, best een geschikte vent. Robert Enke was negentien, de derde doelman, een jongen. Hij moest de eerste jaren van Kamps het vak leren, en ooit zou hij dan rijp zijn voor de nummer-eenpositie, had Dirk Heyne hem voorgehouden, de keeperstrainer, om wie hij Borussia boven andere Bundesligaclubs verkozen had en die hem sympathiek en competent leek.

Hij keek naar Heyne. Die zweeg. Maar zag hij dan niet wat Kamps deed!

'Oké,' zei de keeperstrainer, 'nu de bal op borsthoogte naar elkaar schieten.'

Kamps schoot en schoot steeds harder, steeds heftiger, steeds sneller. Hij wilde zien hoe Enke de bal zou laten vallen.

's Avonds, met de training ver achter zich, lachte Robert Enke innerlijk over wat er gebeurd was, niet zonder sympathie voor Kamps, wat een figuur zeg. De volgende morgen, op weg naar de training, kwam de ernst van de zaak weer boven. Hij vroeg zich af of een keeper in de Bundesliga zo moest zijn als Kamps, en vooral of hij ooit zo zijn kon.

Onder druk zetten was het motto van de Bundesliga in de jaren negentig. Altijd moest iedereen iedereen onder druk zetten, de trainer de spelers, de reservespelers de trainer via de pers, de reservedoelman de nummer een, de nummer een de reservekeepers en de technisch directeur eigenlijk altijd iedereen. De enige die Robert Enke in Jena ooit onder druk had gezet, was hij zelf geweest.

Soms ging hij na de training in Mönchengladbach naar het krachthonk, omdat ze zeiden dat het belangrijk was, omdat de meeste ploeggenoten het deden. Vroeger was hij praktisch nooit met fitnessapparaten in de weer geweest, ze zeiden hem niets. Hij hoefde niet aanvullend te trainen, hij had aan talent genoeg. In het krachthonk waren er geen ramen. Kamps was er meestal al met Jörg Neblung, de atletiektrainer. De twee wedijverden er in bankdrukken. Neblung, een gewezen tienkamper, maakte met zijn lange benen op grond van de hefboomwerking eigenlijk geen kans zoveel gewicht te drukken als de kleine, potige Kamps, maar de sportman in Neblung deed er alles aan, hij pompte, hij drukte, hij bracht 120 kilo aan, en Kamps deed het hem na, hij wilde hem overtreffen, absoluut, iedere keer. Robert Enke deed alsof hij het allemaal niet zag.

'Hé, zal ik de gewichten er voor je afhalen?' zei Kamps toen hij zag dat Enke een halter uitprobeerde, 'misschien kun je maar beter alleen de staaf nemen, anders overtil je je nog.' Kamps lachte zoals je om een goede grap lacht.

Zo moest een goede verstandhouding tussen keepers zijn, vond Kamps: in sportieve zin fair, maar mentaal hard.

'Uwe genoot ervan van alles een wedstrijd te maken,' zegt de atletiektrainer Neblung. 'Hij had een zeer professionele mentaliteit, hij verliet altijd als laatste het trainingsveld. Alleen als je zo'n beroepsmoraal had kon een prof succes hebben, dat stond voor ons indertijd vast.' Met zijn compromisloze trainingsinzet had Kamps zijn natuurlijke nadelen overwonnen, eigenlijk leek hij te klein van stuk voor een doelman, maar ondanks het feit dat hij maar een meter tachtig lang was stond hij al tien jaar onverstoorbaar in het doel van Borussia.

De atletiektrainer probeerde de nieuwe doelman tot een soortgelijke krachttraining als Kamps te overreden. Enke had brede schouders, maar de dunne armen en benen van een ongetrainde tiener. 'In hem sluimerde een atleet,' zegt Neblung. De atletiektrainer kreeg het als voormalige beoefenaar van de atletiek in het begin bij de voetballers hard te verduren, want atleet werd je alleen als je niets met de bal kon. Langzaam maar zeker waren meer spelers op hem af gekomen, 'Jörg, we moeten strekken', 'Hé Neblung, ik wil aan mijn snelheid werken.' In zijn derde jaar bij Borussia was hij bij het elftal eindelijk zo'n beetje geaccepteerd, dus drong hij niet aan toen Robert Enke hardnekkig een doelgerichte atletiektraining bleef weigeren. Hij was toch maar de derde doelman. 'Hij trad niet echt op de voorgrond,' zegt Neblung.

Als scholier was hij op anderen afgestapt. Als derde doelman veranderde hij in een observator.

Borussia Mönchengladbach had in het seizoen daarvoor de DFB-beker gewonnen, de eerste trofee in zestien jaar. De bekerwinnaars hadden kampioenscontracten gekregen. Financieel getuigden de salarisverhogingen van een beangstigend soort lef, maar manager Rolf Rüssmann dacht in de eerste plaats aan mogelijke successen en pas daarna aan kredietaflossingsmodellen. Plots was de verwachting gewekt dat het nog eens zoals in de jaren zeventig kon worden toen de vereniging het utopia van de avantgarde was. Met langharige spelers en vrijgevochten voetbal had Borussia menig kampioenschap op rij veroverd. Nu had Mönchengladbach met de speler van wereldrang Stefan Effenberg en met Martin Dahlin en Christian Hochstätter weer persoonlijkheden in de gelederen. Ze lieten ook graag zien dat ze een belangrijke plaats innamen.

In de bus terug van het trainingsveld in Rönneter naar de douches in het stadion bij de Bökelberg moest Robert Enke staan. Er waren niet voldoende zitplaatsen. De jongsten bleven in het gangpad staan. Moesten eerst maar eens wat presteren, vonden de ouderen.

Toen de bus van de Kaldenkirchenerstraße met een scherpe bocht de Bökelbergstraße in boog, stootte Robert Enke tegen een andere jongen aan, Marco Villa. Villa was achttien en tenger. Toen trainer Bernd Krauss hem aan het begin van het seizoen in de aanval opstelde omdat de gevestigde namen maar niet tot winst kwamen, scoorde Villa drie goals in zijn eerste zeven wedstrijden in de hoogste divisie. Dat was nog nooit gebeurd in de drieëndertig jaren van de Bundesliga. Wie iets presteerde, wie echt alles op alles zette, werd ook op zijn achttiende geaccepteerd, kon Robert Enke bij Villa vaststellen.

Villa smeerde de onderbroek van de ouderen met zeep in terwijl ze onder de douche stonden. En de ouderen lachten.

Hij deed het niet om recalcitrant te zijn. Hij hield van een geintje. 'Ik heb er niet echt bij nagedacht,' zegt Marco Villa. 'In feite wilde ik alleen maar opgenomen worden in de ploeg met gevestigde namen als Effenberg en Kalle Pflipsen. Ik wilde zijn zoals zij.'

Toen Kamps Villa op een dag belerend toesprak, antwoordde hij: 'Weet je, Uwe, er zijn spelers die gerespecteerd worden en er zijn er die graag gerespecteerd zouden worden. Jij behoort tot de tweede groep.' 'Oei, oei, oei!' riep Christian Hochstätter, die op zijn drieëndertigste graag de stamoudste van de ploeg speelde.

Als Villa zich op zijn achttiende veroorloofde wat geen achttienjarige zich bij Borussia mocht veroorloven, grijnsden de ouderen innerlijk, en de grote Effenberg sloeg hem op de schouder. Villa scoorde goals, en bovendien zijn er mensen die iedereen meteen mag, zonder te begrijpen waarom. Marco Villa was er zo een.

Robert Enke haalde nooit grappen uit met zeep en onderbroeken. Maar hij was op een heerlijk onbezwaarde manier gelukkig als anderen in zijn omgeving rare fratsen uithaalden.

Manager Rolf Rüssmann kwam de kleedkamer binnen. 'Heeft iemand misschien gezichtscrème? Ik heb zo'n droge huid.'

'Hier,' zei vleugelverdediger Stephan Passlack.

Vijf minuten later was Rüssmanns gezicht in een kunststofmasker geperst. Passlack had hem haargel gegeven.

Na de training was Robert Enke snel thuis. Het was maar vijf minuten van de Bökelberg naar hun woning op de Loosenweg. Hij bleef niet als de andere voetballers nog wat gingen eten. Hij vond niet dat hij erbij moest zijn, de nieuweling, de derde doelman.

Drie en vier etages hoge huurflats van okerbruine klinkers staan op de Loosenweg naast elkaar, hier loopt de stad ten einde. In de tuintjes wapperen tegenwoordig Duitse vlaggen. Toentertijd stonden ganzen van porselein met strikjes om de hals op het gazon van de gemeenschapstuin.

Hoewel Robert al tot de salarisgroep van de beter verdienenden behoorde, maakten Teresa's ouders maandelijks de helft van de huur over. Zoals het naar hun idee hoorde zolang hun dochter studeerde.

Elke dag reed Teresa de dertig kilometer naar de universiteit in Düsseldorf, studierichting lerarenopleiding, vakken sport en Duits, en na de colleges reed ze weer naar huis. Ze wilde bij Robert zijn, ook leken de andere studenten al vaste vriendenkringen in hun studentenhuizen te hebben gevonden. Ze wist niet precies hoe ze moest integreren. Aanplakbiljetten kondigden een groot feest in de mensa aan, en ze besloot er met Robert naartoe te gaan.

De meeste tijd stonden ze er alleen.

Ze moest opeens aan haar vroegere schoolvriendin Chris uit Bad Windsheim denken. Melancholisch stuurde ze haar oude vriendin een sms: 'Weet je nog hoe we als dertienjarigen altijd in café Ritter zaten en ons een voorstelling maakten hoe het studentenleven eruit zou zien, met de dagelijkse vraag: Gaan we naar college of toch maar naar het café?'

Alleen haar studentenbaantje herinnerde haar aan haar aanvankelijke idee van het studentenleven. Ze werkte in een schoenenwinkel.

'Helaas kreeg ik dertig procent korting, dus toen was het verdiende geld al snel in de winkel weer uitgegeven.'

Hij verbaasde zich erover hoe gemakkelijk ze haar geld aan schoenen besteedde. Hem ging het niet makkelijk af iets duurs voor zichzelf te kopen. Je moet op je geld letten, vond hij.

'Neem mij niet kwalijk,' zei de bankemployé toen Teresa eens geld van hun gezamenlijke rekening opnam, 'maar gezien uw banksaldo vraag ik mij af of uw vriend en u niet eens wat geld willen beleggen?'

Robert Enkes salaris werd op zijn girorekening gestort en daar liet hij het op staan. Hij had Flippi's tweedehands wagen tegen een kleine Audi ingeruild, hij kocht tweemaal per jaar kleren, in de zomer- en in de winteruitverkoop, en had verder weinig wensen die je met geld kon vervullen. Hij zat graag met Teresa thuis op de bank.

Wanneer zij voor haar studie leerde, zette hij de tv aan of las de krant, zo nu en dan een thriller, maar hij ging niet uit. Hij wachtte tot zij klaar was met leren.

Toen Teresa tien jaar later na zijn dood met haar openhartige woorden over Roberts depressies indruk maakte op het publiek, zullen velen in haar de sterke vrouw gezien hebben die immers achter elke sterke man staat. Haar vrienden hadden echter in alle voorafgaande jaren het gevoel dat die twee er simpelweg altijd voor elkaar waren. In Mönchengladbach, toen ze voor het eerst met zijn tweetjes alleen in een vreemde stad woonden, werden ze een totale twee-eenheid. 'Wij gaan nu eenmaal ook weleens zonder de vrouwen uit,' zegt Torsten Ziegner, bijgenaamd de Ziege, zijn vriend uit Jena, 'dat bestond bij Enkus eigenlijk niet. Als je had afgesproken met Enkus, had je een afspraak met hem en Teresa.'

Ze waren gelukkig met hun pas verworven onafhankelijkheid van hun ouders, met al de ervaringen die bij die levensfase horen die je later zachtjes pijnlijk vindt: het rondlummelen zonder dat iemand je in de gaten houdt, het droogrek dat als kledingkast fungeert, de eerste zelf aangeschafte badmat. Maar de liefde en de grote vrijheid van het zelfstandige leven konden een zeker onbehagen slechts aan het oog onttrekken, niet uitbannen. 'We waren twee negentienjarigen die eigenlijk in een woongemeenschap thuishoorden, een paar maanden tevoren maakten we nog deel uit van een woongroep in Jena,' zegt Teresa. 'En plotseling waren we in deze ons onbekende kleine stad zonder studentenleven terechtgekomen, waar we geen vrienden hadden en die ook niet zo snel vonden.' Soms vroeg ze zich af: is dat nu het volwassen leven?

Iedere zesde vrijdag poetste Teresa of Robert het trappenhuis. De andere vijf partijen in het huurhuis hadden besloten de twintig mark voor een werkster uit te sparen. Op een dag kwam Teresa vrijdagavond laat van college, Robert was naar een wedstrijd met Borussia's reserve-elftal onderweg. Ze zou de trap op zaterdag wel poetsen, dacht Teresa. Op vrijdagavond ging de deurbel.

Corinna, een op orde gestelde buurvrouw, stond voor Teresa.

'De trap is niet gepoetst!'

'Ik weet het. Robbi is er niet, en ik ben tamelijk moe van de universiteit. Ik doe het morgen, vroeg in de ochtend.'

'De trap moet vrijdags gepoetst worden!'

Corinna belde steeds vaker aan. De trap was aan de zijkanten niet goed gepoetst. Iemand was met vuile schoenen over de nog vochtige trap gelopen.

Robert deed zijn best de vrouw telkens met gereserveerde beleefdheid te benaderen. Teresa trok na een aantal weken vrijdags bedeesd haar schoenen onder bij de ingang uit en liep op kousenvoeten de trap omhoog naar de derde etage.

Marco Villa bezocht hen soms op de Loosenweg. Robert en hij kenden elkaar al drie jaar, zonder iets substantieels over elkaar te weten. Ze hadden samen in het nationale jeugdelftal gespeeld. Marco Villa kwam uit Neuss, Robert Enke uit Jena. Hun eerste trainer in het nationale jeugdelftal, Dixie Dörner, had het Oost-Westdenken aangewakkerd, vond Marco, al bij het opwarmen was er een groep Oost en een groep West geweest.

Op een dag kwam Marco lunchen. Robert zat in de rode leren fauteuil en las een boek. Marco wierp een blik op de titel.

100 jobs waar toekomst in zit. Door Claudia Schumacher en Stefan Schwartz.

'Wat lees jij daar nou? Zoek je een nieuwe job, of wat?'

'Ik wou eens kijken wat je behalve voetbal zoal kunt doen.'

'Heb je ze niet meer allemaal op een rijtje? Je bent een Bundesligaprof!'

'Bij jou is dat anders, Marco. Jij speelt, je maakt je doelpunten. Maar ik ben niet eens als reservespeler bij de wedstrijden. Ik train, en als het erop aankomt, zit ik thuis of op de tribune. Ik ben nutteloos.'

'Je bent negentien, Robbi! Dit is je eerste jaar hier. Over een paar jaar zul je spelen, maak je nou niet gek.'

Ze gingen niet dieper op het onderwerp in. Toen Marco Robert jaren later aan de situatie herinnerde, zei Robert: 'Waar heb je het over, ik kan me helemaal niet herinneren dat ik ooit zo'n boek had.' Maar het boek staat vandaag nog op zijn kantoor in Empede, de zilveren medaille van het EK 2008 hangt ernaast. Teresa's vader had hem het boek gegeven. 'Kijk het eens in,' had hij gezegd, 'misschien interesseert een ander beroep je.' Voor het geval het allemaal echt zo moeilijk gesteld was met voetballen.

Hij wilde niet meer naar de training. Het was winter, januari 1997, om halfvijf viel de duisternis in en hij zat in deze provinciestad waarmee niets hem verbond, in dit huis waarin de tuinkabouters liefderijker behandeld werden dan de buren. En dat alles om derde doelman te zijn, om met het reserve-elftal voor 120 toeschouwers te spelen, om elke dag de belasting bij de training te verdragen.

De stemming in de kleedkamer was geprikkeld. Trainer Bernd Krauss stond iedere zaterdag weer 90 minuten voor zijn ontslag, in december was het dan zover. Het elftal dat de beker had gewonnen, dat klaarstond om de top van de Bundesliga te bestormen, schommelde ergens in de middenmoot van de ranglijst. In een oefenwedstrijd tegen de Tweede-Ligaclub Fortuna Köln mocht Robert Enke een keer in het eerste elftal spelen. Borussia verloor met 1-4.

Hij voelde weer dat verhitte, hectische kloppen. De angst uit de A-jeugd dat hij de groten teleur zou stellen, was er weer. Hij was bang dat hij nooit zo zou worden als Kamps, altijd de druk op de ketel houden, altijd tegen de druk bestand zijn. Hij had het gevoel dat het niemand interesseerde wat de derde doelman deed, hij was onzichtbaar – en tegelijkertijd was hij bang dat hij in de gespannen situatie met fouten tijdens de training de gram van de groten over zich zou afroepen. Dat was een tegenspraak, maar deze angst is één grote paradox.

Voor Teresa was dat een nieuwe Robbi. Het verwarde haar, waar kwam die angst vandaan, zo kende ze hem niet. Tegelijkertijd voelde ook zij een teleurstelling ten aanzien van hun anonieme studentenleven, misschien speelde hem net zoals haar het verlangen naar het onbekommerde leven met hun vrienden in Jena parten. Of het waren gewoon alleen maar een paar slechte dagen.

Een week ging voorbij, en elke morgen was het hetzelfde liedje.

'Ik wil niet naar de training.'

'Robbi, zo erg is het toch niet.'

'Ik wil er niet heen, begrijp je dat niet, ik wil gewoon niet.'

'Marco is er toch ook. Je zult zien, als je er eenmaal bent valt het mee.'

Toen hij de deur uit was, belde zij zijn vader op.

Dirk Enke kwam het volgende weekend langs.

Hij kende de angst van zijn patiënten. 'Maar ziet u,' zegt hij,' ik ben daarvoor eenvoudigweg niet verantwoordelijk, dat kan een vader niet opbrengen.' Hij kon zijn zoon alleen maar op het hart drukken: geef je dag een vaste structuur. Tijdens zijn bezoek trok hij hem 's morgens om zeven uur uit bed, om een begin te maken met de dag, om ervoor te zorgen dat er vaste doelen aan de einder waren, dingen die zijn zoon kon doen, al was het maar een wandeling die hem het gevoel gaf: ik heb mijn tijd nuttig besteed.

'En ga naar een dokter,' zei zijn vader bij zijn vertrek.

Bij Borussia stond het wintertrainingskamp op stapel. De angst groeide uit tot paniek. Hij vond dat hij er niet heen kon, een week uitsluitend met dat voetbalelftal doorbrengen, een elftal waarin niemand naar hem omkeek en waarin elke fout die hij op de training zou maken nauwgezet geregistreerd zou worden.

Hij ging naar Heribert Ditzel, de arts van het elftal.

Artsen van profteams staan onder enorme druk van de trainers, wekelijks wordt er bij hen op aangedrongen geblesseerde spelers tegen beter weten in met pijnstillers het veld op te sturen.

Deze keer echter dacht de arts alleen aan de mens tegenover hem, niet aan de club. Ditzel mocht de gereserveerde jongen graag. Hij dichtte Robert Enke een griepvirus toe, zodat de doelman niet naar het trainingskamp hoefde te gaan.

Toen het elftal terugkeerde, kreeg hij een nieuwe bijnaam. Robert Enke was nu Cyrus voor zijn collega's. Naar Cyrus het Virus, een figuur uit de bioscoopfilm *Con Air*. Niemand twijfelde eraan dat hij een griepvirus opgedaan had. Hij kon hartelijk lachen om zijn nieuwe bijnaam. Zonder traceerbare aanleiding was de angst na vier weken weer weg.

Hij deed zijn best om van Kamps te leren. Als die het nu voor zijn motivatie nodig had hem als rivaal te beschouwen, zo zij het, dan zou hij gewoon stiekem dingen van hem opsteken. Hij observeerde de oude bij de training vanuit zijn ooghoeken. En vervolgens had ook hij zich bij schoten van dichtbij op goed geluk naar één kant geworpen of voorzetten weggestompt die hij misschien ook wel had kunnen vangen, zei Robert later, bijna gegeneerd. 'Ik deed Uwes stijl een beetje na.'

Sommige Duitse keepers zoals Uwe Kamps rolden na een succesvolle save in de lucht onder het geroezemoes van het publiek nog twee keer door over het gras. Ze namen een voorbeeld aan het idool van de jaren tachtig, Toni Schumacher. Dook de aanvaller alleen voor hen op, dan wierpen ze zich met alle macht dwars voor hem. Tikten ze de bal over de doellat, dan trokken ze tijdens de sprong hun knieën omhoog, opdat ook werkelijk iedereen de dramatiek van de situatie doorhad. Duitse keepers waren de beste ter wereld, vonden de Duitsers.

Niemand in het Duitse publiek stoorde zich eind jaren negentig eraan dat zelfs uitmuntende doelverdedigers als Andreas Köpke, Stefan Klos en een jongeman uit Karlsruhe met de naam Oliver Kahn diep in het eigen strafschopgebied speelden, vlak bij de doellijn, terwijl in Argentinië, Spanje of Nederland de doelman een vervanger voor de libero werd. Ver naar voren spelend maakte hij het de tegenstander onmogelijk met steekpasses de spits aan te spelen of hij doorbrak als extra aanspeelpunt voor de eigen verdediging de pressie van de tegenstander. Een van de radicaalste profeten van het offensieve spel van de doelverdediger was Edwin van der Sar van Ajax. Robert Enke zag Van der Sar op tv, zag Uwe Kamps op de training, vergeleek hen met elkaar en hield vast aan het Duitse model: spectaculaire saves maken in plaats van anticiperend op te treden.

Na negen maanden in Mönchengladbach ontving hij zijn eerste goede kritiek. 'Borussia kan zich gelukkig prijzen deze jongen te hebben,' verklaarde de nieuwe trainer Hannes Bongartz tegenover de *Rheinische Post.* 'Hij heeft de toekomst.'

Robert Enke had tijdens zijn eerste maanden bij Borussia geleerd dat voetbal geen spelletje maar een strijd is, dat voetballers hun doel bereikten door druk te zetten en onder druk te staan. Al voelde hij zich door Bongartz' lofprijzing eerder bevleugeld dan onder druk gezet.

Bij het slotfeest van het seizoen, waarop Borussia niet zozeer zijn weinig spectaculaire elfde plaats vierde als wel het feit dat de competitie voorbij was, wilde hij tegen middernacht naar huis. Teresa wilde graag nog blijven.

Ze was nieuwsgierig naar de Bundesligawereld, bovendien was er eindelijk eens een feest zoals ze had gedacht dat er veel op de universiteit zouden worden gegeven. Ze zaten in een kweekkas. Een groothandel in bloemen was voor het feest heringericht.

'Blijf jij dan maar, ik ga naar huis,' zei Robert en nam afscheid.

Nog een handvol spelers was op het feest blijven hangen toen Stefan Effenberg in de nacht riep: 'Zo, waar gaan we nu heen?'

Effenberg was als voetballer allang te groot voor Borussia en moest dit gevoel wel vaker compenseren.

'We kunnen ook nog naar ons toe gaan,' zei Teresa zoals ze dat op de universiteit zou hebben gezegd.

'Nee, doe maar niet,' zei de vrouw van Effenberg. Daar was blijkbaar geen sprake van.

Toen Teresa Robert de volgende morgen erover vertelde, antwoordde hij: 'Als jullie hiernaartoe waren gekomen, had ik ze eruit gegooid. En jou erbij.' Ze schrok van de ernst waarmee hij het zei.

Ze deed moeite te begrijpen waarom hij meestal alleen maar zwijgzaam werd als anderen luid feestvierden. 'Tegenwoordig ben ik trots op hem dat hij toen al zo'n standvastig karakter had,' zegt ze, 'dat hij zei: "Ik hou nu eenmaal niet van party's, dus ga ik ook niet naar een feest of een disco zelfs als alle anderen me ertoe willen dwingen."'

Hij waardeerde Effenberg om de manier waarop hij met jonge spelers zorgzaam als een grote broer omging. Als iemand zoals Marco Villa op zijn achttiende de sterren van de hemel speelde, betuigde Effenberg hem niet alleen zijn respect, maar nam hij hem ook onder zijn hoede. Maar anders dan Marco had Robert Enke er geen interesse in de wereld van de Effenbergs en de Kampsen buiten de Bökelberg te verkennen. Hij had een beeld in zijn hoofd van nachten in het neonlicht met arrogant gedoe, en hij had het gevoel dat hij daar niets te zoeken had.

Incidenteel werd voor Robert Enke de anonieme dagelijkse sleur doorbroken als hij mocht invallen voor de reservedoelman. Voor de junioren-interlands werd hij nog steeds als de nummer een opgeroepen. In Belfast speelden ze tegen Noord-Ierland, hij deelde de hotelkamer met Marco. Ze kenden de gewoonte van junioren-bondscoach Hannes Löhr de avond tevoren nog een keer op de kamer te komen en ze op de wedstrijd voor te bereiden. Na een jaar kenden ze onderhand Löhrs frasen wel.

Morgen moeten we absoluut winnen. Dit is een heel belangrijke wedstrijd.

'Ik heb er vandaag geen zin in,' zei Robert.

En ze schoven de tv vanbinnen tegen de deur aan. Zoals verwacht werd er om halfnegen aangeklopt.

'Wie is daar?'

'De trainer.'

'O, de trainer, wacht even, het komt niet goed uit, pas op! O nee – trainer, wacht u alsjeblieft even!'

'Wat is er allemaal aan de hand bij jullie, Marco?'

Ze spraken nog steeds met elkaar door de gesloten deur.

'De tv staat pal voor de deur, we moeten hem eerst weghalen, ik weet niet of dat lukt, jongen, wat is die zwaar!' riep Marco, die doodgemoedereerd op een stoel zat.

Robert in het shirt van het nationale juniorenelftal.

'Ja, oké jongens, laat maar. Zo belangrijk was het niet.' En Löhr taaide af. Voor de ploeggenoten leek het altijd alsof Marco de paljas uithing, en Robert was er toevallig bij. Robert had het gevoel dat Marco en hij samen grappen uithaalden.

'Teresa zei vaak, samen zijn jullie twee ondraaglijke grapjurken,' zegt Marco. 'Maar de momenten waarop we lachten – dan was Robbi het gelukkigst.'

Voor een voetbalprof die gewend was dat alles in het leven ondergeschikt was aan de sport, ontving Robert Enke in de zomer van 1997 niet zo prettig nieuws. Hij moest in het leger.

Hij had vervangende dienstplicht willen doen. Maar zijn realisme en voor een klein deel ook zijn gemakzucht waren groter dan zijn overtuiging nooit wapens te willen dragen. De vervangende dienst zou dertien maanden duren. In het leger moest hij als profsporter tijdens de zomerpauze de drie maanden durende basisopleiding volgen, de overige zeven maanden van de dienstplicht werden hem als lid van de sportpromotiegroep kwijtgescholden.

Marco Villa werd samen met hem opgeroepen.

Ze kwamen terecht in de kazerne Keulen-Longerich tussen de

autoweg A1 en het industriegebied Bilderstöckchen. Radiotelegrafist Enke en radiotelegrafist Villa.

'Nummeren,' brulde de instructeur bij de begroeting, ging vlak voor Robert Enke staan en siste, neus aan neus: 'Nou, mijnheer de supersporter.'

'Wat verdien jij, wat verdien ik, wat verdien jij, wat verdien ik,' mompelde Robert Enke toen de instructeur weer buiten gehoorsafstand was. Marco moest lachen.

'Wat valt er te lachen?' brulde de instructeur. De toon was gezet.

'Telegrafist Enke!' brulde hij over het kazerneplein. De instructeur stond aan het raam. 'Kleding fatsoeneren, telegrafist Enke!'

'Ja, kleding fatsoeneren,' mompelde Robert Enke beneden op de binnenplaats, op weg naar het koffiehuis.

'Kijk eens hoe u eruitziet!'

Hij had de veldmuts en de koppelriem vergeten. Hij moest een opstel van vier kantjes schrijven. Over het belang van ordelijke kleding in het leger.

Een paar dagen later glipte hem bij de ligsteunen het hemd uit de broek.

'Telegrafist Enke, kleding fatsoeneren!'

'Ja, wat nu weer, kleding fatsoeneren?' siste hij.

Voor straf moest hij een keer rond het blok sprinten.

Hij holde, in plaats van te sprinten.

'Sprinten heb ik gezegd, telegrafist Enke!'

De instructeur liet hem nog een rondje lopen, en Robert Enke holde verder. Deze keer zou hij zich gedragen als Uwe Kamps. Hij zou nooit opgeven. Hij zag wit van woede. Als hij iets niet kon verkroppen, was het het gevoel dat hij onrechtvaardig werd behandeld.

Na elf rondes gaf de instructeur op. 'Ingerukt, telegrafist Enke.'

Marco Villa leek het allang onvermijdelijk dat Robert altijd vervelende dingen overkwamen. Wanneer ze met Borussia in een hotel zaten, ging Marco op weg naar het ontbijt opzettelijk de verkeerde kant op. Robert draafde braaf achter hem aan, tot ze voor de bezemkast in plaats van voor de lift stonden. 'Hij had het slechtste oriënteringsvermogen ter wereld,' zegt Marco, 'en hij maakte me elke keer weer aan het lachen als hij dan panisch riep: 'Waar zijn we nu toch weer beland?'

Natuurlijk, zegt Marco, hij weet dat iedereen een aantal leger- of voetbalverhalen kan vertellen waarvan de charme voor buitenstaanders moeilijk te begrijpen valt. Maar voor hem en Robert waren die drie maanden in Keulen-Longerich een schat. Daar vond Robert Enke een vriend, die dat voor hem altijd zou blijven.

Tegenwoordig woont Marco als profvoetballer met zijn vrouw en twee kinderen in Italië, het vaderland van zijn vader. De Italiaanse invloed is onmiskenbaar, in plaats van de brave scholierencoupe die hij in Mönchengladbach had, heeft hij een modieus kapsel met lange haren. Hij zit in Roseto aan de Adriatische kust aan zijn eerste kop koffie in de Pasticceria Ferretti en praat over de liedteksten van Vasco Rossi. 'Jou interesseert de school meer,' zingt Rossi, 'maar dan, wie weet hoe goed je in de rest van je leven bent.' Daar zit wat in, zegt Marco. Daarin herkent hij zich ook wel, als je school door voetbal vervangt. Als Marco vertelt, luistert iedereen graag naar hem. Robert Enke had bij hem vooral het gevoel dat hij begrepen werd.

Toen in augustus 1997 in Mönchengladbach het eerste seizoen na de tijd in het leger begon, was Marco Villa er bij het schieten op doel bijzonder dol op een lob over Uwe Kamps heen te spelen. Hij genoot ervan zoals Kamps dan telkens weer razend werd. 'Begrijp me niet verkeerd, Uwe was in principe heel aardig,' zegt Marco. Maar zonder dat ze het er ooit concreet over hadden gehad, vermoedde Marco dat Robert het getier van Kamps ergens wel leuk vond, en dat idee spoorde Marco aan, maakte hem gelukkig.

Robert Enke maakte in zijn tweede seizoen in de Bundesliga de kleinste sprong die in een elftal van de Bundesliga mogelijk is, die van derde naar tweede doelman. Ook de tweede doelman speelde nooit. Maar voor Robert was de persoonlijke promotie veelbetekenend. Hij hoorde er eindelijk bij. De tweede doelman reisde als reservespeler mee naar alle wedstrijden.

Tot dan toe had hij alleen Marco's verhalen gehoord. Hoe de ploeg vorig jaar met de bus naar Freiburg was gereden. Effenberg en Hochstätter zaten als gewoonlijk op de tweede rij vlak achter de trainer, Marco was met Karlheinz Pflipsen en een stel anderen gezellig helemaal achterin gaan zitten om te kaarten. Ze kregen het warm.

'Zet de airconditioning eens aan!' riepen ze naar de buschauffeur.

Voorbij Karlsruhe werd de hitte ondraaglijk. Toen ze in Freiburg aankwamen voor de Bundesligawedstrijd, zaten de kaartspelers met alleen nog maar hun onderbroek aan op de achterste bank, anders was het niet uit te houden.

Later ontdekten ze wat er was gebeurd.

De chauffeur had door het motorlawaai niet gehoord wat Marco Villa van de achterste bank had geroepen.

'Wat willen ze?' vroeg de chauffeur aan Effenberg.

'Ze hebben het koud,' zei Effenberg, zonder een spier te vertrekken.

'Wat? Ik heb de airconditioning achterin toch al op 26 graden gezet.'

'Zet hem gewoon nog wat hoger,' zei Effenberg.

Nu was Robert Enke erbij. Hij maakte gekheid met Kamps, hij was gewend geraakt aan zijn eerzucht. Sinds hij in de groep als getalenteerde doelverdediger erkenning had gekregen, was Kamps' extreem competitieve mentaliteit helemaal niet meer zo moeilijk uit te houden.

Voor de Bundesligawedstrijden deelde hij met Marco de hotelkamer. De grote Effenberg klopte bij hen aan. Hij wilde tegen Marco een autorace rijden op PlayStation. Inzet honderd mark per race, zei Effenberg. Binnen enkele minuten had Marco duizend mark verdiend. Effenberg daagde hem uit verder te spelen al had hij moeten inzien dat hij nooit zou winnen.

Robert bleef op de achtergrond en keek zwijgzaam toe als Effenberg in de kamer was.

Thuis wilde Teresa graag een nieuwe huisgenoot hebben. Robert reageerde afwijzend. Een hond?

Als Teresa als kind had gedacht over wat ze wilde doen als volwassene, had ze altijd een huis op het platteland met veel dieren voor zich gezien. Ze had Robert naar zijn idee over de toekomst gevraagd. Hij had geen idee. Wat zijn dromen betreft had hij zich altijd tot het voetbal beperkt.

'Een hond zou toch leuk zijn.'

Hij twijfelde. Hij wilde geen dier in huis. Maar hij had er ook niets op tegen. Wat hem gelukkig maakte was anderen gelukkig te maken, Teresa voorop. Nou goed, een hond.

Ze noemden hem Bo. Ze hadden geen idee hoe je een hond opvoedt.

Het was de eerste dag dat Bo bij hen was. Ze moesten boodschappen doen. De hond sliep vredig. Teresa wilde hem niet wakker maken.

'Kom, we glippen er eventjes tussenuit, dat merkt hij toch helemaal niet,' zei Teresa. Over een paar minuten waren ze toch weer terug.

'Toen we terugkwamen, was hij natuurlijk getraumatiseerd.' Teresa lacht zachtjes over zichzelf. 'We hebben alles fout gedaan wat je maar fout kan doen. Na een aantal weken waren we als bezorgde ouders met hun eerste kind. We gingen alleen nog maar afzonderlijk naar de bioscoop, opdat Bo niet alleen achterbleef en blafte.'

De hond was een welkome aanleiding voor de buren om zich op te winden. Hij liep altijd over de pas gepoetste trap, schreeuwde Corinna.

Voor Teresa en Robert was de hond een reden te meer eindelijk maar eens te verhuizen. De buschauffeur van Borussia woonde vijftien kilometer ten zuiden van Mönchengladbach. De zolderwoning van hun huis was vrijgekomen, zei Markus Breuer.

Teresa maakte een laatste foto op de Loosenweg, de porseleinen ganzen in de tuin. Aan het eind van 1997 droegen ze hun meubels de woning uit. Corinna riep ten afscheid, om tien uur 's avonds zo'n kabaal, dat was onbeschoft. Robert riep voor de eerste keer iets terug. 'Nu is alles toch goed, Corinna, we verhuizen, nog enkele minuten en je ziet ons nooit meer, laat ons nu tenminste even met rust!'

Je rijdt over de oude landweg via Wey door bieten- en korenvelden, op bepaalde plaatsen verandert de weg bijna in een veldweg. Achter Hoppers ligt Gierath.

In de afgelopen dertig jaar is Gierath aanzienlijk gegroeid, het nieuwbouwgebied is groter dan de oude dorpskern. Het dorp telt nu 1500 inwoners.

Robert Enke werd er door Marcus Breuer snel wegwijs gemaakt.

Op de begane grond van zijn huis in de Schoolstraat runt Breuer een sportwinkel. Op een dag moest hij even weg, zijn vrouw was met hun kind bij de dokter, Breuer belde bij de dakwoning aan. 'Robert, zou je voor een halfuur op de winkel willen passen alsjeblieft?'

Een klant kwam binnen en vroeg prompt naar keepershandschoenen. 'Hebt u daar verstand van?'

'Een beetje,' zei Robert Enke.

Hij legde de keeper, die speelde in de regionale competitie, alles uit over het verschil tussen vijf en zes millimeter schuimrubberlaag, titanium hechtschuim of natuurlatex. Toen Marcus Breuer terugkwam, wilde de klant net gaan. 'Wie is toch die nieuwe verkoper van je?' vroeg hij. 'Die is echt heel aardig. En ook nog deskundig.'

Breuer stelde een jager aan hen voor. Hubert Roßkamp kon vast wel een keer voor hun honden zorgen. Ze hadden er inmiddels twee.

's Middags na de training ging Robert vaak met Hubert en de honden wandelen door de velden.

'Je kon toch absoluut niet aan hem merken wie hij was, zo bescheiden was zijn verschijning, zo normaal was hij gekleed,' zegt Hubert Roßkamp, inmiddels 73 jaar.

Hij heeft als commercieel medewerker bij Rheinmetall in Düsseldorf gewerkt. Zijn huiskamer heeft hij tot een eigen museum omgebouwd, overal hangen Roberts shirts met het opschrift 'Voor mijn vriend Hubert'. Op de plank in Huberts keuken staat helemaal vooraan de bruiloftsfoto van Robert en Teresa. Zijn familiefoto's heeft hij daarachter neergezet. Op één daarvan draagt Hubert om de feestvreugde kracht bij te zetten een zwart hemd en een zwarte stropdas bij zijn witte pak en zijn lange witte haren. Twee jaar geleden heeft hij een sportwagen aangeschaft, een Maz-

Robert Enke en Hubert Roßkamp voor diens huis in Gierath.

da MX5, een jeugddroom, vervuld op zijn eenenzeventigste. En je merkt wel hoe weinig dergelijke symbolen over mensen zeggen, niet alleen over voetballers, ook over gepensioneerden: bescheidenheid is een van Huberts meer in het oog springende eigenschappen.

Die middagen waarop ze door de velden struinden stelde Hubert Robert vragen. Zeg eens, hoe moet je eigenlijk duiken als doelman? Heb je geen angst als aanvallers op je afstormen? Een doelman die op een bal af duikt, strekt zijn onderste hand altijd een beetje verder uit dan zijn bovenste en probeert zijn armen evenwijdig aan elkaar te houden, legde Robert hem uit. En angst, nee angst had hij zeker niet. Een gezonde graad aan nervositeit was belangrijk, maar daar was het wel mee gezegd.

Toen hij korte tijd na de vierentwintigste augustus 1998 op het terras in Gierath zijn uitgestelde feestje voor zijn eenentwintigste verjaardag vierde, was Hubert uitgenodigd, en kwamen buren op bezoek zoals de buschauffeur Markus Breuer met zijn vrouw Erika en Teresa's vriendin Christiane, die als portier bij een discotheek werkte. Van de voetballers van Borussia was alleen Marco Villa er en Jörg Neblung, de atletiektrainer wiens individuele training Robert in het eerste jaar consequent vermeden had. In juli 1998 had Borussia Neblungs contract na vier jaren niet verlengd. Hij was als medewerker bij het agentschap van Roberts adviseur Norbert Pflippen gaan werken.

Er was sekt, Christiane bakte pizza's, Hubert bracht voor Robert zoals gewoonlijk aardbeientaart mee. Destijds viel het Marco helemaal niet op dat behalve hijzelf geen leeftijdgenoten, geen goede vrienden van Robert aanwezig waren op het feest. 'Het was een prettig feestje met alleen maar lieve, aardige mensen,' zegt Marco, 'en Robbi was gelukkig.' Wat niet op de laatste plaats aan het voetbal lag.

Er was een knal, en daarmee was Robert Enke vlak voor zijn eenentwintigste verjaardag plotsklaps een man geworden die in het middelpunt van de publieke aandacht staat. Op 7 augustus 1998 trainde Borussia op het voetbalveld naast het Bökelbergstadion. De keepers trainden los van de rest van het elftal, Dirk Heyne gaf voorzetten, Enke ging de hoogte in, Kamps ging de hoogte in, ze wisselden elkaar af. De knal hoorden ook de spelers op de andere helft van het sportveld. Als een achillespees scheurt, klinkt dat als een zweepslag. Uwe Kamps bleef op de grond liggen. Eerst was het meer de schrik over de knal die hem neer deed vallen dan de pijn in zijn rechterenkel.

Hij werd dezelfde dag nog op de afdeling Spoedeisende hulp in Duisburg geopereerd. Hij zal vier maanden niet beschikbaar zijn, luidde de prognose van de chirurg. De nieuwe Bundesligacompetitie begon over acht dagen.

In Jena wierp Andy Meyer de volgende morgen een vluchtige blik op de krant. Hij moest, alleen in de kamer, even lachen. 'De onomstreden vaste doelman heeft vlak voor het begin van het seizoen een zware blessure opgelopen – hoe vaak gebeuren die dingen nou,' zegt Andy. 'En natuurlijk profiteert Enkus daar weer eens van.'

In de beleving van Teresa gingen die acht dagen heel snel voorbij en duurden ze tegelijkertijd eeuwig lang. Hoe vaak kon in die acht dagen de blije gedachte niet postvatten: eindelijk. Hoe vaak kon zich in acht dagen niet het schrikbeeld aandienen:

en wat als hij schuld heeft aan een doelpunt?

Borussia Mönchengladbach was van de ene dag op de andere een doelverdediger met de ervaring van 389 Bundesligawedstrijden kwijtgeraakt; één enkele voetballer, Berti Vogts, had vaker dan Kamps voor zijn club gespeeld. Op diens plek stond nu een doelman die zich nog in geen enkele Bundesligawedstrijd had hoeven bewijzen en de jongste in de divisie zou zijn. 'Robert heeft ons volste vertrouwen,' verkondigde Friedel Rausch, de inmiddels vierde trainer in Robert Enkes derde jaar bij Borussia.

'Wat had Rausch anders moeten zeggen?' zegt Jörg Neblung. 'Als je het mij vraagt: in werkelijkheid zat het de trainer niet lekker. Zijn routinier krijgt een blessure, en nu moest hij het doen met zo'n groentje.'

Marco Villa zag het anders. 'Velen in het elftal vonden Robbi destijds al sterker dan Kamps, onze libero Patrik Andersson bijvoorbeeld. Daarom maakten we ons geen zorgen, echt niet.'

Waarschijnlijk koesterden alle betrokkenen Jörgs én Marco's gedachten. Net als Teresa schommelden ze tussen vertrouwen en bedenkingen.

Robert Enke zelf werd heel kalm.

Hij had een mechanisme ontwikkeld om innerlijke nervositeit in uiterlijke rust om te zetten. Heel soms haperde het mechanisme. Dan overviel hem de angst zoals drie jaar eerder in de Tweede-Ligawedstrijd met Carl Zeiss Jena in Leipzig, of zoals in zijn eerste winter in Mönchengladbach. Maar bijna altijd waren onrust of opwinding voor hem de aanleiding om uiterst geconcentreerd en rustig te worden.

Op de dag voor de opmaat tot zijn carrière in de Bundesliga schreef de *Westdeutsche Allgemeine Zeitung*: 'Deze twintigjarige maakt al zo'n ongelooflijk rijpe, verstandige, evenwichtige indruk.' Hij zei tegen de krant: 'Voorbeelden heb ik niet, nu in elk geval niet meer.'

Zijn vader kwam over uit Jena, een van Teresa's broers uit Würzburg. Gisela Enke was op vakantie in Slowakije. 'Naar Roberts eerste Bundesligawedstrijd gaan we samen,' hadden zij en Dirk Enke na hun scheiding afgesproken. Dat lukte nu niet. Schalke 04 was de tegenstander in het Bökelbergstadion. 'We maakten elkaar gek op de tribune, zo zenuwachtig als we waren,' zegt Teresa.

In het voorafgaande seizoen was Borussia pas op de laatste speeldag aan degradatie ontsnapt, daarna was de grote Effenberg voor een transfersom van 8,5 miljoen mark naar Bayern München gegaan. Een beetje gezelligheid was daarom het hoogste wat de meesten in Mönchengladbach van het seizoen 1998-1999 hoopten en verwachtten, een plek ergens midden op de ranglijst, als het maar ver genoeg verwijderd was van het jachtige gevecht tegen degradatie.

Het stadion was met 34 duizend toeschouwers uitverkocht. De zon scheen. De vakken met staanplaats vlak achter de doelen van het Bökelbergstadion waren steiler dan overal elders in de Bundesliga. Als de keeper vlak voor de aftrap van de middenlijn naar het doel liep, werd de afgeladen tribune daarachter met elke stap hoger. Was hij bij het doelgebied aangekomen, dan kreeg hij het gevoel aan de voet van een bergkloof te staan.

Robert Enke speelde in zwart tenue, de kleur van de grote doelverdedigers uit andere tijden, Lev Jasjin, Gyula Grosics, Ricardo Zamora.

De wedstrijd was begonnen. Een aanvaller brak meteen over de rechtervleugel door, ging een tweede man voorbij, en gaf op een meter of vijf voor de achterlijn een scherpe, lage voorzet in de richting van het doelgebied. De verdediger liet de bal gaan omdat hij dacht dat de keeper de voorzet zou pakken. Maar die aarzelde. Binnen de tijd waarin geen mens een gedachte tot een eind brengen kan, moet een keeper beslissen of hij het doel uit rent of niet. Nu was het al te laat.

Robert Enke keek van de andere kant van het veld toe hoe Toni Polster, de nieuwe spits van Borussia, de aarzeling van Schalkes keeper Frode Grodås benutte en 1-0 scoorde. De tweede minuut was nog maar net aangebroken. Na tien minuten vergrootte Mönchengladbach de voorsprong tot 2-0.

De wedstrijd had zijn spanning al grotendeels verloren voordat hij voor de eerste keer op de proef gesteld werd.

Het publiek keek alleen nog naar Robert Enke met de afgetekende voorsprong in het achterhoofd; bij de stand 2-0 zag alles en iedereen er een beetje glansrijker uit. Zijn efficiënte bewegingen, het ontbreken van elke gespannenheid in zijn lichaamstaal gaven hem de uitstraling van een keeper die zich door niets van zijn stuk laat brengen.

Borussia beperkte zich ertoe gegroepeerd te verdedigen en snel te counteren. Tweemaal schoot Schalke de bal op de lat, een handvol min of meer gevaarlijke schoten en kopballen wist hij soeverein te keren. Tien minuten voor het eind viel de 3-0. Dat was alles.

'Ik had eigenlijk gedacht dat ik wel nerveuzer zou zijn,' zei Robert Enke tegen de sportverslaggevers in de gang naar de kleedkamers. Met getemperd enthousiasme sprak hij over de voorzetten die veel scherper naar binnen gekomen waren dan hij ooit in de training of met het reserve-elftal had meegemaakt. Zoals zo vaak als hij goede zin had beantwoordde hij lof met zelfironie: 'De bal kwam zo snel dat ik soms helemaal niet wist wanneer ik voor een voorzet het doel uit moest komen, maar op de een of andere manier belandde de bal steeds in mijn handen.'

Er werd niet veel aandacht besteed aan de keeper na de wedstrijd. De nieuwskoppen concentreerden zich vooral op de nieuwe aanvaller Toni Polster. *Rheinische Post* bracht twee pagina's onder de kop 'Borussia voor het eerst in tien jaar weer koploper,' wat na de eerste speeldag niet zo'n geweldige prestatie was.

Thuisgekomen legde Robert Enke zijn handschoenen na ze met shampoo onder de douche gewassen te hebben, te drogen neer en streek het zachte schuimrubber van de vangoppervlakken glad.

DRIE

Nederlagen zijn z'n overwinning

In een met regen overgoten kleine Amerikaanse stad had de moordenaar al vijf moorden op zijn geweten toen hij 's nachts een kadaver van een hond op de straat zag liggen. 'Maar dat heb ik niet gedaan,' zei de seriemoordenaar droogjes. Op dit punt van de bioscoopfilm *Seven* van David Fincher moest Robert Enke altijd lachen. Eigenlijk had hij een afkeer van geweld, hij was er rotsvast van overtuigd dat hij bij een bedreigende situatie maar één ding zou doen: hard weglopen. Toch keek hij de speelfilm waarin het bepaald niet aan geweldsscènes ontbreekt vijf- of zesmaal. *Seven*, met Morgan Freeman en Brad Pitt in de hoofdrollen, gaf hem iets wat steeds moeilijker te vinden was sinds hij in de Bundesliga voor Borussia Mönchengladbach in het doel stond. De film was zo spannend dat Robert Enke al het andere en vooral het voetbal voor de duur van 127 minuten vergat. Zich te ontspannen was de moeilijkste opgave geworden.

Zijn innerlijke film kende geen pauze. Alles was nieuw, spannend, inspirerend, en tegelijkertijd had de profsport met zijn onophoudelijke ritme hem meteen na zijn debuut volledig voor zich opgeëist. Elke week een wedstrijd, zonder onderbreking. Voor hem bestond er geen eindsignaal. De spelsituaties werden in zijn hoofd steeds opnieuw afgespeeld, de vrije trap van Kaiserslauterns Martin Wagner die hij pas zag toen de bal nog maar één omwenteling van de kruising verwijderd was, het opmerkelijke afstandsschot van de Frankfurter Chen Yang van 25 meter precies onder de lat: voor een doelman die zijn debuut maakt is het van geen belang of een doelpunt onhoudbaar was of niet. Hij tobde na elk doelpunt over de vraag hoe hij de bal had kunnen houden.

In de videotheek kenden ze hem al na een paar weken.
Twee maanden waren verstreken sinds de seizoenstart tegen Schalke 04. Borussia Mönchengladbach had van de daaropvolgende acht wedstrijden geen enkele meer gewonnen. Robert Enke was een voetnoot in de malaise. 'En de jonge doelman had nog grotere rampspoed verhinderd!' stond er regelmatig te lezen in de bijzinnen van de wedstrijdverslagen. Na een 1-2 nederlaag in Bochum zakte Borussia naar de onderste plaats van de ranglijst.

Marco Villa deed de spits Toni Polster een zijden onderbroek met een Mickey-Mouseafbeelding cadeau als trofee voor de slechtst geklede man van het elftal. Polster trok de onderbroek tevreden aan. Maar echt grappig was het allemaal niet meer.

Nog geen drie jaar geleden toen Robert Enke voor Borussia gekozen had, was de club op de vierde plaats geëindigd in de Bundesliga, een grote omwenteling leek op til. Nu waren de twee beste spelers van het elftal, Stefan Effenberg en topscorer Martin Dahlin, verkocht omdat de banken zich meldden. Een redelijk Bundesliganiveau hadden ze met de overgebleven spelers nog wel kunnen bereiken, maar voetbal is pure dynamiek, op dit punt is sport inderdaad als het leven zelf: de dynamiek is vaker doorslaggevend voor onze levensweg dan welke zorgvuldige planning dan ook; de dynamiek beslist vaker wie de wedstrijd wint dan de tactiek. Luttele seconden nadat Robert Enke een penalty gestopt had, was Borussia tegen 1860 München op achterstand gekomen, ze verspeelden de overwinning in Duisburg in de laatste seconde door een eigen goal, en voordat de spelers het doorhadden was het foutenfestival al in gang gezet, elk ongelukkig voorval produceerde twee nieuwe en zorgde ervoor dat de ploeg algauw één grote miskleun leek. Terwijl Dahlin het jaar daarvoor al in de voorste linie met pressievoetbal begon, kon de tegenstander nu het eigen spel rustig opbouwen omdat de nieuwe aanvaller Toni Polster geen bijzondere aandrang voelde om te jagen. Terwijl Jörgen Pettersson een jaar eerder de pressie van Dahlin benut had om de onder druk slecht gegeven pass van de tegenstander te onderscheppen, sprong Pettersson nu uit zijn vel van woede over Polster, die theemuts van een voetballer, woedend als hij was vergat Pettersson dan een ogenblik lang terug te lopen, het middenveld was daardoor in ondertal en... aan het eind van de rit lijkt een onvermijdelijke dynamiek er debet aan dat een club geen toekomst meer heeft.

De trainer wekte bij het elftal maar zeer ten dele de indruk dat hij ze uit deze dynamiek zou kunnen halen. Friedel Rausch had een keer met Eintracht Frankfurt de UEFA-beker gewonnen. Dat was achttien jaar geleden. Op een van zijn eerste werkdagen in Mönchengladbach was Rausch op het trainingsveld op de middenveldspeler Valantis Anagnostou af gelopen. 'Meneer Ballandi,' begon Rausch, 'kunt u,' de trainer rekte de 'uuu' en wees op Anagnostou, 'mij', Rausch klopte met zijn vinger op zijn eigen borst, 'ver-staan?'

'Ja, trainer,' zei Anagnostou, 'ik ben in Düsseldorf geboren en opgegroeid. En ik heet Anagnostou, niet Ballandi.'

'O zo,' zei Friedel Rausch.

'En wie ben jij?' vroeg hij vervolgens aan Marco Villa.

'Ik ben Marco Villa.'

'Ach natuurlijk, Markus.'

Jarenlang was Rausch een gerenommeerde Bundesligatrainer geweest, een redelijke tacticus en een vurige animator, de spelers grijnsden weliswaar om zijn verstrooide manier van doen, maar mochten hem juist daarom wel. Rausch was nog steeds dezelfde. Maar een elftal dat te vaak verliest ziet alleen nog de tekortkomingen van de trainer. Vanuit dit perspectief deden zijn trainingsmethoden, die jarenlang als innovatief golden, lachwekkend aan. Friedel Rausch liet hen graag 'over het hele veld' trainen, zoals hij dat noemde: op het trainingsterrein in Rönneter lagen enkele sportvelden naast elkaar, en het oefenspel strekte zich dan over twee grasvelden uit, over 240 meter. Robert Enke moest daar jaren later nog om glimlachen, geamuseerd en een beetje verbaasd.

Toen Borussia naar de onderste plaats op de ranglijst was afgezakt, overreedde de trainer de clubleiding twee spelers op staande voet te ontslaan, Karlheinz Pflipsen en Marcel Witeczek. In het profvoetbal heet zoiets: een signaal afgeven. De dynamiek veranderen, hoe dan ook. De clubleiding stelde de betreffende spelers op de hoogte van de beslissing. Toen de trainer merkte dat de meerderheid van de ploeg verontwaardigd was over de maatregel, stelde hij de zaken opeens heel anders voor. De clubleiding zou Pflipsen en Witeczek weliswaar verzocht hebben een andere club te zoeken, zei Rausch tegen het elftal, maar hij liet niet toe dat de twee zo behandeld werden! Hij benoemde Pflipsen tot reserveaanvoerder van het elftal voor de komende wedstrijd tegen Bayer Leverkusen, op 30 oktober 1998.

Het was de dag waarop Robert Enke in heel Duitsland bekendheid zou verwerven.

Marco Villa raakte in de tiende speelminuut geblesseerd aan zijn knie, de gewrichtsband was gescheurd, hij lag aan de rand van het veld en werd door de arts onderzocht toen de 0-1 werd gescoord. Na zijn wissel strompelde Marco naar het kantoor om de wedstrijd daar met een ijsbandage om zijn gewonde knie op tv te volgen. Toen hij het toestel aanzette bleek dat ook Patrik Andersson, de organisator van Borussia's achterhoede, geblesseerd uitgevallen was, en het stond 0-2.

Robert Enke zat op de grond, zijn handen hingen slap neer over de knieën die hij tot zijn borst had opgetrokken, op zijn onbewogen gezicht was slechts diepe verbijstering te lezen. Zo stond hij in ieders geheugen geprent. Want het beeld herhaalde zich zo vaak, dat het op slapstick leek, Robert Enke verbijsterd op de grond, doelpunt na doelpunt. Mönchengladbach verloor met 2-8 van Bayer Leverkusen.

'Carnaval in Gladbach,' zong het publiek. Het grootste debacle in dertig jaar, riepen de sportverslaggevers. En de jonge doelman had nog grotere rampspoed verhinderd!

Hopelijk is het snel weer zaterdag, en spelen we de volgende wedstrijd, dacht Robert Enke, om deze ellende achter hen te kunnen laten.

Een week na de 2-8 tegen Leverkusen speelden ze in Wolfsburg. Teresa sprak met een aantal voetbalvrouwen van Borussia af in een café in Mönchengladbach, om naar de live-uitzending van de wedstrijd te kijken. Na 53 speelminuten zei de vriendin van Uwe Kamps tegen haar: 'Mijn god, vier doelpunten was het hoogste aantal doelpunten dat Uwe ooit tegen gekregen heeft, en daar was hij dan altijd al kapot van. Wat is er toch vanavond bij jullie aan de hand?' Brian O'Neil had de 5-1 voor VfL Wolfsburg gescoord. De

30 oktober 1998: Robert Enke tijdens de 2-8 nederlaag van zijn ploeg tegen Bayer Leverkusen.

supporters zongen: 'Nog maar drie, nog maar drie!' Dan zouden ze het schuttersfeest van Leverkusen evenaren. De wedstrijd eindigde in 7-1.

Robert Enke was beroemd. Vijftien goals in één week had een doelman in de Bundesliga nog nooit om de oren gekregen.

Eéntje daarvan, het afstandsschot van O'Neil, was voor een keeper misschien houdbaar geweest.

Hoe hij zich gevoeld had, vroegen de sportverslaggevers voor de kleedkamer met een uitdrukking van medelijden in het gezicht. 'Och,' antwoordde Robert Enke, 'de bal uit het net halen, daarop heb ik de vorige week al een beetje kunnen oefenen.'

Op de dag na de wedstrijd ging hij met Teresa en de hond in de velden wandelen, zege of nederlaag, het bleef de routine van hun zondagen. De vriendin van Uwe Kamps had zich erover verbaasd, zei ze, wat er aan de hand was.

'Nou, schiettent Enke,' had Teresa gezegd. En hij, die elke goal dwarszat, had in al zijn terneergeslagenheid opeens hartelijk kunnen lachen.

'We vatten het licht op,' zegt Teresa. 'Hij kon immers niets aan de goals doen, daardoor konden we er grappen over maken.'
Na onvergetelijke nederlagen zoals die in Wolfsburg had hij wel trucjes nodig om zijn kalmte te bewaren. 'Ik hield mezelf voor dat het elftal me in de steek had gelaten. Dat stelde me gerust.'

Heel vaak had hij als doelman zichzelf de schuld gegeven: voor goals die hem amper te verwijten vielen, of als hij zijn teamgenoten teleurgesteld had terwijl dat helemaal niet het geval was. Nooit had men het hem zo weinig kwalijk genomen als na die vijftien goals.

'En neem alsjeblieft die jonge doelman in bescherming, die kan er niets aan doen!' hoorde Teresa in het café de tv-commentator roepen toen de camera voor de laatste keer op Robert inzoomde zoals hij daar met verbijsterde blik op de grond zat.

Terwijl hij van alle kanten te horen kreeg hoe indrukwekkend kalm hij in een opgejaagde ploeg verder speelde, vergat hij zelf dat hij ooit had staan trillen van angst, drie jaar geleden met Carl Zeiss in Jena en tijdens zijn eerste winter in Mönchengladbach. 'Ik ben psychisch niet zo labiel dat ik het nu voor de volgende wedstrijd in mijn broek doe,' zei hij tegen de sportverslaggevers. 'Trauma's, daarvoor hoef je bij mij niet bang te zijn.'

Naarmate ze hem meer roemden om zijn kalmte en soevereiniteit, des te bedachtzamer speelde hij, zonder dat hij die wisselwerking opmerkte. Tien jaar later legde hij met het elftal van Hannover 96 de Reiss-profieltest af, waarmee de persoonlijkheid en motivatie van iemand kan worden vastgesteld. Hij had niet gedacht dat erkenning voor hem van zulk fundamenteel belang was, zei hij verbaasd tegen Teresa toen hij de uitslag in zijn handen hield. Haar was echter destijds in Mönchengladbach al opgevallen 'dat hij overvallen werd door twijfel aan zichzelf als hij merkte dat anderen aan hem twijfelden, en dat hij onzeker werd als hij door anderen onder druk werd gezet. En als hij rugdekking kreeg, was hij ongelooflijk sterk als doelman.'

In Hamburg stond het na een halfuur alweer 2-0 voor de tegenstander. De voorzet kwam eraan, Hamburgs aanvaller Anthony Yeboah, die voelde dat er een doelpunt zat aan te komen, en wiens bewegingen op dat moment een ongelooflijk tempo, een hogere coördinatie bereikten, was voor de zoveelste keer een halve pas sneller dan zijn bewaker van Mönchengladbach, Thomas Eichin, en Robert Enke had het nakijken. Yeboahs schot vloog tussen zijn benen door in het doel. Een geplaatst schot door de benen is voor een keeper onhoudbaar, niemand kan snel genoeg zijn benen sluiten als hij wijdbeens klaarstaat om naar een van beide hoeken van het doel te duiken. Maar een schot door de benen maakt altijd dat de doelman er voor schut bijstaat; klungelig landt hij na de onmogelijke reddingspoging op zijn achterste. De spot van het publiek is steevast zijn deel. Toen hij weer op zijn benen stond, raasde de woede in Robert Enke. Hij voelde zich alleen gelaten, vernederd, het was Eichlins fout, en nu lachten ze om hem. Hij zou het 't liefst uitschreeuwen. Maar hij dacht dat een doelman die zijn beheersing verliest, het wel kan schudden. Hij worstelde met zijn woede, en de wetenschap dat velen hem voortdurend om zijn grote beheersing prezen, hielp hem daarbij. Hij was meneer Cool, zeiden ze, dus hij zou cool blijven. In zijn gezicht was een paar seconden na Yeboahs goal al geen emotie meer te bespeuren.

Elke week lukte het hem steeds beter de innerlijke stomme film uit te zetten, die onafgebroken de meest recente goals en voorzetten herhaalde. 's Avonds reed hij met Teresa vaak naar oma Frida in Rheydt. De vierde oma in zijn leven. De oude boerin had haar boerderij tot huurwoningen laten verbouwen, Jörg Neblung woonde er met zijn vriendin Dörthe. Dan zaten ze met zijn vieren bijeen en praatten over van alles en nog wat. Alleen als er een voetbalwedstrijd op tv was, stond hij op om te kijken.

Jörg ging naast hem zitten op de bank. Als Jörg de emoties van de wedstrijd van commentaar voorzag, gaf Robert bondig en analytisch antwoord. Daarna hield hij zijn mond weer. Hij keek voetbal op tv naar binnen gekeerd, geconcentreerd bestudeerde hij zijn collega's, als een ingenieur-doelman op zoek naar de mechanica van het spel, enerzijds. Anderzijds was voetbal op tv zijn effectiefste verdovend middel. Voetbal kijken hielp hem niet aan voetbal spelen te denken.

De anderen wilden graag uitgaan.
Het dreigde op ruzie uit te draaien.
'We kunnen toch ook eens uitgaan,' zei Teresa.
'We kunnen ook eens thuisblijven,' zei hij.
Hoe vaak hadden ze deze woordenwisseling al gehad? Als ze naar Dörthe en Jörg gingen, was het drie tegen een en voegde hij zich. Als Bon Jovi gedraaid werd in de discotheek, ging hij zelfs de dansvloer op.
Maar de keer daarop had hij weer net zo weinig zin in het nachtleven als tevoren. Een keer kreeg hij een ingeving. Hij wist dat ze vandaag weer uit wilden gaan.
'Kom, we gaan nog even naar de Gebläsehalle,' zei Jörg.
'Gaat niet,' zei Robert en probeerde er niet triomfantelijk bij te kijken.
'Hoezo niet?'
'Ik ben zo stom geweest sportschoenen aan te trekken. Dan laten die portiers me er niet in.'

Jörg Neblung moest zich maar eens over hem ontfermen. 'Kun je niet eens wat met die jongen ondernemen, hij heeft hier geen sociaal leven,' had Norbert Pflippen in het tweede jaar van Roberts verblijf in Mönchengladbach tegen Jörg gezegd, die toen nog atletiektrainer bij Borussia was. Zich om Robert bekommeren kon ook een beroep zijn, merkte Jörg Neblung nadat Borussia in de zomer van 1998 zijn contract niet had verlengd. Flippi nam hem als 'Kümmerer' ('bekommeraar') aan. Zo heten in het jargon de medewerkers van een adviesbureau, die de profsporters in het leven van alledag moeten bijstaan. 'Koelkastvuller is een andere term,' zegt Jörg Neblung.
Eigenlijk had hij industrieel vormgever willen worden. Tijdens het toelatingsexamen op de hogeschool Hannover had hij op zoek naar inspiratie uit het raam gekeken. Hij zag de gifgroene trams langs de tuinen van de herenhuizen rijden, tekende de eerste ontwerpen in deze kleur en werd niet aangenomen. Daarna wilde hij iets heel anders doen. Hij ging sportwetenschappen studeren. Een van zijn docenten werd voorzitter van Borussia Mönchengladbach, Karl-Heinz Drygalsky. Toen deze hem in 1994 als atle-

tiektrainer contracteerde, kende in de Bundesliga alleen Bayern München deze functie.

Jörg Neblung dacht dat het bij het profvoetbal ook niet veel anders zou toegaan dan bij de atletiek, waarin hij als tienkamper was opgegroeid. Hij nam aan dat de medewerkers van de medische staf van een Bundesligaclub goed met elkaar zouden samenwerken, en dat de hoofdtrainer geïnteresseerd zou zijn in een op het individu afgestemd trainingsplan. Tot hij ontdekte dat zijn eerste hoofdtrainer, Bernd Krauss, de spelers in strijd met alle trainingsvoorschriften tot ongekend zware duurlopen dwong, waarmee zogenaamd hun wil getraind werd. Hij ervoer dat Borussia's fysiotherapeut hem zwartmaakte bij de trainersstaf, om de terugkeer van geblesseerde spelers naar de wedstrijdvorm voor zich op te eisen. 'Al die verzorgers in een Bundesligateam wedijveren voortdurend om de gunst van de trainer en de spelers,' zegt hij. 'En om bij hen in de smaak te vallen, doen ze als het moet zelfs dingen die in strijd zijn met hun eigen kennis van zaken.'

Een bel rinkelt in de gang voor zijn hooggelegen kantoor, alsof iemand hier op de derde verdieping van een oud fabrieksgebouw op de fiets binnen komt rijden en dat met een belletje aankondigt. Het is een verkoopster met een mand vol belegde broodjes. Ze maakt elke dag een rondje omdat de multimediaontwerpers en communicatieadviseurs in kantoren als deze in de Keulse Lichtstraße geen tijd voor de lunch hebben. Jörg Neblung, Noord-Duits blond, zijn lichaamsbouw herinnert ook op zijn drieënveertigste nog aan de tienkamper, heeft nu een eigen voetbalmakelaardij. Tijdens het gesprek draait hij zich zo nu en dan om alsof hij tegen zijn boekenkast praat. Daarin zijn keepershandschoenen en foto's van Robert met een kaars te zien.

Er zijn honderden soorten vriendschap, en uit die, die in 1998 tussen Robert Enke en Jörg Neblung ontstond, zou nooit het feit verdwijnen dat Jörg zich om Robert moest bekommeren. Maar de wil om samen doelen te bereiken schept een sterkere band dan de meeste gevoelens.

Jörg Neblung kon begrijpen dat Robert Enke op moeilijke momenten altijd alles in zijn eentje wilde beslissen. 'Zo ben ik ook,' zegt hij.

Toen Borussia Mönchengladbach in de herfst van 1998 geen uitweg meer vond uit de dynamiek van fouten, en zes weken, zeven wedstrijden achter elkaar verloor, veranderde Robert Enke in een solosporter. De eenzaamheid van de doelverdediger is vaak literair gesublimeerd en betreurd, maar voor de doelverdediger in een elftal dat ten onder gaat is de eenzaamheid een zegen. Hij speelt zijn eigen spel en ontdekt in de nederlagen zijn overwinningen. Met 0-2 verliezen tegen Bayern München betekende voor hem ook dat hij vijf moeilijke ballen hield. Hij staat er tenminste nog, zeiden de kenners, schreven de kranten.

'Terwijl de chaos om zich heen grijpt, blijft er eentje kalm in Gladbach,' schreef de Düsseldorfse *Express*.

'Kalmte, beheersing, uitgewogenheid. Groots,' stelde de meester-trainer Jupp Heynckes vast, die een halfjaar eerder Real Madrid naar de overwinning in de Champions League had geleid en die nu tijdens zijn sabbatical in zijn geboortestad Mönchengladbach vaak wedstrijden van Borussia bezocht.

'Hij was altijd al verder dan wij, in zijn gedachten, in zijn gedrag, in zijn manier van praten,' zei Borussia's middenveldspeler Marcel Ketelaer, die met Robert in de nationale jeugdelftallen opgroeide. 'Hij was altijd al volwassener dan wij.'

Mentale kracht was een modeterm in de nieuwe, gepsychologiseerde sport. Deze keeper was voor iedereen een modelvoorbeeld van de nieuwe sport. Men was wel zo aardig door de vingers te zien dat hij af en toe bij een voorzet niet uit het doel kwam of Hertha BSC in de gelegenheid stelde een doelpunt te maken toen hij een schot terug liet stuiten. Weinig doet het voetbalpubliek zoveel als een jonge doelverdediger te midden van geharde mannen, hij wordt geprezen voor reddingen waar bij ervaren keepers terloops notitie van wordt genomen. Dat stadium zou Robert Enke pas tien jaar later bereiken, toen hij een oudere doelman te midden van jonge rivalen was geworden.

In Mönchengladbach deed het elftal verwoede pogingen hun ongekende neergang te bagatelliseren. De een maakte de hele tijd grappen in de kleedkamer. Door het gelach hoorden ze niet dat menig speler inmiddels liever over een ander dan met een ander praatte. Jörgen Pettersson had een stilzwijgend conflict met zijn collega-aanvaller Toni Polster. Tegen Robert Enke had niemand wat. Hij nam als toehoorder deel wanneer groepjes hun tactiek bepaalden in verschillende hoeken van de kleedkamer, hij was tegen bijna iedereen aardig, hij lachte als anderen over de trainer roddelden, en niemand behalve Marco Villa leerde hem beter kennen.

De trainer had zo nu en dan aanleiding gegeven tot oppervlakkige pret toen 'Friedel Rausch zich weer eens helemaal liet gaan', zoals Jörg Neblung de woede-uitbarstingen beschreef. 'Als ik Martin Schneider in zijn huidige vorm opstel, vraagt men zich toch af, is die Rausch een homo, of zo?' gaf de trainer op een persconferentie te kennen. Eind november werd Rausch ontslagen. De voorzitter van de raad van commissarissen, Michael Viehof, verklaarde: 'Deze keer moet er meer gebeuren dan het ontslag van een trainer alleen.' En dus ontsloeg de club ook nog zijn manager Rolf Rüssmann.

In zijn eerste tweeëntwintig jaren in de Bundesliga had Borussia Mönchengladbach slechts drie trainers gehad. Robert Enke maakte in 1998 mee dat er in één jaar vier keer van trainer werd gewisseld.

In de kerstvakantie ging Robert met Teresa naar haar familie in Bad Windsheim. Het deed zijn vader verdriet. Was zijn zoon liever bij zijn schoonouders dan bij hem? Hij durfde Robert er niet op aan te spreken.

Zijn vader vond familiefeesten heel belangrijk. Kerstmis, verjaardagen, op feestdagen appelleerde hij aan het gevoel dat het gescheiden gezin toch nog bij elkaar hoorde. Robert vergat verjaardagen vaak.

Soms redde zijn moeder hem. Ze belde hem uit voorzorg op, vandaag is je vader jarig, vandaag je nichtje.

'Ik vond het best jammer dat de communicatie tussen ons zo beperkt was,' zegt zijn vader. Hij wachtte altijd op een uitnodiging om naar Mönchengladbach te komen. Toen er absoluut geen kwam zocht hij naar aanleidingen om bij zijn zoon op bezoek te gaan. Hij wilde graag naar de wedstrijd tegen Bayern, dus ging hij naar zijn broer in Detmold, dan was hij toch al in de buurt.

Robert hield zich er niet mee bezig dat je je ouders, broers of

Robert in 1998 in Mönchengladbach.

zussen moest uitnodigen. Als ze wilden komen, zouden ze toch wel komen. Met Kerstmis ging hij om de eenvoudige reden naar Teresa's ouders omdat het feest daar traditioneler werd gevierd.

Bad Windsheim is geheel omgeven door velden en bossen. Robert Enke wilde er nog eenmaal joggen op de laatste dag van 1998.

'Ik ga mee naar buiten en met de honden wandelen,' zei Teresa.

'Nee, dat hoef je toch niet, blijf maar bij je ouders.'

Natuurlijk ging ze mee.

Ze reden met de auto naar de velden achter de Galgenbuck, daar was het bijzonder afgezonderd, ideaal om de honden los te laten lopen. Veel plezier, zei ze, voor hij begon te rennen.

Tien minuten later was hij terug. Zijn ogen waren opgezwollen, hij moest onafgebroken niesen. Uit zijn keel kwam gepiep.

'Ik krijg geen lucht meer!'

Ze raceten naar huis. In de badkamer vond Teresa een oude astmaspray. Robert drukte als een bezetene op de spraybus. Maar het spul drong niet meer tot zijn longen door, zijn luchtpijp was dicht door een zwelling.

Teresa's vader bracht hem naar de plaatselijke kliniek. Het piepen uit Roberts keel was het hardste geluid in de auto.

Haar vader rende vooruit en duwde de deur naar de eerste hulp met een ruk open. Er was niemand bij de receptie. Ging een minuut voorbij, drie minuten? Eindelijk verschenen twee verplegers. Op een baar rolden ze Robert Enke naar de intensive care. Hij had zijn ogen dicht. Terwijl hij zich erop concentreerde door zijn vernauwde luchtpijp in en uit te ademen, hoorde hij slechts hoe de ene verpleger tegen de andere zei: 'Dat is toch die keeper van Gladbach, die altijd voor volle tribunes zorgt.'

Zijn toestand stabiliseerde zich. 's Middags lag hij met een zuurstofslang in zijn neus in bed, zijn opgezwollen ogen kon hij nog niet openen toen een verpleegster hem vroeg: 'Mijnheer Enke, wilt u iets lezen?'

Daarover kon hij alweer meesmuilen.

Oudjaar vierde hij met Teresa alweer op een normale afdeling. Hij had vermoedelijk een selderie-appel-allergie, legden de doktoren hem uit nadat ze hem onderzocht hadden, elk van de twee levensmiddelen verdroeg hij op zich zonder enig bezwaar, maar wanneer hij bijvoorbeeld 's avonds een soep met selderie had gegeten en de morgen daarop een appelgebakje, kon dat tot een aanval leiden.

Als Teresa niet bij het joggen was geweest, was hij dood geweest, concludeerde hij, hij had absoluut niet meer auto kunnen rijden.

Een paar weken daarna was het voorval al een anekdote geworden die hij graag vertelde: Weet je wat die verpleger zei terwijl ik naar lucht lag te happen? Teresa en Robert Enke dachten er verder niet meer over na wat voor toeval erover kan beslissen of iemand in leven blijft of doodgaat.

In het trainingskamp van januari 1999 stelde Marco Villa zich al in op Robert Enkes traditionele woede-uitbarsting. Altijd op de derde dag van het trainingskamp irriteerde zijn vriend opeens alles. Langer dan een dag duurde zijn ontstemdheid nooit. Marco noemde de fase bij zichzelf 'Robbi's dagen'.

'Wat staat de tv hard!'

'Als je wilt, Robbi, zet ik hem zachter.'

Zonder te antwoorden verdween Robert in de badkamer.

'Je hebt mijn handdoek gebruikt!' riep hij daarvandaan.

'Ik heb er zomaar een genomen. Er ligt nog een ongebruikte in het vakje.'

'En waarom is de wc-bril alweer vies? Ik heb je al zo vaak gezegd, niet staand plassen!'

'Komt in orde, Robbi,' zei Marco en keek verder tv. Hij wachtte tot Robbi's dagen voorbij waren.

Nieuws bereikte het trainingskamp. Uwe Kamps was weer aan zijn achillespees geopereerd. Hij zou dit seizoen niet meer terugkeren. Robert Enke stond tot het einde van het competitiejaar zonder concurrentie in het doel van Borussia. De vraag was wat daarna zou gebeuren. Zijn contract liep in juli af. De clubleiding leek dat te hebben vergeten.

Sinds het ontslag van manager Rüssmann in november, dacht niemand meer na over de toekomst. Het heden slorpte al alle aandacht op van de verantwoordelijken. President Wilfried Jacobs vatte zijn periode bij Borussia even pregnant als eigengereid samen: 'Gedurende twintig maanden had ik de pech geen enkel mooi moment meer te beleven.'

De tweede helft van het seizoen werd een kopie van de eerste helft. In april 1999, er was nog een derde van het seizoen te gaan, was Borussia Mönchengladbach als onderste op de ranglijst zo ver, dat ze van de laatste kans konden spreken.

Zaterdag in Nürnberg moesten we winnen.

Twee dagen voor de wedstrijd vroeg trainer Rainer Bonhof Robert Enke op zijn kamer te komen.

Hij moest het nieuwe seizoen plannen, hij moest weten waar hij aan toe was. Kon hij op hem rekenen?

'Ik kan het nog niet exact zeggen.'

'Robert, alsjeblieft. Ik heb duidelijkheid nodig.'

Robert Enke wilde graag fatsoenlijk zijn.

'Nou goed. Ik zal weggaan.'

Hij wilde niet voor een slecht georganiseerde club in de Tweede Bundesliga spelen, en precies dat was wat er stond te gebeuren het volgende seizoen bij Borussia.

Hij vertelde de trainer slechts de halve waarheid: hij zou weggaan omdat hij niet wist waar hij aan toe was volgend jaar in Mönchengladbach, als Kamps zou terugkeren.

De trainer zei dat als Robert het zo zeker wist, hij maar het beste zijn vertrek bij de persconferentie kon bekendmaken.

Robert Enke was geïrriteerd. Waarom, vroeg hij, dat zou nu, zo vlak voor het beslissende duel in de degradatiestrijd, alleen maar voor onnodige onrust zorgen.

Nee, het was beter als de dingen duidelijk waren.

Hij begreep Bonhof niet. De trainer was nu toch op de hoogte en kon uitkijken naar een nieuwe doelman. 'Ik denk dat het misschien beter is het niet in de openbaarheid te brengen.'

Robert Enke zei het voorzichtig, beleefd.

Na de training nam Rainer Bonhof in de perszaal van het Bökelbergstadion plaats, schonk een glas water voor zich in en zei, ongevraagd, dat hij helaas slecht nieuws had. Robert Enke zou aan het eind van het seizoen bij Borussia vertrekken.

Zaterdags gingen Teresa's ouders naar het Frankenstadion in Nürnberg, het lag op maar zeventig kilometer afstand van Bad Windsheim. Het bedlaken zagen ze tamelijk snel. Het fladderde boven een reclamebalustrade voor het supportersvak van de Mönchengladbachers.

'Borussen: Kamps Frontzeck Eberl' stond erop en daarnaast, ervan gescheiden door een duidelijke streep in het midden 'Verraders: Enke Feldhoff'.

Robert Enke was de seizoensliefling geweest.

Nu speelde Borussia om zijn zelfverklaarde laatste kans, en de Mönchengladbachse supporters trakteerden hun elftal op kreten als 'Enke, Stasischoft!', 'Robert Enke, huurling en verrader!' of eenvoudig 'Uwe Kamps, Uwe Kamps – Uuuuwe Kamps!'

Mönchengladbach verloor met 0-2 tegen het eveneens met degradatie bedreigde 1. FC Nürnberg, dat sinds enkele weken door een trainer met de naam Friedel Rausch werd geleid.

De sportverslaggevers stonden achter verplaatsbare hekken te wachten in de gang naar de kleedkamers van het Frankenstadion. Robert Enke wist al wat ze hem zouden vragen.

Robert, het geroep van de supporters vandaag.

Hij zou niets laten merken, had hij zich voorgenomen.

'Dat geschreeuw was zeker niet prettig, maar ergens ook te verwachten.'

Heb je je geërgerd dat de trainer je beslissing aan Borussia meedeelde?

'Ik heb tegenover de trainer mijn bezwaren geuit. Maar blijkbaar niet vastbesloten genoeg.' Hij klonk indrukwekkend neutraal. Op zulke ogenblikken waarop hij zijn best deed ontspannen over te komen 'deelde zich zijn gezicht in tweeën,' zegt zijn moeder. Ze wijst op een paar foto's ten bewijze. Als hij losjes wilde overkomen, zie je op zijn foto's, was er een glimlach om zijn mond, en zijn ogen bleven emotieloos.

Na een gemiste laatste kans zeggen voetballers: de volgende wedstrijd móéten we winnen, het is onze laatste kans.

Bochum was de volgende tegenstander. Minuten voor de aftrap maakte het ordepersoneel van de Bökelberg haastig het doel schoon waarvoor Robert Enke zijn positie had ingenomen. Om hem heen lagen wc-papier, aanstekers, plastic bekertjes. Achter het doel stonden de supporters van Borussia.

'Kijk eens, daar staat hij, de huursoldaat en verrader.'

Hij zou niemand iets laten merken.

Toen hij een laag schot van Bochums Kai Michalke zonder problemen keerde, floten de supporters van Mönchengladbach heftig. Een paar honderd man hadden zich voorgenomen hun doelman bij elk balcontact op gefluit te trakteren.

In de laatste minuut van de wedstrijd scoorde Borussia de 2-1. Prompt kregen ze nog in dezelfde minuut de 2-2 te incasseren, onhoudbaar voor Robert Enke.

'Stasischoft, stasischoft!'

Teresa liep op van de zenuwen naar het tentpaviljoen waar de profs elkaar na de wedstrijd met hun verwanten en vrienden konden ontmoeten. 'Dat is toch niet te geloven, wat ze met je uithalen.'

'Het hoort ook bij het vak.'

Met rustige beslistheid zei hij tegen Teresa dat zij de laatste thuiswedstrijden van het seizoen maar niet meer naar het stadion moest komen, om haar zenuwen te sparen. Ze was zo verbluft dat ze hem niet tegensprak; verbluft over zijn zelfvertrouwen.

'Ik was alleen maar verbaasd,' zegt Jörg Neblung, 'hoe evenwichtig hij is.'

Flippi en hij gingen ook op geregelde tijden in het tentpaviljoen langs. Het was langzaamaan tijd geworden een beslissing te nemen op hun zoektocht naar een nieuwe club. Er waren een aantal clubs geïnteresseerd in Robert Enke, AS Roma, Hertha BSC, en een ijverige agent zou kunnen proberen deze interesse te concretiseren. Er waren echter ook al twee concrete aanbiedingen, van 1860 München en van Benfica. Portugals favoriete club zou het komende competitiejaar door Jupp Heynckes worden getraind. Het behoorde tot Norbert Pflippens arbeidsethiek zich niet de extra inspanning te getroosten van het zoeken naar betere aanbiedingen als je nu eenmaal al een aardige aanbieding had. Bovendien was hij heel druk met het vinden van een nieuwe club voor Borussia's negentienjarige middenveldspeler Sebastian Deisler. Zo'n voetballer had Duitsland sinds Günter Netzer in 1972 niet meer gekend, zeiden ze.

Dus, om kort te gaan, zei Flippi, hij was voor Benfica, die boden hem een waanzinnig mooi contract aan, hij kon er Champions League spelen, en Jupp was er trainer, Jupp kende hij al dertig jaar, een prima kerel.

Hij moest erover nadenken, zei Robert Enke.

De volgende zaterdag moesten ze eerst nog in Leverkusen spelen. Dat is onze laatste kans, zeiden ze.

Toen ze met de bus bij het Ulrich-Haberland-stadion aankwamen, vormden enkele Borussia-supporters een erehaag en applaudisseerden. Voor de wedstrijd juichten de supporters de profs toe, erna bedreigden ze hen. 'Wat absurd,' zei Marco naast hem en begon plotseling terug te zwaaien naar de supporters, naar ze te glimlachen en daarbij iets te roepen wat niemand door het getinte dubbelglas kon horen: 'Hallo, jullie, stomkoppen, hallo!'

'Natuurlijk was dat tegen niemand persoonlijk gericht. Ik wilde slechts een barrière opbouwen, mij beschermen tegen de haat die later weer over ons uitgestort zou worden.'

'Kom, doe mee, Robbi,' zei Marco.

Robert Enke aarzelde.

'Kom, Robbi.'

'Hallo, stomkoppen, hallo!' Toen hij het eenmaal uit zijn mond had gekregen, ging het heel makkelijk. Zeker, het deed goed, dat uitfoeteren.

Ze verloren met 1-4 in Leverkusen.

'Zonder Enke klimmen we weer omhoog!' zongen de Mönchengladbach-supporters.

'Zonder Enke degraderen jullie weer!' was het antwoord van die van Leverkusen.

Nog een halfuur na het eindsignaal dansten duizend Mönchengladbach-aanhangers op de tribune om de droefenis van hun elftal te verdrijven. 'Voor deze supporters neem ik mijn hoed af,' zei trainer Bonhof. Over de wekenlange tiraden van die supporters tegen Robert Enke zei hij niets.

De sportverslaggevers wachtten. Wat vind jij van zo'n trainer, Robert?

'Ik maak de trainer slechts tot op zekere hoogte verwijten dat hij mijn vertrek midden in de degradatiestrijd bekendgemaakt heeft. Ik had mijn bezwaren beslister moeten uiten. We hadden allebei niet zulke heftige aanvallen verwacht.'

Hij vond dat hij moest proberen altijd ook de visie van de anderen te begrijpen. De trainer was kennelijk eenvoudigweg onhandig. En het was logisch dat de supporters na dit seizoen schuldigen zochten.

Hij vond dat een doelman de schuld altijd eerst bij zichzelf moest zoeken.

Ze moesten maar eens Lissabon gaan bekijken. Hij zei tegen Teresa dat hij niet midden in het voetbalseizoen naar Portugal kon reizen, ook niet als het maar voor anderhalve, trainingsvrije dag was. Wat als dat ook nog publiekelijk bekend werd. Teresa moest Lissabon maar voor hem gaan bekijken.

Jupp Heynckes vloog eind april naar Portugal om de laatste details van zijn trainerscontract bij Benfica te regelen. Flippi en Jörg Neblung gingen met hem mee. Heynckes zou Benfica's clubvoorzitter het aantrekken van Robert Enke als een voorwaarde voor de ondertekening voorleggen. Teresa nam haar moeder mee.

Toen ze door de aankomsthal van de Aeroporto da Portela liepen, hoorde Jörg Neblung voor het eerst in zijn leven bewust Portugees spreken. Hij had gedacht dat het op Spaans leek. Plotseling leek hem Portugal eindeloos vreemd.

De tolk die door Benfica was gestuurd begroette hem in grammaticaal onberispelijk Duits, hadden ze ook een goede vlucht gehad, welkom in Lissabon. Onderweg naar de stad vroeg Teresa haar naar mooie woonwijken. 'Kunt u de vraag nog een keer herhalen?' verzocht de tolk. Kon ze haar een buurt in Lissabon aanbevelen om te wonen. 'Wat zegt u?' De tolk glimlachte. Teresa kreeg in de gaten dat ze haar vragen alleen zelf kon beantwoorden.

Ze zou haar studie eraan moeten geven als ze naar Portugal verhuisden.

Toen ze met haar moeder over de Praça do Rossio met zijn mozaïekvloer wandelde en de heuvel van de Bairro Alto op liep, met uitzicht over de Taag tot aan de Atlantische Oceaan, nam het gevoel bezit van haar dat deze stad zich in een andere, verre wereld bevond. Maar als ze 's avonds op het terras van een restaurant op het terrein van de Wereldtentoonstelling zaten, terwijl de reusachtige zeilen van de Vasco da Gamabrug glinsterden in de nacht en de kelners in zout gebakken goudbrasem serveerden, dan kwam haar die afstand opeens aanlokkelijk voor.

En, vroeg Robert toen ze terug was.

'Mooie stad. Wat mij betreft kunnen we daarheen gaan.'

Aha, zei hij.

Enkele dagen later zei Flippi 1860 München af. Hij was ook voor Benfica, had Robert Enke bedacht, nadat Jupp Heynckes hem in zijn woonkamer het project had uiteengezet.

'Maar je zou de stad echt eens zelf moeten bekijken,' zei Teresa.

Hij had nu geen tijd, antwoordde hij.

In Freiburg moesten ze winnen, dat was echt hun allerlaatste kans. Ze verloren met 1-2. Na vierendertig jaar in de Bundesliga was Borussia Mönchengladbach voor het eerst gedegradeerd. Het had zijn bevrijdende kanten. Het gevoel net gedegradeerd te zijn had het elftal wekenlang elke zaterdag weer bekropen. Eindelijk hadden ze zekerheid.

Met een trieste vier overwinningen uit vierendertig wedstrijden beëindigden ze hun seizoen, sinds de negende speeldag waren ze ononderbroken laatste op de ranglijst geweest. Zelfs de derde van onderen, Friedel Rausch' Nürnberg, dat ook nog degradeerde, lag zestien punten voor op hen. 73 doelpunten had Robert Enke moeten incasseren. En de koppen na al die doelpunten luidden 'Enke uitmuntend', 'Op Enke kun je bouwen', 'Enke hoop in bange dagen'.

Nog één keer moest hij in stadion Bökelberg twee goals incasseren, de laatste van de 73. Dortmund was de tegenstander bij de afsluiting van het seizoen en nog één keer weerklonken de kreten: 'Kijk daar staat hij, de huursoldaat en de verrader!'

'Het klinkt misschien stom maar ik had er toch lol in, in de Bundesliga te spelen,' zei hij tegen de sportverslaggevers ten afscheid.

Hij zou niemand iets laten merken.

Zes jaar later stak Robert Enke zijn rechterhand in de lucht om de supporters in Mönchengladbach bij de afscheidswedstrijd voor Uwe Kamps te groeten. De stemming was feestelijk uitgelaten, een idool vertrok. En toen Robert Enke hen vriendelijk groette werd hij door veel supporters uitgefloten.

Destijds had het hem onverschillig gelaten of zijn vrienden iets aan hem zouden merken. Na zes jaar liet hij zijn ergernis over de hatelijkheden van de supporters blijken, op zijn manier. 'In Mönchengladbach regent het toch altijd,' bromde hij slechts als Marco weer eens over Borussia wilde praten.

'Natuurlijk was hij nog diep gekwetst door de hatelijkheden in Mönchengladbach,' zegt Jörg Neblung. 'Hier was iemand die volslagen verkeerd begrepen werd: hij dacht fair tegenover zijn club te zijn door vroegtijdig te melden, ik vertrek aan het eind van het seizoen, ik geef jullie genoeg tijd om een opvolger te vinden. Hij wilde zich fatsoenlijk gedragen en oogstte daarvoor slechts haat.'

In juni 1999 was het contract met Benfica een feit. Het moest alleen nog ondertekend worden.

In het vliegtuig naar Lissabon zat hij met een Portugese taalcursus op zijn schoot en draaide hij zijn eerste zin in de vreemde taal ineen.

'É bom estar aqui.'

Daarmee wilde hij de sportverslaggevers bij zijn presentatie verrassen.

Het is goed hier te zijn.

De ondertekening van het contract was op de middag van 4 juni gepland, direct na zijn aankomst. De volgende dag stond de officiële presentatie op het programma, op een persconferentie in het Estádio da Luz. Hij was voordien niet meer naar Lissabon afgereisd, om de stad te verkennen.

Een dienstwagen wachtte op het Aeroporto da Portela op hen. Jörg Neblung had een licht zomerkostuum aan zoals Pierce Brosnan in *The Tailor of Panama*. Flippi had gezegd: jullie regelen dat wel, en was thuisgebleven. Robert Enke droeg een blauw hemd onder zijn grijze pak, zonder das, hij was toch een sportman. Toen ze in de ondergrondse garage van het vliegveld wegreden, ontdekte Teresa een fotograaf die zich achter een pilaar verborgen hield.

'Kijk daar nou,' zei ze, te verbaasd om na te denken.

Robert draaide zijn hoofd in de richting waarin haar vinger wees, en een flitslicht spatte in zijn ogen.

Woedend keek hij Teresa aan, alsof zij de foto had gemaakt.

'Sorry, hoe moet ik nou weten dat een paparazzo op het idee komt ons op te wachten?'

Ze bereikten het advocatenkantoor van Benfica's voorzitter João Vale e Azevedo.

Vriendelijke woorden, nerveus gefluisterd, werden gewisseld, daarna zat Robert Enke op een stoel met fluwelen kussen. Het contract lag voor hem.

Hij draaide zich om.

'Zal ik ondertekenen?'

Teresa slikte. Ze keek hem in de ogen en probeerde ontspannen te klinken. 'Onderteken.'

Handen werden geschud, die van Vale e Azevedo was vlezig, en profil had de president het gezicht van een jong gebleven intellectueel, van voren zag hij er met het glanzende hoge voorhoofd en de overdreven lachende ogen uit als een plaatselijke politicus die bijzonder slim wil overkomen. Ze gingen de deur uit, daar wachtten al de fotografen. Vale e Azevedo sloeg zijn arm om Robert Enke, de fotografen schoten erop los, de volgende morgen zou de foto op de voorpagina van de sportkrant *Record* staan. 'Enke ondertekent', stond er in vette letters boven.

Hij ziet er volstrekt gelukkig uit op de foto.

Een uur na de ondertekening van het contract trokken Robert, Teresa en Jörg zich in hun hotelkamer aan de Praça Marques da Pombal terug, om even uit te rusten. Jörg lag in zijn zomerkostuum uitgestrekt op bed, de armen achter zijn hoofd gekruist. Er werd aangeklopt.

Teresa's hoofd verscheen in de deuropening.

'Jörg, Robbi wil niet in Lissabon blijven.'

VIER

Angst

Jörg Neblung verroerde zich niet. Hij lag stil op het bed, om hem heen lagen sierkussens op elkaar gestapeld, zilvergrijze en bronsbruine met bloemenpatronen, zoals altijd in hotels van een hogere categorie waren er veel te veel kussens, en je wist niet wat je ermee aan moest als je op het bed wilde liggen. Langzaam verwerkte hij de woorden die hij zojuist had gehoord.

'Wat bedoel je daarmee: Robbi wil niet in Lissabon blijven?'

'Hij wil meteen terug.'

Jörg ging rechtop zitten. Met een glimlach verborg hij zijn verwarring. Zijn zwijgen bracht Teresa ertoe hem over de ver afgelegen wereld te vertellen waarin Robert Enke na de contractondertekening plotsklaps was afgedaald.

Voor het advovatenkantoor, meteen na de ondertekening, hoort Robert Enke Teresa zeggen, laten we naar het wereldtentoonstellingsterrein gaan en een beetje gaan stappen.

De auto's op de Avenida da Liberdade rijden langzaam, het avondspitsuur is begonnen. Palmen, hoger dan huizen, staan langs de boulevard, de fijne kinderkopjesbestrating onder zijn voeten is wit en glad, geslepen door miljoenen schoenen. Het zomerse licht in het zuiden, dat feller, glansvoller is, spiegelt zich nog in de etalages. Enkele voetgangers bekijken hem uit hun ooghoeken, zonder hun tred in te houden, ze willen niet nieuwsgierig lijken maar wel graag weten voor wie de fotografen hier zijn geweest. Het zwart van hun haren is net als het zonlicht: feller, glansvoller dan hij gewend is. Hij kan er de vinger niet op leggen wat precies maakt dat hij zich vreemd voelt.

Ze nemen een taxi.

De paviljoens van de wereldtentoonstelling vormen vandaag de dag een amusementswijk met een aquarium, boetieks, restaurants. Daarachter ligt een winkelcentrum. Misschien is hier ook een schoenenzaak, zegt Teresa speels tegen Robert en kijkt hem aan.

Hij houdt zijn hoofd schuin!

Net zo hield hij zijn hoofd altijd schuin in de eerste winter in Mönchengladbach als hij plotseling door angst overmand werd. Hij zat aan de eettafel op de Loosenweg, hij zei vertwijfeld dat hij niet naar de training wilde en dan zweeg hij, zijn hoofd opzij gekanteld alsof hij hem op zijn schouder wilde laten rusten, minutenlang hield hij deze houding vol.

Nu houdt hij opeens zijn hoofd schuin in het oude wereldtentoonstellingspaviljoen, en ze ziet de tranen die zich in zijn ogen verzamelen.

Hij voelt dat Teresa haar ogen op hem gericht houdt. 'Ik ga even naar het toilet,' zegt hij en draait zich abrupt om alsof hij zich los moet trekken.

'Wat is er aan de hand?' vraagt Jörg.

'Ik denk dat het niet zo goed gaat met Robbi.'

'O?'

Het duurt ongewoon lang voor hij van het toilet terugkomt.

'Gaan we terug naar het hotel?' zegt Teresa meteen om een brug naar hem te slaan.

Hij heeft hoofdpijn, zegt hij tegen Jörg.

Jörg neemt hem in zich op en vindt niet dat Robert er in enig opzicht slecht uitziet. In de taxi praat Teresa om te verhullen dat Robert zwijgt. Jörg zit voorin. Hij ziet niet dat Robert onbeweeglijk zijn hoofd schuin houdt en uit het raam staart.

Ze gaan een uur uitrusten en bekijken hoe het daarna gaat, zegt Teresa wanneer de lift van het vijftien etages hoge hotel hen naar hun verdieping met uitzicht brengt.

'Tot straks, Jörg.'

Als ze de kamerdeur achter hem dichtdoet, gooit hij zich op bed, verbergt zijn hoofd in het kussen en huilt zo vertwijfeld dat het klinkt alsof hij in zijn tranen zou kunnen stikken. Ze streelt zijn nek om hem tot bedaren te brengen.

'Robbi.'
'Ik kan hier niet blijven. Het gaat niet.'
'Maar je hebt toch een halfuur geleden je handtekening onder het contract gezet.'
'Wat moet ik hier in een vreemd land?'
Hij praat tenminste niet meer in het kussen.
Zijn gehuil zwakt af.
'Goed,' zegt ze op een bepaald moment. 'Jij roert je niet van je plek, en ik ga Jörg even op de hoogte stellen. We moeten het hem zeggen.'
Er wordt geklopt op Jörgs kamerdeur. Wanneer Teresa binnenkomt, speelt er nog een glimlach rond zijn lippen, alsof hij net een mooie droom heeft gehad.

Jörg volgde Teresa over de diepe, grijze vloerbedekking van de hotelgang, nog steeds niet helemaal ontwaakt uit de hoerastemming van de probleemloze contractondertekening. Toen ze binnenkwamen lag Robert onveranderd op het bed. Een dialoog herhaalde zich.
Ik kan hier niet blijven.
Maar je hebt toch een uur geleden je handtekening onder een contract gezet.
Het gaat niet.
Een ogenblik lang was Jörg uit het veld geslagen. Hij had zich na het Bundesligajaar in Mönchengladbach een helder beeld van Robert Enke gevormd, dat van een buitengewoon stressbestendige, bedachtzame, verstandige jongeman.
Jörg keek naar Robert, en plotseling zag hij zichzelf, zestien jaar oud thuis, toen zijn ouders, beiden leraar, hem vroegen of hij voor een jaar als uitwisselingsscholier naar de vs wilde. Een diffuse mix van angst en eenzaamheid had zich toen meester van hem gemaakt, 'Amerika, mijn god, dat is ver weg', en Jörg had het aanbod van zijn ouders zonder dralen afgewezen. Hij kon Roberts angst begrijpen. 'Hij was pas eenentwintig, een jongen, die een onbekende wereld betrad en in het buitenland door alles waarmee hij niet vertrouwd was overvallen werd.'
 Uit de penarie hielp dit begrip hem evenwel niet.

En als hij er nu eens een nachtje over sliep, misschien waren het maar de zenuwen, begrijpelijk natuurlijk.

Robert schudde zijn hoofd krachtig. Hij moest hier weg, hij vertrok. Op zijn wangen vertoonden zich rode vlekken.

Jörg belde Flippi op, tenslotte was hij slechts een werknemer van het agentschap, hij kon geen verreikende beslissingen buiten zijn chef om nemen. Flippi had een ondubbelzinnig advies.

'Sla hem op zijn bek,' zei hij tegen Jörg.

Jörg begreep: Hij moest de situatie alleen oplossen.

De uitnodiging voor Robert Enkes presentatie de volgende morgen in het Estádio da Luz was al aan de media verstuurd.

Teresa zat naast Robert op het bed, Jörg nam plaats in de met grijze stof beklede fauteuil. Op het bureau stond een boeket witte rozen.

'En als we nu zeggen dat Teresa onwel geworden is, en dat we op korte termijn moeten afreizen?'

Zij zou het spel meespelen, zei Teresa.

Jörg keek Robert aan.

Robert wachtte af tot zij iets ondernamen.

Dan zou hij dat op zich nemen, zei Jörg. Maar de trainer moest hij minstens toch de waarheid vertellen. Robert had zijn contract bij Benfica alleen aan Jupp Heynckes te danken, alleen al daarom waren ze het hem verschuldigd eerlijk tegen hem te zijn. Wat er daarna ook zou gebeuren.

Jörg Neblung ging de straat op. Moeilijke gesprekken kon hij beter voeren als hij in beweging was. Hij liep de Rua Castilho omlaag. Het autoverkeer ruiste terwijl hij het kantoor van Benfica's president mobiel belde en ze ervan op de hoogte bracht dat ze de presentatie helaas moesten uitstellen, de vrouw van de keeper was onwel geworden, ze zouden morgen met het eerste vliegtuig teruggaan, ja, helaas. Wat een opluchting dat het fatsoen secretaresses gebiedt nieuwsgierig doorvragen achterwege te laten. Nu nog Jupp Heynckes.

Jörg maakte rechtsomkeert en liep de Rua Castilho weer terug, langs het Sotheby's-filiaal en het Ritzhotel, die hij niet zag. Het ging zachtjes bergop, dat was goed, hoe meer lichamelijke inspanning, des te minder last hij had van zijn zenuwachtigheid.

Jupp Heynckes meldde zich vriendelijk aan de telefoon.

Jörg wilde het zo snel mogelijk achter de rug hebben en praatte erop los zonder de trainer een kans te geven hem te onderbreken. Het ging slecht met Robert, de angst voor het buitenland, heel plotseling, jonge vent, kortom, ze moesten onmiddellijk vertrekken, er was geen andere mogelijkheid, verder moesten ze maar kijken, maar om eerlijk te zijn, Roberts transfer naar Benfica was onzeker.

'Meneer Neblung, u bent mateloos arrogant.'

'Ja, dat spijt me ook heel erg. Maar er zit niets anders op.'

Hij merkte dat hij de weg alweer een stuk naar beneden was gelopen toen hij het gesprek beëindigde en bleef staan.

'Heynckes had gezien de gebruikelijke gang van zaken in het profvoetbal natuurlijk het vermoeden dat we plotseling een betere aanbieding voor Robert hadden en hem daarom met uitvluchten bij Benfica weg wilden halen. Daarom kon ik me indenken dat de trainer me op dat moment alleen het slechtste toedichtte. Adviseurs dienen immers ook de klappen op te vangen en ervoor te zorgen dat de speler ervoor gevrijwaard blijft. Ik kon er wel mee leven, dat ik me de schimpscheuten van Heynckes moest laten welgevallen.'

's Avonds bleven ze in het hotel. Jörg boekte de terugvlucht op de volgende dag om. Robert ging vroeg naar bed.

De volgende morgen kocht Jörg op het vliegveld de *Record* voor hem met de kop 'Enke tekent'. Robert Enke zag op de voorpaginafoto hoe gelukkig hij lachte. Nu had hij nog maar één ding voor ogen: weg uit Lissabon. Hij was te zeer uitgeput door de angst om zich te realiseren dat iemand die wegvliegt ook ergens aan moet komen en verdergaan.

Teresa en hij gingen eerst maar eens op vakantie. Vlak achter het kilometerslange strand van Domburg begonnen de duinen met hun door de wind verwilderde struikgewas. De wolken leken op de zandheuvels te rusten, zo laag hingen ze boven de uiterste punt van Zeeland. Robert Enke keek hoe de honden door de duinen renden.

Teresa en hij hadden het niet over de avond in Lissabon, maar het negeren had niets geforceerds. Het leek hier eenvoudig geen gespreksonderwerp te zijn.

We hebben vier weken de tijd voordat de training bij Benfica begint, dacht Teresa bij zichzelf. In vier weken kon er veel gebeuren.

In het agentschap van Norbert Pflippen planden ze ondertussen de toekomst. Flippi belde Edgar Geenen nog eens op, de technisch directeur van 1860 München. Nu zou Robert Enke misschien toch nog naar 1860 komen. Maar het vooruitzicht zich in een juridisch gevecht te storten voor een speler die twee maanden geleden niet naar hen toe wilde en nu bij een andere club getekend had, vond Geenen weinig aanlokkelijk.

De enige oplossing was Robert er toch toe te brengen naar Lissabon te gaan.

Flippi belde met Jupp Heynckes.

'Beste mensen, dat kan toch allemaal niet waar zijn!' riep de trainer.

'Dat hoef je mij niet te vertellen Jupp, ik begrijp je toch, ik sta aan jouw kant. Die jongen is alleen maar een beetje de kluts kwijt, de paparazzi in Lissabon hebben hem schuw gemaakt, de ontvangst was te veel voor hem.'

'Zien jullie eigenlijk nog de realiteit? Hij heeft een uitstekend contract gekregen, en wel omdat ik voor hem ingestaan heb!'

'Dat weet ik toch, Jupp, dat zeg ik die jongen toch ook. We proberen het te regelen, gun hem wat tijd.'

Hij had geen tijd, hij moest een seizoen plannen, zei Heynckes, en de toon waarop hij sprak kwam aardig in de buurt van die van een trainer die in de rust bij een 0-4 achterstand zijn ploeg toespreekt.

Korte tijd later kwam een mededeling uit Portugal. Jupp Heynckes had een nieuwe doelman gecontracteerd.

Internet stond in de kinderschoenen, Jörg voerde de naam van de nieuwe man in de zoekmachine in.

Carlos Bossio.

Vier jaar ouder dan Robert Enke, winnaar van de zilveren medaille op de Olympische Spelen van 1996 met Argentinië, 146 wedstrijden in de eerste Argentijnse divisie voor Estudiantes.

De foto's op internet zeiden de rest. 'Een reusachtige kerel, 1.94 meter, en een kin als Sylvester Stallone,' zegt Jörg Neblung. 'Dat was een doelman met het profiel van een nummer een.' Benfica Lissabon rekende niet echt meer op Robert Enke en vertrouwde hem nadat hij halsoverkop vertrokken was nog minder. Dat was de boodschap die vervat was in de mededeling uit Portugal.

Jörg vertelde Robert erover alsof het niet beter had gekund. 'Je staat nu volstrekt niet onder druk in Lissabon, ze hebben nog een doelman uit Argentinië gehaald, eventueel zal hij in het begin spelen, maar dat zou misschien helemaal niet zo slecht zijn, dan kun jij in alle rust daar wennen.'

Met gebronsde huid, het blonde haar glanzend na de zomervakantie, zei Robert Enke, verstandig, zoals ze hem allemaal kenden, dat hij natuurlijk begreep dat hij naar Lissabon moest als hij een contract had getekend.

Teresa organiseerde de verhuizing uit Gierath. Op de dag voor hun vertrek naar Lissabon keken ze toe hoe de verhuizers de dozen uit de dakwoning sjouwden. De koffers en tassen voor de vlucht stonden in de keuken. Nadat de verhuiswagen vertrokken was, keek Teresa nog een keer in de lege woning rond of ze niets hadden vergeten. Het was zaterdag, de basisschool aan de overkant was gesloten, de stilte van een dorp in het weekeind paste bij de leegte van de woning. Robert ging voor Teresa staan.

'Ik ga niet mee.'

'Wat?'

'Ik ga niet mee. Waar is de autosleutel?'

Teresa stond perplex, te erg om na te kunnen denken, laat staan iets te ondernemen toen hij de trappen af rende.

Ze belde hem op zijn mobiel. Die stond uit. Ze belde zijn ouders op. 'Mocht uw zoon zich melden, bedenk dan iets hoe jullie hem kunnen kalmeren. Hij is 'm namelijk net gesmeerd.'

Het lukte haar nog altijd niet zo serieus te zijn als ze graag wilde. Daar was zijn gedrag te onmogelijk voor.

Ze reed met haar auto naar Jörg en Dörthe in Rheydt. Niet ver van de oude boerderij van oma Frida zag ze Jörg in joggingpak het bos in verdwijnen. Laat hem gaan, dacht ze bij zichzelf, ik kan hem altijd over een uur nog laten schrikken van het nieuws.

Met het aangename gevoel van afmatting na de sport keerde Jörg drie kwartier later terug. Hij begroette Teresa en vroeg terloops: 'Waar is Robbi?'

'Die is 'm gesmeerd.'

'Meen je niet.'

'Nee, echt. Hij is ervandoor.'

Teresa, Dörthe en Jörg beseften dat het absoluut ongepast was te lachen, en daarom was het 't enige wat ze konden doen: lachen.

Om de paar minuten belden ze hem op zijn mobieltje. Dat bleef uitstaan. Ze stuurden hem sms-berichten. Ze konden alleen maar blijven wachten. De duisternis verdreef kalm de prachtige dag, het was negen uur 's avonds. Zeven uur lang hadden ze op hem gewacht toen de deurbel ging. Teresa rende naar de deur en zag hem aan de voet van de steile trap staan. Hij keek even naar boven en toen weer weg alsof niets ter wereld voor hem van enig belang was.

'Mijn god, Robbi, waar was je?'

'Weg.'

Een concreter antwoord heeft Teresa nooit gekregen. Ze drong er ook niet op aan. Ze had het gevoel dat hij zijn innerlijk evenwicht net weer hervonden had en dat zij de subtiele balans in geen geval nog eens aan het wankelen mocht brengen.

'Dan gaan we vandaag naar Lissabon,' zei ze de volgende morgen, en ze deed haar best de zin niet als een vraag maar ook niet als een bevel te laten klinken.

Hij knikte, en niemand kon precies zeggen wat hij gevoeld moet hebben.

VIJF

De lichtstad

Ze betrokken een hotelkamer op de luchthaven, waar de mensen wonen die snel weer weg willen. Het kleine park in de buurt van het hotel heette Dal van de stilte. Vandaar was het maar vijf minuten naar het oude Wereldtentoonstellingsterrein, het ene vertrouwde oord van waaruit ze tastend hun weg konden zoeken in de vreemde stad.

De milde lucht van de invallende nacht na de hete julidag vlijde zich neer op hun lichaam toen Teresa van een restaurantterras op het Wereldtentoonstellingsterrein over de Taag uitkeek. De lichten van Lissabon schommelden op de rivier, de vlaggen van alle landen fladderden aan de masten aan de voet van de Vasco da Gamabrug. Er stond een zachte bries.

'Is het hier niet prachtig, Robbi?'

Hij ging door met het snijden van zijn steak.

'Ik hoor de hele tijd alleen maar het piepen van de vlaggenmasten,' zei hij.

Teresa weet niet zeker of hij zijn hoofd schuin hield, ze weet niet meer of ze stomverbaasd haar bestek liet vallen. Maar zo staat haar de scène tegenwoordig voor de geest.

Ze ging met hem mee naar de dagelijkse training bij Benfica, alsof ze hem naar het ziekenhuis bracht. Ze zette Robert bij het Stadion van het Licht af en ging naar een café in het winkelcentrum aan de overkant van de straat, als een verwant die voor de operazaal wacht en probeert niet met de vingers te trommelen. Hij moest de trainer onder ogen komen, die hij bijna had laten vallen.

Bij de ingang van het stadion wachtte een adelaar Robert Enke op. Hij haastte zich langs Benfica's stenen wapendier naar de

Robert Enke in 2000 boven in lichtstad Lissabon.

kleedkamer. Hij verstond niet wat de andere spelers zeiden, maar hij verstond hun gelach, het was hetzelfde als bij Borussia in Mönchengladbach als Marco een geintje had gemaakt. Hij voelde zich nog vreemd en alweer thuis.

De trainer stelde zich aan het elftal voor, en meteen gingen ze naar buiten, campo numero 3, het trainingsveld, op. Robert Enke hield zich voortdurend op tussen zijn nieuwe ploeggenoten. Zo kreeg Jupp Heynckes niet de kans hem onder vier ogen te spreken. Heynckes' keeperstrainer Walter Junghans deed tegenover Robert Enke alsof hij niets wist van diens paniekaanval.

Er waren vier keepers, een te veel nadat Carlos Bossio op stel en sprong was aangetrokken. Junghans deed zijn best om alle keepers gelijk te behandelen. Hij had in zijn carrière alle mogelijke gemoedstoestanden van een keeper zelf meegemaakt, Duitse topdoelman bij Bayern München, niet erg gewilde invaller, aanvoerder bij Schalke, gestrand in de Tweede Bundesliga, 'deze positie brengt zoveel euforie en leed met zich mee, een doelman moet er rekening mee houden dat hij elke seconde de pineut kan zijn', zegt Junghans, 'daarom moet de keeperstrainer als begripvolle vriend van al zijn keepers optreden.' En dus vond hij het niet echt prettig dat hij Robert Enke bij elke trainingsoefening als eerste op doel moest zetten. Het ging niet anders. Bossio kende alleen Spaans, de derde doelman Nuno Santos Portugees, Sergej Ovtsjinnikov, voor wie als vierde man het vertrek dreigde, Russisch en Portugees. Walter Junghans sprak alleen Duits en Engels. Robert Enke moest de oefeningen altijd voordoen opdat de anderen ze begrepen. Verder maakten ze zich verstaanbaar in de taal der sprakelozen, door te glimlachen.

Het gras was nog heerlijk vochtig, vlak voor de training gesproeid, de bal hechtte aangenaam stroef aan de handschoenen. Robert Enke observeerde zijn concurrenten. Alles aan Bossio was reusachtig, zijn bovenarmen, zijn handen, inderdaad ook zijn kin; en spectaculaire duiken maken kon hij ook. Maar het grootste aan de Argentijn, merkte Robert Enke op, was zijn vriendelijke glimlach. Hij glimlachte terug.

De gedachte om aan de angst te denken kwam niet meer bij hem op.

Zijn drang naar perfectie, zijn drang om elke uitdaging aan te gaan, was op het trainingsveld instinctief in hem ontwaakt.

Als de andere profs na de training vertrokken, ging hij het krachthonk in. Aanvankelijk had hij zich in Mönchengladbach niet happy gevoeld met de gewichten, onder de ogen van Kamps. Nu ging hij als enige vrijwillig in de weer met de apparaten. Walter Junghans deed met hem mee, om op zijn eenenveertigste aan de apparaten een beetje tegen het onvermijdelijke buikje van een voormalige profsporter te vechten, die lichamelijke inspanning na zoveel tergende jaren intussen veracht. Plotseling stond de trainer naast hen.

Jupp Heynckes wachtte tot Robert Enke een pauze nam tussen de reeksen op de leg press. De trainer begon over zijn eerste indrukken van Lissabon te vertellen, hoe voorkomend de Portugezen waren, tenminste zolang ze niet in een auto reden, hoeveel helderder het licht hier was dan in het noorden. Jupp Heynckes praatte zachtjes, langzaam, opgeruimd, en op een zeker moment zei hij plotseling: 'Luister eens, Robert, je bent hier niet alleen. Ik weet wat voor stap het voor een eenentwintigjarige is naar het buitenland te gaan, maar je hoeft niet bang te zijn. Ik heb je gehaald en ik zal je helpen. Walter, jij en ik, wij zijn hier samen, en wij brengen het ook samen tot een goed eind.'

Niemand weet nog wat Robert Enke geantwoord heeft. Het was tijd voor de volgende reeks op de leg press. Hij klemde de voeten in het apparaat, de knieën gebogen, de mond samengeperst in afwachting van de inspanning. En de gewichten in het apparaat suisden naar boven alsof geen inspanning hem te veel was.

'Ik mocht Robert van meet af aan. Ik had hem immers in de lente twee keer in mijn huis bij de Spielberg in Mönchengladbach ontmoet om hem voor Benfica te winnen. Hij was ongelooflijk open, sympathiek, ook zeer zelfbewust, en deze indruk had ik nog steeds, hoewel ik eerst echt kwaad was geworden toen hij opeens niet meer naar Lissabon wilde gaan. Maar vanaf het ogenblik dat we elkaar bij Benfica in het krachthonk spraken was de kwestie van zijn paniekaanval voor mij verleden tijd,' zegt Heynckes. 'Ik heb er pas vier jaar later weer aan gedacht.'

Robert Enke viel het niet zo makkelijk te vergeten. Zodra hij het trainingsterrein achter zich liet, keerde het gevoel dat hij hier niet op zijn plek was langzaam, verlammend terug. Hij wist dat er geen reden was bang te zijn. Maar hij kon zijn angst daarom nog niet zomaar afschudden. Het hotel bij de luchthaven werd zijn vesting. Hij verschanste zich erin.

'Hoofd recht, Robbi!' riep Teresa, hij schrok op voor de tv, richtte zijn hoofd op, en een kwartier later was het hetzelfde liedje.

Op een middag belde Tina, hun gemeenschappelijke vriendin uit Jena, op. Robert was net naar de training.

'En, wat doe jij zoal?'

'Wat moet ik doen, ik zou er graag ook eens op uit, naar de binnenstad of zo, maar Robbi voelt zich niet lekker, hij zit altijd maar bedroefd op de kamer.'

'Ga dan toch een keer alleen eropuit, al ga je maar alleen met een boek in het café zitten. Je kan niet altijd maar Robbi alles naar de zin maken.'

Maar Teresa dacht niet dat het hoe dan ook goed met haar kon gaan zolang het met hem niet goed ging.

Het voetbal stond hem een korte ontsnapping aan de angst toe. Terwijl Benfica op trainingskamp was in het Salzburgse land, mocht hij afreizen om met het Duitse nationale elftal naar de Confederations Cup in Mexico te vliegen. Hij was voor de eerste keer voor het nationale elftal uitgenodigd. De omstandigheden waren niet bijster feestelijk. Het toernooi in Mexico stelde sportief gezien niet zoveel voor, het moment eind juli was een goeie grap, onmiddellijk voor de start van het clubseizoen, en dus hadden de gevestigde keepers van het nationale elftal, Oliver Kahn en Hans Jörg Butt, voor de Mexico-trip afgezegd. Robert Enke was er op het laatste moment als reservedoelman bij gesleept. Niemand in het Duitse voetbal wist iets over zijn innerlijk gevecht. Velen vatten zijn selectie op als een logisch gevolg: deze doelman had de toekomst.

Zonder ook maar één wedstrijd in te vallen, bracht hij veertien zinderend hete dagen door in Mexico, 's nachts kon hij niet slapen van de hitte en de jetlag, overdag keek hij toe hoe een zeer matig gemotiveerde Duitse ploeg met 0-4 van Brazilië en met 0-2 van de vs verloor. En dat terwijl zijn positie bij Benfica nu niet echt verbeterd was omdat hij twee weken competitievoorbereiding miste. Maar zo zag hij het niet. Twee weken lang had hij zich in het verre Mexico weer thuis kunnen voelen: in een Duits elftal.

Bij zijn terugkeer naar Lissabon kon hij zich niet meer voor de realiteit verschuilen. Hij woonde nu hier. Hij ging met Teresa op huizenjacht. Zelfs een paleis liet de makelaar hun zien. Langs de helling van het pijnbomenpark Monsanto, ver van het lawaai van de stad, lag het Palácio dos Marqueses de la Fronteira. Het voormalige gastenhuis achter het paleis was te huur. Aha, zei Robert Enke, en grinnikte bij het idee hier te wonen. Maar nu verder, zei de makelaar, hij zou hun nog ettelijke spectaculaire huizen tonen, en ze zouden dagen nodig hebben om een beslissing te nemen.

Op 10 augustus 1999 speelde Benfica een oefenwedstrijd tegen Bayern München in het Estádio da Luz. Portugezen noemen het stadion vaak alleen maar *A Luz*. Het Licht. Het nieuwe elftal, het Benfica van Jupp Heynckes, presenteerde zich, en zestigduizend toeschouwers vulden de arena onder het licht, want niets is aanlokkelijker dan de steeds terugkerende belofte van een nieuw seizoen: nu wordt alles anders, beter.

Voor de eerste keer zou de trainer zijn favoriete elftal laten zien, met Nuno Gomes in de aanval, Karel Poborský op de vleugel en João Pinto, wiens voet een bal strelen kon, als regisseur. In het doel stond Carlos Bossio. 'De bedoeling was dat hij de nummer een zou worden,' zegt Walter Junghans.

Bayern won de oefenwedstrijd met 2-1. Het felle licht keerde zich tegen Bossio, zestigduizend mensen floten en jouwden hem woedend uit. Hij had er bij beide doelpunten van München niet bijster goed uitgezien.

Het was maar een oefenwedstrijd, de uitslag was na het laatste fluitsignaal al van geen enkel belang meer. Niemand heeft het nog over zulke avonden als de balans van een voetbalcarrière wordt opgemaakt. Want niemand kan geloven dat het echt zulke onbelangrijke momenten zijn die beslissend zijn voor een carrière.

Tien dagen later, vlak voor de aanvang van de Portugese competitie, trok de internationale voetbalbond FIFA voorlopig de spelerslicentie van Bossio bij Benfica in. Zijn vorige club, Estudiantes de la Plata, had Benfica bij de FIFA aangeklaagd. De overeengekomen transfersom was niet betaald.

De hele waarheid, zegt Heynckes, is tot op de dag van vandaag niet in de openbaarheid gekomen: 'Bossio was voor het bestuur van Benfica na zijn ongelukkige wedstrijd tegen Bayern niet goed genoeg meer. Benfica heeft de betalingen aan Estudiantes flink getraineerd.'

Carlos Bossio mocht niet meer spelen, Nuno Santos was geblesseerd, Sergej Ovtsjinnikov inmiddels aan de eerstedivisieclub in de voorstad FC Alverca overgedaan. Alleen Robert Enke kon spelen.

Hij bracht Teresa het bericht terloops, zoals hij goed nieuws altijd het liefst doorgaf. Hij had er groot plezier in de opwinding op het gezicht van de ander te zien doorbreken.

'O ja, trouwens, ik speel zaterdag.'

Ze zaten onder de palmen bij een zwembad met uitzicht op een in Italiaanse renaissancestijl aangelegde tuin met geometrisch gesnoeide sierbomen. Ze waren in het gastenhuis van het Palácio Fronteira gaan wonen.

In een stad waarvan hij de naam al vergeten was toen hij er nog verbleef, in een stadion waarin zich achter de doelen geen tribunes maar grasheuvels bevonden, moest Robert Enke bewijzen dat hij de angst kon verdringen. Benfica begon het seizoen van de Portugese SuperLiga tegen FC Rio Ave, een club uit de kleine stad Vila do Conde in het niemandsland achter Porto. Het stadion had een capaciteit van slechts 12.000 toeschouwers en daarmee was er plek voor zestig procent van de inwoners van de plaats. Op de grasheuvel achter hem krioelde het van jongeren en kinderen, hun stemmen zwollen tot een onaangenaam constant piepen in zijn oor aan.

Thuis in Duitsland beende Jörg Neblung door zijn woning. Flippi had besloten dat niemand van het agentschap naar deze wedstrijd aan de rand van Europa hoefde te gaan. 'Bezien vanuit de situatie nu was dat zeer nalatig als je bedenkt hoe het met Robert ging,' zegt Jörg Neblung. De satelliet-tv zond weliswaar snookertoernooien en dartskampioenschappen uit, maar voetbalwedstrijden uit Portugal niet. Hij liet zich per sms door Teresa in Lissabon op de hoogte houden.

'Wedstrijd afgelopen. 1-1. Goed gekeept.'

Jörg kon weer uitademen.

Een week later, na de eerste thuiswedstrijd van Benfica, stond Robert Enke al op de voorpagina's van de sportkranten.

'*Voa Enke*! Enke op vleugels!' prijkte op Portugals bestverkochte krant *A Bola*.

Op een van die momenten waarop een doelman niet weet hoe hij het klaarspeelt, kwam hij van de grond en stopte een harde kopbal van op vijf meter afstand. Geweldige reddingen als deze beleefde hij in een roesachtige traagheid. Plotsklaps bereikte hij een hoger waarnemingsniveau, hij zag opeens gestoken scherp, de kleuren van het shirt, de bewegingen van de aanvaller. Anderen hebben een dergelijke grenservaring hooguit in traumatische angstsituaties, wanneer ze in de auto plotseling moeten remmen of met hun fiets ten val komen. Zodra hij het gevaar de baas is geworden, raakt een doelman verslaafd aan dit soort spelmomenten die wonderbaarlijk mooi en beangstigend zijn. Tegen het eind van de eerste thuiswedstrijd stompte Robert Enke nog een klutsbal uit

De typische verdedigingshouding van Robert
Enke met de naar binnen gekeerde knie bij
een-tegen-eensituaties.

de hoek en wist daarmee Benfica's 1-0 overwinning op Salgueiros te behouden. *A Luz*, Het Licht, straalde. 'Enke al publiekslieveling in Lissabon,' meldden in Duitsland de persbureaus, waarvoor de dingen nooit snel genoeg kunnen gaan.

De sportverslaggevers wilden weten of de situatie bij Benfica met nog maar één ervaren profkeeper in de selectie niet twijfelachtig was, ook voor hem, zo helemaal zonder een rivaal die hem op de training pushte. Druk zetten, onder druk gezet worden was kennelijk ook in het Portugese voetbal een populaire methode. 'Mij bevalt de situatie,' was de reactie van Robert Enke. 'Ik heb geen concurrentie nodig.'

Een zeventienjarige jongen uit het B-elftal was zijn nieuwe trainingspartner en vervanger, José Moreira. 'Het eerste wat me opviel was zijn gezicht,' zegt Moreira. 'Zijn gezicht tijdens de wedstrijd was het gezicht van Oliver Kahn! Geen enkele beweging, geen gebaar, roerloos, niets leidde hem af, niets bracht hem uit de concentratie.'

Robert Enke merkte hoe de jongen elke beweging van hem opzoog, hoe Moreira hem begon te imiteren. 'Als je naar me kijkt,' zegt Moreira elf jaar later en kan daarbij zijn trots niet verhelen, 'zul je het een en ander van Robert herkennen.'

In de Kathedraal van het Bier, zoals de ruimte voor de bijzonder belangrijk geachte gasten in het Stadion van het Licht heet, springt Moreira van zijn barkruk. Voor hem dineren zakenlieden, strak in het pak, en Moreira, in wijde spijkerbroek en slobberig zwart T-shirt gestoken, doet net alsof hij geen publiek heeft. Hij gaat op zijn hurken, bijna in spagaat, het rechterbeen uitgestrekt, de linkerknie gebogen, het bovenlichaam kaarsrecht, de armen gespreid, alle tien vingers gespreid. 'Zo stond Robert in een-op-eensituaties wanneer een aanvaller voor hem opdook,' Moreira's stem is nu hoog en luid van enthousiasme, 'hij maakte zich zo breed, en hij was zo beweeglijk en snel, hij kon deze positie vanuit het niets innemen en meteen weer uit zijn spagaat springen. Geen andere doelman beheerste deze houding.'

Moreira vroeg Robert Enke, waarom neem je deze spagaathouding aan, waarom ren je bij voorzetten niet vaker uit het doel, hé, binnen in je handschoenen zit ook latex, waarom is dat? En Robert Enke, die zichzelf wijsmaakte dat het hem niet kon schelen wat andere mensen van hem dachten, bloeide op nu hij geen rivaal naast zich had die hem onder druk zette maar een weetgierige leerling die hem bewonderde.

Op avonden voor de wedstrijden deelden ze de hotelkamer. Ze spraken hun eigen Portugees-Engels met elkaar.

'Moreira, over drie maanden wil ik Portugees kunnen spreken. Jij bent nu mijn leraar. Hoe spreek je dit uit: "aipo hortense?"'

'Robert, er staat een r in "hortense", je hoort jouw r niet. Je spreekt het uit alsof je een hete aardappel in je mond hebt.'

'Maakt niet uit, over drie maanden kan ik het, Moreira. Maar jij moet ook Duits leren. "Breng me water!" Dat is de belangrijkste zin die je als mijn reservedoelman moet verstaan, begrijp je dit: "Breng me water!"'

Moreira kent de zin tegenwoordig nog en nog zo wat meer, zoals bij de begroeting bij het Stadion van het Licht blijkt. We ontmoeten elkaar om 14.00 uur. 'Goedenacht!' begroet Moreira me in het Duits.

'Moreira, nu gaan we naar de Bundesliga kijken op de Duitse zender,' zei Robert Enke op zaterdagavond op hun hotelkamer.

'Maar we kunnen de doelpunten toch ook op Eurosport bekijken met Engels commentaar, dan versta ik ook wat.'

'Ach nee. Het is beter om het in het Duits te kijken.'

'Beter?'

'Ja, ja. O, Moreira, daarna komt er nog een goede film met Eddie Murphy op ZDF.'

'Maar er is niet eens ondertiteling!' zei Moreira toen de film aan de gang was. 'Eddie Murphy spreekt Duits!'

'Maakt niet uit, Moreira, het is toch goed zo.'

'Maar Robert, we zouden Portugese tv kunnen kijken, daar worden de speelfilms in het Engels uitgezonden met Portugese ondertiteling.'

'Hij wilde altijd zijn zin krijgen,' zegt Moreira vol sympathie, 'en ik heb nog nooit zoveel geslapen als toen ik met hem op een kamer zat, want die Duitse films begonnen me te vervelen.'

Vandaag de dag op zijn achtentwintigste draagt Moreira zijn haren tot op de schouder, ze omlijsten een zacht gezicht, maar zoals bij bijna alle keepers is ook zijn gezicht getekend door de botsingen met aanvallers. Hij heeft een flinke schaafwond onder zijn rechteroog. Hij is Benfica elf jaar trouw gebleven, ook al behandelt de club hem alsof hij bij de inventaris hoort, soms speelt hij, meestal niet, omdat de andere keepers die Benfica voor veel geld heeft gekocht, vanwege hun transfersom ten onrechte hoger worden aangeslagen.

'Heb je Moreira laatst zien spelen?' vroeg Robert Enke vaste prik elke keer wanneer we in later jaren kwamen te spreken over topkeepers.

'Robbi, ik kijk toch niet ook nog eens Portugees voetbal!'

'Je móét echt eens naar Moreira kijken.'

Robert Enkes ogen lachten wanneer hij over Moreira sprak, de doelman die van hem leerde, die hem een nooit vermoede onbe-

Robert Enke met zijn keepersmaatje José Moreira.

zwaardheid bij de training bezorgde en die zijn compagnon en geen rivaal was.

In het paleis Fronteira kon je je een markies wanen, ook al woonde je alleen maar in het gastenhuis. Het had meer baden dan er kamers in hun woning in Mönchengladbach waren: zes. De tuinmuren waren met blauwwitte 'azulejos' betegeld, waarop motieven stonden die verhaalden van riddergevechten en kwetterende apen.

Telefoontjes uit Duitsland bezorgden Teresa en Robert gevoelens van triomf.

'O man, hier regent het alweer.'

'O jee. Wij zitten in ons t-shirt in de tuin.'

Ze verkenden de stad, de vesting São Jorge en het museum Gulbenkian, het Eleven en het Blues Café, ze maakten kennis met profs bij Benfica. Soms zaten ze in de tuin en keken naar het licht in Lissabon, goudkleurig in de middag, melkachtig in de dageraad.

Teresa's kwade geweten dat ze haar studie eraan had gegeven, verbleekte. 'De waarheid is dat ik ervan genoot niet te hoeven werken of studeren.' Wanneer Robert naar de training was, lag ze in de tuin en las thrillers. Alinea's met louter beschrijvingen van plaatsen of bijvoorbeeld van het licht sloeg ze geërgerd over. Er moest wel wat gebeuren in boeken.

Op een ochtend was ze foto's van hun zomervakantie in Zeeland in hun album aan het plakken, Robert met hoed in de duinen, glimlachend. 'Een donkere tijd stond ons te wachten,' schreef ze eronder, dat ging haar makkelijk af. Het leek ook zo tot het verleden te behoren.

'Ik denk dat Robert nooit meer een angstaanval krijgt,' zei ze tegen zijn vader toen die hen in Lissabon een bezoek bracht.

'Daar zou ik toch, het spijt me het te moeten zeggen, niet zo zeker van zijn,' zei zijn vader.

Teresa huiverde even en schudde de gedachte van zich af.

Robert Enke had nog steeds vleugels. Toen Benfica eind oktober FC Gil Vicente versloeg, was het elftal na zeven speeldagen nog steeds ongeslagen. Robert Enke had sinds de 1-1 tegen Rio Ave als opmaat geen enkel doelpunt meer tegen gekregen. 'Enke is de exorcist,' dichtte de *Record*.

De bezoeken uit Duitsland namen toe. Teresa's moeder was de volgende. Het herfstlicht kleurde de tuin lichter, zachter. De bellers uit Duitsland zeiden dat ze gisteravond voor het eerst de verwarming hadden aangezet, en zij zwommen in de paleistuin in hun zwembad.

'Wat is het hier heerlijk,' zei Teresa's moeder.

'En ik ken iemand, die wilde helemaal niet naar Lissabon,' riep Robert uit het zwembad en keerde zich met een glimlach naar Teresa: 'Waarom was dat ook alweer dat je niet naar Lissabon wilde?'

ZES

Geluk

Op een nachtelijk uur waarop het overgaan van de telefoon ofwel duidt op het telefoontje van een verliefde vrouw of weinig goeds betekent, schrok Marco Villa op. Het was 25 november 1999, hij keek op de klok, vlak voor middernacht. Robert Enkes naam knipperde op de display van zijn mobiel.

Na de degradatie van Borussia was Marco in Oostenrijk beland. Het woord provincie kreeg een nieuwe klank voor hem. Hij speelde bij de Spielvereinigung Ried in de eerste divisie. De plaats die tussen Salzburg en Linz verscholen ligt in een aardslenk van het Alpenvoorland, had elfduizend inwoners en de Spielvereinigung had in 1998 de Oostenrijkse beker gewonnen. Het stadion in Ried heet 'Geen Zorgen Arena'. Marco voelde de zorgeloosheid van Ried al, hij had in vijf maanden al acht doelpunten voor de club laten noteren. Hij nam de telefoon op.

'Robbi?'

'Weet je wat er net gebeurd is?'

Marco Villa merkte dat hij het helemaal niet weten wilde.

'Ik heb er weer zeven goals in gekregen.'

Oude wonden werden opengereten, de 1-7 in Wolfsburg, de 2-8 tegen Leverkusen, 'ah, klote man.'

Robert Enke moest er alleen maar om lachen. Alsof de 0-7 met Benfica in de UEFA-Cupwedstrijd tegen Celta de Vigo hem niet totaal van zijn stuk had gebracht maar enkel ongelofelijk voorkwam.

Benfica was aan de wedstrijd begonnen met het idee agressief en en bloc te verdedigen, het moest volgens de opzet van de trainer een klassieke uitwedstrijd voor de Europese Beker worden, die alles, de beslissing en het drama, tot de thuiswedstrijd uitstelde. Vervolgens scoorde Celta al na een kwartier de 1-0. Er brak iets. Benfica, die roemrijke bladzijde uit het Portugese verleden, de zo glorieus aan het seizoen begonnen nieuwe belofte van Jupp Heynckes, raakte verstrikt in de eigen tegenstrijdige gedachten. Enerzijds waren ze hier alleen gekomen met de intentie te verdedigen, anderzijds moesten ze nu in de aanval gaan. Benfica wist geen orde op zaken te stellen, er ontstond onverwachte speelruimte voor Celta, dat destijds een van de beste teams van Europa bezat, met Claude Makelele als golfbreker op het middenveld en de Russen Alexander Mostovoi en Valeri Karpin, die in de aanval excentriciteit lieten ogen als genialiteit. Hun passing was wervelend. Makalele dook vrij voor Robert Enke op, Mario Turdó toverde in alle rust een enorm krullend schot over Enke heen, en na 42 minuten stond het 4-0. In de rust legde Heynckes woedend uit wat ze allemaal beter moesten doen. Zestien speelminuten later, met nog een derde van de wedstrijd te gaan, stond het 7-0. 'De wedstrijd was nu: Robert alleen tegen elf,' zegt Moreira, 'en hij was bij elk doelpunt opnieuw kansloos.'

Toen Robert Enke van het veld ging, keek hij naar de hoek met de Benficistas, achtduizend supporters die vanuit Noord-Portugal de korte afstand tot net over de grens van Galicië afgelegd hadden. Die aanblik, de overweldigende schoonheid van de droefenis, vergat hij nooit, 'achtduizend mensen, en niemand gaf een kik.'

De voorzitter João Vale e Azevedo kwam de kleedkamer binnenstormen, zwaaide met zijn armen en schreeuwde. De drieduizend supporters die het team 's nachts om halftwee bij hun terugkeer uit Noord-Spanje op de luchthaven Lissabon opwachtten, hadden hun scheldwoorden ook weer paraat. Robert Enke zei kalm tegen de sportverslaggevers: 'Zeven tegendoelpunten heb ik al eens eerder meegemaakt.'

'Een nederlaag is een andere nederlaag voor een doelman als hij er geen schuld aan heeft,' zegt zijn keeperstrainer Walter Junghans.

Twee dagen later, voor de thuiswedstrijd tegen Campomaiorense, was Robert Enke weer met Moreira in zijn hotelkamer. In Vigo had Roberts keepersmaatje vanwege een blessure ontbroken.

'Ben ik er een keertje niet bij, laat je zeven doelpunten door.'
'Moreira, "Breng me water!"'
Een Duitse tv-zender stond aan.
'Waarom komen in dit land maar duizend toeschouwers naar sommige SuperLiga-wedstrijden, terwijl drieduizend mensen midden in de nacht opstaan om ons op de luchthaven uit te jouwen; ik begrijp dit land niet, Moreira.'
'Dat is normaal, Robert, je bent in Portugal.'
'En waarom spreekt niemand hier Engels – zijn er soms geen scholen in Portugal?'
'Engels is tot in de achtste groep verplicht, en daarna vergeet iedereen het, dat is normaal, je bent in Portugal.'
'Waar op de autowegen een snelheidsbeperking geldt van 120 km per uur, en iedereen vervolgens 190 rijdt.'
'Dat is normaal, je bent in Portugal, wij zijn gek hier.'
'En waarom ben ik dan zo op dit land gesteld?'
'Dat zou ik niet weten, Robert.'

In hun paleis deden Teresa en Robert vier maanden na hun verhuizing nog een nieuwe Portugese ervaring op. Nergens kun je het zo koud hebben als in de warme landen van Zuid-Europa.

Zoals zoveel woningen in Zuid-Italië, Spanje of Portugal had ook het gastenhuis van Palácio Fronteira geen verwarming. Teresa en Robert hadden er geen acht op geslagen toen ze er in augustus op een zonovergoten dag waren gaan wonen.

'Er was in elke kamer een open haard, en in de zeventiende eeuw liepen waarschijnlijk vijf bedienden door het huis rond die ervoor zorgden dat de haarden altijd brandden,' zegt Teresa.

Vochtige kou drong door de muren heen.

In de keuken konden ze hun adem zien. Hun kleren in de kasten roken muf. Ze kochten twee elektrische verwarmingselementen en gingen, in een huis met zes baden, in een enkele kamer wonen. Hubert Roßkamp, de jager uit Gierath, kwam op bezoek. 'Breng alsjeblieft elektrische dekens mee!' had Teresa hem verzocht. Een halfuur voor ze naar bed gingen, zette ze de dekens aan. 'Het was vreselijk als je iets in de badkamer was vergeten. Dan moest je nog een keer uit je bed.'

De huwelijksfoto van Robert en Teresa in
het jaar 2000.

Robert had het beter dan zij. Die kon in het stadion douchen. Algauw begon hij daar ook zijn tanden te poetsen.

De winterbezoekers in het paleis waren niet even enthousiast als de zomergasten.

'Dit is de eerste inloopkoelkast ter wereld,' zei Teresa's broer Florian. Op een morgen zag Teresa haar broer bewegingsloos, de armen over elkaar en de ogen gesloten, voor het huis staan, zijn hoofd naar de zon gewend.

'Flo, wat doe je?' riep ze.

'Ik ben me aan het opwarmen.'

Stilletjes bestendigde zich in Lissabon een sluimerende irritatie bij Teresa's broer. Hij mocht Robert, hij genoot van de gesprekken met hem, in principe. Maar hoezo vroeg Robert nooit wat hij deed? Waarom vroeg Teresa's vriend nooit verder wanneer hij over zijn leven als leraar in München vertelde?

Het was de voetballerziekte. Profvoetballers zijn het gewend dat hun voortdurend vragen worden gesteld, dat iedereen eigenlijk altijd alleen maar iets van hen wil horen. Zo verleren veel voetballers het voor anderen interesse op te brengen.

Anders dan Florian bemerkte Hubert de ik-weet-niet-hoe-je-vragen-stelt-ziekte niet bij Robert. Hubert zat er ook niet op te wachten dat iemand hem iets vroeg. Als hij iets wilde vertellen, dan vertelde Hubert het, die in Lissabon niet zijn witte John Travolta-pak droeg maar een trainingsshirt van het Duitse juniorenelftal, dat hij van Marco had gekregen. In het Stadion van het Licht stelde Robert hem aan Portugals legende voor, Eusebio, niemand speelde zoals hij. 'Eusebio, dit is Hubert.' Eusebio stak zijn duim op. Teresa en Robert lieten Hubert de stad zien, de toren van Belém, het uitzicht over de Atlantische Oceaan, en Hubert kon het de hele tijd niet geloven hoezeer deze jongelieden zich voor hem inspanden, aandoenlijk gewoon.

Marco en Christina kwamen vlak voor Kerstmis. Ook vanuit Ried ging het de wijde wereld in, Panathinaikos Athene, een van de vijfentwintig grootste clubs van Europa, had Marco Villa als goaltjesdief in de aardslenk van het Alpenvoorland ontdekt en meteen aangekocht, na de kerst zou hij al in Griekenland zijn.

Zonder het te merken waren Robert Enke en Marco Villa de voorboden van een nieuw tijdperk geworden. Het profvoetbal deed de wereld voor hoe globalisering werkt. Speelden in 1992 bijvoorbeeld zegge en schrijve elf buitenlanders in de Engelse Premier League, nu, zeven jaar later, kwam al een op de drie van de om en nabij vijfhonderd profs in de Premier League uit het buitenland. Jongens als Robert Enke en Marco Villa die, als ze zeven jaar eerder waren geboren, in hun carrière misschien een keer van Mönchengladbach naar Bremen of Frankfurt verkast zouden zijn, werden moderne trekarbeiders. Niemand had ze daarop voorbereid.

In Teresa's en Roberts ijspaleis stonden de straalkachels aan in de enige bewoonbare ruimte, Teresa en Christina zaten op de bank, Robert en Marco op de vloer. Ze speelden 'Stad, Land, Rivier'.

'De letter e,' zei Marco.
'Wat hebben jullie bij rivier?' vroeg Robert.
'De Ems,' zei Teresa.
'O, hebben wij ook,' zei Robert.
'De n,' zei Christina.
'Wat hebben jullie bij rivier?' vroeg Robert.
'De Neckar,' zei Christina.
'O, hebben wij ook,' zei Robert.

Op een gegeven moment merkten Teresa en Christina dat de mannen helemaal geen rivier wisten te bedenken, maar steeds alleen maar hun oplossingen jatten.

'De verdenking viel natuurlijk op mij, omdat ik altijd degene was die flauwekul uithaalde,' zegt Marco. 'Maar ik keek er ook heel erg van op.' Robert had, erop gebrand als hij was ook dit spel niet te verliezen, de hele tijd vals gespeeld.

Bij het ontbijt serveerde Teresa roerei zonder eigeel. Ze experimenteerde met het scheiden van eiwitten en koolhydraten.

'Wat is dat nou?' vroeg Marco geamuseerd. Hij wierp Robert een blik van verstandhouding toe, trok zijn wenkbrauwen op, grinnikte en wees met een knik van zijn hoofd op Teresa.

Robert negeerde hem met een nors hoofdschudden. Over Teresa maakte je geen grappen.

Rond lunchtijd gingen Robert en Marco eten in een restaurant naar hun smaak, een fastfoodzaak. Ze stonden bij de afhaalbalie toen Marco het aanzwellende geroezemoes achter hen opviel. Hij draaide zich om. Tegen de ruiten van het restaurant hingen tientallen kinderen, de eersten kwamen al naar binnen, in een mum van tijd waren ze door tweehonderd giechelende en lachende Portugezen omsingeld.

'Oewenk! Oewenk!'

Na een halfjaar in Lissabon wist Robert Enke wie dat was. Enke. Oe Enke. Als de Portugezen het uitspraken, werd het zoiets als 'Oewenk'!

'Zeg eens, wat is hier aan de hand, verwisselen ze je met een celebrity, of wat?' vroeg Marco.

Robert lachte, naar Marco vond: trots.

'Het was paradoxaal: Robbi was terughoudend, en hield van

zijn rust, maar deze adoratie beviel hem toch wel.'

Voor de Portugezen was hij meer dan een goede keeper. Een land dat zichzelf vaak melancholisch aan de vergane glorie als koloniale mogendheid herinnerde, registreerde de kleine gestes van buitenlanders tegenover Portugal zeer nauwgezet. Terwijl in Lissabon gevestigde zakenlieden of profsporters meestal nog na jaren verwachtten dat men Engels of Spaans verstond, gaf Robert Enke na vier maanden zijn eerste persconferentie in het Portugees. 'Natuurlijk niet na drie maanden, zoals je je had voorgenomen,' zei Moreira om hem te plagen. Maar Roberts tweede persconferentie was nieuws in het hele land.

'Fodes!' stond de volgende dag op de voorpagina's van de kranten.

De nieuwsuitzendingen op tv herhaalden de scène keer op keer, Robert Enke op het podium achter de microfoons, hoe een bepaald woord hem absoluut niet te binnen wilde schieten, hoe hij zijn hand tegen zijn voorhoofd hield en 'fodes!' siste.

De mensen lachten en amuseerden zich kostelijk.

Fodes betekent shit, en voor de Portugezen was het een uitgemaakte zaak: wie kon vloeken zoals zij, was een van hen.

Benfica verwerkte de 0-7 van Celta de Vigo niet. De herinnering hield de club in de ban, het publiek reageerde meer en meer geprikkeld op elke nieuwe fout van de spelers, de voetballers maakten meer fouten, de voorzitter, nog steeds beledigd, liet spelers die te veel fouten maakten, weken op hun salaris wachten en de voetballers die zich zorgen maakten over hun inkomen speelden vervolgens niet beter. Door deze dynamiek, nu eens bondgenoot dan weer vijand van de voetballer, ging het met Benfica bergafwaarts. Een elftal dat maandenlang vleugels had gehad, won tussen december 1999 en januari 2000 nog maar een van vijf competitiewedstrijden, een wankele 3-2 tegen União Leiria. Benfica viel terug naar de derde plaats op de ranglijst achter Porto en Sporting.

De trainer werd nauwlettend in de gaten gehouden. Voor zijn huis in Mönchengladbach sloegen op 3 januari Portugese journalisten hun tenten op. Ze probeerden met verrekijkers door de ramen te kijken. Ze wilden controleren of Jupp Heynckes echt in bed lag.

Heynckes was uitgenodigd om oudjaar bij de manager van Bayern München, Uli Hoeneß, thuis door te brengen, toen hij plotseling hoge koorts had gekregen. Oudjaar bracht hij door in het hotelbed en hij ging vervolgens niet naar de training in Lissabon maar naar huis, om uit te zieken. Op 4 januari wachtte Benfica de derby tegen Sporting, waar met spanning naar uitgekeken werd. De Portugese media verdachten de trainer ervan zijn griep verzonnen te hebben om nog wat vakantiedagen thuis te kunnen doorbrengen. Wie Heynckes' arbeidsethos kent, kan zich kostelijk amuseren met het idee dat deze trainer spijbelen wilde. Maar bij Benfica was het na dit voorval niet meer zo om te lachen.

Jupp Heynckes vloog met koorts terug naar Lissabon, ging echter op advies van zijn dokter niet naar het stadion maar keek naar de derby op tv, het eindigde onbeslist 0-0, met Robert Enke als Benfica's beste man. Een trainer, hoe ziek ook, moest bij zijn elftal zijn, lieten de sportverslaggevers verontwaardigd weten. 'De Portugese journalistiek is nog slechter dan het Portugese voetbal,' verklaarde Heynckes ongevraagd tegenover hen zodra hij weer opgeknapt was. Benfica's voorzitter was ziedend. Naar buiten toe nam hij de trainer in bescherming – en maakte vanaf dat moment zijn salaris niet meer over.

Met Bossio, de na een oefenwedstrijd in ongenade gevallen doelman, speelde Benfica dat spelletje al sinds maanden. Ze hadden hem niet meer nodig, dus lieten ze hem op zijn salaris wachten. De transfersom en het papierwerk voor zijn wedstrijdlicentie handelde Benfica pas zes maanden na seizoensaanvang af.

Afgemeten aan de manier waarop ze een spelletje met hem speelden, bleef Bossio bewonderenswaardig kalm. Hij trainde zonder te klagen als derde doelman mee met Enke en Moreira. Het publiek had Bossio al vergeten, hij was overschaduwd door Robert Enke die 'op weg was internationaal een heel grote keeper te worden', zoals Walter Junghans vaststelde. Nummer een en derde doelman, dat klonk naar een definitief, eenduidig kwaliteitsverschil, terwijl zonder die ene slechte dag van Bossio tijdens de voorbereiding op het seizoen Enkes en Bossio's rollen bij Benfica best eens omgedraaid hadden kunnen zijn. Er waren bijvoorbeeld op de training details die de publieksheld Enke van de in ongenade gevallen Bossio leerde.

Hij merkte dat de andere keepers van Benfica, of het nu Moreira, Bossio of Nuno Santos was, hun positie duidelijk verder naar voren in het strafschopgebied innamen dan hij of Köpke, Kahn en Kamps in Duitsland. Zo vingen ze meer dieptepasses en voorzetten af. 'Liever een doelman die alleen bij zes eenvoudige voorzetten uit zijn doel komt en ze allemaal vangt dan een die bij tien voorzetten uitloopt en bij de twee moeilijkste erlangs zeilt,' zette Robert Enke Moreira uiteen. Daarin geloofde hij echt: de beste keeper was niet degene die de moeilijkste situaties de baas werd maar degene die de minste fouten maakte. Stilletjes echter nam hij een voorbeeld aan Moreira en Bossio. Wanneer de tegenstander met de bal op Benfica's helft oprukte, bleef Enke zeven meter voor het doel staan, terwijl hij in Mönchengladbach altijd naar de vijfmeterlijn was teruggekeerd.

Dit was voor hem niet zozeer een stap van twee meter naar voren, maar meer nog een expeditie op onbekend terrein. Het belangrijkste voor een keeper is zijn gevoel van veiligheid, en Robert Enke stond nu waar hij nog nooit had gestaan. Hij gaf de in de loop der jaren opgebouwde zekerheid op, precies te weten hoeveel stappen het terug was naar het doel, onder welke hoek tot de paal hij zich bevond. Instinctief trok hij zich steeds weer op de oude, conservatieve positie dichter bij het doel terug. Telkens spoorde hij zichzelf aan weer naar voren te gaan.

'Robert hoefde je niet aan te sporen, hij was zelfkritisch en was er altijd zelf op gespitst te leren,' zegt Jupp Heynckes. 'Ik heb in mijn carrière ontzettend veel spelers getraind, er is altijd wel iemand in een elftal met wie je als trainer goed kunt opschieten. Maar als iemand me na dertig jaar in het vak vraagt wie een perfecte professional was, zeg ik altijd: Fernando Redondo en Robert Enke. Allebei waren ze niet alleen bijzondere voetballers maar ook bijzondere mensen, respectvol, sociaal, intelligent.'

Elke keer als het elftal na de training fris gedoucht en volgens de voetbaltraditie zonder te föhnen, met natte haren, het stadion verliet, ging de trainer naar het krachthonk. Daar waren als vanouds Robert Enke en Walter Junghans als enigen met de apparaten aan de slag, alleen zijn kleine broer Moreira sleepte Robert inmiddels ook mee. 'Dat waren de mooiste momenten,' zegt Heynckes. De spanning van het werk viel van hem af. Na de moeite die het kostte zich de hele tijd in een vreemde taal verstaanbaar te maken, was het simpelweg heerlijk weer eens Duits te kunnen praten. De trainer wachtte tot zijn assistent en de doelman een pauze inlasten, en dan praatten ze 'over voetbal, politiek, dingen van alledag', zegt Heynckes. Ze gingen weer verder met de halters en daarna verder met thema's als film, eten, honden. 'Die gesprekken alleen in het krachthonk, drie Duitsers in den vreemde,' zegt Heynckes, 'dat was als een heilige mis.'

In hun ijspaleis droomden Teresa en Robert van de zomer. De volgende herfst konden ze maar beter uit het Palácio Fronteira vertrekken, zeiden ze tegen zichzelf, nog een winter hier verdroegen ze niet. Maar nu moesten ze doorzetten. Dan konden ze nog een zomer in het paleis genieten.

Op 18 februari 2000 pakte Teresa Roberts cadeau voor haar vierentwintigste verjaardag uit. Ze voelde de stof door het geschenkpapier.

'Aha, een shirt,' zei ze en deed haar best meer verheugd dan verward te klinken.

'Trek het nou eerst maar eens aan,' zei hij, zoals zo vaak buiten het voetbalveld aandoenlijk gejaagd als de dingen niet als gepland verliepen.

Teresa trok het zwartgele keepershirt van Benfica aan.

'Oké?' vroeg ze.

Het shirt kwam tot haar knieën.

'Ja, ga nu eerst maar eens met je rug voor de spiegel staan, voor je begint te mopperen.'

Daarvoor moest ze helemaal naar de badkamer, wat zoiets was als een poolexpeditie.

In de spiegel keek Teresa op haar rug. TERESA ENKE stond daar op het shirt gedrukt. Daaronder, waar normalerwijs de 1 van de doelman prijkt, had Robert Enke met plakband een wit vraagteken geplakt.

Binnen een seconde begreep Teresa Reim wat het cadeau betekende.

De bruiloft vierden ze in de zomervakantie op een kasteel bij Mönchengladbach. Haar vriendin Christiane fotografeerde hoofdschuddend Teresa's turquoise bruidsschoenen.

Teresa vond een nieuwe kameraad. Een van haar twee honden had ze met een bezwaard gemoed bij haar ouders in Duitsland achtergelaten. Nu haalde ze, wanneer ze maar kon, de hond van de paleishuishoudster op, dan kon hij eens loslopen.

'Moreira,' zei Robert Enke op hun hotelkamer, 'hoe komt het dat dieren hier zo slecht worden behandeld, overal zie ik honden los rondstruinen of aan de ketting liggen.'

'Ik heb je toch al zo vaak gezegd: je bent hier in Portugal.'

'We moeten de honden helpen.'

Maar op dat idee kwamen alleen Teresa en hij.

In de herfst verhuisden ze van het Palácio Fronteira naar een laag huis met tuin en verwarming in Sassoeiros, dicht bij het strand. Geen paleisvoorschriften beletten het hun nog, honden te houden.

Teresa kocht de hond van de huishoudster, dan hoefde hij niet meer aan de ketting te liggen. Ze pikte in het park een vermagerde bastaard op. Het gerucht deed de ronde dat de doelman en zijn vrouw van dieren hielden. Een hond werd over de tuinmuur gegooid, een poedel voor hun deur aan een lantaarnpaal vastgebonden. De vrouw van Benfica's administratie riep Robert na de training bij zich. Een dobermannpincher, waarbij de veel te nauwe halsband al in de hals gegroeid was, was voor hem afgegeven, zei ze.

'Schat van me, soms haat ik je om het simpele feit dat ik aan geen enkel ziek dier meer voorbijlopen kan,' zei Robert tegen Teresa.

Opeens hadden ze zeven honden.

Joker had het niet op Alamo begrepen. Het tuinhuisje reserveerden ze voor Joker. Teresa ging er met haar mobiel naar binnen. Als Robert Alamo binnenshuis onder controle had, belde hij: 'Je kunt nu met Joker naar buiten komen.'

Op een zeker moment kwam het hun ondanks al hun dierenliefde absurd voor. Ze brachten Joker onder bij een dierenasiel in Sintra. Robert was soms geïrriteerd dat Teresa's medeleven geen grenzen kende, ze konden nu eenmaal niet alle honden in Portugal redden. Maar hij reed dagelijks een halfuur naar Joker in het asiel om met hem te gaan wandelen.

'Toen dacht zelfs ik: moet dat nou elke dag?' zegt Teresa.

Bij Benfica begon Robert Enkes tweede seizoen met een afscheid. De trainer gaf het in september 2000 na maar vier speeldagen op. 'Ik houd het hier niet langer uit,' zei Jupp Heynckes. Het eerste seizoen met hem en Enke was Benfica op de derde plaats van de Portugese competitie geëindigd. Met vijftien punten meer dan het jaar daarvoor, benadrukte Heynckes; twee plaatsen achter Sporting, en zonder zich te kwalificeren voor de Champions League, morden de media en de supporters. Sinds negen maanden had Heynckes geen salaris meer ontvangen.

Voor Robert Enke leidde het vertrek van zijn promotor niet tot een breuk. Hij was in een jaar in Lissabon zelfstandiger geworden, ook als doelman.

Een nieuwe trainer kwam. En het meeste bij Benfica ging op dezelfde voet verder. De salarisstrookjes kwamen nogal eens twee maanden te laat, de voorzitter João Vale e Azevedo werd op verdenking van valsheid in geschrifte gearresteerd, het Portugese parlement debatteerde over Benfica's situatie, de minister van Financiën berichtte de volksvertegenwoordigers over omgerekend tweehonderd miljoen mark aan schulden en 'criminele machinaties'. Het publiek mat echter Benfica's elftal niet af aan deze meldingen, maar aan het roemrijke verleden. Nadat onmiddellijk na Jupp Heynckes' afscheid met 0-1 tegen Boavista was verloren en tegen Braga slechts 2-2 gespeeld, zat Robert Enke thuis en kon nauwelijks een normaal gesprek met Teresa voeren. Zijn gedachten voerden hem de hele tijd weer weg naar de doelpunten waaraan hij geen schuld had.

'Zo, nu is het genoeg! We gaan naar buiten,' zei Teresa opeens extreem vastbesloten. 'Je kan niet altijd alleen maar plezier in het leven hebben als jullie goed gespeeld hebben.'

Ze reden naar Belém. Hij ging lusteloos mee.

De passanten in Belém hielden hem aan. 'Oewenk, wat is er met Benfica aan de hand?', 'Oewenk, waarom winnen jullie niet meer?'

Hij glimlachte, hij gaf wat nietszeggende antwoorden, ze gingen een stukje wandelen. Daarna was hij wat meer ontspannen.

Leerde hij dingen opzij te zetten? Was het mogelijk de dingen opzij te zetten?

De nieuwe trainer was zevenendertig en had nog nooit een profelftal onder zijn hoede gehad. Hij heette José Mourinho. Jaren later, toen hij bij Chelsea en Inter Milaan *The Special One* werd, de uitverkoren trainer, schreven de sportverslaggevers over zijn fascinerende arrogantie en grootspraak. Robert Enke was destijds bij Benfica alleen maar enthousiast toen hij meemaakte met wat voor tactische precisie, aanstekelijke euforie en sympathie voor de spelers Mourinho werkte. 'Hij was de beste trainer in mijn carrière.' En hij was na nog niet eens vier maanden ook alweer weg. Beledigd dat Benfica ook na vijf overwinningen op rij, waaronder een 3-0 in de derby op Sporting, zijn contract niet tot na de volgende zomer wilde verlengen, nam Mourinho ontslag. Toen hij afscheid nam van de spelers, stonden de tranen in zijn ogen.

Het werd weer tijd de verwarming aan te zetten in Lissabon. Gezellig warm was anders, maar de kachels in Sassoeiros bezorgden hun met een beetje fantasie het gevoel dat het in huis echt prettig was. Toen ze door Roberts ploeggenoot Paulo Madeira voor het avondeten werden uitgenodigd, voelden ze zich direct beter: ook anderen in Lissabon hadden het koud in slecht geïsoleerde huizen.

In de kleedkamer had Robert Enke een kleine groep vrienden van zijn ploeg verzameld, behalve Madeira en Moreira behoorden ook Pierre van Hooijdonk en Fernando Meira daartoe. 'Dat is me van Robert bijgebleven,' zegt Moreira: 'Hij zei tegen alle spelers vriendelijk "Bom dia!" maar echt contact onderhield hij altijd alleen maar met een klein groepje, zelfs toen hij aanvoerder werd.'

Benfica kon steeds minder de vergelijking met het eigen verleden doorstaan. In Roberts tweede jaar werd het elftal slechts zesde in Portugal. Door de matige wedstrijden van het elftal sprongen de reddingsacties van de doelman er alleen nog maar meer uit. 'Hoewel ik er heel vaak bij was, zijn mij van het voetbal in Lissabon helemaal geen momenten meer bijgebleven,' zegt Jörg Neblung, 'het is merkwaardig – of misschien ook niet. Het voetbalseizoen was aan de gang, maar wat echt mooi was, was het leven in Lissabon.'

Citroenbomen stonden er in de tuin in Sassoeiros. Een citroen lag op de grond, Jörg en Robert begonnen spontaan op blote voeten te voetballen, tot de partij moest worden afgebroken omdat de citroen op Jörgs grote teen bleef steken. Jörg weigerde elke morgen onder de douche vandaan te komen, 'de mooiste douche ter wereld met een reusachtige douchekop, alsof je onder een warme, heerlijke wolk stond'. Waar gaan we heen? vroeg Robert 's middags. Laten we eens bij Marc langsgaan. En ze gingen naar een vriend in diens platenzaak, luisterden naar muziek, hingen er rond tot het avond werd. Kom, we gaan nog naar het Blues Café. Zondags voor de wedstrijd vloog de Benfica-adelaar door het Stadion van het Licht, en zestigduizend toeschouwers applaudisseerden ovationeel. Op oudjaar kwam Roberts moeder op bezoek. Ze vierden een feestje in het Montemar in Cascais, onder de brede ramen van het restaurant vermengde zich het blauw van de Atlantische Oceaan met het zwart van de nacht. De gasten droegen pakken van Prada, kleding van Gucci en spraken zachtjes, zijn moeder begon na middernacht een polonaise, om het nieuwe jaar te begroeten. Teresa deed als eerste mee, en in een mum van tijd sleurden de twee het halve gezelschap, piekfijne gasten, door het restaurant.

'Kom, doe mee!' riep zijn moeder tegen Robert, die op zijn stoel bleef zitten.

'Ma, alsjeblieft.'

'Wat nou, niemand kent me toch hier.'

'Maar mij helaas wel!'

'Dat waren de kleine ogenblikken die heel groots waren,' zegt Jörg Neblung. 'Een tijd waarvan je zegt: de mooiste van mijn leven.'

Op een dag verzocht Benfica zijn keeper, idool als hij was, een ziekenhuis te bezoeken. Teresa ging met hem mee. Hij zou kinderen op de kankerafdeling wat gaan opmonteren. Toen hij de deur binnenkwam, keerde een jongen zich abrupt van hem af. 'Hij is een grote Benfica-fan,' fluisterde de verpleegster Robert in het oor.

De Portugese jaren: Robert Enke met Walter Junghans (helemaal links) en Pierre van Hooijdonk (helemaal rechts).

Robert Enke probeerde met de jongen te praten, één keer, twee keer, drie keer. Eindelijk ontlokte hij hem een antwoord. Maar de jongen bleef hardnekkig met zijn gezicht naar de muur staan. Hij verdroeg het niet dat zijn idool hem zonder haren, met pijn, ziek zag.

Na het bezoek reden Teresa en Robert Enke naar het strand, om daar te gaan wandelen. Hun gespannenheid verdween maar langzaam. Uiteindelijk verbraken ze hun zwijgen.

'Arme kinderen,' zei Teresa.

'En ouders,' zei Robert.

De gedachte schoot hun praktisch tegelijkertijd te binnen.

'Wat hebben wij daarmee vergeleken een geluk in het leven.'

ZEVEN

Steeds hoger, steeds verder

Op een velletje kladpapier tekende hij een contract met Teresa. 'Hierbij verklaar ik, Robert Enke, dat ik niet meer naar *La Ola* zal kijken, behalve wanneer a. Teresa er niet is, b. Teresa slaapt of c. ze mij uitdrukkelijk toestemming geeft.'

Met het akkoord probeerden ze op humoristische manier ontspanning te brengen in wat tijdens hun derde jaar in Lissabon een conflict dreigde te worden. Hij keek weer excessief veel voetbal, zelfs maandags *La Ola* met wedstrijdnieuws uit de Italiaanse of Griekse competitie.

'Ik heb nooit geweten dat hij ook naar voetbalwedstrijden keek om er als doelman van te leren. Ik heb ook niet over de vraag nagedacht: helpt voetbal kijken hem erbij niet aan zijn eigen spel te denken?' zegt Teresa. 'Ik was simpel gezegd alleen geprikkeld omdat hij opeens minder zin had om uitstapjes te maken of na het avondeten nog samen aan de keukentafel te zitten.'

Aan het eind van het seizoen, in juni 2002, zou zijn contract met Benfica aflopen. Robert Enke piekerde erover naar welke club hij dan zou gaan. In Lissabon blijven, waar hij gelukkig was, leek geen optie. 'Het was tijd voor de volgende stap,' zegt Jörg Neblung.

Manchester United, de supermogendheid van het geglobaliseerde voetbal, wilde Robert Enke al in de zomer van 2001 contracteren. De trainer van United Alex Ferguson belde hem persoonlijk op en spande zich in ondanks zijn onuitroeibare Schotse accent verstaanbaar te zijn. Benfica gaf Robert Enke te kennen dat het de club niet slecht uitkwam als hij Lissabon achter zich zou laten. Contant geld in de vorm van de transfersom van rond de tien miljoen mark die United voor hem had geboden, hadden ze harder nodig dan een idool als keeper.

Robert Enke zei nee tegen Ferguson.

'Ja, er zijn inderdaad spelers die een aanbod van Manchester United afwijzen!' zegt Ferguson. Tien tot vijftien wedstrijden zou Robert Enke in zijn eerste jaar in Manchester als vervanger van Fabien Barthez – van wereldkampioen Frankrijk – spelen, deze invalsbeurten garandeerde hij hem, daarmee probeerde Ferguson hem te paaien 'en over twee, drie jaar zou Enke dan Barthez als onze nummer een opvolgen. Dat was mijn plan.'

Robert Enke wilde nooit en te nimmer meer ergens reservedoelman zijn.

'Verstandsmens,' noemde hem zijn voormalige trainer Jupp Heynckes.

Driekwart jaar na zijn telefoongesprek met Ferguson, in La Villa, een Portugees strandrestaurant met een Japanse keuken en met zicht op de zee voor Estoril, zei Robert Enke: 'Misschien heb ik voor dit seizoen één fout gemaakt.' Hij liet de zin even in de ruimte zweven als een verhalenverteller die van de ademloze spanning van zijn publiek geniet. En daarmee bedoelde hij het afgewezen bod van Manchester, verklaarde hij uiteindelijk. 'Als ik zie dat Barthez op dit moment in Manchester niet echt gelukkig staat te keepen...' Hij maakte de zin niet af. Het moment daarop leek hij al niet meer tegen Teresa en mij maar tegen zichzelf te praten. 'Voorbij is voorbij. De juiste beslissing over waar ik heen ga, moet ik nu nemen.'

Het was op de dag dat we elkaar leerden kennen.

Hij sprintte door de ontvangsthal van het Estádio da Luz op me af, nog in het wijnrode trainingsvest van Benfica, schudde me de hand, ik dacht nog, zo stormachtig komen voetbalprofs niet vaak naar een interview gerend, of daar rende hij al aan mij voorbij het stadion uit. 'Ongelooflijk,' riep hij me nog toe, 'ze hebben mijn cheque aan een andere speler gegeven! Ik kom zo direct, maar ik moet eerst eens zorgen dat ik mijn geld terugkrijg.' Twee uur later bij de sushi en groene thee in La Villa had hij zijn salaris weliswaar nog niet terug maar hij kon alweer over de vergissing lachen. Een medewerker van Benfica's administratie had niet goed gekeken en

Robert Enkes cheque de eerste de beste blonde speler in de hand gedrukt: de Zweedse middenvelder Anders Andersson. Die had de envelop in zijn zak gestopt en was naar huis gereden. 'Is ook prima dat iemand me hier eens niet herkent,' zei Robert Enke, 'maar moet het nou net de man van de administratie zijn die de cheques uitdeelt?'

Hij maakte bij onze eerste ontmoeting de indruk als vierentwintigjarige een man te zijn die de dingen overwogen benadert en volkomen wars van cynisme is, die zich in een buitenlandse stad thuis voelt en precies denkt te weten wat een gelukkig leven is. Het beeld dat me echter het sterkst bijgebleven is, was dat van een profsporter die wordt bezield door de idee dat hij verder moet, hogerop.

Na de lunch in La Villa hadden we een strandwandeling gemaakt. We moesten tegen de wind op praten.

'Het heeft zin gehad, de transfer naar Benfica. Op mijn jonge leeftijd drie jaar aan een stuk vaste doelman bij zo'n grote club te zijn, wie krijgt die kans nou? Maar nu is het hier ook mooi geweest.'

Hoezo?

'Ik ben nu tweeënhalf jaar hier en al het langst in dienst, ik zag zoveel ploeggenoten voorbijkomen dat ik me helemaal niet meer iedereen kan herinneren, zo vaak wisselen ze hier. Zo ontstaat geen winnend elftal. Dit jaar ben ik zelfs aanvoerder, dat is natuurlijk tof. Maar als je eerlijk bent, moet je tegen jezelf zeggen: een buitenlander op zijn vierentwintigste aanvoerder, dat bewijst toch alleen maar dat ze alle andere voetballers hebben verkocht – dat bewijst toch alleen maar dat er iets niet klopt bij deze club.'

Die indruk kon je krijgen als je zag hoe de club met salarischeques omspringt.

'Als je in het vliegtuig terug een kleine Zweed met zwarte zonnebril en grote koffer ziet, houd hem tegen: dat is Anders Andersson die mijn geld het land uit smokkelt.'

Een wandelaar versperde ons de weg. Op het eerste gezicht zag hij eruit als een exhibitionist met zijn wijde jas en wild in de lucht maaiende armen. Toen werd duidelijk dat hij alleen maar de doelman van Benfica bij een redding wilde imiteren.

Ik lachte. Robert Enke keek gespannen langs hem heen.

'Ik heb hier een keeperstrainer, van wie ik gek word. Door de training die hij me geeft is het echt lastig in vorm te blijven.'

Eerst dacht ik, hoe komt hij nu op dit onderwerp. Daarna vertelde Robert Enke over Samir Shaker, zijn nieuwe keeperstrainer bij Benfica, en ik begreep: de spartelende fan in zijn wijde jas op het strand had hem aan Shaker doen denken.

De keepers bij Benfica waren van mening dat hun voormalige mentor Walter Junghans alles in huis had wat een keeperstrainer nodig heeft, en nog een beetje meer. 'Op een dag schoot hij een plastic stoeltje op de tribune achter het doel in stukken,' zegt Moreira. 'Hij had het hardste schot van alle keeperstrainers die ik in mijn loopbaan ben tegengekomen.' Maar Junghans was er na twee jaar op de typische Benfica-manier toe overreed op te stappen. Zijn salaris was plotseling aanmerkelijk geringer dan afgesproken.

Dit was hun nieuwe keeperstrainer, zo werd kort daarop door de trainer een witharige man met een stralend gezicht bij hen geïntroduceerd. Hoe hij in Portugal beland was, wist niemand; hoe hij bij Nacional Funchal in de SuperLiga een carrière als keeperstrainer had kunnen beginnen, was evenmin erg begrijpelijk. De keepers konden het hem niet vragen. 'Samir sprak geen Engels en ongeveer drie woorden Portugees,' schat Moreira: 'Amigo, bola, vamos!' Vriend, bal, kom op!

'Het was een heel aardige, sympathieke man,' zegt Moreira. Kom op, vrienden, riep Samir Shaker en deed Robert Enke de opwarmoefening voor. Hij maakte koprollen.

Koprollen!

Vrienden, riep Samir Shaker en liet hun de volgende oefening zien: de ene doelman moest wijdbeens met gebogen rug gaan staan, de andere doelman zou een aanloop nemen en een radslag over de rug van zijn ploeggenoot maken, kom op!

'Moreira, zeg me dat het niet waar is.' Moreira lachte en haalde zijn schouders op. Robert Enke glimlachte onschuldig naar de keeperstrainer en maakte hem met gebarentaal duidelijk, rugpijn, deze oefening kan ik helaas, helaas niet doen.

Op de volgende training bond Samir Shaker de keepers met

elastiek aan de doelpaal vast. Ze moesten tegen de weerstand van het elastiek in sprinten.

'Samir, dat is gevaarlijk, aan het eind van de oefening worden we met volle vaart teruggeslingerd, tegen de doelpaal op.'

De keer daarop maakte Samir Shaker schuimplastic matten om de doelpalen vast.

Voor de wedstrijd tegen Maritimo op Madeira zette hij een emmer water naast zich op het trainingsveld en doopte de bal er voor elk schot op doel in.

'Wat krijgen we nu weer?'

'Chuva,' zei Shaker. Regen. Op Madeira regende het veel, daarop wilde hij ze voorbereiden.

Aha, zei Robert Enke. 'En zou het dan niet beter zijn maar meteen het hele strafschopgebied onder water te zetten?'

Samir Shaker glimlachte. Hij had niet verstaan wat Robert zei.

Op zaterdagavond vergaderden Robert Enke en José Moreira zoals gewoonlijk in hun hotelbed.

'Ik kan het niet geloven, het is een aardige vent, maar hij is geen keeperstrainer. De club moet hem ontslaan.'

'Robert, ik bekijk het positief: we kunnen iets nieuws van hem leren.'

'Ik werk niet in het circus hoor.'

'Eerst hadden we de Duitse keepersschool met Walter en nu de Irakese met Samir.'

'En heb jij al eens een goede Irakese keeper gezien?'

Moreira kende Robert Enke meer dan twee jaar als een zeer professionele sportman, maar ook als een hartelijk, evenwichtig mens. Hij kon zich niet voorstellen dat de zonderlinge werkwijze van de keeperstrainer hem echt tegen de borst stuitte. Toen hij zag dat Robert tijdens de training woedend op Shaker werd, dacht Moreira 'dat Robert die woede alleen maar veinsde om niet in lachen uit te barsten. Hij wilde niet onbeleefd zijn en om Samir lachen, daarom speelde hij dat hij boos was.'

Teresa wist wel beter. Nadat hij tegen SC Beira Mar drie goals had moeten incasseren en Benfica ook de twee daaropvolgende wedstrijden niet had gewonnen, zag ze hem zich thuis voor de tv verschansen en tobben.

Deze keeperstrainer was schadelijk voor zijn vorm.

Niets en al helemaal niet de waarheid kon Robert Enke van deze gedachte afbrengen. In werkelijkheid kon je in het derde jaar bij Benfica de contouren zien opdoemen van een volleerd doelman. Zijn lichaam was sinds zijn aankomst uit Mönchengladbach veranderd, zijn armen en benen hadden zich langzaam aan zijn imposante brede schouders aangepast, zijn sprongkracht en reactievermogen waren formidabel. Hij ving nu regelmatig voorzetten die hij eerst weggestompt zou hebben. Wanneer de tegenstander uit het middenveld opkwam, wachtte hij ze zeven meter voor het doel op, zonder meteen weer naar het doelgebied terug te keren, en liet de tegenstander daardoor maar weinig ruimte voor dieptepasses. Het geschoolde instinct om te doorzien wat het volgende moment zou gebeuren hielp hem bij spectaculaire scènes.

Alleen zelf, gestrest door Samir Shaker en Benfica's aanhoudend matige succes, merkte hij zijn nieuwe kwaliteiten niet op.

Teresa was vastbesloten niet aan de nukken van het voetbal toe te geven. Hij moest leren zijn plezier niet te laten bederven, noch door de nederlagen noch door Samir Shaker.

'Waarom heb je vandaag nou weer bij de tegenstander meegespeeld?' vroeg ze vrolijk wanneer een aantal uittrappen bij het andere elftal terecht was gekomen.

'En, ken je je saves al vanbuiten?' zei ze wanneer hij 's avonds na de wedstrijd op de bank hing tot ook het laatste sportprogramma in slowmotion en met eindeloze herhalingen aandacht geschonken had aan zijn verbluffende acties.

'Heb je mijn coole save trouwens al gezien?'

'In elk geval heb ik de commentatoren het afgelopen uur zevenentwintig keer 'Oewenk! Oewenk!' door het huis horen roepen.'

'Maar je bent toch een voetbalvrouw. Lees eens een keer *A Bola*.'

Mensen die de Enkes alleen maar oppervlakkig kenden, schrokken vaak van de vermeend rauwe omgangstoon van hen twee onder elkaar. Teresa zegt: 'We vonden het heerlijk elkaar te plagen.'

's Middags, tijdens de wandelingen met de honden op het winterse strand, gaven ze hun ideeën over de toekomst vorm.

'Het liefst ging ik terug naar de Bundesliga.'

'En ergens,' zegt Teresa acht jaar later tijdens een andere wandeling, de Langer Berg in Empede naar boven, 'zijn we er toen steeds meer in gaan geloven dat we naar Duitsland terug moesten; ook ik dacht dat dat 't beste zou zijn, dan zou ik weer dichter in de buurt zijn van mijn vrienden.'

Van het eerste aanbod in januari 2002, een halfjaar voor het contract bij Benfica afliep, schrok Robert Enke.

FC Porto had interesse.

Er zijn een paar dingen die een voetbalprof niet mag doen: van FC Barcelona naar Real Madrid gaan, van Celtic naar de Glasgow Rangers of van Benfica naar FC Porto. De stamtwisten van deze eeuwige rivalen behoren tot de laatste mogelijkheden in het geciviliseerde Europa waarbij het geoorloofd is zijn haat uit te leven. En blijkbaar hebben honderdduizenden nog altijd behoefte van tijd tot tijd te haten. In de voetbalderby's zijn clichés niet lachwekkend maar welkom om de rivaliteit aan te wakkeren. 'Porto werkt, Lissabon smijt geld over de balk,' zeggen ze in Noord-Portugal.

'Ik ben Benficista, ik kan toch niet naar Porto gaan,' zei Robert Enke.

Het aanbod was zodanig dat hij naar Porto moest gaan. Alles bij elkaar tien miljoen euro voor drie seizoenen. Netto.

Benficaprofs met onweerstaanbare aanbiedingen kwellen, was een lolletje dat Jorge Pinto da Costa zich wel vaker veroorloofde. Opgevoed op een jezuïetenschool, gaf de voorzitter van FC Porto sinds twee decennia als een grootgrondbezitter leiding aan de club. Toen hij scheidde van zijn vriendin schreef zij een boek waarin ze beweerde dat Pinto da Costa nogal wat geld uitgaf aan sieraden voor vrouwen, het in elkaar slaan van rivalen en omkoping van scheidsrechters, maar de voorzitter kon de beweringen voor de rechtbank als 'ernstig bezijden de waarheid' ontkrachten.

De trainer van FC Porto, die Pinto da Costa in januari 2002 aanmoedigde Enke naar het noorden te lokken, heette José Mourinho.

'Dat kan ik niet maken,' herhaalde Robert Enke.

'Tien miljoen euro netto, dat is zo exorbitant, je tekent dit ene contract en hoeft daarna nooit meer iets te doen,' zei Jörg Neblung.

Ze moesten in elk geval een keer met Pinto da Costa gaan praten, daarover waren ze het eens.

De zomer daarvoor had Alex Ferguson, de trainer van Manchester United, Robert Enke opgebeld, om hem naar United te halen. Zo direct ging het echter bijna nooit bij spelerstransfers. Juist in de zuidelijke landen is een klasse van 'intermediarios' ontstaan, van tussenhandelaars. Pinto da Costa had een eigen intermediario, een bijzondere agent, die niet bij FC Porto in dienst was maar altijd eropuit gestuurd werd om de interesse van een potentiële nieuwe aankoop te peilen.

De voorzitter verwachtte hen in een, nu in de winter leegstaande, zomervilla in Cascais, liet hij de tussenhandelaar overbrengen.

De toegangspoort ging elektronisch en langzaam open toen Jörg Neblung en Robert Enke in diens Opel bij de villa aankwamen. Je moet een grotere auto aanschaffen, je bent toch een ster, hadden de fans vaak tegen hem gezegd. Waarom zou hij een auto kopen als hij die door een sponsor kreeg aangeboden, had Robert Enke altijd gezegd. Wat goed dat hij zo'n onopvallende auto had, dacht hij voor de eerste keer.

Hij wist dat een aanvoerder van Benfica die betrapt werd op onderhandelingen met de voorzitter van FC Porto, zich de volgende dag niet meer kon vertonen bij de training.

De tussenhandelaar opende de deur voor hen. De voorzitter, randloze bril, donker kostuum, zat in een pluchen stoel. De gasten werd niets te drinken aangeboden, zelfs geen glas water. Een lamp brandde. De rolluiken waren neergelaten.

Voor zover Jörg Neblung het zich kan herinneren vond er geen uitwisseling van hoffelijkheden plaats, geen beleefde toenadering. 'Het is best mogelijk dat we twintig of dertig minuten in de villa waren,' zegt hij, 'maar qua gevoelswaarde duurde de ontmoeting niet langer dan vijf minuten. Ik kreeg het gevoel alsof het een drugslevering betrof.'

'We danken u voor uw interesse,' zei Jörg Neblung, 'dat we bij het bedrag waarvan sprake is wel moeten praten, is natuurlijk helder. Tien miljoen euro netto voor drie speeljaren is een aanbieding waar je u tegen zegt.'

Robert Enke tolkte.

Pinto da Costa antwoordde in het Portugees maar Jörg Neblung had Roberts vertaling helemaal niet nodig. Hij las alles af aan de gebaren van de voorzitter.

Hoe komt u aan dit bedrag, tien miljoen, daarvan is nooit sprake geweest, we hebben helemaal nog geen bedrag genoemd.

De tussenhandelaar die het zogenaamde salarisaanbod twee weken daarvoor had overgebracht, zat er met een uitgestreken gezicht bij.

Robert Enke en Jörg Neblung verzekerden zich er met één blik van dat ze hetzelfde dachten. Ze hadden Robert een schijnaanbod gedaan, om hem eerst eens aan de onderhandelingstafel te krijgen.

'We hebben echt grote interesse in Robert Enke.'

'Maar wij zijn in de vooronderstelling gekomen dat het hier om tien miljoen euro gaat. U weet dat het voor een Benficista als Robert eigenlijk onmogelijk is naar FC Porto te gaan. Dan lijkt het ons onvermijdelijk dat zo'n gewaagde stap financieel gecompenseerd wordt. We zouden kunnen denken dat u ons onder valse voorwendselen hebt uitgenodigd.'

'Laten we elkaar nu alsjeblieft niet in de haren vliegen. We zullen Robert een aanbod voorleggen dat hem absoluut tevredenstellen zal, ook al zal het voor drie jaar beslist niet tien miljoen euro netto zijn.'

'Het spijt ons, maar dat zijn niet de condities om verder te kunnen onderhandelen.'

Robert Enke en Jörg Neblung stonden op. Beleefd gaven ze de voorzitter en de tussenhandelaar ten afscheid een hand. Jorge Pinto da Costa zei nog iets in het Portugees tegen Robert.

'Als je naar FC Porto komt, houden we dat tot seizoensbegin geheim, en op de dag dat we het elftal presenteren sta jij plotseling als verrassing in het Stadion van de Draak.'

Op beslissende momenten hadden Robert Enke en Jörg Neblung vaak niet meer dan een woordeloze blik nodig om elkaar te begrijpen. Deze blik wisselden ze uit toen de toegangspoort zoemend opening en hun vrij baan gaf.

Dat was het dan, zei deze blik. Porto kunnen we mooi vergeten.

Een aantal dagen later kwam een schriftelijk aanbod van FC

Porto. Van tien miljoen euro netto was zoals verwacht geen sprake meer, maar het was het lucratiefste aanbod dat Robert Enke ooit gehad heeft in zijn carrière.

'Maar voor dat geld hoef ik Benfica niet te verraden, dan speel ik liever ergens anders voor wat minder geld,' probeerde hij zich voor te houden.

In haar zwarte agenda noteerde Teresa met steekwoorden de ups en downs gedurende de winter van 2002.
5 februari. Balou heeft op het strand met een vreemde hond gevochten. Robbi doet geprikkeld tegen me.
10 februari. Porto tegen Benfica. Bremen komt kijken. Spannend.
11 februari. Kaiserslautern heeft interesse!

Het was de tijd waarin profclubs bij het zoeken naar spelers niet meer van het toeval afhankelijk wilden zijn. Ze namen scouts in dienst die van Buenos Aires tot Belgrado naar talent zochten, ze legden gedetailleerde computerbestanden aan waarin met één druk op de knop zestien rechtervleugelverdedigers met alle details betreffende hun vaardigheden verschenen. Aan het eind kwamen veel transfers toch nog altijd eerder tot stand op grond van het toeval en persoonlijke contacten dan op basis van data-analyse.

Werder Bremen had twee scouts in dienst, Hune Fazlic, de beste scout van de Bundesliga, en Mirko Votava, die de job waarschijnlijk vooral had gekregen omdat hij een oud-speler van Werder was. Votava ging naar Porto. Benfica verloor met 2-3. Votava analyseerde de geobserveerde doelman op de manier van een stamgast aan de borreltafel: 'Enke krijgt drie schoten op zich af en drie d'rin, wat kan ik erover zeggen?'

Werder Bremen deelde Jörg Neblung mee dat ze geen interesse hadden in het contracteren van Robert Enke.

Er was niemand van FC Kaiserslautern die naar een wedstrijd van Enke kwam kijken. Trainer Andreas Brehme belde alleen een keertje met Jupp Heynckes om zijn oordeel te horen.

25 februari. Robbi heeft met Brehme gesproken. Jörg heeft een afspraak met het bestuur van Kaiserslautern. Hopelijk gaat het goed.

In de tussentijd deden in Lissabon wat geruchten de ronde. Robert Enke zou vertrekken bij Benfica. Robert Enke zou naar FC Porto verhuizen!

Hij had na zijn slechte ervaringen bij het vertrek bij Mönchengladbach gehoopt dat hij zijn transferplannen tot het seizoenseinde uit de publiciteit zou kunnen houden.

'Ik weet niet hoe mensen die ik niet ken erbij komen op tv te zeggen dat ik bij Porto heb getekend. Dat is eenvoudigweg een leugen!' zei Robert Enke en sprak daarmee de halve waarheid.

'*Fica* Enke!' riepen de supporters. '*Fica* Enke!', de kreet woei in de wind, op zelf in elkaar geknutselde spandoeken in Het Licht. Enke blijf! Een tv-zender overhandigde hem een half dozijn videocassettes. Ze stonden vol met boodschappen van fans. '*Fica* Enke!'

Hij was geroerd. Maar hij moest toch verder, hogerop.

Hij sloeg Benfica's bod af om het contract te verlengen. Zo kwamen zijn verhuisplannen op de verrassendste en ondubbelzinnigste manier naar buiten.

4 maart. Robbi wordt uit het doel gehaald. Moreira speelt.

Toen de sportverslaggevers hem zonder dat zijn sportieve prestaties daartoe aanleiding gaven drie maanden voor het aflopen van zijn contract opeens op de reservebank zagen zitten, hoefden ze een en een maar bij elkaar op te tellen.

Robert Enke moest een persconferentie geven. 'Ik ga Benfica verlaten.'

Het avondjournaal van de publiekszender RTP bracht het nieuws.

Hij zou in de resterende negen wedstrijden niet meer spelen, maakte trainer Jesualdo Ferreira hem duidelijk.

'Nadat hij tegen Gil Vincente een keer op de reservebank had gezeten, was hij opeens voor de rest van het seizoen geblesseerd,' zegt Moreira. 'Ik verdacht hem ervan dat hij een blessure simuleerde om zich deze vernedering te besparen, en ik ben de laatste om hem niet te begrijpen. Robert beleefde een zwarte periode bij Benfica, een tijd waarin er veel, veel problemen waren, en op zeker moment had hij daar genoeg van. Maar hij stond altijd klaar om mij met raad en daad bij te staan, ook toen, toen ik opeens speelde.'

Teresa kan zich niet herinneren of hij inderdaad een blessure verzon of echt geblesseerd was, en dat is geen uitvlucht; ze weet het echt niet meer. Het leek indertijd bijzaak.

11 maart. Kaiserslautern heeft bij Jörg afgezegd. Het geluk is ons niet welgezind. We wachten op de zon.

'Mijn god!' roept Teresa uit en slaat zich met de vlakke hand op het voorhoofd als ze de notitie in haar agenda acht jaar later nog eens leest. 'Daaraan kun je zien hoe verwend we toentertijd waren met ons leventje. Als we dat al voor de donkere momenten aanzagen: *Kaiserslautern zegt af.*'

Nadat Jörg Neblung hun het slechte nieuws uit de Pfalz had overgebracht, reden ze met de honden naar het strand. 'Prompt begon het te regenen,' vertelde Robert en voegde eraan toe zoals mensen het zonder erbij na te denken uitdrukken: 'Toen was de depressie compleet.'

Robert Enkes verlangen naar steden als Kaiserslautern of Bremen groeide met elke afzegging uit de Bundesliga. Thuis in Sassoeiros keek hij naar Duits voetbal op de satelliet-tv en het krenkte hem dat het Duitse voetbal niet naar hem keek. 'Natuurlijk zou het mooi zijn wanneer iemand in Duitsland eens zou opmerken: die Enke lag in die drie jaren in Portugal niet alleen op het strand.' Hij was gewild bij de grote clubs in de wereld zoals Manchester United, hij was een ster in Portugal, en in Duitsland was hij een doelman van wereldklasse die men over het hoofd zag, een soeverein heerser zonder eigen land. Het lag minder aan hem dan aan het feit dat Portugal in een uithoek van Europa lag. Portugals competitie was internationaal gezien tweederangs en werd in Duitsland grotendeels genegeerd. Voor de Champions League, een van de vermeende attracties om in 1999 naar Lissabon te verhuizen, had hij zich met Benfica nooit gekwalificeerd. Ook in het derde jaar zouden ze slechts vierde worden in Portugal. Zevenentwintig keer was Benfica Portugees kampioen geweest, maar de laatste keer in 1994. Alleen als Portugal-gids dook Robert Enke zo nu en dan in de Duitse media op. Dan mocht hij berichten, 'hier drinkt men geen water met koolzuur, dat geeft een opgeblazen gevoel in de maag' en 'in Lissabon kun je in de supermarkt maar beter geen haast hebben'. Maar een wedstrijd van hem met Benfica werd gedurende drie jaar slechts door één enkele Duitse verslaggever bekeken.

In de tuin in Sassoeiros droeg Robert Enke het groene shirt van Werder Bremen. Zijn vriend Marc had het van vrienden uit Duitsland gekregen.

Jörg Neblung deelde Teresa en Robert Enkes plotselinge voorliefde voor rustige Duitse steden niet. 'Robert voelde zich de verloren zoon van de Bundesliga, maar ik dacht: mijn god, je wordt in Engeland en Spanje gewaardeerd, de landen met de sterkst bezette competities, dan hoef je je toch in Duitsland niet op te dringen.'

Hij had aanbiedingen op zak van Alavés en Espanyol Barcelona uit de Spaanse Primera División, twee clubs uit de middenmoot die in opkomst waren. Of zou hij toch naar FC Porto verhuizen?

Jörg Neblung was een aantal maanden eerder voor zichzelf begonnen als sportmakelaar, naast Robert Enke kon hij voorlopig alleen nog een doelman, Alexander Bade, reserve bij FC Köln, en de olympisch kampioen verspringen Heike Drechsler tot zijn cliënten rekenen. 'Ik wist dat de transfer van Robert van doorslaggevend belang voor me was.'

Hij nam de internationale topclubs door. FC Barcelona, hoeder van het mooie spel, zou weleens op zoek kunnen zijn naar een doelman, de trainer daar had onlangs meermaals gewisseld tussen Roberto Bonano en Pepe Reina, dat was altijd een teken van latente ontevredenheid. 'Maar Jörg Neblung, een groentje uit Keulen, kan toch niet zomaar bij Barça aan de bel trekken,' zegt Jörg Neblung.

Hij had een tussenhandelaar nodig.

In een mum van tijd had hij er twee.

Bernd Schuster, blonde engel uit de jaren tachtig, wiens diagonale passen uit het middenveld het publiek in één klap lieten beseffen wat schoonheid is, had als enige Duitser ooit bij Barça gespeeld. Een bijzondere attractie was destijds zijn vrouw Gaby geweest. Ze trad als zijn manager op. Ze belde nog altijd graag even met haar oude contacten, als er eventueel een provisie voor haar in zou zitten. Ze liet Barça's technisch directeur Anton Parera weten dat er in Portugal een getalenteerde en transfervrije doelman was die Manchester United al had willen contracteren.

In een club als Barça met twintig bestuursleden die het liefst allemaal hun eigen politiek willen bedrijven, blijft niets geheim. Iemand van Barça's bestuur stelde de Portugese agent José Veiga op de hoogte: onze technisch directeur heeft blijkbaar interesse in de keeper van Benfica, misschien kun je nog boven op die transfer springen. En kijk daar had Jörg Neblung Veiga al aan de lijn. Hij kon wel wat deuren voor hem openen bij Barça. Veiga had de transfer van het decennium erdoor gejaagd, Luís Figo van Barça naar Real Madrid. Jörg Neblung machtigde hem als tweede tussenhandelaar.

Mocht de transfer lukken, dan konden de agenten meer dan een half miljoen euro provisie onder elkaar verdelen. Veiga bezorgde Neblung een afspraak met Parera. Ze waren geïnteresseerd in Enke, zei de technisch directeur. 'Dat kon alles betekenen, of niets,' zegt Jörg Neblung.

In de daaropvolgende weken kreeg hij regelmatig telefoontjes van tussenpersonen, die stuk voor stuk vertelden dat ze echt uitermate goede contacten met Barça's technisch directeur en bestuur onderhielden. Er bestaat in het profvoetbal een leger van tussenhandelaren die geen enkele speler vertegenwoordigen maar de clubs alle mogelijke spelers aanbieden. Ze onderzoeken welke club bijvoorbeeld op zoek zou kunnen zijn naar een nieuwe keeper, bellen dan een groot aantal keepers op, beweren dat ze hem daar kunnen onderbrengen en in het beste geval doen ze opeens als verbindingspersoon zaken. Alleen van Barça hoorde Jörg Neblung niets meer.

In Portugal liep het seizoen af. Teresa en Robert Enke hadden hun huurcontract in Sassoeiros opgezegd en hadden geen idee waar ze terecht zouden komen.

In de kranten stond dat FC Barcelona een nieuwe doelman wilde aantrekken, de Fransman Ulrich Ramé van Girondins Bordeaux.

Robert reisde met Jörg naar Vitoria, om de sportclub Alavés aldaar te bekijken. De club was net als de Noord-Spaanse stad: charmant maar klein. Misschien ging hij dan toch liever naar Porto?

In Lissabon maakten Teresa en Robert met een videocamera een laatste uitstapje. Ze gingen alle plekken langs die zoveel voor hen hadden betekend, het strand van Estoril, het restaurant La Villa. Marcs platenzaak, het pijnbomenpark Monsanto. Ze gingen op elke plek staan, zwaaiden, glimlachten, riepen: 'Adeus Lisboa!'

Het afscheid viel hen niet zwaar. Na de mooie tijd in Lissabon geloofden ze gewoon dat het overal goed met hen zou gaan.

In de zomer daarvoor waren ze met de auto op vakantie gegaan. Drieduizend kilometer, twee dagen rijden naar Duitsland. Ze hadden niet geweten hoe ze de honden anders hadden moeten vervoeren. Deze keer lieten ze de honden bij Marc in Lissabon en namen het vliegtuig naar Frankfurt. Ze zouden toch maar kort op vakantie zijn en daarna wie weet waar.

Jörg Neblung nam het vliegtuig naar Mallorca voor een fotoshoot van Heike Drechsler. Van daaruit wilde hij doorgaan naar contractbesprekingen in Catalonië met Espanyol Barcelona.

28 mei zou ideaal zijn.

Een of twee dagen daarvoor was er opnieuw een telefoontje voor Jörg Neblung uit Barcelona.

Barça's technisch directeur Anton Parera wenste hem te ontmoeten.

Op 28 mei, toen hij op weg was naar onderhandelingen met FC Barcelona, realiseerde Jörg Neblung zich dat hij met een vliegtuig reisde dat Barça's stadrivaal Espanyol voor hem had betaald.

ACHT

Voeten

In Barcelona kun je op driehonderd meter van Camp Nou staan en toch het stadion niet zien. Midden in de stad gelegen, door woonblokken aan het oog onttrokken, laat zich zijn omvang van buitenaf niet raden. Zit je in het stadion, dan word je als bij toverslag door de pracht van Camp Nou overrompeld.

Ovaal en gigantisch lijkt het meer op een Colosseum dan op een voetbalarena. De tribunes zijn zo hoog dat ze versmelten met de hemel. Wanneer honderdduizend toeschouwers Camp Nou vullen zie je vanuit de hoogte daarboven de menselijke kwetsbaarheid. De voetballers daar ver onder je doen klein en weerloos aan. Zit je alleen in het lege stadion, dan laat het geluid van de stilte al die wedstrijden weer tot leven komen die je nooit hebt gezien, die je plotseling heel precies voor je ziet, Kubala over de vleugel, Zubizarreta in de lucht, Goikoetxea op de grond, met een overtreding uit diepe wraakzucht gevloerd door de engel Schuster, onder de dreunende toejuichingen van de honderdduizend, hun vuisten gebald in de lucht.

In de wereld van het voetbal is Camp Nou het toevluchtsoord van het ware, goede, schone. De wereld rond Barcelona had het 'juego bonito', het schone spel, na Braziliës hartverscheurende falen op het wereldkampioenschap van 1982 definitief mislukt verklaard, het realpolitik-voetbal domineerde, defensief de boel gesloten houden en dan bliksemsnel op de aanval overgaan. Alleen bij Barça verzetten ze zich tegen deze realiteit. Als fundamentalisten van de bekoorlijkheid stonden ze erop steeds maar weer even dapper met het betoverende tik-takspel aan te vallen.

Verscheidene theorieën doen de ronde waarom Barça zich

compromisloos aan de schoonheidscultus overgaf. Omdat de eeuwige rivaal Real Madrid altijd meer won, zeggen ze, en Barça zichzelf zo hoopte te troosten: ja, maar wij spelen mooier! Of omdat de Catalanen in hun stijl tot uitdrukking willen brengen dat ze anders, onafhankelijk zijn. De waarheid is banaler. FC Barcelona behaalde met zijn perpetuum mobile van het passingspel voor de eerste keer het hoogst haalbare. In 1992 won de club onder Johan Cruijff voor de eerste keer de Champions League. En een club werd gelovig. Dit was de enige weg.

Het leven van alledag in 2002 was minder grandioos. Luís Figo, de personificatie van Barça, wiens dribbels een melodie vormden, was twee jaar eerder als duurste voetballer ter wereld naar Real gedeserteerd. Het trauma hield aan. President Joan Gaspart, een man met gejaagde gebaren en een dartel hart, probeerde de club activistisch te besturen. Een neurotische omgeving was daar niet bijzonder behulpzaam bij.

Maar de mythe van Barça stelde de realiteit in de schaduw.

Jörg Neblung vertrok uit het kantoor van technisch directeur Anton Parera op 28 mei met het gevoel dat zijn geluk niet op kon. Daarvoor was het te groot. Barça zou Robert Enke contracteren.

Terwijl ze wekenlang niets van Barça hadden gehoord, had de club consciëntieus informatie over hem ingewonnen. Barça's keeperstrainer Frans Hoek ontleedde Enkes spel op video. 'Hij had ongelooflijke reflexen,' zegt Hoek, 'en dat was merkwaardig, want tegelijk was hij niet zo'n typische spierbundel van het genre Duitse keeper à la Kahn, Köpke of Schumacher die haast alleen maar op de doellijn speelt. Als hij er zo een was geweest, was hij niet voor Barça in aanmerking gekomen. Hier moest de doelman kunnen meespelen.' Voor de zekerheid belde Hoek nog met een kennis van hem, die Portugal op zijn duimpje kende. 'Ik heb met José Mourinho gesproken.'

Mourinho was ooit bij Barça in de leer geweest. Als trainer van FC Porto hoopte hij nog steeds Enke te contracteren. Tegelijk prees hij de doelman in het vriendschappelijke gesprek met Hoek zo ongeveinsd eerlijk dat Barça besloot Enke voor de neus van FC Porto weg te kapen.

De technisch directeur en Jörg Neblung werden het meteen over het salaris eens. De zakelijk directeur moest het contract nog controleren, een formaliteit, alleen was hij net in Madrid, maar hij zou de volgende dag weer op kantoor zijn. 'Dan zou je op donderdag naar Barcelona kunnen komen en het contract tekenen,' zei Jörg aan de telefoon tegen Robert.

'Ik wil eigenlijk niet naar Barcelona,' zei Teresa.

Haar stem klonk serieus. Ze is het tegenwoordig nog als ze erover praat.

'Net nu we het na drie jaar voor elkaar gekregen hadden vloeiend Portugees te spreken, stond het me helemaal niet aan alweer naar een ander land te gaan en helemaal van voren te beginnen terwijl we toch, dankzij het aanbod uit Porto, ook in Portugal konden blijven of misschien naar Duitsland konden terugkeren.'

'Lieve Teresa, excuseer me alsjeblieft maar nu moeten we je toch even onder curatele stellen,' zei Jörg Neblung. 'Wanneer Barça roept, moet je naar Barça gaan.'

De volgende dag belde hij nog een keer met de technisch directeur. Het contract is opgesteld. Robert kan het beste morgen meteen maar ter ondertekening langskomen.

'Enke akkoord met Barça,' meldde *A Bola* in Lissabon, en het nieuws verspreidde zich snel.

Een Zwitserse privébank belde Jörg Neblung op. Ze zouden Robert Enke en hem alles bij elkaar zes miljoen euro betalen. In ruil daarvoor zouden de speler en zijn agent hun alle rechten geven, handgeld, provisies en het salaris van Barça zouden naar de bank gaan.

'Denkt u er eens over na: u en de speler hebben gegarandeerd zes miljoen en hoeven zich met geen enkel detail in het contract meer bezig te houden, de onderhandelingen met Barça nemen wij op ons.'

'Interessant,' zei Jörg Neblung en dacht: maar dan toch vooral om het later als anekdote te vertellen.

De president van Espanyol Daniel Sánchez Llibre, die de vliegtickets naar Barcelona had gekocht voor Neblung en nooit met hem kon onderhandelen, was niet erg blij. 'Ik heb het helemaal gehad. Wij verrichten hier goed werk, onze technisch directeur heeft Enke twee maanden geleden ontdekt, en dan komt zo'n andere club en neemt ons idee over. Ik ben voor de gek gehouden door Enkes vertegenwoordigers.'

Teresa en Robert Enke landden in Barcelona. Als ging het om een staatsdelegatie, hingen voor Barça's administratiekantoor aan statige masten de vlaggen van de club, de stad en het land, die van Catalonië, niet die van Spanje.

In het vertrek voor de kamer van de technisch directeur keek Jörg Neblung verbaasd op. De tussenhandelaars waren er niet.

In plaats van een blonde vrouw ontving hen alleen een jongeman met donkere haren, die er zorgvuldig op lette zich elke drie dagen te scheren. Gaby Schuster had alleen haar assistent Wim Vogel gestuurd. José Veiga, de tweede tussenhandelaar, belde vanuit een lawaaierige plek Jörg Neblung op zijn mobiel en zei dat hij op de luchthaven van Rome was blijven steken, het speet hem verschrikkelijk. Doorgaans verschenen tussenhandelaren vooral op tijd bij de contractondertekening, want hierbij werd het geld verdeeld.

Barça's zakelijk directeur kwam aan, de technisch directeur verzocht ze binnen te komen. Teresa nam in het vertrek ervoor plaats. Toen na een uur de deur van het kantoor van de technisch directeur weer openging, zocht ze tevergeefs oogcontact met Robert. Hij keek naar de grond. Ze keek Jörg aan. Hij schudde zijn hoofd.

In het verdrag was netto opeens bruto geworden.

Jörg Neblung had in Parera's kantoor lang naar de cijfers in het contract dat voor hen lag gekeken, vervolgens begreep hij plotseling waarom Gaby Schuster en Veiga er niet waren. Ze hadden waarschijnlijk al voorvoeld dat deze onderhandelingen niet op een ochtend, niet zonder een poging van de club het salaris te verlagen, zouden worden afgesloten.

'Dat is niet het salaris waarover we het eergisteren eens zijn geworden! Dat is niet fair,' zei Jörg Neblung. De technisch directeur glimlachte vriendelijk. Jörg keek Robert aan en hij wist wat hij dacht.

Dezelfde avond nog vlogen ze terug naar Duitsland.

'Enke-transfer afgeketst,' schreef *A Bola*.
'Barça wil Fabián Carini van Juventus Turijn als nieuwe doelman,' meldde *Tuttosport*.
'Behandelt Barça Enke net zoals Köpke?' vroeg *Bild* zich af.
Andreas Köpke, doelman van het nationale elftal in de jaren negentig, heeft ergens in zijn ordners thuis in Nürnberg vandaag de dag nog een wedstrijdlicentiecontract van Barça zitten, dat klaar is voor ondertekening. Toen hij het in 1996 wilde tekenen, had Barça opeens de Portugese nummer een Vítor Baía aangetrokken.
Op de vlucht terug wisselden Robert en Teresa nauwelijks een woord.

Twee dagen na de bruuske behandeling in Camp Nou stelde Robert Enke vast dat er keepers waren die duidelijk slechter af waren dan hij. Weer in Bad Windsheim bij Teresa's ouders zag hij Mohammed al-Deayea op tv. Hij verloor met Saoedi-Arabië tegen Duitsland met 0-8. Het wereldkampioenschap in Japan en Korea was begonnen.
Bij het volgende WK, in 2006 in Duitsland, wilde hij erbij zijn. En op het ogenblik wist hij niet eens waar hij over een maand in het doel zou staan. Hij was nerveus, niet woedend. Als Barça met je speelde, hield je je gedeisd en hoopte je dat het op een of andere manier goed afliep.
Jörg Neblung belde met Barça's technisch directeur. Ze waren vanzelfsprekend nog steeds in Robert Enke geïnteresseerd, zei Parera. Ze zouden alleen nog een keer met elkaar moeten praten.
Barça zou keeper Carini voor het komende seizoen van hen willen lenen, meldde Juventus Turijn.
Bel de trainer op, zei Jörg tegen Robert.
Toen de contractbesprekingen in Barcelona op stapel stonden, hadden ze de technisch directeur het mobiele nummer van Louis van Gaal gevraagd. De Nederlandse trainer was zelf pas een aantal weken eerder bij Barça in dienst getreden. Robert Enke had willen weten of Van Gaal hem als eerste keeper of als reserve beschouwde. Nu had het telefoontje een andere urgentie. Kon Van Gaal hem zeggen of er bij Barça eigenlijk nog over hem werd gesproken?

Hij bereikte de trainer tijdens zijn strandvakantie op Aruba.
'Ja, dat is heel slim van u, meneer Enke, dat u mij opbelt, dat is goed. Want ik alleen beslis wie bij Barça speelt.'

Hij belde alleen maar eens op om te horen welke rol hij in diens planning zou spelen.

'Nou, ik ben niet degene die u contracteren wil! De technisch directeur wil dat. Ik ken u niet eens. Maar bij mij krijgt elk van de drie keepers in de voorbereiding op het seizoen evenveel kans zichzelf als nummer een te bewijzen, ook u, als u tekent.'

Toen hij opgelegd had, zei Robert Enke tevreden tegen Jörg dat het een goed gesprek was geweest. Van Gaal leek het in elk geval te accepteren als hij zou tekenen en zou hem fair behandelen.

Toen Robert Enke me jaren later over het telefoongesprek vertelde, benadrukte hij dat Van Gaal meteen tegen hem uitgevallen was: 'Ik ken u helemaal niet.'

Vier dagen nadat hij de contractonderhandelingen had afgebroken, was Robert Enke weer op weg naar Barcelona. Hij had een spijkerbroek aan en zijn favoriete grijsblauw geribde pullover, kleren die je draagt op dagen waarop je geen bijzondere gebeurtenissen verwacht. Om zeven uur landde hij met Teresa, Jörg wachtte al op hen. Ze leerden meteen iets over Spaanse gewoonten. 19.00 uur is nog middag in Spanje. Op het kantoor van Camp Nou werd nog gewerkt.

Jörg Neblung wilde op hernieuwde teleurstellingen voorbereid zijn. Hij had een contract meegebracht. Van FC Porto. Het document, dat al getekend was door de president Pinto da Costa, had hij naar zich laten faxen. In het geval Barça door zou gaan met spelletjes spelen, zou Robert Enke nog in Barcelona voor Porto kunnen ondertekenen.

Jörg Neblung ging alleen naar FC Barcelona. 'Ik had hartkloppingen,' zegt hij.

Teresa en Robert zouden in het hotel aan de Avenida Diagonal wachten tot het aanvankelijk toegezegde salaris weer in het contract opdook. Of tot Jörg Neblung zonder succes terugkeerde.

Robert Enke dronk nooit veel alcohol. Op hun hotelkamer openden hij en Teresa de sekt uit de minibar. Daarna het bier. Op tv lieten ze steeds weer zien hoe de wereldvoetballer van het jaar 1999, Rivaldo, zijn handen voor zijn gezicht sloeg en zich schreeuwend op de grond wierp. De Turk Hakan Ünsal had tijdens een spelonderbreking alleen maar de bal tegen zijn bovenbeen geschoten, maar de scheidsrechter liet zich beetnemen door Rivaldo's toneelspel en gaf de Turk een rode kaart. Het was het hoogtepunt van de dag op het WK in Zuid-Korea. Het was na negenen, na tienen, en nog steeds zat er geen schot in, behalve dat tegen Rivaldo's bovenbeen.

Toen zijn mobiel overging, wist Robert wie het was. Het was na elven.

'Je kunt komen nu,' zei Jörg.

Gedurende 103 jaar hadden slechts twee Duitse voetballers voor het elftal van FC Barcelona gespeeld, Bernd Schuster en nu Robert Enke. Het was na middernacht en hij werd in Camp Nou door radioverslaggevers omgeven, die de eerste woorden van de nieuwe doelman live uitzonden. Hij sprak Portugees, alsof een Nederlander op de Duitse radio zonder vertaling geïnterviewd werd. Bij een sportprogramma op de Spaanse radio, waar excentriciteit aan de orde van de dag is, was dat niet storend. Vanaf middernacht, op een tijdstip waarop ze eigenlijk zouden moeten slapen of iets anders zouden moeten doen, luisteren dagelijks miljoenen Spanjaarden naar de sportuitzendingen op de radio. Van voetballers wordt verwacht dat ze ook op dat tijdstip voor telefonische interviews beschikbaar zijn. Op de *Cadena Ser*, de bestbeluisterde zender, zingen de presentatoren graag ook zelf de reclameboodschappen in.

De volgende dag werd Robert Enke officieel gepresenteerd in Spanje – door de trainer van Porto, José Mourinho. 'Op Robert kan Barça bouwen. Wij wilden hem ook halen, maar toen verscheen Barça op het toneel,' schreef hij in een bijdrage voor de Catalaanse sportkrant *El Mundo Deportivo*. 'Robert is een geweldige keus, als keeper én als mens.' Omdat in Barcelona een heleboel mensen hun beeld van Duitsland uitsluitend ontlenen aan Bernd Schuster, voegde hij eraan toe: 'Robert is niet de klassieke Duitser, introvert, met een moeilijk karakter, integendeel.'

Robert Enke had nog ruim een maand vakantie voordat het avontuur bij Barça begon. Hij kon niet wachten. Toen hij op bezoek ging bij Marco, die ondertussen bij FC Nürnberg speelde, ging hij met zijn vriend tijdens de vakantie naar het trainingsveld.

'Chico, ik kom vandaag met Robert Enke langs, we willen even wat doen.'

'Robert Enke? Wie is dat?' vroeg de terreinbeheerder van Nürnberg.

Maar opeens vond hij het alleen nog maar grappig dat hij in eigen land over het hoofd werd gezien. 'Er zijn in Duitsland vast mensen die vragen: hoezo, Barcelona heeft Enke gecontracteerd – voor de B-jeugd, of wat?' zo vermoedde hij. Op zijn gelukkigste momenten maakte hij het liefst grappen over zichzelf.

Een aantal weken later zat hij voor het eerst op een caféterras aan de voet van de gotische huizen in de binnenstad van Barcelona. Hij zag het gevaar van links op hem af komen. Maar voor hij wat kon zeggen, was de vechthond van de tafel naast hem al bij Teresa. 'Laat gaan!' riep Robert zijn vrouw, niet de hond, toe. Het grote risico was niet dat zijn vrouw door het beest werd gebeten, maar dat 'ze de hond mee naar huis zou nemen'.

Hij leunde achterover in zijn stoel om zijn gezicht in de zon te houden.

'En een paar weken geleden dachten we nog dat de wereld verging, omdat Kaiserslautern me niet wilde hebben.'

Hij moest om zichzelf lachen.

'Stel je voor dat Kaiserslautern me had willen hebben. Waarschijnlijk had ik meteen toegehapt. Hoe zou ik dan gekeken hebben als Jörg me een aantal weken later had meegedeeld: overigens, Barcelona had ook gekund.'

Hij vroeg of ik hem een leraar Spaans kon aanraden. 's Avonds, terug in hun nieuwe huis in Sant Cugat, achter de groene heuvels van de Collserola, belde hij de leraar meteen op. Na de eerste les gaf hij hem spontaan toegangskaarten voor Barça.

'Ik weet ook niet waarom, maar op een of andere manier vind ik op het moment alles gewoonweg geweldig. De stad, de club, het leven,' zei hij op het terras. De vijf verdiepingen hoge huizen stonden als een beschermende wal om de kleine *plaza* heen, er was geen autolawaai te horen. Het veelkleurige assortiment van de ijssalon aan de overkant werd weerspiegeld in de glazen voordeur. 'Ik ben pas drie weken hier, maar ik heb nu al het gevoel: hier wil ik lang blijven.'

Een dakloze liep tussen de rijen cafébezoekers door en vroeg om geld. Hij was de eerste die Robert Enke op deze middag herkende.

'Enke, el número uno!'

Robert antwoordde hem in het Portugees: 'Bent u een Benficista?' Hij kon zich niet voorstellen dat iemand in Barcelona hem al kende.

Zeg een zin in het Catalaans, vroeg Barça's president Joan Gaspart Robert Enke voor zijn officiële presentatie. Trainer Van Gaal ging samen met hen beiden het podium op van de perszaal. Aan de muren hingen kleine portretten, in donkerbruine lijsten ingeraamd, van alle spelers van het nationale elftal die bij Barça in dienst geweest waren. De muren gingen schuil onder al die foto's. Van Gaal had zijn witte gesteven hemd dichtgeknoopt onder zijn das, waardoor zijn kolossale nek er nog indrukwekkender uitzag. Robert Enke droeg een rood hemd met korte mouwen en zijn haren waren recentelijk door een van die kappers gekortwiekt die je haren altijd te kort knippen. Daardoor zag hij er naast Van Gaal nog jonger uit.

Voor zijn presentatie in Lissabon had hij een Portugese zin in elkaar gedraaid, 'É bom estar aqui', en hij had er plezier aan beleefd. In Barcelona sprak hij Engels en zei hij alleen: 'Ik zal Spaans leren, en misschien lukt het me te zijner tijd ook Catalaans te spreken.' In Catalonië, waar de politici de taal als wapen in de strijd om de autonomie tegen de Spaanse centrale staat gebruikten, zou het slijmerig, doorzichtig en vals geklonken hebben als hij iets in het Catalaans had gezegd, vond hij, vooral nadat de president hem ertoe aangespoord had. Hij wilde zich niet laten inpakken.

'De drie keepers Enke, Bonano en Valdés beginnen bij nul, ook al maken de twee eerstgenoemden een grotere kans,' zei Van Gaal.

2002, Robert met de toenmalige Barça-trainer Louis van Gaal.

'Maar alles kan veranderen.' Zijn stem dreunde. 'Want bij mij heeft niemand een vaste plaats in het team.'

Robert Enke was nieuw in Barcelona en was er al aan gewend dat de trainer de nietsontziende toon waarop hij sprak voor eerlijkheid hield.

Louis van Gaal had vier jaar geleden al een keer een periode bij Barça doorgebracht, hij werd kampioen en haalde de Copa del Rey binnen, hij formeerde een elftal dat experiment en organisatie op een fantastische manier met elkaar combineerde, en kreeg het dankzij zijn barse manier van doen voor elkaar dat veel spelers en de meeste toeschouwers hem toch graag zagen vertrekken.

Toen hij nog bij Ajax werkzaam was, had ik Van Gaal een keer geïnterviewd. Hij slofte in zwemslippers door het oude trainingscomplex van Ajax, alles aan hem was gigantisch, zijn buik, zijn hals, zijn hoofd. 'Goedemorgen meneer Van Gaal, ik heb een interview met u afgesproken,' zei ik. 'Nee!' brulde Van Gaal, 'u hebt een interview met David Endt afgesproken!' De persvertegenwoordiger van Ajax had het gesprek gearrangeerd. Nadat hij dit misverstand fundamenteel uit de weg geruimd had, nodigde Louis van Gaal beleefd uit hem naar zijn kantoor te volgen. Tien dagen later, op de morgen van de halve finale in de Champions League tegen Bayern München, belde hij me op de redactie van de krant. Hij was weer eens zeer eerlijk en een beetje beledigd. Hij had de reportage over Ajax gelezen, zei hij: 'U hebt niet erg veel citaten van mij gebruikt!'

Het duel met Roberto Bonano om de plek in het doel voerde Robert Enke eerst zonder tegenstander. Bonano was nog op vakantie. Als reservekeeper van Argentinië had hij aan het wereldkampioenschap in Japan en Zuid-Korea deelgenomen en daarom mocht hij een aantal weken later bij de clubtraining aanhaken.

Frans Hoek, de keeperstrainer, stelde Robert aan de derde doelman voor, een twintigjarige jongen met een ernstige blik en dik zwart haar die uit het B-elftal afkomstig was. 'Roberts manier van doen was koel, maar hij had de uitstraling van een goed mens,' zegt Victor Valdés. De eerste training begon. Roberts karige Spaans en Victors krakkemikkige Engels gaven hun een welkom excuus bijna niet te praten. De trainer liet een ongedwongen partijtje spelen om te zien hoe de profs er na hun vakantie aan toe waren. Met de ijver van een jongen die voor de eerste keer met een elftal in de Primera División mee mag spelen, observeerde Valdés elke beweging van Enke. Hij hoopte iets in de Duitser te herkennen.

Zes jaar eerder, toen Robert Enke in Mönchengladbach van Kamps leerde duiken, had Bayern München de halve finale van de UEFA-Cup in Barcelona gespeeld. Achter Bayerns doel stond een veertienjarige ballenjongen, doelman in de C-jeugd van FC Barcelona. Hij heette Victor Valdés. Hij zag hoe Oliver Kahn in korte tijd een schot van Kodro en een vrije trap van Popescu met geweldige sprongen en reflexen de baas werd. Het was liefde op het eerste gezicht geweest, zegt Valdés. 'Mijn mond bleef openstaan. Wow! dacht ik en wist: dat is mijn keeper. Kahn was van dat ogenblik af mijn idool.'

Valdés zit in het perscentrum van de sportstad van FC Barcelona. De ruimte is een opmerkelijke kruising, een bouwkeet met twee designbanken van bruin leer. Uit de veertienjarige jongen is een man met grote handen en forse armen gegroeid. Een zwart T-shirt met een levensgrote adelaar, die de klauwen heeft uitstaan voor de aanval, onderstreept zijn imposante verschijning. 'Weet je,' zegt Valdés, 'sinds die dag dat ik Kahn zag heb ik bewondering voor de Duitse keepersschool. Duitse doelverdedigers vallen na een redding veel mooier dan wij Spanjaarden.'

Namelijk?

Hij begint het met woorden uit te leggen. Dan staat hij op van de leren bank. 'Wij Spanjaarden vallen gewoon als een bal gehakt op de grond, boem.' Victor Valdés gaat op de vloer van de persruimte liggen. 'De Duitsers rollen uit.' De driedubbele rolbeweging doet hij alleen nog met beide handen, niet meer met het hele lichaam na.

Toen Robert Enke in 2002 naar Barcelona kwam, distantieerde hij zich innerlijk al van het oude Duitse keepersmodel. Hij had in Lissabon geleerd een beetje aanvallender en vooral veel zakelijker te spelen. En nu bewonderde Victor Valdés, de jongen die net uit het tweede elftal kwam, hem precies voor het spectaculaire dat Robert Enke achter zich wilde laten.

'Robert rolde ook zo esthetisch uit.'

Dat kon niet, hij lette er nauwgezet op van zijn reddingen geen show te maken.

'Jawel, echt!' Victor Valdés straalt van enthousiasme. Hij herinnert zich de eerste training met Robert Enke nog precies.

'Robert was ongelooflijk. Hij liet drie, vier waanzinnige saves zien. Ik had pas een enkele trainingswedstrijd gezien, maar het was mij al zonneklaar over wat voor enorme kwaliteiten hij beschikte.'

In de kleedkamer, na de eerste training, kwam middenveldspeler Gerard López op Robert Enke af. 'Man of the match, man of the match!' riep Gerard, en daarmee was hij door zijn Engels heen.

Roberto Bonano, de concurrent, Barça's nummer een van het vorige seizoen, voegde zich in het trainingskamp in Zwitserland bij het elftal. Nu keek Robert Enke zoals net nog Victor Valdés had gekeken. De meeste voetballers zien er op het voetbalveld groter uit dan in vrijetijdskleding, Bonano was daarop geen uitzondering. Door zijn extra grote maat borstkas deed hij in zijn trainingsshirt groter aan. Maar hij maakte niet waar wat zijn verschijning beloofde. Algauw was te zien dat hij niet in vorm was.

Teleurgesteld dat de trainer hem bij het wereldkampioenschap op de reservebank had gezet, ontstemd vanwege Argentiniës afhaken in de voorronde, had Bonano tijdens de vakantie niets van sport willen weten. Nu betaalde hij de prijs daarvoor.

Binnen een goede drie weken ging het seizoen van start. Robert Enke had een goed gevoel.

'Robert, je staat te ver naar achteren!' riep de keeperstrainer.

'Robert, de bal met de linkervoet aannemen!', schreeuwde de keeperstrainer.

'Robert, alweer een onzuivere pass. Concentreer je beter op je voeten!' brulde de keeperstrainer.

Frans Hoek, met een nauwkeurige scheiding aan de zijkant in zijn bruine haren, deelde met zijn baas Van Gaal de toon en de overtuiging dat een doelman de elfde veldspeler moet zijn. Met de pass van de doelman begon de aanval al, navenant precies, anticiperend en gevarieerd moest een doelman de bal kunnen spelen. Bovendien kwam Barça's verdediging verder op dan alle andere verdedigingslinies opdat het elftal zijn edele aanvalsvoetbal kon opzetten. Dit dwong de keeper verder dan ooit naar voren te spelen om de speelruimte voor de counter tussen hem en de verdediging niet te groot te laten worden. Hij had er bij Benfica met veel moeite op getraind zijn basispositie naar zeven meter voor de doellijn te verleggen. Moest hij nu nog verder naar voren spelen? Hij deed zijn best hoewel hij er zich niet lekker bij voelde, en daar brulde de trainer alweer: 'Nog verder naar voren, Robert, ik wil dat je speelt als Van der Sar.'

'Continu hadden de trainers het tegenover ons over Edwin van der Sar,' herinnert Bonano zich: 'Van der Sar doet dit, en Van der Sar doet dat.' Toen de doelverdediger van het Nederlands elftal Edwin van der Sar bij het EK van 1996 in de wedstrijd tegen Zwitserland een hoekschop ving en met een precieze, verre drop-kick-uittrap Dennis Bergkamps doelpunt met kerende post inleidde, had hij daarmee in een handomdraai de zogeheten moderne doelman in het leven geroepen: hij loste het doelgevaar al op nog voordat het kon ontstaan en was de initiator van het aanvalsspel. Hij ageerde.

In Barcelona vond Robert Enke dat de trainers gelijk hadden wanneer ze hem toeriepen: 'Je voeten!' 'Ik ben geen Maradona. Ik schiet tekort bij het meespelen met de voet,' zei hij.

Hij wilde bijleren. Hij ging ervan uit dat de trainers het goed met hem voorhadden. Hij was in een opgewekte stemming en had er moeite mee ergens ook maar iets negatiefs te zien. Het was fantastisch in Barcelona te zijn, en gezien Bonano's aanhoudende geworstel met zijn vorm kon het bijna niet anders of hij zou het seizoen als de nummer een beginnen.

'Algauw merkten we dat Robert een fantastische instelling had,' zegt Frans Hoek, de keeperstrainer. 'Hij was zeer meegaand. Hij stond open voor kritiek en aanwijzingen.'

Bij een toernooi in Amsterdam, de generale repetitie voor het seizoen, zouden Bonano en Enke ieder een wedstrijd spelen. Bonano maakte bij de 3-4 nederlaag tegen Ajax een onzekere indruk. Hij liet bij voorzetten ballen uit zijn handen vallen, en een schot dat toch al naast zou zijn gegaan verwerkte hij tot hoekschop. Robert Enke kwam bij de 4-2 overwinning tegen AC Parma bij het eerste tegendoelpunt zichtbaar te laat achter uit het strafschopgebied toen Marco di Vaio alleen op hem af kwam rennen.

'In trainingswedstrijden op een laag tempo kon hij met de grote afstand tussen een Barça-keeper en de verdediging wel goed uit de voeten,' zegt Hoek. 'Maar in oefenpartijen, op wedstrijdtempo, was te zien dat hij nog problemen had met het positiespel in ons zeer bijzondere spelsysteem. Dat hij over uitstekende reflexen beschikt, was algauw duidelijk maar de vraag die niemand kon beantwoorden was: hoe lang zou hij nodig hebben om te wennen aan de Barça-stijl?'

In de volgende oefenwedstrijd, zei Van Gaal, zou Victor Valdés spelen.

'Toen werd Robbi nerveus,' zegt Teresa. 'Hoezo opeens Victor?'

Ze verzetten hun zinnen een beetje met de honden in de tuin van hun huis in Sant Cugat toen er op een middag aangebeld werd. Ze verwachtten geen handwerkslieden noch de leraar Spaans en kenden verder nog niemand die een reden kon hebben om bij hen langs te komen.

Teresa opende de deur.

Een vrouw met een slank figuur dat nog eens extra door een kort kapsel werd benadrukt, stond voor haar en zei in het Duits: 'Hallo, ik ben Frauke.'

De honden hadden zich in de nieuwe woonplaats sneller een reputatie verworven dan de keeper.

Het was haar ter ore gekomen dat ze zeven straathonden hadden opgenomen, zei Frauke. Ze had zelf twee bastaards en was werkzaam bij de dierenbescherming. Toen had ze gedacht, ik bel maar eens even aan om me voor te stellen, ze was net bij de buren geweest.

Haar man werkte bij het Duitse consulaat. Op de volgende receptie in hun huis waren Teresa en Robert uitgenodigd.

Op het terras sprak een jonge vrouw Teresa spontaan aan. 'Jij bent toch die vrouw met de zeven honden, niet?'

'Hoezo, kun je dat ruiken?'

Zo ontstaan vriendschappen.

In Mönchengladbach en Lissabon hadden Teresa en Robert in hun eigen wereld geleefd, slechts omgeven door een paar bekenden. Ze hadden het geaccepteerd vanuit het idee dat het nou eenmaal zo was als profvoetballer. Hoe moest hij vrienden vinden, vroeg hij zich af, hoe moest hij erachter komen of ze hem of alleen maar zijn status waardeerden? Bij zijn poging om aan degenen te ontkomen die alleen maar in de buurt van een voetballer wilden zijn, had hij zich ook voor alle anderen afgesloten. 'In Barcelona was het van meet af aan zo anders,' zegt Teresa.

Susanne, de jonge vrouw van het consulaatsfeest met de directe vragen, nam hen mee naar de paardenstal. Als moderne vijfkampster had Teresa haar jeugd op paardenruggen doorgebracht. Ongemerkt en zonder dat hij de tijd vond om zich af te vragen of ze alleen maar in de buurt van een voetballer wilden zijn, werden Teresa en Robert in de paardenstal onderdeel van een kleine

Duitse kolonie. Sant Cugat ligt niet ver van de Duitse school in Barcelona, dat brengt de Duitsers samen, en het gevoel samen in het buitenland te zijn bracht mensen bijeen die elkaar in hun eigen land nooit ontmoet zouden hebben, een sociaal pedagoge, een uitgeverijmedewerker, een diergeneeskundige en een secretaresse. De voetbalkeeper van FC Barcelona was bij het gesprek in de manege niets meer dan eentje in de kolonie erbij.

Steeds weer keek Robert Enke naar een van de paarden. De vacht van het dier was dof, de ogen leeg. Het was oud, zeker vijftien jaar, en nog altijd moest het ervoor opdraaien de beginnelingen in de drafsport op zijn rug op en neer te laten ploffen.

Hij kocht het paard.

Twee dagen voor de eerste wedstrijd van het seizoen, in de kwalificatieronde voor de Champions League, tegen Legia Warschau, was hij na de training onderweg naar Sant Cugat. Hij nam de gewone weg, om de twee euro voor de autowegtunnel bij Vallvidrera uit te sparen. 'Wil je weten wie er speelt?' zei hij over zijn mobiel en wachtte mijn antwoord niet eens af. 'Victor staat woensdag in het doel.'

Hij was geïrriteerd. Victor Valdés was nog een jongen, had geen enkele ervaring met wedstrijden in de Primera División en was atletisch verre van volgroeid.

'Victor leek – op dat moment – van alle drie de keepers het spel volgens het Barça-systeem het beste in de praktijk te brengen,' zegt Hoek.

Gewoonlijk hebben profsporters oog voor zichzelf, zichzelf en nog eens zichzelf, veel mensen denken dat dat onvermijdelijk is bij een beroep waarin het altijd maar om verdringen, om winnen gaat. Robert Enke dwong zichzelf de beslissing ook uit het perspectief van de trainer te bekijken. 'Het is heel moedig van Van Gaal, dat moet je toegeven,' zei hij over zijn mobiel. 'Hij had het zich gemakkelijk kunnen maken en Bonano of mij in het doel kunnen zetten. Maar hij kiest voor een onervaren doelman van een nieuwe generatie, daarover heeft hij vast goed nagedacht.'

Zo rationeel kon hij het evenwel alleen bekijken als hij met anderen praatte. Thuis piekerde hij. Waarom Victor?

's Middags ging hij met Teresa de stad in. Ze moesten nog meubels voor het huis kopen. Het was augustus, en dan zijn in Spanje niet sommige zaken maar praktisch hele steden wegens vakantie gesloten. Met toenemende woede gingen ze van de ene gesloten interieurwinkel naar de volgende. Het bracht Teresa heel even in een opgewekte stemming: uit pure ergernis over de meubelzaken vergat Robert over het voetbal te kniezen.

Teresa ging naar het stadion, ook nu Robert alleen maar op de reservebank zat. Ze vond de hoofdtribune met de mannen met gel in hun haar en de onderkoelde vrouwen fascinerend, ze nam graag zelf een loopje met de clichés van een voetbalvrouw, 'de twee euro voor de autowegtunnel hoef je niet uit te sparen, Robbi, je vrouw geeft het geld toch wel uit'. Ze had overal een of twee aardige bekenden onder de andere voetbalvrouwen gevonden. Ze moest alleen maar haar best doen, dan zou ze ook in Camp Nou contacten maken. Ze vroeg een van de vrouwen of ze na de wedstrijd nog uitgingen. Natuurlijk, zei de vrouw en informeerde niet of Teresa mee wilde.

Op de tribune van Camp Nou gedroegen de vrouwen zich als waren ze de voetballers zelf, in een harde concurrentiestrijd verwikkeld om de sterrollen in het team. Zij was slechts de vrouw van de reservekeeper.

Daar beneden op het gras spreidde Victor Valdés in zijn eerste spelbeurten alles ten toon: zijn enorme talent zowel als de bovenmatige gemotiveerdheid van een beginner in het vak. Tegen Warschau zette hij manmoedig de doorgebroken Cezary Kucharski de voet dwars. Bij de seizoensopening van de Spaanse competitie tegen Atlético Madrid rende hij overhaast uit zijn doel en onder een mislukte voorzet door, die in het doel belandde.

Robert Enke kwamen een aantal geruchten ter ore. Aan Valdés zou de voorkeur worden gegeven omdat hij Catalaan was. Van Gaal zou een jeugdtic hebben, als een bezetene probeerde hij zijn reputatie als ontdekker te bevestigen, en daarom zou hij jonge talenten nietsontziend de hand boven het hoofd houden. Geklets, gezwets, vergeet het, zei Robert Enke tegen zichzelf. Maar het viel hem zwaar er niet aan te denken. Hoe was het mogelijk dat Victor ondanks zijn fouten in het doel bleef, hoezo klapte het publiek als een bezetene voor elke eenvoudige redding, en hem werd steeds maar door de trainers toegeroepen, 'Van der Sar zou gewisseld zijn!', 'Speel de bal met de binnenkant van de voet zoals Van der Sar!'. En dat terwijl iedereen op de training toch moest kunnen zien dat hij met de handen beter was dan Victor Valdés. Het ging toch om de handen, niet om de voeten!

Teresa nam hem mee naar de manege. Dickens hadden ze hem genoemd, het afgetakelde beginnerspaard dat Robert meer uit liefde voor Teresa dan voor het dier had gekocht. Bij het paard bleef hij liever uit de buurt. Maar andere ruiters spraken hem aan. Hun vriendelijkheid was verfrissend. Hij moest niet voortdurend aan voetbal denken, zei hij tegen zichzelf, en dacht het volgende moment aan Victor Valdés.

De week daarop, in de Copa del Rey tegen een derdedivisieclub, zou hij een stuk of wat reservespelers opstellen, zei Van Gaal. Zijn stem gehoorzaamde hem niet. Geforceerd als die was door het vele geschreeuw en zijn uitbarstingen, behield hij soms een agressieve, blaffende klank wanneer de trainer iets puur zakelijks wilde melden. 'Daar krijg je je kans.' Voor Robert Enke klonk het als een dreigement. Dan laat je daar maar eens zien of je ook echt iets kunt.

De tegenstander heette FC Novelda, onderste op de ranglijst van de derde divisie. Novelda's sportveld La Magdalena heeft drie toegangen, het groene ijzeren hek aan de achterkant is met graffiti overdekt, 'Revolution Che!' en 'Ana, je bent knap. Dat zegt je een jongen'. FC Barcelona overnachtte in Elche in een hotel met palmentuin, naar Novelda was het vijftien kilometer door een streek waarin de lelijkheid van goedkope opslagketen contrasteert met de schoonheid van kale bergen, en de betere restaurants buiten de bebouwde kom langs de verkeersweg liggen. Zoals altijd voor een wedstrijd belde hij Teresa nog even op. Mechanisch wisselden ze de vragen en antwoorden uit, hoe gaat het, we zijn gaan wandelen, nu drinken we koffie, goed, oké, we zien elkaar vannacht weer. Hij had haar verboden hem succes te wensen.

NEGEN

Novelda

Ze hadden de Sergeant Navarrostraat voor het sportveld afgesloten. Toni Madrigal, al de hele middag te nerveus om een boek te lezen, liet zijn auto thuis staan en ging te voet. Het was maar tien minuten naar het sportveld. Madrigal was vroeg, hij wilde voor de wedstrijd nog een vriend uit Valencia bij het kassahokje treffen.

Novelda, zevenentwintigduizend inwoners, ze kunnen er behoorlijk leven van het marmer en de wijndruivenoogst, is als een ui, een stad die bestaat uit schillen, helemaal binnenin de glimmende kern met het casino en het raadhuis uit de vorstentijd, daaromheen de ring van huizenblokken uit de jaren vijftig, ten slotte de buitenlaag van opslagplaatsen en gigantische supermercado's. Madrigal die, omdat de dag er aanleiding toe gaf bij de lunch pasta zonder saus en met alleen olijfolie had gegeten, liep langs de rand van de tweede laag, hij droeg het groenwitte trainingspak. Er waren meer mensen dan gewoonlijk op straat. Sommigen zwaaiden naar hem en staken hun duim omhoog. Ze herkenden het trainingspak, hem niet.

Toen hij aankwam bij de versperring voor het sportveld, hield de bewakingsdienst hem tegen.

'En jij, wat wil jij?' vroeg de bewaker.

'Ik ben de midvoor,' zei Madrigal. 'Ik speel.'

Zijn trainingspak gaf de bewaker de overtuiging dat hij hem door kon laten terwijl verder alleen mensen met een toegangskaart erdoor mochten.

Instinctief zocht Madrigal op het veld niet eerst naar zijn vriend uit Valencia, maar naar hen. Ze waren er nog niet.

Over nauwelijks twee uur zou de scheidsrechter het beginsignaal geven.

Robert Enke zat in de spelersbus op weg van Elche naar Novelda, vijftien kilometer, een politieauto met zwaailicht maakte de weg voor hen vrij, Roberto Bonano zat naast hem. Thuis schreef Bonano bedverhaaltjes voor zijn twee kinderen, hij las Borges en Cortázar, zijn vrouw was werkzaam als psychologe, Robert Enke voelde zich instinctief met hem verwant. 'Maar we hebben eigenlijk in het hele seizoen nooit een persoonlijk gesprek gevoerd, hoewel we voor wedstrijden vaak de hotelkamer deelden,' zegt Bonano, hij zoekt naar een reden, hij kan het niet precies thuisbrengen, 'als je als doelverdediger bij een club als Barça elkaars concurrent bent, speelt er altijd wat tussen jou en de andere doelverdedigers.' In de spelersbus zeiden Bonano en Enke niets. Sommige spelers luisterden naar muziek op hun koptelefoon. Robert Enke had geen cd-speler. Als je zin in muziek had, kon je toch naar de radio luisteren. Maar nu was het stil in de bus, ze moesten zich concentreren, vond de trainer. Op de landweg kwamen ze langs dorpen die de Tres Hermanas worden genoemd, Drie Zusters, daarachter de bergen, ruw en geel, alsof ze op weg waren naar het domein van Don Quichot.

De bus had airconditioning. Hij had het heet. Hij droeg het poloshirt met korte mouwen met het embleem van Barça ter hoogte van het hart.

Hij kon alleen maar verliezen.

Waaraan hij ook maar probeerde te denken om zich af te leiden, hij kwam toch weer uit bij deze gedachte.

Als alles zoals te verwachten verliep, won Barça met 3-0 of 4-0, en niemand had het over de keeper. Als het misliep, kreeg hij de schuld.

Het was een absurde visie, had Jörg hem door de telefoon gezegd. In werkelijkheid was de wedstrijd een kans. Hij zou een soeverein optreden op de grasmat kunnen leggen, en natuurlijk zou niemand meteen daarna zeggen, Enke moet nu tussen de palen, alleen maar omdat hij in een bekerwedstrijd bij een derdedivisieclub een knappe indruk had achtergelaten. Maar de trainers zouden zien, hij stond er. Victor Valdés, die deze keer thuisgebleven was, zou in de komende weken bij de competitiewedstrijden weer een onzekere indruk maken, daar was Jörg van overtuigd, Victor was nog niet zover, en op een zeker moment zou Roberts dag dan aanbreken. Novelda was de eerste stap.

Maar hoe vaak Robert Enke dit ook tegen zichzelf zei – het lukte hem niet om het zo te zien.

Hij kon alleen maar verliezen.

'Sinds hij voor de eerste speeldag door het bericht overvallen werd, Valdés is nummer een, was hij in mineur,' zegt Jörg Neblung. 'Hij ging er steeds meer in geloven dat alles zich tegen hem keerde.'

Uit kleine vraagtekens waren twijfels aan hemzelf geworden, en nu, onder de druk van een naderende wedstrijd, veranderden ze in een angst die niets meer van doen had met de normale vrees van een doelman. Deze angst was duisterder.

Als hij het hier verprutste, was zijn kans verkeken. Dan was het over en uit.

Hoek, de keeperstrainer, wilde toch al Victor op doel hebben, Hoek had Victor al in Barça's jeugdelftal getraind, Hoek wilde kunnen zeggen, deze keeper heb ik zover gebracht, alle keeperstrainers dromen ervan hun keeper te ontdekken.

Mijn god, wat een verdomde droge lucht hing er in de bus.

De spelersbus minderde vaart. Robert Enke zag een mensenmenigte op de straat, de mensen zwaaiden en schreeuwden. Ze waren vast vlak bij het stadion. De mensen achter de hekken keken Robert Enke met een stralend gezicht aan toen hij uit de bus kwam. Zijn lippen vormden een smalle streep in zijn gezicht.

De radio stond aan in de kleedkamer van FC Novelda. De deur stond open. Bekenden staken hun hoofd naar binnen om hen succes te wensen. Madrigal, die geprobeerd had een middagdutje te doen en alleen maar wakker gelegen had, hoorde het lawaai van de tribune door de muren. 'Het klonk alsof er een demonstratie boven ons zou plaatsvinden.'

Over zijn haren lag al een grijze zweem. Hij was zesentwintig, in de beste jaren van zijn voetbalcarrière. Hij had zich in de derde divisie bewezen. Het spelletje leverde genoeg op om van te leven, tweeduizend euro netto per maand, hij rekende nog in peseta's, vier miljoen per jaar. Met twee andere spelers deelde hij een woning op de Avenida de Elche in Novelda. Wat hij graag deed, was leren. Hij had er een onderwijsakte naast gehaald. Maar het waren profs in Novelda, 'we trainden net als een club in de Primera División', op de onderste plaats van de ranglijst waren ze alleen maar door Barça terechtgekomen: ze waren in gedachten al bij de bekerwedstrijd geweest en daarom hadden ze de zondag daarvoor met 0-3 tegen Burgos verloren. 'Profs zoals wij spelen zo'n wedstrijd maar één keer in ons leven.'

Ze hadden zich omgekleed, het rook naar massageolie in de kleedkamer, ze stonden te trappelen om naar buiten te gaan en zich op te warmen. Ze moesten de tactiekbespreking nog over zich heen laten gaan. Hun trainer Antoni Teixido schreef met viltstift voor hen op het bord wie wie moest dekken bij de hoekschoppen van Barça, zei dat deze wedstrijd een beloning was voor de inspanningen van het vorige jaar, de mooiste dag van hun carrière, ze moesten ervan genieten, spelen zoals altijd en niemand blesseren. De toespraak duurde alles bij elkaar twee minuten. Geen bijzondere spelcombinatie stond op het bord, er werd geen speciale tip gegeven, zo van: Rochemback gaat er steeds rechts langs, zet hem op zijn linkervoet. Teixido wist dat zijn spelers al supergemotiveerd waren. Elk woord meer had ze alleen maar meer gespannen gemaakt.

Robert Enke haastte zich blind over het basketbalveld naar de kleedkamer. Boven de hoofdingang van het sportveld hing de Spaanse vlag, oud en gerafeld. Kinderen droegen de blinkende metalen koffers met Barça's uitrusting tussen de gymnastiekzaal en de kleedkamer heen en weer. In de kleedkamer zelf was niet genoeg plaats voor de koffers. 'Ik moest er steeds weer aan denken hoe de spelers van Barça er in de kleedkamer wel bij zouden zitten,' zegt Aurelio Borghino, de reservekeeper van Novelda. 'Het is meer een schacht dan een ruimte, met maar een klein raam, supernauw, een laag plafond, in de muren het zweet van jaren.'

Robert Enke registreerde dat de trainer hen nog een keer aan de tactiek herinnerde. Hij probeerde te luisteren. Van Gaals dreunende stem sprak over druk zetten op de aanval, de bal meteen terugveroveren, aggressief zijn, de bal pas in het laatste derde deel in de rug van de verdediging spelen. Een goede trainer bereidt elke wedstrijd, ook de banaalste, zo zorgvuldig mogelijk en tot in detail voor als een Champions League-finale, vond Louis van Gaal, die ook vond dat hij een van de beste trainers was.

Robert Enke moest vandaag abuluut acht, negen meter voor zijn doel staan, wanneer Novelda de bal op het middenveld veroverde. Hij mocht zich dan niet achterwaarts bewegen, Novelda zou meteen een lange pass geven, dan moest hij uitkomen als Van der Sar, de dieptepass onderscheppen, zelfs wanneer dat buiten het strafschopgebied was, verdomme, nu dacht hij al net zo als de trainers praatten, klote Van der Sar.

De toeschouwers klapten alsof er een doelpunt was gemaakt. Het elftal van FC Novelda was voor de opwarming uit de kleedkamertunnel gekomen. 'Toen zagen we hen voor het eerst,' zegt Madrigal, die er 's ochtends met zijn twee collega's uit de woongroep urenlang over door geboomd had, gedroomd had welke elf Barça in het veld zou sturen. 'Het was onmogelijk je bij het opwarmen te concentreren,' zegt Madrigal. Uit hun ooghoeken zagen ze aan één stuk door het flitslicht van de pocketcamera's op de tribunes. Ze trokken een paar sprintjes en rekten hun spieren lange tijd tegen de reclameborden. In die houding konden ze de spelers van Barça goed observeren.

Frans Hoek deed opwarmingsoefeningen met Robert Enke. 'Dergelijke bekerwedstrijden zijn de moeilijkste voor een reservekeeper,' zegt Hoek. 'Je hebt niet het ritme en moet je in die ene wedstrijd bewijzen. Dan sta je geweldig onder druk.'

'Je komt uit een ander land en moet in een niet ingespeeld team vol reservespelers op een kloteveld spelen,' zegt Victor Valdés. 'Man, dan heb je twijfels, een slecht gevoel!'

'Je merkt het als een keeper onder te grote druk staat,' zegt Bonano.

In de kleedkamertunnel namen de elftallen hun positie in. De gang was zo nauw dat de twee teams ternauwernood naast elkaar konden staan, Toni Madrigal en Robert Enke hadden elkaar kunnen aanraken. Maar ze zullen hun hele leven geen woord met elkaar wisselen. Heel dicht bij elkaar stonden ze geïsoleerd in hun eigen wereld, ver van elkaar vandaan door hun gedachten.

'Ik zag de scheidsrechter die anders in de Primera División fluit, ik zag de elf van Barça, Riquelme, Frank de Boer, Xavi,' zegt Madrigal. 'Ik had het gevoel: nu speel je voetbal op het hoogste niveau.'

Van Robert Enke zijn er foto's hoe hij met zijn elftal voor het beginsignaal, al op de grasmat, voor de fotografen poseerde. Het was even voor halfacht 's avonds, maar er was nog daglicht, hij stond op de tweede rij helemaal links, Thiago Motta naast hem stak zijn borst naar voren en legde zijn arm stevig om hem heen. Roberts linkerschouder en zijn arm hingen slap naar beneden, hij had zijn mond open en opengesperde ogen. De angst bleef voor altijd bevoren op de foto's.

Het was 11 september 2002, de datum vergeet je niet, een jaar na de terroristische aanslagen in New York, op de nationale feestdag van Catalonië.

Op de kleine tribunes van het sportveld, op veel plekken maar drie rijen met groene stoelen hoog, zaten de ouders, de broer en een oom van Madrigal.

Teresa zat alleen thuis in Sant Cugat voor de tv. In plaats van de commentator hoorde ze Robbi's stem, de toenemende vertwijfeling van de dagen ervoor. 'Dan kan ik alleen maar verliezen.'

Toen de wedstrijd begon wilde ze al dat hij afgelopen was.

Barça nam meteen bezit van de bal en gaf hem niet meer af. Ze passten en passten, dwars en diagonaal, ideologen van de schoonheid die hun spel vrij ontvouwden en een beetje te ontspannen speelden. 'Ze waren sneller, beter, en wij renden erachteraan,' zegt Madrigal. 'Wanneer we in de buurt van de bal kwamen, waren zij in gedachten alweer een pass verder.' Román Riquelme, de merkwaardigste voetballer ter wereld, wiens bewegingen zuivere traagheid zijn maar van wie bijna nooit iemand de bal afgepakt krijgt omdat hij sneller denkt dan de meesten, speelde met de kaarsrechte rug en het geheven hoofd van een majesteit op het middenveld, in het middelpunt van de aandacht.

Vier maanden tevoren had Real Madrid met Zidane, Figo, Raúl

de Champions League veroverd, Barça verdroeg de onvoordelige vergelijkingen met Reals galactische elftal niet meer. De club werd voortgestuwd door de noodzaak eindelijk weer te winnen, en de Argentijn Riquelme, vers gearriveerd uit Buenos Aires, zou de verlosser zijn. Na zeven minuten speelde hij een pass, zoals die volgens Van Gaal pas in het laatste derde deel van de aanval moest worden gespeeld, diep in de vrije ruimte. Geovanni zette hem om in een doelpunt, 1-0. Novelda's toeschouwers klapten. De eerste indrukken gaven aanleiding te denken dat het enige genot van de avond erin gelegen zou zijn Barça te bewonderen. Madrigal dacht, 'die jagen er tien in.'

Teresa zag Robert niet. Op het scherm was geen plaats voor hem omdat de wedstrijd zich op de andere speelhelft afspeelde. Van Gaal had een verdediging met slechts drie man ingezet, een riskante onderneming die geen enkele andere trainer meer aandurfde, maar tegen de derdedivisieclub lukte het blijkbaar. Zo beschikte Barça over een extra man in de aanval, daar waren ze permanent in de meerderheid.

Madrigal stond op de loer, hij cirkelde rond. Hij stond met zijn rug naar het doel van Barça maar zijn schouder wees al in de richting, naar voren, dan kon hij bij de eerste de beste bevrijdende trap meteen eropaf stormen. Robert Enke trok zich onmiddellijk tot heel dicht bij de doellijn terug wanneer Novelda eens uit het middenveld wegkwam en gevaar in de verte mogelijk leek.

Madrigal voelde de keeper in zijn rug. Maar hij hoorde hem niet. 'Ze praatten niet tegen elkaar,' registreerde Madrigal. Hij beschouwde dat als een sterk punt. Barça's verdediging en de doelman wisten waarschijnlijk automatisch wat de ander deed. Het lukte Madrigal niet zich geheel en al op de wedstrijd te concentreren. De ambiance was anders dan anders. Hij keek over het doel heen. Waar normaal een stel jongeren bij de balustrade rondhingen, waren op deze avond extra tribunes neergezet, de hijskranen van de bouwarbeiders staken nog boven de muren van het sportveld uit. In de stuurcabine van de kraan zaten toeschouwers, net zoals aan de overkant achter de ramen van de aangrenzende school. Het sportterrein barstte uit zijn voegen met vijfduizend supporters. Na een goed halfuur stootten de spelers van Barça op de reservebank elkaar aan, Bonano wees naar de hemel. Daar cirkelden drie schermvliegers, om ook iets van de wedstrijd te zien.

Het voetbalveld van Novelda is een van de kleinste en smalste in het Spaanse profvoetbal, 97 meter lang, 63 meter breed, acht meter korter, vijf meter smaller dan Camp Nou. Dat zou in het voordeel zijn van Robert Enke gezien zijn aanvangsperikelen, om de juiste ver naar voren geschoven positie van een Barça-keeper te vinden, hadden de sportverslaggevers voor de wedstrijd geschreven, hij zou de verdediging dichter bij zich hebben.

Maar wat wisten de sportverslaggevers nou. De bal kwam op dit kleine rotveldje alleen maar veel sneller uit Novelda's middenveld in zijn strafschopgebied gevlogen, de dimensies klopten allemaal niet meer, hoe moest hij hier zijn draai vinden, en nu zetten ze ook nog het kunstlicht aan, dat waren toch geen lampen, dat was schemerlicht, wat een merkwaardig licht, hoe moest hij de bal hier duidelijk zien, hoe moest hij hier nu fatsoenlijk spelen?

Iedereen was blij toen de scheidsrechter het signaal voor de rust gaf. Barça omdat het de wedstrijd met gemak domineerde. Novelda omdat het maar met 0-1 achterstond. Robert Enke omdat hij de helft al doorstaan had zonder last van de tegenstander te hebben gehad. Teresa ging de tuin in om een sigaret te roken. Ze had kloppende slapen.

Novelda's keeper kwam in de kleedkamertunnel op Robert toe en vroeg of hij na de wedstrijd met hem het shirt kon ruilen. Jaja, zei Robert Enke.

De rust sneed de wedstrijd niet in tweeën. Hij ging gewoon verder, een eindeloze herhaling van Barça-passes, en maar weinigen stoorden zich eraan dat de passes niets opleverden. Doelkansen creëerde Barça nauwelijks, men kreeg het idee: ze controleerden de wedstrijd. Op de persstoelen schreven de sportverslaggevers tegen de deadline aan, 'in de eerste helft werd Novelda echt weggespeeld,' typte Cayetano Ros van *El País* op zijn laptop: 'Barça kreeg het idee dat de tegenstander had opgegeven: ze hadden hem een uur lang achter de bal aan laten lopen.' Dat uur was bijna om toen Novelda een vrije trap op de linkervleugel kreeg. Miguel Ángel Mullor, een van de twee medebewoners van Madrigals woongroep, nam hem, eerst zag het eruit alsof hij met een grote boog in het strafschopgebied zou landen.

Hij moest uit zijn doel komen, de voorzet afvangen, maar de bal daalde, de voorzet werd steeds vlakker, midden in het verdomde schemerige licht. Hij aarzelde. Ter hoogte van de tweede paal stond een tegenstander compleet vrij, hij zag de witte broek uit zijn ooghoeken, perifeer kijken, onderbewuste waarneming, een van zijn grote sterke punten, hij moest schreeuwen, '*hostia, allí, el delantero!*', wat dan ook, dan zou zijn verdediging de vrijstaande man in de gaten krijgen. Maar hij kon het niet.

Zwijgend, verlamd bleef hij op de doellijn staan.

De bal kwam eraan gevlogen als zocht hij Madrigals rechtervoet.

Michael Reiziger, speler van het Nederlands elftal, Madrigals bewaker, had de aanvaller laten lopen. Madrigal nam het risico om de bal direct op de schoen te nemen en schoot diagonaal in de voor Enke verre kruising. Het stond 1-1.

'We gaan ze pakken, we gaan ze pakken!' schreeuwden zijn ploeggenoten terwijl ze zich op Madrigal stortten.

'Wij en tegen Barça winnen?' vroeg hij zich af.

Robert Enke stond als bevroren voor zijn doel.

Eén doelpunt krijgt voor elkaar waartoe mensen zo graag in staat zouden zijn: alles in één klap te veranderen.

58 minuten lang had Madrigal zich tussen de verdedigers van Barça het vuur uit de sloffen gelopen. Die ene, Reiziger, 'liep supersnel op elke bal'. De volgende, Frank de Boer, die halve finalist was geworden op het WK met het Nederlands elftal, Barça's aanvoerder op deze avond, had 'een uitstekende techniek'. De derde, Fernando Navarro, zes jaar later Europees kampioen met het Spaanse elftal, kwam zijn medespelers bij de minste nood als versterking te hulp gesneld. Maar opeens 'dekte Reiziger niet meer af, was Navarro zenuwachtig en Frank de Boer begon alles en iedereen te bekritiseren. Hij zat niet meer in de wedstrijd.' Madrigal vergat het belang van de match, het lawaai, de tegenstander. Alleen de bal, het veld, het doel bestond nog.

Als Barça aanviel, als de bal ver weg was, kreeg Robert Enke het moeilijk. Hij had te veel tijd om aan het doelpunt dat tot de 1-1 leidde te denken. Het was Reizigers fout geweest, maar waarom was hij niet uitgelopen, natuurlijk had hij uit het doel moeten komen en de bal moeten onderscheppen. Een schot vloog op zijn doel af, en hij was er niet op voorbereid. Hij rukte zich los uit zijn vertwijfeling, stak instinctief zijn handen in de lucht zonder besloten te hebben wat hij moest doen. Hij sloeg de bal moeizaam naar het midden van het strafschopgebied weg. Het had geen schadelijke gevolgen. Maar iedereen zag hoe het met hem gesteld was.

Alweer bracht Novelda een vrije trap hoog in het strafschopgebied, die werd weggewerkt maar niet ver genoeg, twintig meter voor het doel streden vriend en tegenstander om de bal. Toen Rochemback de bal eindelijk onder controle leek te hebben, stormde Barça's verdediging meteen naar voren. Madrigal voelde meer dan dat hij het zag dat zijn medebewoner Mullor de bal nog zou kunnen terugveroveren. Inderdaad. Zonder dralen gaf Mullor een voorzet en terwijl Barça's verdediging nog in de voorwaartse beweging afremde, rende Madrigal al in de richting van het doel van Barça. Hij had maar een neuslengte voorsprong. De Boer zat al achter hem aan, maar hij was niet zo'n snelle verdediger als Reiziger. De bal bevond zich in de lucht, Robert Enke was in het niemandsland van een doelman gestrand, hij wist dat uitlopen geen zin meer had, Madrigal zou in elk geval eerder dan hij bij de bal zijn. En hij schoot hem al van twaalf meter in het doel: 2-1.

'Ik voelde niet: nu ben je beroemd, of: nu heb je het gemaakt,' zegt Madrigal. 'Ik was domweg gelukkig.'

Drie minuten later maakte Riquelme vanuit een strafschop weer gelijk.

De kleine had met bravoure gestreden, het gevoel van een ophanden zijnde sensatie had het publiek bij de kladden genomen en opschudding veroorzaakt – maar nu zou het grote Barça, dat vierentwintig keer de Copa del Rey had gewonnen, in twee, drie halen ijskoud alle hoop wegvagen.

Natuurlijk was hij bang daarvoor, zegt Madrigal. Maar iets vond hij wonderlijk.

'De gelijkmaker, 2-2, bracht Barça niet tot rust. Ze praatten nu tegen elkaar, maar op een zeer negatieve manier. De Boer was buiten zichzelf, hij schreeuwde tegen iedereen, ook tegen Robert.

Het klinkt onelegant als ik dat als derdedivisiespeler zeg, maar de waarheid is dat hun verdediging een enorme blunder maakte. Reiziger: hij pakte me bij de 1-1 niet bij de arm, hij gebruikte nooit zijn lichaam om een fout te corrigeren,' een moment maakt Madrigal echt de indruk het niet meer te weten: 'Ik weet niet of ik in de derde divisie gewoonweg meer brute kracht gewend was, maar hun geringe tegenstand was merkwaardig.'

De wedstrijd was allang uit zijn voegen geraakt, de harten, niet de hersens, van de twee elftallen deden hem alle kanten uit schieten, en het tempo hield Robert Enke in zijn doel. Hij voelde zich traag.

Een doelman die zichzelf mede schuldig acht aan een doelpunt, beleeft de resterende speelminuten in een onverdraaglijke mengeling van onverschilligheid en paniek. Hij heeft al een streep gezet onder de avond die voor hem niet meer te redden is, hoe de wedstrijd ook afloopt. Tegelijkertijd wil hij alles weer goedmaken en is hij bang dat hij, als hij weer op de proef gesteld wordt, alles nog erger zal maken.

In het middenveld, op de linkerhelft, kwam een afgeketste pass terecht voor de voeten van de aanvoerder van Novelda, Cudi, en Madrigal wist precies wat er zou gebeuren. Cudi gaf altijd voorzetten ter hoogte van de achterste paal. Madrigal rende met een diagonale sprint naar de paal, om genoeg vaart voor de kopbal te hebben. Robert Enke zag uit zijn ooghoeken dat De Boer Madrigal bewaakte.

De voorzet had niks geraffineerds, de bal vloog zonder bijzonder effect in de richting van de vijfmeterlijn, hij moest eruit komen, de voorzet was toch een simpele buit voor een keeper als hij.

Keepers die hem knijpen haal je er bij voorzetten zo uit. Ze aarzelen altijd een ogenblik te lang. Robert Enke deed niet eens een stap vooruit. De Boer maakte geen hoge sprong, hij bleef domweg staan, hij zal zelf nooit weten waarom, het ging te snel, misschien was ook hij bang een fout te maken, misschien wilde hij ruimte creëren voor Enke, hij was gewend dat de keeper uit kwam lopen; hij had bij Ajax jarenlang met Edwin van der Sar gespeeld.

Madrigal voelde zich opeens zo rustig. Hij nam de tijd voor een slimme manoeuvre. Hij kopte de bal niet richting doel. Hij hield de kopbal laag zodat hij vlak voor Enke op het gras stuiterde en onberekenbaar werd. Madrigal zag de bal al in het net toen hij nog onderweg was.

Novelda's reservebank maakte een hels kabaal omdat toeschouwers op het dak sloegen. Aurelio Borghino, de reservedoelman, twintig jaar jong, vormde een kluwen met de andere wisselspelers. De armen nog in de lucht, bleef zijn blik opeens ergens aan haken.

'De Boer stond nog in het strafschopgebied. Hij schold Enke de huid vol. Zoiets had ik nog nooit meegemaakt; zoiets doet een prof niet: een ploeggenoot op het veld vernederen. Robert Enke stond er met een bleek gezicht bij, zijn blik naar de grond gericht, en zei geen woord.'

Er waren nog twaalf minuten te spelen, maar de wedstrijd had zijn afsluitende beeld al gevonden.

Voor Robert Enke was de weg van het veld af het langst. Honderden toeschouwers waren al het veld op gestormd, ze lachten en schreeuwden, we hebben van Barça gewonnen, alsof ze het pas konden geloven als ze het elkaar maar vaak genoeg in het gezicht geschreeuwd hadden, we hebben van Barça gewonnen! Ze dromden om Robert Enke heen, ze vroegen hem om een handtekening, om zijn handschoenen, met een stralend gezicht keken ze hem aan. 'Mensen hebben vaak slechte manieren,' zegt Madrigal, 'ze begrepen niet wat deze nederlaag voor Barça-spelers als Robert betekende.' De luidsprekers rammelden. De stadionomroeper had direct na het eindsignaal de herkenningsmelodie van de Champions League gedraaid. Robert Enke vocht zich een weg door de menigte zonder ze bewust waar te nemen. Hij gaf de keeper van Novelda zijn shirt zonder de bewegingen te voelen toen hij het uittrok. Hij belde, zoals altijd, meteen vanuit de kleedkamer Teresa op. Noch hij noch zij kon zich vlak daarna nog herinneren wat ze gezegd hadden.

Eigenlijk hield hij van de momenten na de wedstrijd in de kleedkamer wanneer de spanning langzaam van hem af viel. Hij had zijn ritueel. Hij trok zijn sokken het laatst uit, vaak zat hij voor het douchen nog een tijdje in de kleedkamer, de sokken tot zijn knieën opgetrokken en verder naakt. In Novelda was er nau-

welijks een ploeggenoot zo snel gedoucht en naar buiten als hij.
Hij beantwoordde twee vragen van de radioverslaggevers.
Robert, wat is hier gebeurd?
'Ik heb geen verklaring voor wat hier gebeurd is. Het is erg in het doel terug te keren en dan drie doelpunten tegen een derdedivisieclub te incasseren.'
Hebben de verdedigers en jij het meest schuld aan de nederlaag?
'Dit is niet het moment om schuldigen te zoeken, ieder voor zich moet de eigen prestaties analyseren.'
Hij maakte dat hij wegkwam. Hij nam plaats in de bus en wachtte op het moment dat ze zouden vertrekken, het moment dat de duisternis zich over hem zou ontfermen.
Toni Madrigal wilde zijn shirt met Riquelme ruilen, zoals ze het in de rust hadden afgesproken. Riquelme negeerde hem. Bij de deur van de kleedkamers vocht Madrigals moeder met gebruikmaking van woorden en handen met de ordebewakers om toegang te krijgen. Ze hield aan, tot iemand Madrigal riep en hij bevestigde dat hij de vrouw kende.
'Over drie, vier weken zal niemand zich mij nog herinneren,' zei Madrigal tegen de sportverslaggevers. Hij wist niet zeker of hij zijn eigen woorden moest geloven.
Een paar meter verder verzocht een zoon zijn vader er eindelijk mee op te houden de man die de hattrick op zijn naam had tegenover de verslaggevers de lucht in te steken. 'Anders kopen ze hem nog weg, papa,' zei de zoon tegen Juan Francisco Sánchez, Novelda's president.
Het floodlight was nog aan, de witte muren van het sportterrein waarvan de stuc afbrokkelde, lichtten op. Sommige sportverslaggevers zaten op de vloer van de tot persruimte omgetoverde gymnastiekzaal.
'Het oude euvel stak weer de kop op, vooral het onverklaarbare gat in de verdediging, dat De Boer en Reiziger lieten ontstaan; waarin ze zichzelf en Enke bij zijn debuut begroeven,' analyseerde *El Mundo Deportivo*.
'Enke heeft zijn vonnis getekend,' schreef *Sport*.

Frank de Boer, die als aanvoerder van Barça op deze avond de taak had namens het elftal te spreken, verscheen op het basketbalveld achter de piepkleine hoofdtribune waar de reporters al klaarstonden. Hij had de ervaring van meer dan vierhonderd wedstrijden in de hoogste divisie en honderd interlands. Hij zei: 'Bij het eerste doelpunt deed Michael Reiziger niet wat hij behoort te doen, maar Enke moet eruit komen om de voorzet te onderscheppen, want hij was toch als het ware het dichtst bij de bal.' Wat betreft het doelpunt dat Novelda de overwinning met 3-2 bracht, waarbij hij zonder iets te doen naast Madrigal stond, was De Boer van oordeel: 'Die bal moet Enke hebben.'

Het is een wet van het profvoetbal: je medespelers nooit in het openbaar af te vallen.

Op de luchthaven Alicante wachtten de voetballers van FC Barcelona op het vertrek van de charter, iedereen op zichzelf, en niemand had zin om te praten en nog minder om ergens naar te luisteren. Opgewonden sportverslaggevers verbreidden het bericht. De Boer heeft zich ongelooflijk gedragen, dit is ongehoord, hij is de slechtste speler in het veld en gaat tegen zijn collega's tekeer, en dat terwijl hij aanvoerder is. Niemand durfde het aan Robert Enke ervan op de hoogte te stellen.

Het was na enen toen hij de deur van het slot draaide in Sant Cugat. Hij ging naar de badkamer om de met shampoo gewassen handschoenen zorgvuldig te drogen te leggen, zoals hij altijd deed.

In Novelda, op de Avenida de Elche, zat Toni Madrigal met zijn twee vrienden van de woongroep aan de keukentafel, Miguel Ángel Mullor, die hem de assist bij twee doelpunten had gegeven, en Toni Martinez, die omdat hij geblesseerd was aan zijn knie niet had kunnen meespelen, uitgerekend in deze wedstrijd. 'Het was al laat toen we uit het stadion kwamen, na elven, en er zijn niet veel cafés die op dat uur nog open zijn in Novelda,' zegt Madrigal, daarom waren ze meteen naar huis gegaan. Omdat ze wat te vieren hadden bestelden ze een pizza.

De volgende morgen kwam Robert Enke de kleedkamer in Camp Nou stipt op tijd voor de training binnen met het gevoel dat hij overal elders liever zou zijn. Het ontbijt was zoals altijd geserveerd voor de spelers, met fruit, croissants, vanuit de gedachte dat als enkelingen op vrijwillige basis elke morgen hun caffè latte samen zouden drinken, ze sneller een hechte groep zouden worden. Hij lette niet op het eten; met zijn ogen strak naar voren, op de muur gericht, zocht hij zijn plek naast de Zweed Patrick Andersson, met wie hij al bij Borussia Mönchengladbach had gespeeld en naast wie hij zich een beetje thuis voelde wanneer ze Duits spraken.

'Heb je gezien wat De Boer over je gezegd heeft?' fluisterde Andersson, die een zeer Zweedse opvatting had over hoe je je in een groep gedraagt, en die als centrale verdediger De Boers concurrent was voor een plek in het elftal. 'Dat kun je niet over je kant laten gaan, die moet je de oren eens wassen!'

Robert Enke, niet in staat om woede te voelen, ging uit plichtsgevoel tegenover Patrick Andersson naar De Boer. Zachtjes vroeg hij hem wat dat te betekenen had.

Ze hadden hem fout geciteerd, hij kende dat toch wel, journalisten, antwoordde De Boer.

Robert Enke zei al niets meer.

Hij vond dat het niet gepast was je medespelers voor schut te zetten, dus zou hij zich daar ook nu niet toe laten verleiden. En hij wilde vooral van De Boer niets meer weten. Hij wilde enkel nog alleen zijn.

Luis Enrique, de echte aanvoerder, die zoals enige van de gevestigde spelers ontzien was en daarom niet naar Novelda was meegereisd, nam De Boer eens goed onder handen. Trainer Van Gaal snauwde tegen De Boer dat een prof zich zo niet gedroeg, en al helemaal niet een met zijn ervaring.

Niemand liet zich iets gelegen liggen aan Robert Enke. Waarom ook, hij was toch een prof. Van Gaal sprak niet met hem, 'hij heeft in het hele jaar geen woord met me gewisseld'. Niemand verdedigde hem tegen de krantenkoppen. 'Waar was Enke eigenlijk?', 'De Duitse doelman heeft bewezen dat hij te groen is voor Barça'.

'Ze hebben hem voor de leeuwen gegooid,' zegt Victor Valdés.

Robert Enke en Frank de Boer moesten naar de persconferentie. Enke zei: 'Ik heb mijn leven lang nog nooit een andere speler bekritiseerd en zal het nu ook niet doen. Het hele elftal heeft verloren.' De Boer zei dat hij niemand had willen bekritiseren, alleen de doelpunten had willen verklaren. 'Enke had bij de doelpunten meer kunnen doen, ik ook. Bij het derde doelpunt ben ik tekortgeschoten, maar ik vind dat ik goed gevoetbald heb.'

'Eén ding wilde ik je nog vragen,' zegt Victor Valdés acht jaar later in de sportstad. 'Heeft De Boer eigenlijk ooit Robert zijn excuses aangeboden?'
Nooit.
Er komt slechts een merkwaardig geluid uit Victors mond, is het een schrapen van de keel, is het een lachje? Is het verbazing, is het verachting?

Robert Enke las de kranten van 12 september 2002 niet. Hij kreeg zo ook wel mee wat erin stond. Een profvoetballer heeft een zintuig voor de schommelingen van de publieke opinie. Een of andere bekende aan de telefoon, een of andere supporter op het trainingsveld vertelt hem altijd wel: heb je gezien wat ze over je hebben geschreven. In een wereld waarin lotsbestemmingen tot impulsieve krantenkoppen worden gereduceerd, was hij als bij donderslag de mislukte doelman.
Hij voelde zich verdoofd en tegelijkertijd innerlijk verscheurd.
Teresa schreef weer eens in haar agenda, het was nog steeds de Portugese, het was nog steeds hetzelfde jaar, en in de lente daarvan had ze haar notities nog van zoveel euforische uitroeptekens voorzien.

12.09: De wedstrijd heeft veel deining veroorzaakt. De pers is genadeloos, daartoe aangezet door de kritiek van Frank de Eikel. Zijn allebei op van de zenuwen.

13.09: Ons door de dag gesleept. Nog steeds totaal kapot.

Toni Madrigal las nog verscheidene dagen in de krant wat zijn goals in Barcelona tot gevolg hadden gehad. Maar hij had nog nooit de sportbladen gekocht en hij verloor ook gauw weer zijn interesse in de dagelijkse druktemakerij die de elite van het profvoetbal produceert. Voor de mensen zal hij altijd degene blijven die Barça uit de Copa schoot. Hij heeft de wedstrijd nooit meer op video bekeken. 'Waarom zou ik nou een voetbalwedstrijd bekijken waarvan ik al weet hoe die afloopt?'

Hij is nu vierendertig, zijn haren zijn volledig zilvergrijs. Gezien het feit dat hij in het profvoetbal zit, het beroep van de vroege rimpels, heeft hij een wonderbaarlijk glad, jeugdig gezicht. De veters van de sportschoenen die hij aan heeft, zitten los, het kakikleurig T-shirt hangt nonchalant uit zijn spijkerbroek. Voor een aanvaller ziet hij er tenger uit. Hij zit op het caféterras in Elche, waar hij nu woont, palmen staan op het plein, hij bestelt een extra sterke koffie. Sinds vanochtend acht uur heeft hij zitten studeren, hij volgt een opleiding tot voetbal-atletiektrainer, studeren doet hij nog steeds heel graag. Wat een geluk ze hebben als voetballers, zegt hij, dat hun beroep hun zoveel tijd laat om te studeren. Madrigals weg voerde langs teams als Levante B, Sabadell en Villajoyosa, allemaal derde divisie, op zijn drieëndertigste terug naar FC Novelda, dat nu in de vierde divisie acteert. 'Er waren geruchten na mijn hattrick tegen Barça, men zei dat Elche, een tweededivisieclub, me wilde hebben.' Hij glimlacht. 'Geruchten zijn er altijd in de voetballerij.'

Toni Madrigal gelooft er niet in dat een wedstrijd een voetbalcarrière volkomen kan veranderen. Maar, zegt Toni Madrigal en denkt aan Robert Enke, het zou best wel eens kunnen dat één avond een leven tekent.

TIEN

Gedachten aan de rand van het zwembad

Hij had graag een eind gemaakt aan zijn carrière. De gedachte werd steeds sterker, steeds verleidelijker: en wanneer hij nou eens simpelweg niet meer naar de training ging? Wanneer hij de technisch directeur zei, verscheur mijn contract maar, tabee, ik hou op met voetballen?

De problemen begonnen wanneer hij doordacht. Wat zou hij daarna doen?

Hij was vijfentwintig, hij kon toch niet meer gewoon beginnen te studeren, en welk vak trouwens. Toen hij zes jaar eerder in Mönchengladbach het boek *100 jobs waar toekomst in zit* had gelezen, was er geen beroep geweest dat hem had geïnteresseerd, dat hij aandurfde. Wanneer de verslaggevers hem bij jeugdinterlands vroegen welk beroep zou je willen uitoefenen mocht het met het voetbal niet lukken, had hij geantwoord: sportjournalist. Maar voetbalverslaggever kon hij ook niet meer worden. Het zou hem alleen maar confronteren met het feit dat hij mislukt was.

'Het was toch maar één mislukte wedstrijd, bovendien speelde iedereen in het elftal slecht. En Valdés heeft toch ook al een paar keer misgegrepen.'

'Dat is wat anders. De trainers hebben Victor hoog zitten. Ik had alleen deze ene kans. En die heb ik verknald.'

'Maar jij bent zo sterk als doelman. Vroeger of later zul je je doel bereiken. Ik geloof heel erg in je.'

'Het is voorbij, Terri. Het heeft geen zin meer. Het liefst zou ik de technisch directeur zeggen dat hij mijn contract moet ontbinden.'

Teresa voelde dat hij dat niet zou doen. Maar ze schrok desalniettemin. Zijn bedroefdheid klonk zo definitief.

Ze zaten bij het zwembad in hun tuin en waren niet van plan erin te springen. De nederlaag van Novelda was vier dagen oud.

Voor de anderen had het dagelijkse leven gewoon weer zijn loop hernomen. Barça had drie dagen erna de volgende competitiewedstrijd met 2-0 in Bilbao gewonnen, met Valdés in het doel en Frank de Boer vanzelfsprekend in de centrale verdediging. Trainer Van Gaal stond op de terugweg in de tunnel van Garraf in de file, 'tweeënhalf uur', zei hij, en uit de andere auto's staken de bestuurders hun duim omhoog naar hem. FC Novelda had een eerste punt in de derde divisie behaald, 2-2 in Palamós, met een doelpunt van Madrigal. Alleen hij kwam niet verder. Een week later, bij de derby tegen Espanyol, dook Robert Enke niet meer in Barça's selectie op.

Hij had tijdens het urenlange tobben met Teresa zijn voeten in het zwembad gestoken en zich een griep op de hals gehaald.

Teresa schreef in haar agenda.

Lang geslapen, de honden ook. Robbi heeft weer een depressie.

Vandaag de dag, nadat ze twee klinische depressies meegemaakt heeft, zou ze schrijven: Hij was weer in een erg neerslachtige stemming.

De hulptroepen kwamen in actie. Jörg Neblung haastte zich naar Barcelona, later de vader. Marco belde en de moeder met haar onwrikbare optimisme, waarom was hij eigenlijk niet zoals zij? Toen Jörg in Sant Cugat aankwam, was Teresa ook nog ziek. Ze was aangestoken.

'Er was een groot verschil tussen Roberts relatie met mij en die met Marco,' zegt Jörg. 'Met Marco, dat was een onbezwaarde vriendschap. Ik was echter ook zijn adviseur. We hadden conflicten, er waren vaak strubbelingen tussen ons, en op bepaalde momenten viel ik tegen hem uit.'

Je gaat nu naar de training, zei Jörg.

Je kunt die De Boer ook eens publiekelijk van repliek dienen, zei Jörg, toen Robert weer van de training terugkwam.

Robert zei: 'Wat bereik ik daar nu nog mee,' en hield afstand tot De Boer. Hij hield niet van conflicten, en hij wilde nog minder

Robert Enke met zijn manager en vriend Jörg Neblung.

aan Novelda worden herinnerd. 'Ik stond eenvoudigweg perplex. Ik was zo met mezelf bezig dat ik me voor alles heb afgesloten.'

Jörg en Teresa hadden geen psychologische achtergrond. Ze hadden alleen hun gezonde mensenverstand.

Verdrietige mensen moest je bezighouden en opmonteren, vonden ze.

Vanuit de slaapkamer van de Enkes zag je het golfterrein van Sant Cugat. 'Kom, we gaan eens golfen,' zei Jörg.

'Golfen?' Robert keek hem aan alsof hij zonet voor een reis naar de maan was uitgenodigd.

Ze wisten niet zeker of ze altijd de juiste club voor de passende slag uit de geleende golftas haalden, maar naar de sceptische blikken van de andere golfers te oordelen waren ze aardig op weg zichzelf belachelijk te maken. Des te beter. Jörg hoefde geen moeite te doen om grappig te zijn, de komische situatie ontstond vanzelf.

Ze begeleidden Teresa naar de paardenstal. Dickens sprong en liep weer rond sinds Teresa hem verzorgde. In de vacht en, zo kwam het haar voor, ook in zijn ogen was de glans teruggekeerd. Een halfuurtje werd het paard voor een laatste keer naar zijn oude, verschrikkelijke tijd verplaatst, met een waggelende, hobbelende vracht op zijn rug. Robert Enke zat op het paard als een robot. Toen hij afsteeg, lachte hij ongeveinsd. Wanneer je de mensen die hem gekend hebben vraagt hoe ze zich hem herinneren, zeggen de meesten zoals de keeperstrainer van het Duitse nationale elftal Andreas Köpke, zonder na te denken: 'Hoe hij lachte.' Minuten later hadden zijn ogen weer de matte starheid van een afwezige.

'Je moet naar een psycholoog gaan,' zei Jörg bij het afscheid, voor hij naar Keulen terugvloog.

Hij vond een Duitse specialist in Barcelona, dokter Heinrich Geldschläger, gediplomeerd psycholoog en psychotherapeut. Robert was sceptisch. Zijn vader was toch psychotherapeut.

Je gaat erheen, zei Jörg.

De praktijk was in Eixample, waar de modernistische huizen van Barcelona's oude schoonheid getuigen en de massa's auto's de stad in een moderne hel veranderen. Dokter Geldschläger zei tegen Robert dat hij al aan hem had gedacht. Nadat hij het debacle in Novelda had meegekregen.

Met zijn strakke blik, snor en achterovergekamde zwarte haar deed Geldschläger denken aan de uiteindelijk wat onbetrouwbare doelman van het Engelse nationale elftal David Seaman.

De arts diagnosticeerde een gedrukte stemming, een diepe neerslachtigheid zoals veel mensen die na een sterfgeval, een ontslag of als slachtoffer van ongewenst gedrag meemaken. Ze moesten proberen de angstige situaties te verwerken die Robert bij het voetbal had doorgemaakt. Bovendien kon de spierontspanning volgens Jacobson hem misschien helpen, zei Geldschläger. Want verkramping van de spieren ging vaak gepaard met psychische gespannenheid.

Robert Enke bekeek de oefeningen, de vuist met gesloten ogen vijf seconden ballen, dan de hand snel openen en op de verandering van de spanning letten. Hij was skeptisch en ging desondanks wekenlang regelmatig naar dokter Geldschläger. Hij waagde het niet ermee op te houden. Hij voelde dat hij iets moest doen.

Toen zijn vader naar Barcelona kwam, nam hij hem de eerste morgen mee naar de training. FC Barcelona trainde op een voetbalveld waarover de meeste streekclubs zouden hebben geklaagd, duidelijk smaller en korter dan de gebruikelijke maten. Hoekschoppen konden ze daar niet oefenen. Het veld, La Masía, was Barça's handelsmerk. Dit elftal had het niet nodig uitvoerig op hoekschoppen te trainen, het stijlmiddel van de burgerlijke teams.

Na het opwarmen moesten de sportverslaggevers het terrein verlaten, dan konden de spelers ongestoord werken. 'Ik mocht blijven,' zegt de vader trots.

Gefascineerd observeerde hij de eindeloze reeks passes. Zoals iedereen die Barça voor het eerst ziet voetballen, werd hij door het gevoel overmand iets te beleven wat hij nog nooit aanschouwd had. 'Zoals die speelden, tik-tak boem-boem – en de trainer brulde nog de godganse tijd tegen iedereen. Ik vond die Van Gaal stuitend.'

In een pauze van de training verzamelde de trainer de ploeg om zich heen om de volgende oefening uit te leggen. Robert stond buiten de spelerscirkel, twee meter achter zijn collega's.

'Waarom ga je er niet tussen staan, je hoort er toch bij?' vroeg zijn vader op de weg naar huis.

Robert gaf geen antwoord.

'Dat maakt het alleen maar lastiger, de trainer ziet dat toch ook en denkt bij zichzelf: die integreert niet, die is er niet bij betrokken.'

Robert ging er niet op in.

Iets verzette zich in hem wanneer het elftal dicht opeenstond op het trainingsveld. Het was maar een vaag gevoel, maar hij wilde laten zien dat hij zich verstoten voelde. Hij wilde dat eindelijk iemand in de club onder ogen zag hoe slecht het met hem ging. Tegelijkertijd wilde hij niemand openlijk tonen hoe terneergeslagen hij was.

'Hij haalde nog steeds grappen met me uit tijdens de training,' zei Roberto Bonano.

'Robert was heel speciaal,' zegt Victor Valdés, 'het was moeilijk te onderkennen of hij opgewekt of bedroefd was. Hij zag er altijd hetzelfde uit.'

Als de training was begonnen, nam de koppigheid bezit van hem. Hij zou ze eens wat laten zien.

Op het trainingsveld La Masía, waar niemand mocht toekijken, waren er grote gaten in het scherm dat inkijk tegen moest gaan. Achter de groene nylondoeken stonden de sportverslaggevers en fans en spiedden door de gaten, steeds klaar om weg te lopen als de bewakers eraan kwamen. De sportverslaggevers en supporters zagen Patrick Kluivert, de midvoor, zijn verheven manier zich te bewegen, hij schoot naadloos uit de draaiing, wereldklasse, de bal ging zoals gepland zes, zeven meter voor het doel omhoog, met de bedoeling dat het schot steeds langer, voor de doelman onbereikbaar zou worden, en Robert Enke rekte met een ruk zijn lichaam nog een beetje verder uit. Vlak voor de bal in de kruising vloog, kwam hij er met zijn hand aan, niemand kon er met zijn verstand bij hoe. Daarna, nog in het gras gelegen, werd Robert Enke weer door de zuivere vreugde overmand die alleen de save van een keeper teweeg kan brengen. De supporters fluisterden, de ploeggenoten joelden. En bijna iedereen vergat het moment daarop wat ze hadden gezien.

Barça had andere zorgen dan zich met een reservekeeper bezig te houden. Elfde stond de ploeg na zes speeldagen in de competitie, een onverdraaglijke plaats. Een zieloos bijeengekocht team, niet uitgebalanceerd, zonder dominerende middenveldspeler en sterke verdedigers. Internationals van naam als Frank de Boer en Gaizka Mendieta waren niet in vorm, Riquelme, de verlosser, werd door de trainer tot reserve gedegradeerd. Voor dit elftal met te veel problemen was de meedogenloze manier van doen van Van Gaal precies dat wat het niet nodig had. 'De situatie werd onaangenaam,' zegt Bonano, 'de sfeer was vreselijk, elke dag was er iets anders aan de hand, nu eens was de trainer woedend, dan weer een speler beledigd, of een bestuurslid hakte op ons in. Elke dag probeerde ik met plezier aan de slag te gaan. Maar het was lastig.'

In de hoop eindelijk iets te herstellen wisselde de trainer eind oktober ten slotte van keeper. Victor Valdés had de wisselvalligheid van een debutant nooit van zich af kunnen schudden. Van Gaal haalde hem eruit en zette Roberto Bonano in het doel.

Bonano was tot dan toe de nummer drie geweest. Robert Enke nummer twee.

'Het was precies drie maanden geleden sinds hij met enorme euforie in Barcelona aangekomen was,' zegt Jörg Neblung, 'en ze schreven alweer als vanzelfsprekend: Barça zal Enke bij de eerstvolgende gelegenheid verkopen.'

Als hij aan het eind van de training de twintig meter van La Masía naar de toegang tot de kleedkamers liep, klikten zijn noppen op het asfalt. De korte afstand was meestal genoeg om hem na zijn geweldige inzet bij de training weer in elkaar te laten zakken. Dat hij zo goed had getraind herinnerde hem er slechts aan hoe uitzichtloos zijn situatie was.

Hoek, de keeperstrainer, vergezelde hem soms vanaf het trainingsveld. Als Hoek iets tegen hem zei, antwoordde Robert beleefd, niet zelden met een glimlach. Maar hij sprak Hoek niet meer aan. De keeperstrainer merkte het niet eens. 'Na de training loopt Hoek altijd linea recta naar zijn computer en houdt hij zich bezig met zijn beursaandelen of zoiets,' zei Robert, hij schreeuwde het bijna uit van woede. Ik had een moment nodig om te begrijpen wat daaraan nou zo erg was: Hoek zag helemaal niet hoezeer hij verlegen zat om een lovend woord, en uitkeek naar de vraag, hoe gaat het eigenlijk met je, Robert.

'Een keeper staat onder zoveel druk, vanbuiten, vanbinnen, dan moet de keeperstrainer altijd de vriend van de keepers zijn,' zegt Walter Junghans, Roberts mentor in Lissabon.

Frans Hoek zegt: 'Robert Enke was een beminnelijk, goed opgevoed mens. Een keeper zoals hij moet je – bij wijze van spreken – af en toe een emmer koud water over het hoofd kieperen, dan wordt hij wakker en opent hij zijn ogen voor de harde realiteit van het voetbal.'

'Esto no!' was Hoeks slogan. Victor Valdés imiteert de keeperstrainer met zijn Nederlandse accent en de luide stem: 'Esto nooo!' schreeuwde hij voortdurend. 'Niet zo!' Hoek geldt tot op de dag van vandaag als een van de meest competente en innovatieve keeperstrainers, en in zijn school is het blijkbaar not done te voelen of een van zijn keepers het moeilijk heeft. 'Ik heb nu en dan tegen Enke en Bonano gezegd: "Jullie zijn te aardig,"' zegt Hoek. 'Voetbal is een harde wereld. Dus moet je als speler in sommige situaties hard optreden. Victor was de enige die een beetje "mala leche" had, zoals ze in Spanje zeggen, slechte melk in de aderen.

Een beetje van de mentaliteit van Oliver Kahn, zouden ze waarschijnlijk in Duitsland zeggen. Ik zou meer rivaliteit tussen hen drie hebben willen zien.'

Robert Enke hunkerde naar begrip, en Hoek riep 'Esto no!' Robert Enke nam het persoonlijk: Hoek mocht hem niet, Hoek was unfair tegen hem – Hoek had de pik op hem omdat hij in Novelda had gefaald.

Dat Hoek tegen de andere twee keepers ook meedogenloos eerlijk was, kreeg Robert niet meer mee. 'Mij heeft Hoek ook vaak afgemaakt, daar kun je vergif op innemen,' zegt Bonano als hij terugkijkt.

Frans Hoek verkeert tot op de dag van vandaag in de overtuiging dat hij een zeer professionele relatie met Robert Enke had, met een paar gespannen momenten natuurlijk, maar dat was toch nooit persoonlijk bedoeld.

Robert Enke belde Walter Junghans vaak uit Barcelona op.

Jörg, Teresa, zijn vader of Marco scholden op Hoek, ze tierden over Van Gaal, die blijkbaar tijdens de training niet goed uit zijn ogen keek. Een moment lang deed de woede van zijn vrienden hem goed. Maar de waarheid, zoals hij die zag, keerde te snel terug. Het was zijn schuld, alleen zijn schuld. Hij had in Novelda gefaald. Hij had het verknald, onbetwistbaar, dat wist hij zeker.

Terwijl Teresa regelmatig een paar steekwoorden in haar agenda schreef, noteerde hij opeens, zonder uitleg, een keer een citaat in zijn afsprakenboekje. 'Het speelt geen rol of dat waarin je gelooft waar is. Doorslaggevend is of het je helpt.'

Waarom kon hij de realiteit niet naar zijn hand zetten, en zorgen dat die er plezieriger uitzag? Hij zag Victor Valdés, die fouten had gemaakt, tegen Atlético, Betis, Osasuna. Maar Victor bleef zo cool, hij had een gezicht als een masker, niets scheen hem van zijn stuk te brengen. Waarom kon híj niet zo zijn?

'In Brugge speel je,' zei de keeperstrainer hem opeens.

Ze hadden zich al na vier van de zes wedstrijden in de groepsfase van de Champions League voor de volgende ronde gekwalificeerd, vandaar dat de vijfde wedstrijd op 29 oktober 2002 bij de Belgische kampioen van geen belang meer was.

Daar heb je niets te verliezen.
Hij probeerde er vast in te geloven.
Een paar uur voor de aftrap belde hij zoals gewoonlijk Teresa op. 'Je had ons gesprek op speeldagen één keer op cassette kunnen opnemen en het daarna eenvoudig kunnen afspelen – het was altijd hetzelfde,' zegt ze.
Hoe gaat het, we zijn gaan wandelen, nu drinken we koffie, goed, oké, we zien elkaar vannacht.
Deze keer zei hij echter: 'Wens me alsjeblieft succes.'
Ze kromp ineen vanbinnen.
Hij had haar nooit toegestaan hem succes te wensen. Het bracht maar ongeluk.
Nooit had ze duidelijker gevoeld hoezeer faalangst hem kwelde. En ze kon niets meer voor hem doen dan deze paar woorden zeggen die ze bovendien nu ternauwernood nog uit kon brengen. 'Ik wens je heel veel succes,' ze had het idee dat ze de woorden niet uitsprak maar uitspuwde.
'Daarna voelde ik me misselijk.'

FC Barcelona droeg in Brugge joggingbroek en trainingsvest in plaats van de maatpakken van Grisby zoals gewoonlijk bij Europacup-wedstrijden. De trainer had gezien het geringe belang van de wedstrijd zeven vaste spelers thuisgelaten en daarvoor in de plaats jongens uit het B-elftal meegenomen. Die hadden geen clubkostuums. 'Baby-Barça' doopten de sportverslaggevers het team. 'Het zou een schande zijn als we tegen zo'n elftal niet winnen,' zei Brugges aanvoerder Gert Verheyen. Brugge streed nog om een plaats in de volgende ronde. Novelda was goed twee maanden geleden geweest, Robert Enke had al zeven weken geen wedstrijdervaring meer opgedaan.
Het Jan Breydelstadion is de schatkist van het Belgische voetbal, rechthoekig, nauw, het mooiste stadion van het land, hier speelden Frankrijk en Spanje tijdens het EK 2000 een van de belangrijkste wedstrijden van het decennium. Wanneer de tribunes vol zitten, is het benauwd op het veld. De wedstrijd was uitverkocht. De toeschouwers waren in winterjassen en sjaals gekleed, de meeste spelers van Brugge hadden shirts met korte mouwen aan.

Er zat geen lijn in de wedstrijd. Baby-Barça had de bal in bezit, aangevoerd door een achttienjarige debutant met de porseleinkleurige huid van een engel en een hemels gevoel voor de bal, hoe heet die, vroegen de toeschouwers zich af, Andrés Iniesta of zo. Brugge legde zich er zeer geconcentreerd en ijverig op toe Barça geen speelruimte te geven. De bal kwam nauwelijks uit het middenveld weg. Robert Enke had meer dan genoeg tijd om na te denken, herinneringen op te halen. De wedstrijd verliep als in Novelda.

Toen, plotseling, in het profvoetbal is alles onverwacht, kwam Brugges Sandy Martens in de buurt van het doel. Hij was nog op een flinke afstand van Robert Enke, zeker meer dan twintig meter, maar dichterbij zou Brugge niet makkelijk komen, voelde hij en schoot. Robert Enke sprong. Het was onmiskenbaar zijn manier van springen. Voor hij zich afzette, op het moment dat de schutter uithaalde, maakte hij altijd een klein sprongetje op de plaats, met breed uitgestrekte armen alsof hij vaart wilde maken, wat feitelijk gezien onzin was, oversprongedrag, maar het hielp hem zich te concentreren, zijn lichaam te spannen voor hij tot ontlading kwam. Hij weerde het harde schot van Martens af en na 58 speelminuten ook een vergelijkbare poging van Verheyen, geplaatst, in de hoek. Vanwege zulke saves herinnert het publiek zich een keeper.

In een wedstrijd die meer voortkabbelde dan echt op gang kwam bracht Riquelme, de tot hulpkracht gereduceerde verlosser, Baby-Barça met 0-1 aan de leiding. Vijfentwintig minuten resteerden, vijfentwintig minuten waarin Robert Enke voortdurend ineenkromp en zijn concentratie omhoogschoot omdat Brugge plotseling voor zijn doel opdook – maar vervolgens hoefde hij nooit in te grijpen omdat er nog het been van een verdediger tussen zat. De wedstrijd was bijna afgelopen, één aanval nog, Brugge op de linkervleugel, een subtiel een-tweetje stuurde twee verdedigers van Baby-Barça opeens de verkeerde kant op, Ristic aan de bal, vrij, achttien meter voor het doel bij de hoek van het strafschopgebied, hij ging naar binnen, hij kon schieten maar gaf liever een voorzet. Hoog, scherp op de vijfmeterlijn af vloog de bal, de keeper moest uit zijn doel komen en de bal vangen, maar voor hem rende een kudde buffels van vijf man op de voorzet af, drie vijanden, twee vrienden, op hun massa kon hij bij het grijpen naar de voorzet alleen maar botsen. Robert Enke deed twee stappen naar voren, daarna hield hij halverwege in. Martens won het kopduel. De toeschouwers achter Enkes doel sprongen met geheven armen de lucht in, de eersten, de snelst denkenden schreeuwden goal! De kopbal was hard, perfect. Robert Enke tikte hem op het allerlaatste moment met de linkerhand over de lat. De toeschouwers brachten hun handen naar hun hoofd en vergaten hun mond dicht te doen.

'Riquelme besliste een wedstrijd waarin Iniesta en Enke uitblonken,' stond 's ochtends na de 1-0 overwinning op de voorpagina van *El Mundo Deportivo*.

Francisco Carrasco, die Lobo werd genoemd, de wolf, Europacupwinnaar van 1979 met Barça en nu analyticus van *El Mundo Deportivo*, schreef: 'Enkes optreden hield een boodschap in voor Louis van Gaal: Hier ben ik als je me nodig hebt', en de trainer die voortdurend blafte, gaf blijk van een invoelend trekje. Geen mens is emotioneel eendimensionaal, ook Van Gaal kon begripvol zijn, het was alleen niet altijd gemakkelijk te ontdekken. Hij sprak nooit over afzonderlijke spelers in het openbaar, zei de trainer op de persconferentie, 'maar een doelman is een eenzame speler, daarom verdient hij het vandaag ook alleen te worden genoemd: Enke was zeer goed, uiteindelijk sleepte hij de overwinning uit het vuur.'

Robert Enke zelf, noteerde Teresa in haar agenda, wilde het 'zichzelf niet meer bekennen, dat hij een geweldige wedstrijd had gespeeld'.

Die ene wedstrijd zou toch niets veranderen. Hij zou in het vervolg reserve blijven, Bonano was nu de nummer een en speelde degelijk. Wanneer een keeper eenmaal op de reservebank terechtgekomen was, kwam hij daar moeilijk weer vanaf, een keeper wisselde je niet zomaar. Drie jaar geleden had zijn vriendelijke concurrent Bossio bij Benfica nooit meer een kans gekregen, alleen maar omdat hij tijdens de voorbereiding tegen Bayern München een keer een fout had gemaakt, en Robert Enke had van Bossio's tegenslag geprofiteerd. Maar het geluk dat je vroeger zelf eens had, zien maar heel weinigen in situaties waarin het lot alleen de anderen welgezind schijnt.

Stille, kortstondige blijdschap zoals na de wedstrijd tegen Brugge bracht hem er altijd alleen maar toe eraan te denken hoe uitzichtloos alles was.

Op de dag na zijn schitterende optreden in België liet hij zich van zijn zorgzame kant zien. Hij was de eerste uit Barça's elftal die Patrick Andersson opbelde om te informeren hoe het na een dijbeenoperatie met de verdediger ging. Robert Enke identificeerde zich met degenen met wie het slecht ging.

Na de lunch reed hij regelmatig naar Manresa, een halfuur in noordelijke richting, landinwaarts, ter linkerzijde van de schitterende berg Montserrat, Cataloniës nationale symbool. Teresa werkte 's ochtends in het asiel van Manresa. Als hij haar kwam opzoeken, gingen ze met de asielhonden wandelen, met de meeste moesten ze apart gaan wandelen om te voorkomen dat de honden ruziemaakten en met elkaar vochten. Ze gingen tien keer achter elkaar een rondje maken, en Robert Enke zei: 'Kom, we halen er nog een uit de kooi, we maken nog een rondje.'

Met hun nieuwe vrienden, de Duitse kolonie van Sant Cugat, reden ze naar het strand van Sitges, ze barbecueden in de tuin, hij ging met de mannen joggen en vuurde Teresa en Dickens aan op een springconcours, wie had gedacht dat de oude vos nog eens zo zou springen. Het was november en ze leefden in de buitenlucht. Teresa dacht dat hun nieuwe vrienden niets aan hem merkten. Hij kon nog vergeten, tenminste enige uren, als hij uit was met zijn vrienden. Als hij abrupt, midden in het gesprek, midden in het gelach, langere tijd afwezig was, zei niemand wat. Een profvoetballer, een celebrity, behandelen de mensen altijd met bijzondere consideratie, zelfs vrienden, zelfs al willen ze het helemaal niet.

Op een zondag belde hij op. 'Heb je gehoord wat Victor Valdés heeft gedaan?'

Victor Valdés, twintig jaar, pas vier maanden profvoetballer in de Primera División, tilde de wereld uit zijn hengsels. Hij muitte tegen Van Gaal. Nadat Valdés zijn plek in het eerste elftal aan Bonano had moeten afstaan, stuurde de trainer hem terug naar het B-team, opdat de doelman zijn spelritme behield. Dat liet hij zich niet welgevallen, zei Valdés. 'Mijn ploeg is het eerste elftal.' Bij de wedstrijd van het B-elftal tegen FC Reus in de derde divisie verscheen hij niet. Zijn mobiel zette hij uit.

Louis van Gaal, die altijd brulde, was sprakeloos.

'Victor kent geen zelftwijfel,' zei Robert Enke. Het klonk bewonderend, het klonk verbaasd. 'En natuurlijk vraag ik me soms af, wat als ik precies zo was geweest?'

'Ik heb veel jeugdzonden begaan,' zegt Victor Valdés, de reusachtige adelaar op zijn zwarte T-shirt zwaait met zijn vleugels. 'Maar je moet de situatie begrijpen: voor dat seizoen had ik een aanbod van FC Villarreal. Ik telefoneerde met Van Gaal: 'Mister, ik kan naar Villarreal gaan.' En Van Gaal zei tegen me: 'Nee, blijf, je krijgt bij mij een kans in het eerste elftal.' Toen hij mij vervolgens na elf wedstrijden niet alleen uit het doel weghaalde maar naar het B-elftal terugstuurde, voelde ik me verraden. Vandaag de dag begrijp ik wat de trainer beoogde. Destijds voelde ik me vernederd.'

Vier dagen nadat hij, een twintigjarige nieuweling, de autocratische trainer in het openbaar uitgedaagd had, verontschuldigde Victor Valdés zich, zonder echt in te zien dat hij een fout had gemaakt. Hij werd weer opgenomen, 'maar niets zal hetzelfde als vroeger zijn,' zei Van Gaal. Valdés moest met de keeperstrainer extra trainingsuren inlassen, niemand nam het woord straftraining in de mond. Hij moest de sessies inhalen die hij gespijbeld had, heette het. De andere reservedoelman moest ook meedoen, hij zou er niet slechter van worden.

Robert Enke was buiten op La Masía alleen met Valdés en Hoek. De keeperstrainer schreeuwde: 'Esto no, Victor, je gaat te vroeg naar de grond, je speculeert, ik wil dat je lang afwacht, tot het schot komt, zoals Van der Sar.' Na een kwartier staakte Victor Valdés witheet van woede de training. 'Het eindigde vreselijk,' zegt hij,' Hoek en ik gooiden ballen naar elkaar.' Robert Enke stond ernaast, verbaasd en wel, en twijfelde minstens zo erg aan zichzelf als aan Victor.

Maar er is iets niet in orde, er klopt iets niet, zoals Victor Valdés daar op die designbank in de bouwkeet over het verleden vertelt. De Valdés op de bank komt zo radicaal anders over, lijkt zo absoluut het tegendeel van de Victor die hij beschrijft. 'Ik was destijds zeer gesloten,' zegt hij openhartig, 'ik keek geen voetbal op tv omdat ik dacht dat ik me moest afschermen van alles wat met voetbal te maken heeft.'

Een baby en een trainer hebben hem veranderd, zegt Victor Valdés, die de onomstreden keeper van Barça is geworden, Champions League-winnaar in 2006 en 2009 en die vandaag de dag even soeverein optreedt als Van der Sar. Zijn zoon Dylan, ondertussen een jaar, heeft hem met zo'n levensvreugde vervuld, hoe kun je je nou afschermen, denkt Victor Valdés bij zichzelf, er is toch zoveel om van te genieten, zoveel te beleven. Al vóór Dylans geboorte kende Valdés al het geluk dat maar voor weinig profvoetballers is weggelegd. Hij kwam bij Barça in de persoon van Pep Guardiola een trainer tegen die meer wil dan zomaar succes hebben. Zijn spelers moeten net zo'n vurige passie hebben voor de sport als hij. Victor, zei Pep Guardiola, als je zo doorgaat, is ooit je carrière voorbij zonder dat je ook maar één dag genoten hebt van dit prachtige beroep, omdat je altijd maar gespannen bent, omdat je altijd alleen maar op één ding uit bent: succes. Kijk eens naar voetbal op tv, probeer het spel te analyseren, waarom rent de aanvaller naar rechts, wat voor pass zal de spelverdeler zo meteen geven, en hoe meer je van voetbal begrijpt, des te meer zul je ervan houden. 'Pep heeft mijn visie op voetbal totaal veranderd.' Vroeger was Valdés gedurende de hele wedstrijd gespannen, hij balt zijn vuisten in de bouwkeet, zijn aderen worden zichtbaar op zijn onderarmen, 'mijn manier van spelen ging van boem-boem-boem, weg-weg-weg. Pep leerde me de intensiteit tijdens de wedstrijd wat vaker te matigen, het gebeuren onaangedaan te analyseren in plaats van de hele tijd alleen maar vreselijk fanatiek op de loer te staan.'

Zijn pasverworven nieuwsgierigheid en openheid verbergt Victor Valdés op zijn achtentwintigste nog altijd achter de oude pose van de ijskoude doelman. Hij heeft de lange haren van zijn jeugd afgeschoren en draagt bij zijn kale kop graag zwarte kleding inclusief leren jack. Was Roberts indruk correct, dat niets indruk op hem maakt, dat hij op het voetbalveld geen twijfel, geen angst kent?

'Misschien dacht Robert meer over blunders na dan ik. Ik trok me nergens iets van aan destijds, ik was op het punt gekomen dat fouten langs mijn pakkie afgleden.'

Victor Valdés glimlacht als iemand die zo op zijn gemak is dat hij ook zonder problemen de moeilijke momenten in herinnering kan roepen.

'Weet je, van mijn achtste tot mijn achttiende stond mijn leven zo onder hoogspanning, dat ik geen rust vond.' Alles draaide om voetbal en 'alleen de gedachte al aan de wedstrijd van de volgende zondag was angstaanjagend. In het doel te staan was – zacht gezegd – een speciaal soort afzien.' De angst fouten te maken, de vrees anderen teleur te stellen, dat hebben we toch allemaal al eens gehoord.

Robert Enke hield afstand tot Victor Valdés, ze waren vriendelijk tegen elkaar maar hun gesprekken bleven oppervlakkig, een façade, en uit de verte keek Robert Enke bewonderend getergd naar zijn rivaal, die kennelijk zo geslepen was als hij zelf graag zijn wilde en zoals je wellicht zijn moest als keeper aan de top. Het zou Robert Enke vast heel goed gedaan hebben te ontdekken dat deze vermeend onkwetsbare jongeling ooit dezelfde angsten gekend had als hij.

'Weet je wat mijn droom was als kind?' zegt Victor Valdés. 'Ik zou zo graag veldspeler geweest zijn.'

Na de training ontmoetten Robert en ik elkaar regelmatig in de hal voor de kleedkamers van Camp Nou, aan de wand hingen olieverfschilderijen van dramatische zeeslagen, wij zonken weg in de leren banken. Hij haakte nog steeds aan als we met de hartstocht van filosofen over keepershandschoenen spraken, waarom de naad bij de duim aan de buitenkant moest zitten, hij genoot zoals altijd van de roddels van het keepersgilde, Olli Kahn is langzaam geworden, de goede man. Zijn humor, die altijd een diepere laag had, brak onverminderd door: 'Verrast ben ik niet dat het met het elftal niet lekker loopt,' zei hij, en dat was eerst een verrassende opmerking gezien de kwaliteit van Barça – tot hij verder sprak. 'Ik ken dat nu wel. Teams waarin ik speel, maken de verwachtingen nooit waar.' Maar zijn gezicht deelde niet meer in de zelfironie. Zijn ogen bewogen nauwelijks nog. Hij leek te praten zonder zijn mond te bewegen.

'Je moet steeds weer tegen jezelf zeggen, er zijn nog andere dingen dan voetbal maar...' Hij voltooide de zin niet. 'Ik ben humeurig geworden.'

Ik vertelde hem wat ik van een agent, de Zuid-Afrikaan Rob Moore, had gehoord. Barça's bedrijfsleider Javier Pérez Farguell had enige spelersmakelaars met internationale contacten zoals Moore begin december een lijst met zeven spelers gegeven die tijdens de winterpauze in de verkoop zouden gaan. Roberts naam stond erop.

Hij zei er niets op, zijn gezicht bleef onbewogen als een standbeeld. Zijn ogen waren als die van een man op zoek naar de verloren lach.

Eike Immel, de keeperscoach van de Duitse trainer Christoph Daum bij Austria Wien, belde op. Ze waren bij Austria met een supersponsor net iets heel groots in de steigers aan het zetten. Ze waren zeer geïnteresseerd in hem.

Oostenrijk. Robert Enke had net vastgesteld dat het bij de grootste clubs niet altijd alleen maar hosanna was, maar de bescheiden Oostenrijkse competitie was misschien toch wel wat te veel het andere uiterste.

Immel belde nog eens op. Het was voorlopig toch alleen maar een kwestie van lenen, voor een halfjaar, om weer spelervaring op te doen en zich voor volgende uitdagingen in de kijker te spelen.

Op dat moment dacht hij niet aan een transfer, zei Robert Enke.

Barça ging als tiende op de ranglijst de kerstvakantie in. Het Madrid van de galactischen had bijna tweemaal zoveel punten; het onvoorstelbare was werkelijkheid geworden. 'Weet je wat er nu vandaag weer aan de hand was,' zei Robert aan de telefoon tegen Marco. 'Van Gaal klom voor het hele elftal op een massagetafel en begon van daarboven tegen ons te brullen.'

Het nomadenbestaan dreef Robert en Marco steeds verder uit elkaar, Lissabon, Barcelona, Ried, Athene, Neurenberg, ze zwierven rond, maar hoe ver ze ook van elkaar verwijderd raakten, ze bleven nauw contact onderhouden. Ze konden elkaar hoogstens een- of tweemaal per jaar zien, maar Robert had zich allang op deze vriendschap op afstand ingesteld. Hij was ervan overtuigd 'dat je in het leven maar drie, vier vrienden hebt' en dat je zelden het geluk hebt op dezelfde plek als zij te wonen. Met oudjaar kwamen Marco en Christina naar Sant Cugat. Het was een soort huwelijksreis. Ze waren voor de kerst getrouwd, voor wittebroodsweken en vriendenbezoek liet het voetbal hun geen tijd, dus combineerden ze het.

Ze begroetten het nieuwe jaar op de Plaça de Catalunya. Rond middernacht was het motto: snel zijn. Bij elk van de twaalf klokslagen, die het begin van het jaar 2003 inluidden, slikten ze een druif door, het is de Spaanse nieuwjaarstraditie, 'las uvas de suerte', de druiven van het geluk.

'Robbi en ik gaan naar huis, we zijn moe,' zei Marco kort daarna. Teresa keek Robert kritisch aan. Verviel hij alweer in melancholie?

Teresa en Christina gingen met vrienden uit de Duitse kolonie dansen. Robert en Marco gingen slapen. Tenminste dat zeiden ze.

Thuis in Sant Cugat openden ze een fles wijn. 'Vertel nog eens over wat ons is overkomen in het leger,' vroeg Robert hem. Toen Teresa en Christina om vier uur 's ochtends naar huis kwamen, kwam er luid gelach uit de zitkamer.

Ergens in de dagen daarna kreeg Teresa de kans Marco onder vier ogen te spreken. 'Jij bent een van de weinige mensen tegenover wie Robbi zich blootgeeft. Alsjeblieft, probeer hem te helpen.'

Marco Villa had het altijd als zijn rol beschouwd de clown te spelen. 'Als je mij op mijn negentiende zou hebben gezegd, "de psyche", zou ik je hebben geantwoord: wat is dat dan?' Maar hij is een competitiesporter. Hij heeft de drang doelen te bereiken, en daarom wijdde hij er zich hardnekkig aan zijn vriend uit dit leven te halen dat zich welhaast uitsluitend in zijn innerlijk afspeelde. Marco bracht alles ter sprake wat hem opviel, je klinkt vandaag niet goed, Robbi, hij vroeg, hoe gaat het tussen jou en de keeperstrainer? Robert begon in zijn antwoorden meestal algauw over andere mensen, over voorvallen of dingen te spreken om niet over zichzelf te hoeven praten. Marco vroeg verder. Het zou jaren duren, maar op een bepaald moment zou Robert hem uit zichzelf opbellen wanneer het slecht met hem ging.

Ze waren vijftien toen Marco Villa bij de wedstrijden om de beker van de B-jeugd van de Bondslanden in Wedau alleen op het doel van de Thüringse selectie afstormde. Hij zag de doelman voor zich, hij kende Robert Enke al uit het nationale jeugdelftal, de gedachte schoot hem te binnen, tegen hem scoor je niet! Hij schoot, Enke hield het schot, Marco hoorde de teleurgestelde kreten van zijn elftal en liet zijn hoofd op zijn borst hangen. De keeper, die op de grond lag, de bal in zijn vervloekte handen, glimlachte naar hem en zei begripvol tegen Marco: 'De volgende keer maak je hem.'

Zoiets vergeet je niet.

Op zijn zeventiende kocht Borussia Mönchengladbach Villa uit Uerdingen weg, hij was een jeugdspeler, en Borussia betaalde een transfersom als voor een prof, 500.000 Duitse mark. Na een halfjaar zei de assistent-trainer van de profs in Mönchengladbach tegen hem: 'Je zou bij ons in het Bundesligaelftal moeten meetrainen.'

'Maar ik ga toch nog naar school.'

'Dan moet je maar met de school ophouden.'

Zaterdags stond Marco als ballenjongen bij de Bundesligaspelers van Borussia aan de rand van het veld, er ging iets door hem heen als de stadionomroeper riep: 'Doelpunt voor Borussia. Met rugnummer 9: Martin Dahlin!', het gejuich van de menigte zoemde als elektriciteit door de lucht. 'Het was de enige droom die ik had: ooit eens de stadionomroeper bij de Bökelberg mijn naam horen omroepen.' Hij meldde zich anderhalf jaar voor het eindexamen bij de school af.

In augustus 1996 riep de stadionomroeper: 'Doelpunt voor Borussia. Met rugnummer 32: Marco Villa!' 1-0 tegen de Hamburger SV. Hij was achttien, Borussia's jongste goalgetter in de

Bundesliga. Na zeven wedstrijden in de competitie had hij drie doelpunten op zijn naam, dat was nog nooit gebeurd in Duitsland. 'Villamania' constateerde zijn ploeggenoot Kalle Pflipsen. 'Dat vieren we: met maltbier,' zei zijn vader tegen de tv-zenders, die hem persoonlijk interviewden omdat opeens alles aan Marco belangrijk leek. 'En ik had de stadionomroeper mijn naam horen omroepen,' zegt Marco. 'Ik had geen dromen meer.'

Hij rijdt met zijn kleine Toyota op een veldweg, direct naast de A14 tussen Giulianova en Roseto degli Abruzzi. Hij speelt nu al zeven jaar in Italië, momenteel voor L'Aquila Calcio, hij heeft bepaalde gewoonten van het land onbewust overgenomen, hier rijden ze over een veldweg als ze zo de autowegheffingen kunnen uitsparen. Hij heeft een lied op de radio gehoord, van Andrea Bocelli, en Marco, die de laatste tijd nauwgezet naar de liedteksten luistert, heeft zich ook in dit refrein herkend: 'Mij heeft niemand geleerd hoe het leven te leven.'

Bij Borussia zei hij tijdens het trainingskamp in Los Angeles 's avonds op hun hotelkamer tegen Robert Enke: 'Ik ga nog even naar buiten.' Robert draaide met zijn ogen. Marco gaf hem een knipoog en was weg.

Hij sloop door de ondergrondse garage het hotel uit. De grote Effenberg liep door de hotellobby op de deur af. 'Effe, waar ga je heen?' riep de trainer.

'Even een luchtje scheppen.'

'O zo.'

Samen met de grote Effenberg en twee andere spelers bleef Marco tot de morgen in een nachtclub. 'Over vijf jaar zul je een heel grote zijn,' zei Effenberg, 'of niemand kent je nog.' Marco beschouwde het als een compliment.

Toen scheurde hij voor de eerste keer zijn kruisband. Na vier jaar in Borussia's profeltal had hij vierentwintig wedstrijden gespeeld, slechts twee daarvan de hele 90 minuten. Bij de drie goals uit de eerste wedstrijden was er maar één bij gekomen. Bij Sankt Pauli had hij de keeper al omspeeld, hij schoof de bal in de richting van het lege doel, hij keek er alleen nog uit zijn ooghoek naar, innerlijk al verheugd over zijn treffer, toen een verdediger aan kwam zoeven en de bal van de doellijn haalde. Algauw had Marco

Robert met Teresa en zijn beste vriend Marco Villa (helemaal links).

een dozijn van zulke scènes in zijn hoofd, en ze wilden niet weggaan.

Ried, Athene, Nürnberg, overal zagen de trainers zijn talent dat hij in Mönchengladbach aan de dag had gelegd, overal werd hij geplaagd door blessures. In Nürnberg was hij veertien van de twintig maanden uitgeschakeld, zijn knie, zijn spieren, steeds weer wat nieuws. Na de revalidatietraining ging hij incidenteel met Nürnbergs keeperstrainer Michael Fuchs in de universiteitsmensa eten, Fuchs had bonnen: 'Nou Villa, lekker goedkoop hier, hè?' zei een student die hem herkende, en Marco vond het plagerijtje wel leuk. Hij was toch de clown?

Thuis was zijn vrouw in tranen. 'Hoe zit dat eigenlijk met jou?', ze wierp zich op de vloer en hamerde met haar vuisten op het tapijt. 'Je bent alleen normaal als je geblesseerd bent.'

'Onzin,' zei Marco Villa. Hij was nu net niet geblesseerd en daarom door de druk die hij voelde om te presteren, te gespannen om erover na te denken wat er aan hem mankeerde. In plaats daarvan dacht hij er minutenlang angstig over na of het eten van de mensa zijn conditie geschaad zou kunnen hebben.

De eerste keer dat hij versteld stond moet in de lente van 2003 geweest zijn, zegt Marco. Hij had zich aan zijn belofte gehouden met Robert niet alleen te praten over wat ze hadden gedaan maar ook hoe ze zich voelden. Zes maanden na Novelda was Roberts geestelijke constitutie verbeterd. Van Gaal was ontslagen. Onder de nieuwe trainer, Radomir Antić, speelde nog steeds Bonano, 'Maar,' zei Robert, 'soms denk ik: ik ben haast gelukkiger wanneer ik reserve sta.'

'Wat?' zei Marco en dacht pas na toen hij had opgelegd. Eigenlijk verging het hem precies zo.

Robert Enkes stemming werd beter, zonder dat zijn positie bij Barça erop vooruitging. Heelde de tijd de wonden? Had hij er zich in geoefend beter met tegenslag om te gaan? Had hij daadwerkelijk het geluk van de reservespeler ontdekt, zonder stress te kunnen toekijken? 'Ik denk dat het vooral daaraan lag, dat het seizoenseinde dichterbij kwam,' zegt Jörg Neblung. 'Robbi wist dat hij dan van club zou veranderen, en hij nam alles wat bij Barça gebeurde wat minder serieus.'

De sessies bij dokter Geldschläger liet hij zitten. Hij zou niet hebben kunnen zeggen of de gesprekken hem hadden geholpen, maar één ding wist hij zeker: er niet meer heen gaan hielp hem. Het gaf hem het gevoel iets achter zich te hebben gelaten.

Zijn moeder en Teresa's ouders kwamen tegelijk op bezoek. Teresa's ouders gingen naar musea, Miró, Picasso, het MACBA, zijn moeder ging elke dag met de tram naar de haven, ze zat in een klein café en keek uit over de zee, de kelner begroette haar inmiddels met een stralend gezicht. 'Teresa's moeder weet veel meer van kunst dan ik, dus zou ik me alleen maar raar gevoeld hebben met haar in de musea,' zegt Gisela Enke, met Teresa's ouders kan ze over zulke verschillen praten zonder dat het pijnlijk is of geforceerd wordt, ze begrijpen elkaar. Bij haar zoon riep Gisela's aanwezigheid zoals altijd zijn terloopse humor wakker, alsof haar enthousiasme hem inspireerde.

Nou maak er wat van, zeiden de vereende ouders, toen hij goedendag zei voor de wedstrijd in de Champions League tegen Bayer Leverkusen.

Robert in het gezelschap van Teresa's familie.

Teresa zette hem bij het stadion af. Hij ging de kleedkamer in, direct achter de deur keek hij uit gewoonte op het vel papier aan de wand, dat met plakband was opgehangen, de lijst van de geselecteerde spelers.

Zijn naam stond er niet op.

Niemand had hem op de hoogte gesteld. Hij werd eenvoudig stilzwijgend geschrapt, zelfs van de reservebank. In het profvoetbal, waar veel over elkaar maar weinig met elkaar wordt gepraat, is dat een manier om een speler ertoe te brengen ontslag te nemen.

Hij sjokte in trance het stadion uit, hij stond op de parkeerplaats, het raakte hem zo dat hij vergat dat er taxi's en trams bestaan. Hij dacht, en hoe moet ik nu eigenlijk thuiskomen?

Hij vermoedde dat het geen toeval was dat hij voor de wedstrijd tegen Leverkusen uit de selectie gehaald werd, tegen een club uit zijn eigen land, op het moment dat de Duitse media verslag zouden doen, op het moment dat iedereen meekreeg dat hij niet eens meer als reserve een plek in het elftal had. Zijn vernedering moest zo groot mogelijk zijn. Radomir Antić was een trainer die de zwaksten aanpakte als hij kracht moest tonen.

Weer thuis in Sant Cugat dwarrelden de ouders zenuwachtig om hem heen, hoe moesten ze met hem omgaan, zonder hem nog meer tot last te zijn, wat konden ze doen om ervoor te zorgen dat hij niet opnieuw ten prooi zou vallen aan vertwijfeling. Hij deed iets wat anders alleen Teresa in stresssituaties deed. Hij ging de tuin in en rookte een sigaret. Daarna voelde hij zich niet goed, het deed pijn maar hij kon ermee omgaan. 'Waarom zou ik me nog opwinden?' Zijn stem daalde, en werd toonloos. 'Ik ben toch allang dood bij Barça.'

Eike Immel belde weer op. Dat met Wenen was toch niet zo geweldig. Maar Christopher Daum en hij stoomden in de zomer door naar Fenerbahçe. Istanbul, dat was te gek, de supporters, het enthousiasme, een reusachtig potentieel, absoluut onderschat. Ze moesten het eens bespreken, ze zouden hem dolgraag meenemen.

Turkije. Het woord klonk vreemd, ver, het klonk als het einde van de voetbalwereld.

Nu was het nog te vroeg om een beslissing te nemen, was zijn excuus, maar hartelijk dank voor het aanbod.

Het zou een lange zomer worden, zei Jörg tegen hem. Tot nog toe lagen er slechts aanbiedingen van Fenerbahçe, FC Kärnten en FC Brugge. 'Daarvoor kun je niet zo makkelijk warmlopen als je van Barça komt,' zegt Jörg Neblung. Het contract in Barcelona liep pas over twee jaar af, Neblung had verscheidene keren met bedrijfsleider Pérez Farguell getelefoneerd om duidelijkheid te krijgen of Robert geacht werd te vertrekken of mocht blijven. Pérez Farguell zei met veel omhaal helemaal niets. Barça bracht zijn boodschappen liever symbolisch over.

Ze lieten Robert Enke bij het begin van de training voor het nieuwe seizoen 2003-2004 aantreden, hoewel Barça een nieuwe keeper gecontracteerd had en nog eentje uit het B-elftal erbij gehaald had. Op het veld van La Masía kwamen vijf keepers bijeen, twee te veel. Nog steeds zei niemand een woord. Dat vonden ze van respect getuigen. Enke had toch nog een contract, ze wilden hem niet recht in het gezicht zeggen: ga maar. Dus werd er weer een lijst in de kleedkamer opgehangen, de selectie voor het trainingskamp in de vs, weer stond Robert Enke er niet op, Roberto Bonano, een aantal weken eerder nog een solide laatste man in de kwartfinale van de Champions League, verging het eender. Het was juli, een jaar na Robert Enkes aankomst, en de mooie tijd in Barcelona was al ten einde nog voor die was begonnen.

Na een uur vol herinneringen aan Robert Enke zijn Victor Valdés' ogen waterig. 'Ze hadden hem al na Novelda afgeschreven. Het gebeurt vaak bij Barça, één fout, en de pers schrijft hem af, het publiek roept "Weg met hem!", toen zeker. We hadden na Zubizarreta's terugtreden een decennium achter de rug waarin geen enkele doelman goed genoeg leek voor Barça, en deze reflex was er direct na Novelda weer: die is het ook niet.' Valdés kruist zijn armen voor zijn borst. 'Maar ik heb Robert elke dag op de training gezien, en ik mag toch wel geloven dat ik me niet vergis als ik een doelman zie: hij was een grote.'

Robert Enke speelde maar drieënhalve wedstrijd voor Barça, twee in de Champions League, toen er al niets meer op het spel stond, twintig minuten tegen Osasuna toen Bonano geblesseerd raakte. En in Novelda. Maar was hij echt slechter dan Bonano en Valdés?

'Hij had het er moeilijk mee zich aan Barça's bijzondere manier van spelen aan te passen. Maar ik denk dat hij als keeper destijds qua niveau boven mij stond,' zegt Victor Valdés, die in het seizoen daarop voor heel lang Barça's nummer een werd: 'Als Novelda niet had plaatsgevonden, dan was Robert een heel goede keeper voor Barça geworden.'

'Natuurlijk,' zegt Teresa, een levensreis verder, op het Noord-Duitse land, 'heb ik me af en toe afgevraagd hoe het leven verder gegaan zou zijn als deze ene wedstrijd anders verlopen was.'

Ze heeft een antwoord voor zichzelf gevonden: 'Vermoedelijk was het helemaal niet anders verlopen. Vermoedelijk had hij in de volgende of daaropvolgende wedstrijd een misser gemaakt. Hij was destijds nog niet zover dat hij de druk van Barça aankon.'

We zaten in de tuin in Empede, Barcelona lag vier jaar terug in de tijd, het was zomer, vakantie, Robert Enke, die zoals bijna alle keepers twee linkerhanden had als hij een klusje moest opknappen, zei: 'Heb je eigenlijk al gezien dat ik de parasol helemaal alleen heb vastgeschroefd!' Toen durfde ik het voor het eerst aan, hem naar Novelda te vragen.

'Als ik het woord hoor trekt bij mij nog steeds alles samen,' zei hij. 'Als ik aan het gezicht van Patrick Andersson denk, toen hij de morgen erna vol woede riep: "Dat zou ik niet pikken van De Boer!" Of de hitte in de klimaatgekoelde spelersbus voor de wedstrijd.' Alsof hij vanbinnen zweette.

Teresa ging na hun vertrek uit Spanje nog geregeld naar Barcelona, om de vrienden van Sant Cugat te bezoeken. Hij verzon elke keer weer een reden om niet mee te gaan.

ELF

In slowmotion

Het trainingsveld La Masía lag er in de halfschaduw van de forse stadionmuren verlaten bij. De morgenzon had nog een dik uur nodig om tegen halftwaalf het volledige grasveld in een fel licht onder te dompelen, maar de hitte van de dag was al voelbaar. De stilte schreeuwde Robert Enke in de oren. Ze hadden hem niet meegenomen.

Het elftal van FC Barcelona was daags tevoren vertrokken voor de zomertournee in de VS. Robert Enke, Roberto Bonano en aanvaller Dani García moesten alleen op La Masía trainen. De leegte herinnerde hen drie aan alles wat er niet meer was, het lachen van het elftal, het ritmische tik-tak van de bal wanneer Barça op passing trainde, de eeuwige hoop in de zomer dat het in het komende seizoen allemaal goed zou komen. Het zwijgen van La Masía zei hun, we kunnen jullie niet meer gebruiken, zoek zo snel als je kan een andere club.

Het was maandag, pas het begin van de week, maar het liep al tegen eind juli. In Duitsland en Engeland begon over een paar dagen het nieuwe seizoen. Het was onrealistisch te denken dat hij nu nog een aantrekkelijk aanbod zou krijgen.

'We hebben geen alternatief voor Fenerbahçe,' zei Jörg Neblung, 'en als wij het eens nuchter bekijken, is het niet de slechtste club, het salaris is oké, je kunt er kampioen worden en jezelf weer in de etalage spelen.'

'Dat redden we wel,' zei Teresa. 'Het is toch maar voor een jaar.'

Dat zeiden beiden hem nu al dagenlang.

Hij zei niets. De Turkse competitie gold destijds als toevluchtsoord voor spelers met een carrièrebreuk. In Roberts ogen was Turkije synoniem met mislukt zijn.

Medio juli, op de terugweg van vakantie in Duitsland naar Barcelona, tweeduizend kilometer met de honden in de auto op de terugweg naar het ongewisse, had Robert Enke de Duitse trainers van Fenerbahçe in hun trainingskamp in Bitburg opgezocht.

Ga op zijn minst eens met ze praten, hadden Jörg en Teresa hem gezegd.

Hij dineerde met Christoph Daum en Eike Immel in een hotel-restaurant, je kon nog op het terras zitten, Teresa was bij hem. Daum sperde zijn ogen open en sprak alsof hij een theaterrol speelde, Immel had een natuurlijke hartelijkheid en strooide opgewekt met anekdoten uit oude voetbaldagen ertussendoor. Teresa had Robert maar één keer in zijn hele leven, op zijn zeventiende, dronken gezien, nu schonk hij in een stevig tempo rode wijn bij.

Er was nog iemand die respect voor hem had als doelman. Voor één avond stelde die gedachte hem tevreden. Hij ontspande zich en stelde een hoop vragen, hoe was het met de de kwaliteit van Fenerbahçes verdediging gesteld, kon je met Engels in Istanbul voorlopig uit de voeten. Wat waren Teresa en Robert toch op een prettige manier zichzelf, en wat voor een kalme resoluutheid straalde Enke toch uit, schoot Eike Immel te binnen. 'Toen Daum en ik wegreden, waren we echt euforisch. "Hem moeten we hebben," zeiden we tegen elkaar.'

Twee weken daarna reed Robert Enke, na afloop van de maandagtraining op de verlaten Masía, door de tunnel van Vallvidrera naar huis, hoewel de tol twee euro bedroeg. Hij sprak met Teresa, telefoneerde met Jörg, en zei, nou goed dan, ik doe het.

'Ik heb het mezelf wat mooier voorgesteld: Duits trainersteam, goed honorarium, probeer het maar eens.'

Toen Jörg Neblung in Istanbul aankwam, kwam het hem voor alsof hij in een bijbelse scène terechtgekomen was. En hij deed het water uiteenwijken – aan deze passage in het Oude Testament moest hij denken toen hij naast Christoph Daum uit luchthaven Atatürk liep. Honderden supporters ontvingen de trainer en zijn entourage, handen en hoofden strekten zich naar hen uit, maar ze konden de pas er flink in houden, en louter door zijn verschijning week de massa voor de trainer uiteen.

In Duitsland had Daum zijn reputatie te grabbel gegooid na veel grappen en de beroemdste haartest van het land, waaruit zijn cocaïneconsumptie bleek. In Turkije was hij een celebrity nadat hij halverwege de jaren negentig de in Istanbul gevestigde club Besiktas kampioen en bekerwinnaar had gemaakt. Fenerbahçe was het afgelopen seizoen slechts zesde geworden, een flop voor de populairste club van het land. Daum stond voor de belofte dat alles weer goed zou komen. Voor Robert Enke was het het bekende scenario. Na Mönchengladbach, Benfica, Barça was hij opnieuw bij een club beland die de vergelijking met zijn eigen grootse verleden niet doorstond.

Hij kwam vlak na Jörg Neblung uit Barcelona aan, alleen, Teresa zou met de honden bij vrienden in Sant Cugat blijven wonen en hem regelmatig bezoeken, hadden ze afgesproken. Hij zou toch slechts één seizoen in Turkije doorbrengen, het was slechts ter overbrugging, misschien kon hij daarna zelfs terug naar Barça, zijn contract daar was maar voor een jaar opgeschort. Hij had er zelf op gestaan dat ze in geen geval echt naar Istanbul verhuisden. Hij wilde het gevoel vermijden dat de beslissing definitief was; hij wilde de zekerheid hebben elk moment naar Sant Cugat te kunnen terugkeren, al was het maar voor een paar dagen. Maar nu was hij voor de eerste keer in zijn leven alleen.

De massa fans op de luchthaven was tot enkele groepjes gekrompen, een paar mensen herkenden hem en riepen iets, hij verstond het niet. Naar hun gezichten te oordelen waren het vriendelijke woorden, maar hoe kon hij daar zeker van zijn? Hij wist wat in de kranten stond.

Fenerbahçe had de keeper van het Turkse elftal, Rüştü Reçber, een idool, aan Barça afgestaan. President Aziz Yildirim, die gewend was beslissingen per decreet door te drijven, droomde ervan Frankrijks wereldkampioenkeeper Fabien Barthez als vervanger aan te trekken. En toen had Daum erop gestaan deze Duitser te contracteren, van wie Yildirim nog nooit gehoord had en die Barça kwijt wilde! De Turkse kranten hadden hun oordeel geveld voor hij goed en wel in Istanbul landde. Wat had een reservekeeper bij Fener te zoeken?

Hij moest het podium op, voor die verslaggevers verschijnen. Twee knopen van zijn witte hemd geopend, het hemd hing nonchalant uit zijn broek, Istanbul in augustus. De fotografen gaven hem met gebaren te verstaan dat hij bij Fenerbahçes blauwgele vlag moest gaan staan. Hij pakte met de ene hand de clubvlag vast, en stak de duim van de andere op naar de camera's om te zeggen, geweldig dat ik hier ben, dat ik voor Fenerbahçe zal spelen. En zijn gezicht zei de rest.

Zijn wangen rood, zijn ogen opengesperd, rusteloos.

Jörg besloot te doen alsof hij Roberts gespannenheid niet zag. Hij wilde het niet nog erger maken door erover te beginnen.

In plaats daarvan liet hij bij de president informeren of Aziz Yildirim bereid was even tijd te maken voor een foto met Robert. Zo'n foto zou de situatie een beetje kunnen ontspannen, hoopte Jörg Neblung. Het zou de indruk wekken dat de president de nieuwe doelman waardeerde of tenminste genoegen met hem nam.

Yildirim ging niet op het verzoek in.

Ook goed, zo probeerde Jörg Neblung zichzelf gerust te stellen, belangrijk was alleen dat de trainer achter Robert stond.

Ze gingen naar het hotel dat de club had gereserveerd voor Robert Enke, het was van een hoge categorie maar van een verwelkte charme, in de huizenzee op de Aziatische oever. Pierre van Hooijdonk, Roberts vriend uit zijn dagen in Lissabon, toevallig op datzelfde moment aangetrokken als Fenerbahçes nieuwe superaanvaller, was in een luxehotel op de groene parkhellingen op de Europese oever ondergebracht, met uitzicht over de Bosporus.

Robert Enke wilde in het hotel dineren. Als hij er maar niet meer uit hoefde.

Jörg hield hem drie dagen gezelschap. Hij zorgde ervoor dat Robert mocht verhuizen naar Van Hooijdonks hotel, en reisde tevreden af want 'de voorwaarden voor een snelle gewenning waren gunstig', de oude vriend Van Hooijdonk in de buurt, twee, drie Duitse Turken onder wie Ali Günes uit Freiburg in het elftal, de

Robert Enke met de vlag van Fenerbahçe na de contractondertekening.

Duitse trainer en een stad die in de wijken Galata en Beyoğlu de levendigheid van zijn geliefde Lissabon had.

Hij ging elke dag met Pierre van Hooijdonk naar de training, op veertig kilometer afstand – en ze hoefden nog niet eens naar de rand van de stad. Op de Bosporusbrug ging het verkeer chronisch traag. Robert dacht bij zichzelf, wat een geluk dat Pierre er is, dan heb ik tenminste wat plezier. Pierre dacht bij zichzelf, wat is er met Robert aan de hand? Hij wond zich de hele tijd op, over het verkeer, over de ongeconcentreerde medespelers, over alles. Daarna zei hij weer minutenlang helemaal niks.

Op een dag belden we. Ik vermeldde terloops dat ik zo meteen met een vriend sushi ging eten. Dit simpele woord sushi maakte iets in hem los. 'En ik sta hier in de file in Istanbul op deze klotebrug!' Hij klonk zo woedend, of was het meer vertwijfeld, dat ik schrok.

In feite was hij maar drie dagen alleen. Jörg vertrok, en dan zou Teresa al op bezoek komen. In de drie tussenliggende dagen speelde Fener een oefenwedstrijd tegen Kocaelispor, dertig minuten voor de aftrap werd er een schaap op het veld geofferd, hij dacht, gelukkig is Teresa er nog niet met haar dierenliefde. Toen ze ten slotte bij hem in Istanbul was, dacht hij er al aan dat hij haar na haar vertrek wekenlang zou moeten missen.

Hij liet haar de woning zien die hij had uitgekozen en ze schrok. Er viel nauwelijks licht binnen in de kamer. Het was een zomermiddag en Teresa moest de lampen in de keuken aandoen. Opgeschrikt door het plotselinge licht vluchtten de kakkerlakken weg.

'Robbi!'

'Toen ik de woning ging bezichtigen, leek hij me in orde.'

'Maar denk nu eens aan hoe we in Barcelona wonen, wat beviel je daar altijd zo aan?'

Hij haalde zijn schouders op.

'Toen hebben Teresa en ik wellicht ook fouten gemaakt,' zegt Jörg Neblung. 'Omdat het het afgelopen halfjaar weer beter met hem ging, dachten we, hij zal het in Istanbul wel redden, net zoals hij na zijn vlucht uit Lissabon of na Novelda zijn evenwicht weer had hervonden.'

Teresa en Jörg beschouwden hem als een sensitief mens, die in extreme omstandigheden soms zijn evenwicht verloor en die daarna, wanneer hij met zijn buitengewone zelfbeheersing zijn zwaarmoedigheid had verdreven, gesterkt uit het duister tevoorschijn kwam.

Teresa hielp hem een andere woning in Istanbul te vinden, en vloog vier dagen later, een dag voor seizoensaanvang, naar Barcelona terug. Hij klaarde het wel, zei ze bij haar vertrek, en over veertien dagen kwam Jörg alweer op bezoek, over drie weken zij alweer. Ze dachten, als hij eenmaal de aanvankelijke angst overwonnen had, zou het lukken, net als destijds in Lissabon. Hij moest zich er alleen maar in de eerste wedstrijden zelf van overtuigen hoe goed hij was. Hopelijk gebeurde er in de tussentijd niets.

Jörg Neblung stuurde een fax aan Robert Enke, Swissotel, kamer 1296. 'Goedemorgen, Robbi, bijgevoegd de persgeluiden van het moment. Heb gisteren even met Eike getelefoneerd; hij zei me dat je een zeer goede, zelfbewuste indruk maakt... goed te horen! Niemand twijfelt aan je status en je capaciteiten – ik hoop dat je momenteel ook oor hebt voor zulke uitspraken!!! Verder alles kits? Gülegüle, Jörg.'

In de nacht voor de opmaat naar de Turkse competitie verbleef het elftal in Fenerbahçes sportschool in Samandira, ver weg in het oosten van de stad, naar het centrum van Istanbul kun je hier alleen nog gissen. Hij had een eenpersoonskamer en wilde graag naar de Bundesliga kijken op tv, Bremen tegen Gladbach, Hannover tegen Bayern, net zoals hij dat bij Benfica op de avond voor de wedstrijd altijd samen met Moreira had gedaan. In Fenerbahçes sportschool ontving hij maar één Duitse zender, RTL, die niet de uitzendrechten voor de Bundesliga heeft.

Moreira bereikte Robert al weken niet meer. Ze waren na hun tijd bij Benfica regelmatig blijven telefoneren met elkaar, Robert had trouw teruggebeld als hij het nummer van zijn kleine keepersbroer tussen de gemiste oproepen ontdekte. Nu zweeg Robert. 'Dit is het laatste nummer dat ik van hem had,' zegt Moreira en toont zijn telefoonlijst, 0034-6 67 63 02 28, Spanje. Later sprak Moreira een keer met Van Hooijdonk. 'Hoe gaat het met Robert, je was toch samen met hem bij Fenerbahçe?' wilde hij meteen weten. 'Robert is niet meer dezelfde,' zei Van Hooijdonk. 'Hij zegt niets meer. Hij is eigenaardig geworden.'

Robert Enke zat in zijn kamer in Feners sportschool, de uren tot wedstrijdaanvang duurden lang. Hij zocht een vel papier, vond Jörgs fax en schreef op de achterkant: *Dagboek Istanbul*. Toen begon hij te schrijven.

10.08.2003. Zitten in het trainingskamp in Samandira. Vanavond is de eerste competitiewedstrijd. Het is nogal saai hier.

Het gaat, zoals te verwachten, nogal slecht met me. Het is een mix van angst, zenuwachtigheid en heimwee. Heimwee naar mijn leven met Terri en de honden. Terri is gisteren op het vliegtuig gestapt.

> Ik vraag me vaak af waarom ik dat met Fenerbahçe heb gedaan en verlang terug naar een dag waarop ik de beslissing nog moest nemen. Waarschijnlijk zou het met mij in Barcelona zonder enig perspectief ook slecht gaan, maar ik zou Terri hebben, mijn vrienden en mijn omgeving waarin ik me geborgen voelde.
> De trainersstaf stelt me enigszins teleur. Daum zou aanmerkelijk meer waarde aan discipline moeten hechten. Bij het elftal voel ik me nauwelijks betrokken.

In deze stemming ging hij naar het stadion.

Hij moest veertig kilometer terug richting centrum, alweer een file op die brug, Fenerbahçes stadion ligt niet ver van het Kanonnenpoortpaleis, thuisoord van de sultans, heersers over het Osmaanse Rijk. De tribunes waren vier geelblauwe wanden bestaande uit 52.000 fanatiekelingen, de tegenstander, Istanbulspor, stelde weinig voor.

Hij droeg een glanzend donkerblauw shirt met een aanzet tot een v-hals en een broek die bijna zo groot was als die van een bokser. Hij zag er goed uit in zijn nieuwe keepersoutfit, solide en toch beweeglijk. Zijn gezicht zag je pas later op foto's.

In Barcelona vluchtte Teresa naar Dickens. Ze reed naar het bos, liet het paard galopperen, de snelheid dwong haar zich te concentreren, niet eraan te denken dat in Istanbul precies op dat moment een voetbalwedstrijd plaatsvond.

De tegenstander, Istanbulspor, stond vlak voor het bankroet, aan het eind van het seizoen zou het elftal met één punt voorsprong voor degradatie behoed blijven. Fener probeerde uit alle macht de wedstrijd te domineren, maar Istanbulspor groef zich in, dat is het recht van de mindere elftallen. Fener kwam er niet doorheen, Fener werd nerveus. Op een bepaald moment een lange pass uit Istanbulspors speelhelft, pas achttien minuten gespeeld, hij kwam uitlopen en merkte in de split second erna dat hij de bal nooit zou halen. Istanbulspors enige aanvaller, de Israëli Pini Balili, die inmiddels ook Turk is en zich Atakan Balili noemt, had de bal al in bezit, Feners verdedigers waren al afgeschud, nog vijfentwintig meter naar het doel, de bal sprong uitnodigend voor

Balili op, hij plaatste met genoegen een lob over Enke heen, de keeper, gestrand op de zestienmeterlijn, rende vertwijfeld terug, achter de bal aan, en vermoedde al dat hij hem alleen nog uit het net zou vissen.

Zijn keeperstrainer zat op de tribune, Eike Immel was ervan overtuigd 'dat hij niets aan het doelpunt kon doen, er ging een ongelooflijk domme pass van Selçuk aan vooraf, en de counter werd zo snel uitgevoerd dat Robert zijn positie niet meer kon herstellen'. Hij schold echter luid op zichzelf toen hij de bal naar de middencirkel trapte. Zijn voet bleef haken in het wc-papier dat supporters in zijn net hadden gegooid.

Het voelde alsof iemand hem in de slowmotionstand had gezet. In zijn eigen waarneming leek hij zich oneindig traag te bewegen. Later zei hij tegen Jörg: 'Alles was met nevels omgeven.'

In de tweede helft lag de bal na een terugspeelbal voor zijn voeten. En Robert Enke maakte geen aanstalten iets te ondernemen. Het gefluister op de tribune zwol aan tot een gerommel. Eike Immel merkte dat zijn hart sneller sloeg, schiet de bal toch weg, man! dacht hij. De tegenstander, die eerst helemaal geen moeite had gedaan de keeper lastig te vallen, stond versteld. De eerste speler, Balili, rende al op hem af. En hij bewoog zich nog steeds niet. Alsof hij niet wist wat hij met de bal moest doen, alsof hij had vergeten hoe je een eenvoudige pass uitvoert. Immel wilde schreeuwen, weg met dat ding, snel!

Te laat.

Balili pikte de bal van Enke af, er ontstond een warboel in Feners strafschopgebied, 52.000 mensen schreeuwden verhit en wild, de chaos van het spelmoment had ze te pakken. Eindelijk ruimde een verdediger het gevaar uit de weg. Eike Immel had wat tijd nodig om van de shock te herstellen. 'Robert had een totale black-out,' zegt hij.

Na 57 minuten stond het 0-3. Munten, aanstekers. Flessen vlogen hem om de oren. Hij wist dat achter zijn doel hun eigen supporters stonden.

Teresa kwam van paardrijden thuis. Op teletekst zou ze de uitslag vinden. Ze verzon een excuus tegenover zichzelf om de tv niet aan te zetten. Ze moest eerst douchen.

Een kwartier daarna ging de telefoon.
'Hallo, met Gunnar.'
Als kinderen hadden Robert en zijn vrienden het spannend gevonden dat Robert een zes jaar oudere broer had. De grote broer kon hun over muziek en meisjes vertellen. Op zijn eenentwintigste was Gunnar vader geworden. Sinds Robert een rondtrekkende arbeider in de profsport was geworden, zagen ze elkaar alleen nog een paar dagen in de vakantie en ze telefoneerden incidenteel.
'Ja, Gunnar?' zei Teresa.
'Ik wilde gewoon eens wat van me laten horen.'
'Gunnar, als je iets weet, zeg het me dan alsjeblieft meteen!'
'Ja, 3-0.'
'Gewonnen of verloren?'
'Verloren.'
Teresa stortte op de trap in.

Ze toetste keer op keer zijn mobiele nummer in. 'Buiten was het donker geworden,' herinnert Jörg zich, die het van zijn kant ook probeerde. Ten slotte belde Robert Teresa terug. Hij stond alweer op die brug, in de file.
Hij kwam naar huis, zei hij. Hij gaf het op.
'In godsnaam, Robbi, niets overhaasten! Alsjeblieft, slaap er tenminste een nacht over, en laten we er morgen nog eens over praten.'
Nee, hij had de beslissing al tijdens de wedstrijd genomen. Er kon niet meer aan getornd worden.
'Ik begrijp hoe je je voelt, iedereen heeft weleens zin het bijltje erbij neer te gooien als het niet lekker loopt. Maar daarna werd het alleen maar erger. Hou het nog een of twee weken vol, een of twee wedstrijden, en je hebt het achter de rug, ik weet het zeker. We komen er weer uit. Ik hou van je.'
Ze was bang dat hij als hij het nu opgaf weer compleet in zou storten. Hij zou het zich nooit vergeven opgegeven te hebben.
Haar woorden hebben me zeer goed gedaan, schreef hij in zijn dagboek. Maar tegen haar zei hij aan de telefoon, nee, het ging niet meer. Zijn carrière was voorbij.

Nog één telefoontje voerde hij voor hij zijn mobiel uitzette en niemand hem meer kon bereiken.

Marco meldde zich zoals altijd vol enthousiasme toen hij de stem van zijn vriend hoorde. Daarna zei hij een tijdje niets meer.

'Ik ga kapot hier, ik moet hier weg, het gaat niet meer.' In Marco's herinnering herhaalden de zinnen van zijn vriend zich voortdurend, steeds sneller, tot ze hem duizelig achterlieten.

'Robbi, kom nu eerst eens tot jezelf – en als het dan niet gaat, vertrek je.'

'Maar dan ben ik werkloos.'

'Een halfjaar, wat is dat nou? Op de wintertransfermarkt vind je weer een nieuwe club.'

Marco vond het plan van zijn vriend stante pede eruit te stappen schokkend. Het vooruitzicht een halfjaar zonder voetbal door te brengen, vond hij minder afschrikwekkend. Hij was net van FC Nürnberg naar AC Arezzo gegaan; vrijwillig naar de derde divisie. Hij dacht dat als hij zich op een merkbaar lager niveau begaf, in een land waar niemand hem kende, niemand hem aan de drie doelpunten uit de eerste zeven Bundesligawedstrijden afmat, hij dan eindelijk van die onophoudelijke druk op zijn slapen bevrijd zou zijn. Drie dagen voor zijn eerste wedstrijd in Italië hoorde hij dat de trainer op tv over hem zei: 'Dat is een speler, daarover klak je met je tong.' Marco's slapen hadden direct weer harder aangevoeld. Hij sleepte zich stijf, slap, machteloos door de eerste wedstrijd. 'Als je alleen maar het voetbal hebt, en dat valt weg,' zegt Marco, 'dan resteren alleen twijfels.'

De volgende morgen werd Robert Enke wakker met de gedachte waarmee hij veel te kort geleden was ingeslapen. Hij moest hier weg.

Eerst zocht hij evenwel alleen maar een vel papier.

11.08.2003. Heb het helemaal gehad. De wedstrijd hebben we met 3-0 verloren. Geen beste indruk gemaakt bij het eerste doelpunt. Daarna was ik zeer nerveus, vooral in de tweede helft. Werd door onze eigen supporters bespot.

Heb vandaag al met vader, Jörg en Terri gesproken. Zou weg willen uit Istanbul, eindelijk echt in therapie gaan. Het gaat abso-

luut niet meer. Moest gisteren inzien dat ik eenvoudig niet tegen de eisen opgewassen ben. Jörg probeert mij over te halen iemand in te laten vliegen of medicamenten te nemen. Dat wil en kan ik echter hier niet doen. Terri heeft me net opgebeld en moest weer opleggen omdat ze moest huilen. Voel me hulpeloos en angstig, ga mijn hotelkamer niet uit, kom anderen liever niet onder ogen. Zou simpelweg zonder angst en nervositeit willen leven. Ik weet dat een contractbeëindiging verreikende gevolgen zou hebben, maar ik kan aan niets anders denken. Ik weet niet hoe het verder moet.

Wil vandaag nog met Daum spreken, weet niet hoe ik het moet aanpakken. Ben ook bang voor zijn reactie. Weet dat ik het al vaker verzuimd heb een therapie te beginnen.

De trainer had het elftal twee dagen vrijaf gegeven, vanwege de nederlaag. Elkaar niet te zien was de beste therapie, vond Daum.

Als er geen training was, moest hij Daum opbellen. De verhitte angst van de wedstrijd kwam terug, hoopte zich in hem op. Hoe moest hij het Daum in hemelsnaam zeggen? Zijn mobiel ging over.

'Hallo?'

'Robert, hier Eike.'

'Eike!'

'Ik weet zeker dat je na de wedstrijd net zo weinig hebt geslapen als ik. Ik wilde je gewoon even zeggen, als je koffie wilt drinken, dan kom ik langs. We kunnen ook een Bosporus-boottocht maken, dan kun je eens zien hoe mooi de stad is. Of, als je zin hebt, doen we het zoals Olli Kahn na zulke wedstrijden en gaan we trainen tot je erbij neervalt, tot je over je frustratie heen bent.'

'Eike, goed dat je belt. Ik wilde me net bij je melden. Ik heb een enorm probleem, maar dat kunnen we niet aan de telefoon bespreken.'

'Ik kom direct bij je langs in het hotel.'

Het was zijn stem die Eike Immel bang had gemaakt. Was Teresa bij hem weggegaan? Was iemand uit zijn familie gestorven? Dat zou de hypernerveuze wedstrijd verklaren. 'Ik zie me nog hoe ik een halfuur later in het hotel bij zijn kamerdeur aanklopte en dacht, o jee, wat is hier aan de hand? Wat toen volgde, had ik absoluut niet verwacht.'

Wat een geluk dat er zo iemand als Eike Immel was. Eike was een goede kerel. Altijd aan het woord, steeds positief ingesteld, hoewel een heupartrose hem plaagde, het gewricht was versleten door twintig jaren als profkeeper, elk schot deed hem pijn, voor een keeperstrainer niet bepaald ideale voorwaarden, maar daar ging het nu niet over.

Het licht stroomde door de brede vensters de hotelkamer binnen. De Bosporus schitterde in de zon. Op de andere oever was Azië.

Hij wachtte tot Eike was gaan zitten. De stoelen hadden een okerbruin ruitenpatroon.

'Ik moet een punt zetten achter mijn carrière.'

'Robert, wat is er aan de hand?'

'Ik kan niet meer. Ik ben alleen nog maar bang, bang uit mijn hotelkamer te gaan, bang de krant open te slaan, bang mijn keepershandschoenen aan te trekken.'

Eike Immel ging in gedachten één, twee decennia terug in de tijd, hij was doelman van het Duitse elftal, halve-finalist op het EK, en hij had halsoverkop zijn vertrek bij het nationale elftal aangekondigd toen hij in 1988 meende te bespeuren dat de bondscoach opeens een voorkeur aan de dag legde voor Bodo Illgner. 'Ik had voor elk seizoen angst,' zegt Immel, 'ik was bang voor een nieuwe rivaal in het doel, bang voor een nieuwe trainer. Op sommige dagen was het al genoeg dat ik in het doelgebied een piepklein gaatje in het gras ontdekte, dan was ik de hele tijd vreselijk bang, o god, als een schot precies op deze onevenheid opstuit, dan is hij onhoudbaar.'

Hij kende de angst van Robert Enke, dacht Eike Immel, maar hij wist ook hoe snel die weer verdwijnen kan. Eén, twee goede wedstrijden, en hij dacht vroeger altijd: hopelijk speelt de verdediging vandaag echt slecht, dan krijg ik vijftien moeilijke ballen te verwerken – en ik houd ze allemaal.

'Robert, je kon niets doen aan de drie goals, aan geen van drieën.' Immel geloofde dat echt. 'En dat je nerveus was – hoe denk je dat het met mij ging toen ik destijds voor het eerst bij Manchester City in het doel stond, plotseling in een vreemd land. Ik ben in de eerste helft tegen Tottenham onder twee voorzetten doorgezeild als een absolute beginneling, toen hadden ze me er meteen weer uit moeten gooien. En daarna heb ik bij City een echt goede tijd gehad. Dat zal je hier ook zo vergaan, geloof me.'

'Het is zinloos. De angst is er de godganse tijd. Ik kan niet meer, ik wil niet meer.'

Ze praatten twee uur lang, totdat Eike Immel begreep dat hij zijn keeper kwijt was. Hij belde Daum op, Robert Enke zat er naast. De trainer kwam even later op kamer 1296. Hij zette een punt achter zijn carrière, zei Robert Enke, hij moest zich laten behandelen. Het woord depressie viel nooit, altijd slechts: angst. Daum luisterde, knikte en zei dat hij Robert begreep. Hij zou hem helpen onder het contract uit te komen.

Jörg Neblung had ondertussen via de Duitse Sporthogeschool in Keulen een vooraanstaande psychologe gevonden.

Hij hoopte dat ze met hem naar Istanbul kon vliegen om Robert te onderzoeken terwijl hij verder speelde voor Fener alsof er niets met hem aan de hand was.

Hij was de adviseur, die zijn protegé de ruimte moest geven, die hem moest steunen waar hij maar kon, was Jörg Neblung van mening. Hij had ingesproken op het antwoordapparaat van de psychologe, zijn telefoon ging. Misschien was ze dat al. Het was Daum. Jörg Neblung moest morgen naar Istanbul komen. Ze zouden het contract ontbinden.

Het werd dinsdag, de tweede vrije dag na de wedstrijd tegen Istanbulspor. Robert Enke had niks te doen, behalve op Jörg wachten. Vanuit zijn hotelkamer zag hij de schepen op de Bosporus, tientallen veerboten, olietankers, plezierboten. Nergens bezit water zo'n kracht als in Istanbul. Je kunt een eeuwigheid over de Bosporus staren, en de kalme, gelijkmatige bewegingen van de schepen laten je in gedachten honderdmaal vertrekken, aankomen, nostalgisch achterblijven. Hij keek hoogstens door de Bosporus heen. Zijn Istanbul bestond uitsluitend uit de hotelkamer. Hij nam de ballpoint van het hotel, met de blauwe inkt en de dunne stift.

12.08.2003 Ik moet eindelijk leren echt te luisteren naar wat mijn buik c.q. mijn verstand me ingeeft. Ik weet nog niet waarom ik op het voorstel van Fenerbahçe ben ingegaan, waarschijnlijk omdat ik dacht dat als men mij maar nodig had, alles weer op zijn potjes terecht zou komen. Maar zo eenvoudig is het helaas niet. Het jaar in Barcelona heeft me erg veranderd. Het hele zelfvertrouwen dat ik in drie jaar Lissabon had opgebouwd, heb ik van me laten afpakken. In mijn huidige gemoedstoestand ben ik niet opgewassen tegen de voetbalbusiness. Ik wilde het lange tijd niet erkennen, hoewel ik het had moeten onthouden: ik was altijd blij als ik bij bepaalde wedstrijden, al waren het maar trainingswedstrijden, niet hoefde te spelen. Heb het toen wel als groot onrecht voorgesteld (wat af en toe misschien ook wel het geval was), was echter dan altijd ontspannen en zat lekker in mijn vel als ik buiten schot bleef. Ook ben ik zo bevreesd voor de mening van het publiek, de pers en de blikken van mensen. De angst verlamt me. Ik weet niet hoe lang het geleden is dat ik weliswaar opgewonden, maar toch relatief onbelast de wedstrijd ingegaan ben. Zal proberen voortaan het een en ander van me af te schrijven. Hoop dat het helpt.

'Ben je al in Istanbul?' vroeg Teresa Jörg mobiel.
'In principe wel.'
'Wat betekent dat?'
'Ik ben op het vliegveld aangekomen, weet echter niet of ik ooit het hotel zal bereiken. De taxichauffeur vindt het gepast met 120 kilometer per uur door de stad te razen. En voor het geval je me slecht kunt horen: hij heeft ook alle ramen nog open.' Teresa moest lachen. Alsof ze het afgesproken hadden, maakten Teresa en Jörg sinds zondag vaker grappige opmerkingen. Op de een of andere manier moest de vertwijfeling toch kunnen worden doorbroken.

Bij het hotel wachtte al de volgende chauffeur op Jörg Neblung, met gesloten ramen, zoals hij niet kon nalaten op te merken. Jörg begroette Robert even, daarna moest hij er al vandoor, ze zouden elkaar later zien. Fenerbahçe had voor de chauffeur gezorgd, Jörg Neblung wist niet waar ze heen gingen en had daarom het gevoel dat hij naar een verre uithoek van de stad werd gebracht. In een woning met Turkse kleden en veel stoelen zat hij vervolgens tegenover vijf mannen van de clubleiding. De president was niet gekomen. Aziz Yildirim had meteen geweten dat deze doelman onder zijn niveau was. Behalve Daum en zijn persoonlijke assistent Murat Kuş keken drie mannen met ernstige gezichten Jörg Neblung aan. Hij kende ze niet en zag hen vanzelf voor vice-presidenten aan. Ze werden hem niet voorgesteld. Ze schreeuwden al tegen hem. Met joviale stem tolkte Kuş.

Wat verbeeldde Jörg Neblung zich, wat had hij eigenlijk wel gedacht, Fenerbahçe met zo'n keeper op te zadelen!

Jörg Neblung kende de verhalen over het ontslag van trainers en het afstoten van spelers in Turkije. De president van Bursaspor had in 2000 een pistool uit zijn bureaulade gehaald toen zijn Duitse trainer Jörg Berger aan een contractueel vastgelegde ontslagvergoeding vasthield.

Jörg Neblung deed alsof hij niets had gehoord. 'Robert moet nodig in therapie, daarom moet hij helaas terug naar Duitsland, daarover heeft hij met zijn trainer een afspraak gemaakt. Hij verzoekt de club hem daarom voor enkele weken van zijn verplichtingen te ontslaan.'

'Wat? Wij moeten hem doorbetalen terwijl hij in Duitsland uitrust?'

'Hij kan ook hier in therapie gaan. Er zijn uitstekende instituten voor zulke therapieën in Istanbul.'

Een bediende ging met een zilveren kan door de kamer en schonk met elegante bewegingen zonder iets te zeggen thee in voor de mannen.

'Als Enke wil vertrekken, dan moet hij dat maar doen. Maar dan wordt zijn contract ontbonden en klaar!'

Dat is niet zo simpel, zei Jörg Neblung. Wanneer het contract ontbonden werd, was Robert Enke tot de volgende transferperiode over vijf maanden werkloos. Dan moest de club hem financieel wel een beetje schadeloos stellen.

'Hij krijgt absoluut niet ook nog geld!'

'Waarom wilt u eigenlijk geld krijgen? U zult met het geld niet eens de luchthaven bereiken!'

Je kon wel zien dat die lui zeer geïrriteerd waren, zei Christoph

Daum. Het was maar het beste dat Neblung en Enke nu simpelweg vertrokken. Het gesprek draaide nu al een uur in een cirkeltje. De bediende schonk nog steeds thee.

'Ik zal met Robert praten en u morgen op de hoogte stellen, maar ik weet zeker dat hij het contract niet zomaar ontbindt en van zijn salaris afziet.'

De vice-presidenten, of wie ze ook waren, stonden op en verlieten de kamer zonder een hand te geven. Ze praatten Turks op luide toon en wezen met hun vinger naar Jörg Neblung.

Ze lieten hem op de chauffeur wachten. Het was al na middernacht, Daum bleef ook nog in het huis. Hij had Jörg Neblung blijkbaar niets meer te zeggen. Zonder uitleg nam Daum zijn mobiel en belde de Braziliaanse spelersmakelaar Juan Figer op. Met luide stem en zonder zich in te houden onderhandelde Daum al over de volgende nieuwelingen. Jörg Neblung stond daar in het huis waarvan hij geen idee had waar het lag, noch van wie het was, en vroeg zich af of het leven misschien toch gewoon een soap opera was.

De volgende morgen moest Robert Enke doen alsof hij nog steeds een heel gewone Fenerbahçe-prof was. Hij moest naar de training. Daum nam hem apart.

Wat haalde zijn adviseur nou voor onzin uit, nu ook nog geld te eisen, die lui in Turkije waren opgewonden standjes, die konden nog heel kwaadaardig worden.

Robert Enke had net een vriendelijker beeld van de trainer.

In zijn dagboek probeerde hij zijn gedachten te ordenen.

14.08.2003 Fenerbahçe heeft tegenover Jörg en mij openlijk met geweld gedreigd, als we het contract niet onmiddellijk ontbinden. Daum heeft braaf meegedaan en op geen enkele manier bemiddeld. Ik moest constateren dat ik er fout aan gedaan heb deze man in vertrouwen te nemen.

'Hoe gaat het?' vroeg Teresa aan de telefoon.

'Goed – even ervan afgezien dat ze mij op de twaalfde etage van het hotel aan mijn voeten uit het raam hebben gehangen,' zei Jörg.

En een ogenblik lang lachte Robert met hen mee.

Jörg trok bij hem in in de hotelkamer. Met zijn tweeën was het veiliger, zei hij tegen Robert. Niet alleen te zijn was beter voor Robert, dacht hij bij zichzelf. Als ze uit de kamer weggingen, plakte Jörg een natte haar dwars over de deurlijst en de gesloten deur, om bij terugkeer te kunnen controleren of iemand in hun afwezigheid in hun kamer binnengedrongen was. Het was een grap om de zwaarmoedige sfeer te doorbreken, en tegelijkertijd was het ernst. 'We konden alles verwachten, ook dat ze onze paspoorten zouden jatten, drugs in onze koffer stopten of weet ik wat.'

Na terugkeer van de training maakte Robert Jörg duidelijk dat hij geen moeite meer hoefde te doen bij de onderhandelingen. Hij wilde nog maar één ding: weg uit Istanbul.

Het contract werd nog op dezelfde dag ontbonden. Fenerbahçe deed de toezegging Enkes hotelkosten op zich te nemen en de thuisvlucht te betalen. Hij zag af van elke verdere betaling.

Vijftien dagen nadat hij in het zomerse dunne hemd in Istanbul was gearriveerd, begaf Robert Enke zich op weg naar huis. Fenerbahçe deed een persverklaring uitgaan. Het contract was met wederzijds goedvinden ontbonden. Robert Enke vertelde de sportverslaggevers over 'een gevoel' en speelde het niet klaar zijn beslissing in de ik-vorm te beargumenteren: 'Als het in de nieuwe omgeving gewoon niet gaat en je je niet lekker voelt, kun je geen prestatie leveren. En voor je dan op een situatie afkoerst die nog ongelukkiger uitvalt, is het maar beter er een streep onder te zetten.' Daum zei: 'Hij was gehandicapt, maar heeft me dat pas na de wedstrijd gezegd.' De sportverslaggevers trokken de conclusie dat Enke geblesseerd aan de wedstrijd was begonnen en zich daardoor met 'zijn overdreven eerzucht' zelf schade had berokkend.

Openlijk over zijn angsten te vertellen leek geen optie.

In de wereld van het voetbal schudden de meesten ook zo al hun hoofd. Een prof nam toch geen ontslag. Dat zei het woord toch al: prof. Professioneel zijn betekent altijd ook: gevoelens verdringen, doorgaan. En wanneer het niet lekker loopt op het veld, gewoon op de reservebank plaatsnemen, stiekem beginnen met het zoeken naar een nieuwe club en in de tussentijd stilletjes het salaris incasseren. 'Velen zeiden, die Enke heeft ze niet allemaal op een rijtje, en goed, als je het nuchter bekijkt, kun je het zo ook zien,' zei Robert.

Alleen Jupp Heynckes, zijn trainer in Lissabon, zag opeens iets totaal anders. 'Voor het eerst na vier jaar herinnerde ik me dat hij destijds bij Benfica ook meteen weer naar huis wilde. Toen begon ik te vermoeden dat hij waarschijnlijk met een ernstiger probleem zat.'

Volgens het reglement van de Wereldvoetbalbond mocht een speler niet tweemaal in een transferperiode van club veranderen. Hij zou minstens vijf maanden lang werkloos zijn.

Was hij kapot? Of vrij? Toen hij er op de luchthaven Atatürk over nadacht, meende hij dat je het allebei tegelijk kon zijn, vrij en kapot, terneergeslagen en opgelucht.

Hij had tijd om na te denken. Om Istanbul achter zich te laten, was hij vijf uur voor vertrek naar Barcelona naar de luchthaven gegaan.

TWAALF

Geen licht, zelfs niet in de koelkast

Wanneer de gedachten hem te veel werden, ging hij naar de wc. Hij zat op de plee en wachtte tevergeefs tot de moeheid terugkeerde. Op een gegeven moment sloop hij terug door het donkere huis, hopelijk begon niet een van de honden te blaffen. Teresa's adem in de slaapkamer klonk regelmatig. Hij ging weer naast haar in bed liggen en sloot zijn ogen, hij wilde de slaap afdwingen. Maar de gedachten hadden op hem gewacht.

Waarom heb ik in hemelsnaam bij Fenerbahçe tegen mijn zin getekend? En als ik het nu eens een of twee weken langer had volgehouden in Istanbul, zoals iedereen me zei? Ik kom nooit meer uit dit donkere gat.

Toen hij een of twee uur later opnieuw wakker werd had hij het gevoel helemaal niet te zijn ingeslapen.

Hoe diep kan ik eigenlijk nog zinken? Ik ben met de staart tussen de benen uit Istanbul vertrokken, en nu krijg ik mijn verdiende straf. Maar hoe ziet die eruit? Waarop zal dit alles uitlopen?

Om tien voor acht werd hij wakker uit zijn slapeloosheid. Hij gaf Teresa een goedemorgenkus, hij zei haar dat hij zo meteen een grote wandeling ging maken met de honden. Maar zelfs als hij praatte, bleef het zwaarmoedige zwijgen tussen hen hangen. Hij kon het over zijn zinnen heen horen. Hij wilde haar zoveel zeggen, hij moest haar vertellen hoe het met hem ging. Vier keer was hij 's nachts voor zijn gedachten naar de wc gevlucht, hij noteerde alles minutieus in zijn dagboek, onverbiddelijk tegen zichzelf, *de ergste nacht die ik me kan herinneren,* hij vulde hele bladzijden. Maar hij kon niet beginnen te praten, of zijn woorden klonken vals, zijn zinnen hol.

Hij kleedde zich zwijgend aan, hij zei nog eens, om de stilte te verbreken, dat hij met de honden naar buiten ging. Hij wilde nog iets anders zeggen, zoveel gedachten raasden in hem rond, maar tegelijkertijd viel hem niets in, hij voelde zich geblokkeerd. Hoe moest Teresa nog van de man houden in wie hij sinds zijn terugkeer uit Istanbul was veranderd?

Hij kon de zinnen nog in zijn hoofd vormen, Terri, ik weet dat ik me onmogelijk gedraag, alsjeblieft, ik wil je niet verliezen, maar de woorden bleven in zijn keel steken, ze vonden hun weg niet naar buiten. Hij had er nog steeds een nauwkeurige voorstelling van hoe hij zich moest gedragen, en stond er als verlamd bij te kijken hoe hij alles steeds weer fout deed.

Hij vluchtte naar buiten. Vlak achter hun huis begon het natuurbeschermingsgebied Collserola, bossen tot Barcelona. Van het zachte septemberweer kreeg hij een slecht geweten. Op zulke schitterende dagen moest je gelukkig zijn. Op zulke dagen, een maandag van een gewone werkweek, midden in het voetbalseizoen, mocht je geen tijd hebben om door de Collserola te wandelen.

Hij wist dat hij ziek was. Dokter Geldschläger had het hem uitgelegd. Het had er niets mee te maken dat hij zich liet gaan, dat hij zich eens een beetje vermannen moest. Zijn hersens waren tegenwoordig niet meer in staat stress voldoende te verwerken, in zijn zenuwstelsel drongen alleen nog negatieve prikkels door, angst, woede, vertwijfeling. Als artsen zijn hoofd zouden opensnijden, zouden ze vaststellen dat onder andere de prefrontale cortex te weinig actief was waarin, vereenvoudigd voorgesteld, de menselijke motivatie ontstaat, daarom voelde hij zich zo slap, en zo was er voor ieder facet van zijn voor hemzelf onverklaarbare gedrag een medische verklaring.

Hij had depressies.

Depressieve mensen zijn niet meer in staat de dingen realistisch te bekijken. Hun kijk op alles is zwart, pessimistisch, negatief.

Maar wat deden de verklaringen ertoe, wat had hij aan het feit dat de ziekte veel andere mensen wereldwijd ongeacht hun slimheid of levenservaring tot vertwijfelde wrakken reduceerde? Wat hij node miste was een toelichting hoe hij ooit weer een uitweg

zou vinden uit de duisternis die hem omringde.
Lang houd ik het niet meer uit. Dan blijf ik 's ochtends gewoon in mijn bed.
Naast hem aan de ontbijttafel, door een dikke muur van zwijgen van hem gescheiden, dacht Teresa op een heel andere manier hetzelfde: lang houd ik het niet meer uit.

De angstaanvallen en de zwaarmoedigheid die hem in de loop van de jaren van tijd tot tijd hadden geplaagd, waren het zekere bewijs geweest dat hij vatbaar was voor depressies. Maar de angst anderen en zichzelf teleur te stellen, daar hadden velen het mee te stellen, Immel, Valdés, keepers maken zelfs gebruik van de angst om geconcentreerd te blijven, om reacties aan het lichaam te ontlokken waartoe alleen een mens in gevaar in staat is. Na verpletterende ervaringen bedroefd en vertwijfeld te zijn, zoals hij eraan toe was na Novelda, was nog bij lange na geen depressie, maar gewoon menselijk.
Niets had hem en Teresa erop voorbereid wat depressies werkelijk zijn.

Iedere morgen stond hij voor achten op. Hij moest de dag een structuur geven, dingen doen, de gedachten geen gelegenheid geven in een cirkeltje rond te draaien, had dokter Geldschläger hem nog eens ingeprent, en daar begonnen zijn gedachten alweer rond te razen. Waarom had hij de sessies met dokter Geldschläger in de tijd na Novelda niet serieus genoeg genomen? Had hij destijds de depressies nog een halt kunnen toeroepen? Wat als hij zich in Novelda niet zo gek had laten maken?
Hij wilde zich tegen de ziekte verzetten, zoals anderen tegen kanker vechten, iedere morgen haalde hij de honden op, de dag gestructureerd beginnen, dingen doen. Maar wie kanker had, had tenminste zijn verstand en, in het beste geval, zijn moed en wil. Hij had niets meer in zijn hoofd behalve deze verpletterende zwaarte.
In zijn dagboek begon bijna elke notitie met dezelfde gedachte: *Ik heb het gevoel dat het elke dag erger wordt.*
Het ging er niet om dat hij iets uitzonderlijks deed, maar dat

hij tenminste nog wát deed. Teresa vroeg hem: 'Kom je mee naar paardrijden?' Hij zat met zijn hoofd schuin op het terras, ze werd nog eens gek van dit schuine hoofd, en hij overlegde, hij wikte en woog, er waren zoveel redenen om naar de manege te gaan, en zoveel die ertegen spraken, hoe moest hij dat ooit beslissen? 'Ik weet niet,' antwoordde hij.

De eerste dagen zei ze, kom mee. Maar de weken gingen voorbij, het hoofd bleef schuin, en Teresa was haar energie kwijt. Het hielp blijkbaar geen zier, dat ze hem stimuleerde. Misschien was het beter als ze hem enkele uren aan zijn lot overliet. Teruggeworpen op zichzelf speelde hij het wellicht weer klaar tenminste kleine beslissingen zelf te nemen.

Dokter Geldschläger nodigde Teresa ook uit voor een sessie. Voor verwanten van depressieven was het leven minstens even zwaar als voor de zieken zelf. Ze botsten op een muur met al hun goedbedoelde optimistische, rationele opvattingen. Mensen die depressief zijn weten altijd heel precies waarom alles wat hun voorgesteld wordt alleen maar fout kan gaan. Hou vol, zei dokter Geldschläger.

Teresa zei tegen zichzelf, deze man aan mijn zijde is niet mijn Robbi, maar een zieke: het was de ziekte die voor heel dat onmogelijke gedrag verantwoordelijk was. Je moet hem helpen. Maar geduld is een eindig goed als je man een bundel angsten, zonder kracht, geworden is die door alles opgewonden raakt.

'Ik word gek van die honden!'

'Toen je uit Istanbul kwam, zei je dat je mij en de honden zo erg had gemist.'

'Maar ze lopen de hele tijd allemaal als gekken door de woning rond!'

Hij had antidepressiva nodig. Louter met gesprekstherapie en spierontspanning kwam hij niet meer verder. Een bevriende arts uit de Bundesliga, een internist, geen specialist op het gebied, schreef hem tabletten voor. Hij had nog steeds het gevoel dat hij zijn ziekte geheim moest houden zonder dat hij erover nadacht waarom eigenlijk. Hij wist niet of hij ooit weer profvoetballer wilde zijn. Zeker was naar zijn idee alleen dat hij al te veel fouten had begaan voor een heel leven, om ze ooit weer goed te maken, om ooit weer verder te leven zoals het woord leven het verdiende.

Na enig wikken en wegen stond FC Barcelona hem toe weer met de andere twee verstotenen, Roberto Bonano en Dani García, te trainen. Hij moest een contract ondertekenen dat hij aan de training op het clubterrein geen aanspraken op salaris zou afleiden. Hij verplichtte zich ertoe de trainingsvelden alleen op tijden te gebruiken als het profteam niet aanwezig was, als niemand hen zag. Als hem duidelijk werd dat hij er nooit meer deel van zou uitmaken. Niet dat hij nog op het idee kwam in het komende seizoen aanspraak te maken op zijn geldige contract bij Barça.

Op een keer vergiste hij zich in de trainingstijden. Plotseling stond Victor Valdés voor hem in de catacomben van het stadion, op weg naar de training met Barça's profs.

Victor gaf een licht knikje. Hij kon niet zien of Robert de groet beantwoordde. Want ze keken beiden naar de grond. 'Ik durfde hem niet aan te spreken,' zegt Victor, 'ik dacht, de simpele vraag "Hoe gaat het?" zou hem kunnen kwetsen.'

Robert Enke raakte in paniek. Hij had immers geen toestemming gekregen te trainen als het eerste elftal aanwezig was. Hij vluchtte de kamer van de fysiotherapeut in en liet zich behandelen. Hij had, zei hij, pijn aan een voet.

Daarna ging hij weer naar huis. Zou hij de tunnel met het tolgeld nemen of de landweg? Hij overlegde nog steeds, vroeg zich af hoe hij daarover dan wel moest beslissen toen hij al bij het tolstation stond en er geen andere mogelijkheid meer was dan de tunnel.

Thuis wilde hij niet uit de auto stappen.

Ik durf helemaal niet meer naar huis te gaan omdat ik dan Terri onder ogen moet komen en mij niet vermannen kan.

Hij nam de antidepressiva, 's avonds had hij een droge mond, hoeveel water hij ook dronk. In elk geval functioneren de bijwerkingen van de medicamenten al opperbest, zei hij tegen zichzelf. Hij wist niet waar deze ironie opeens vandaan kwam, zijn oude, stille humor.

's Avonds dwong Teresa hem ertoe bij het klooster in Sant Cugat een ijsje te gaan eten. Kinderen waren aan het ravotten op het plein voor het bijna duizend jaar oude convent. Gepensioneerden zaten tevreden op de banken en kauwden op zonnebloempitten, de ondergaande zon gaf het plein een laatste gulden zweem. Susanne en Axel waren meegekomen, de vrienden van de Duitse kolonie die drie kwartier lang hun redding waren.

Hun aanwezigheid doorbrak het zwijgen. Ook hij kon opeens weer praten, over de smaak van abrikozenijs, over Dickens, zelfs over Barça. Maar hij voelde de ontspannenheid niet die hij uitstraalde. In hem zat een plaat van dubbel glas die hem van het leven om hem heen afschermde en die het gesprek, de avondzon en de stoeiende kinderen maar dof tot hem liet doordringen.

's Avonds gingen Teresa en hij om negen uur naar bed.

Een vraag was: waarom? Waarom had hij depressies? Dat de ijskoude verwijdering uit de ploeg door Barça de katalysator van zijn ziekte was, leek voor de hand te liggen. Het gevoel niets meer waard te zijn vermengde zich met de vertwijfeling geen andere keus dan Istanbul te hebben, waar de supporters hem niet zagen zitten en waar hij niet wilde zijn. Had hij een erfelijke aanleg voor depressies, zou hij ook als leraar, sportverslaggever of commercieel medewerker ziek geworden zijn? Of hadden alleen de grenservaringen van de topsport hem ziek gemaakt?

Zijn vader vraagt het zich nog steeds af, de motor van zijn Volkswagen gromt wanneer hij de berg naar Cospeda beklimt, de landweg wordt omgeven door dicht bos totdat een open plek het zicht vrijgeeft, aan de voet van de berg ligt Jena, nog maar een vlek in het dal. De datsja van de Enkes staat links in het veld. Hier gingen ze vroeger vaak heen aan het eind van de werkweek, of als er iets te vieren viel. Dirk Enke wil langs de plekken gaan die hem aan Robert herinneren, het Sportgymnasium, de Breite Straße met de woning van oma Käthe, de derde oma. Bij de datsja zet hij de motor uit. De wagen schudt even heen en weer voor hij stilvalt.

'Robert placht te denken, als ik niet de beste ben, ben ik de slechtste. En dat is een fundamentele denkfout: dat is de gedachte van iemand die geleerd heeft dat men alleen van hem houdt om wat hij presteert, niet om wie hij is.'

De voorruit beslaat vanbinnen. Door het melkachtig getinte glas zijn de uitgestrekte velden alleen nog als groenbruine coulisse te herkennen. De stilte lijkt absoluut.

'Dat verband moet bij Robert hebben postgevat: ben ik niet goed, dan houdt niemand van me.'

En wanneer hij dan daadwerkelijk eens niet goed was als jonge doelman, kon hij daarmee niet leven, het sombere gepieker, de zelfverwijten gingen alle perken te buiten, de hersenfuncties veranderden, hij werd vatbaar voor depressies.

Zijn vader knikt, maar hij is in gedachten al verder, elders, misschien praat hij ook tegen iemand anders. 'Ik denk: Robert, dat had je toch eigenlijk moeten merken, dat we van je hielden omdat je er was, en niet omdat je een goede keeper was.'

Beelden duiken op, de vader die het gezin heeft verlaten, die naar iedere wedstrijd van zijn zoon probeert te gaan om de binding niet te verliezen. De zoon die op angstige toon zegt, papa, je houdt toch ook nog van me als ik ophoud met voetballen, ja toch?

'Ik ben graag bereid er kritisch over na te denken: wat hebben we fout gedaan? Wij hebben hem natuurlijk gesteund in de sport, maar hem toch op geen enkele wijze zoals zoveel eerzuchtige ouders tot iets gedwongen. Ik heb het idee ook steeds voorzichtig gevraagd te hebben, na de wedstrijd: wat denk je, Robert, kon je iets doen aan dat doelpunt?'

Het liefst was zijn vader ook nog bij alle wedstrijden aanwezig geweest toen zijn zoon al prof was. 'Dat heb ik nu ook te horen gekregen, dat dat een probleem voor Robert was. Ik zou te vaak om entreekaarten gevraagd hebben.'

Zonder een vraag te stellen verwacht de vader een antwoord. Was dat echt een probleem voor hem? Dat wil zeggen, natuurlijk smeekt hij zonder het met zoveel woorden te zeggen: zegt u mij dat het geen probleem was. Het is tijd iets anders tegen hem te zeggen: wanneer een mens zich in een depressie het leven beneemt, heeft niemand anders daaraan schuld.

De vader wil de motor starten, hij buigt zich naar beneden alsof totale concentratie vereist is om de sleutel in het contact om te draaien.

Op een middag kwam Robert Enke van de verstotenentraining in Barcelona naar huis. Een van hun katten staarde hem vanaf het balkon aan. Hij staarde terug en zag alleen zijn eigen fout. Hij had 's ochtends vergeten een raam dicht te doen. Zelfs dat kun je nog niet eens, foeterde hij zichzelf uit.

'Als de poes ervandoor is,' zei Teresa en onderdrukte haar ongeduld, 'dan laat je haar gewoon weer binnen.'

Hij staarde nog een tijdje naar het balkon.

Hij had het gevoel dat hij op de proef gesteld werd. Alleen het onderste deel van de koelkast functioneerde nog. De tv in de slaapkamer staakte. Vier dagen later moest de vaatwasser worden opgehaald. Waarheen hij maar keek, stonden hem tests te wachten, dingen die gedaan moesten worden, die te groot, te veel voor hem waren. Hij dacht de hele dag aan koelkasten, tv's, vaatwassers die moesten worden gerepareerd, en kreeg het niet voor elkaar een klusjesman te bellen.

Met zijn leven was het al net zo gesteld als met de koelkast. Hij dacht er de hele dag aan hoe hij het moest repareren, en kon geen antwoorden bedenken omdat hij meteen de negatieve gevolgen zag: zou hij een paar maanden naar een kliniek in Duitsland gaan? Dan zou hij Teresa verliezen, als hij haar alleen achterliet. Zou hij in Barcelona blijven en zijn hoop blijven stellen op dokter Geldschläger en de tabletten? Dan zou hij Teresa kwijtraken omdat hij haar op de zenuwen ging werken. Zou hij ernaartoe moeten werken in de wintertransferperiode weer bij een club onderdak te vinden? Dan zou hij alleen maar weer falen. Zou hij maar ophouden met voetballen? Wat zou hij dan moeten doen?

Na de lunch word ik altijd moe, ik wil alleen nog maar naar bed, maar daar zomaar aan toegeven maakt alles alleen maar erger.

Dat was de logica die zijn hersens, tot een sombere put gereduceerd, nog toelieten: hij had 's ochtends geen zin die dag ook maar iets uit te voeren, en haatte zichzelf 's avonds weer niets uitgevoerd te hebben.

Toen hij 's ochtends eens naar de training ging, dacht hij, nie-

mand wacht er op je, niemand is erin geïnteresseerd wat je doet. Toen draaide hij gewoon om. Tegen het middaguur kwam Teresa van haar werk in het dierenasiel thuis. De rolluiken van het huis waren neergelaten.
Hij had zich in bed voor de wereld verstopt. 'Eruit,' zei Teresa. 'Robbi, opstaan!' Ze had geleerd dat depressieven het liefst in bed bleven liggen en dat dat tegelijkertijd het slechtste voor hen was, ze wist dat het goed was hem uit bed te jagen. En toch was het onverdraaglijk tegen hem te schreeuwen, hem zo te behandelen.

Hij ging in de woonkamer zitten en bekeek oude foto's, van Lissabon, van het geluk. Hij vond er een waarop Teresa, hij, Jörg en diens nieuwe vriendin Tanja met stralend gezicht toostten met glazen sekt. Ze vierden zijn afscheid van Benfica. Hij was vrij, hadden ze destijds gedacht, hij kon transfervrij naar een andere club vertrekken, verder, hogerop.
Hij hield zijn ogen strak gericht op zijn gezicht op de foto, hoe was hij destijds toch op het idee gekomen dat het perfect was uit Lissabon weg te gaan?
Als ik die foto zie, zou ik mezelf wel een klap in mijn gezicht willen geven.
Op 14 oktober 2003, op de dag af precies twee maanden nadat hij uit Lissabon was vertrokken, schreef hij maar vierenhalve zin in zijn dagboek. Hij begon met *Word gek* en eindigde met: *Denk vaak aan...*
Het woord zelfmoord te schrijven speelde hij niet klaar.
De volgende dag besliste hij, met Teresa en Jörg, dat het genoeg was. Hij zou, vermoedelijk voor een paar maanden, bij Jörg in Keulen zijn intrek nemen, om daar in behandeling te gaan.
Zelfmoordgedachten bieden depressieve mensen tot op zekere hoogte soelaas. De gedachte dat er nog een uitweg is, helpt hen op korte termijn. Het gevaar bestaat evenwel dat die gedachte op een bepaald moment niet meer voldoende troost biedt. Hun tot het negatieve vernauwde irrationele blik drijft hen ertoe de vermeende uitweg uit het donker ook daadwerkelijk te benutten.
Robert Enke pakte zijn koffer in voor Keulen, wat zou hij meenemen, er waren zoveel dingen die hij vermoedelijk in Keulen no-

dig had, waar moest hij beginnen, hoe pakte je een koffer in?

Ik heb altijd het gevoel dat er zo waanzinnig veel te doen is, maar wanneer ik concreet met iets aan de slag wil, weet ik niet hoe ik het moet aanpakken.

Hij trok in bij Tanja en Jörg in de Krefelder Straße 29, ze richtten de logeerkamer voor hem in, hij dacht: of was het de kinderkamer? Was hij niet gekrompen tot die rol, een kind, hulpeloos? Hij zette de wekker niet meer, maar wachtte tot Jörg 's ochtends aanklopte. Jörg kwam de kamer binnen. Hij wachtte. Robert verroerde zich niet. 'Robbi?' Hij raakte hem voorzichtig aan zijn schouder aan, ten slotte trok hij de rolluiken op. Zijn vriend had zijn ogen geopend en staarde door het plafond heen.

Vanaf de volgende dag stuurde Jörg hem elke morgen naar buiten, om de krant en broodjes te kopen. Bij het ontbijt hoorde hij vanuit de verte dat Jörg iets tegen hem zei, o, kijk eens aan, de FC gooit Funkel eruit. Hij wilde graag antwoord geven, maar wat ging het hem allemaal aan, de FC, Funkel, voetbal, het leven. Jörg praatte verder, alsof het een normaal gesprek was, met iemand levendig te discussiëren die nergens op inging.

Verdergaan, zei Jörg tegen zichzelf, ook als niet te onderkennen was of het ooit verder zou gaan. Merkte Robert eigenlijk wel dat aan de ontbijttafel zijn hoofd op zijn borst was gevallen?

Ze gingen langs bij de psychologe die hem de Duitse Sporthogeschool had aangeraden. Een actieve vrouw, ze had vast veel mensen geholpen. Zij was niet het probleem, het probleem, dat was hij. Hij wist niet hoe hij deze vrouw moest uitleggen wat het betekende bang te zijn wanneer een aanvaller een voorzet gaf, altijd die verdomde voorzetten, destijds in Novelda, alle drie de goals uit voorzetten.

Verdergaan, zei Jörg tegen zichzelf.

Dokter Sun-Hee Lee, chefarts aan de universiteitskliniek Köln, werd hem aanbevolen, een coryfee op het terrein van de psychiatrie.

Robert zat tegenover haar in het ziekenhuis en voelde zich zo vreemd dat hij niet wist wat hij moest zeggen.

'We vinden iemand voor je,' zei Jörg tegen hem toen ze de kliniek weer verlieten, 'ik weet het zeker.' Hij zei niets. Het was hem om het even of ze een psychiater vonden, hem was alles om het even, als hij alleen maar eens kon ophouden altijd weer terug te denken aan al zijn fouten in het afgelopen jaar, hoe had hij toch zoveel fouten kunnen maken, Barcelona, Istanbul, waarom was hij nou niet in Lissabon gebleven? Hij bleef antidepressiva nemen, heimelijk op recept, en merkte niet eens meer iets van de bijwerkingen, zijn droge mond.

Hij moest trainen, niet omdat hij ergens naartoe werkte maar om iets omhanden te hebben. Jörg regelde dat hij de fitnessruimtes van het Neptunbad voor niks mocht gebruiken.

Kaarsen brandden op zevenarmige kandelaars bij de ingang van het wellness-instituut, de hoge hallen van het voormalige zwembad, honderd jaar oud, waren fris wit geschilderd. Hij nam plaats op de halterbank en meende, terwijl hij de gewichten optilde, al spiermassa te verliezen. Hij zou een plan moeten opstellen, zich herinneren volgens welk concept hij enkele weken geleden met Paco in het krachthonk bij Barça te werk was gegaan. Maar hij had er de rust niet voor, hij werkte in het wilde weg een aantal oefeningen af. Hij kon slechts denken: de anderen zijn nu aan het trainen, en ik zit hier. Afgezien van hemzelf waren er huisvrouwen en een paar tv-sterretjes.

Hij moest iets eten. Jörg was op kantoor, Tanja in het ziekenhuis, ze was werkzaam als interniste. Van het Neptunbad ging hij terug naar de Krefelder Straße. Huizen uit twee eeuwen regen zich in het Agnesviertel naadloos aaneen, een gokhal stond eendrachtig naast een verfijnd Frans restaurant, treinviaducten midden door de wijk onderstreepten de charme van het ongepolijste. Op de hoek van de Maybachstraße ontdekte hij een kleine pizzeria. Met Italiaanse kookkunst had het tentje weinig uit te staan. De eigenaar was waarschijnlijk een Arabier, misschien een Marokkaan. Hij was de enige gast. De kaas op de pizza was taai, vettig. Hij lette er niet op of het hem smaakte.

'Heb je daar gegeten?' vroeg Jörg. 'Ik had daar niet binnen durven gaan.' 's Ochtends gaf Jörg hem opdrachten voor de dag, boodschappen doen, zelf iets voor de lunch vinden, 's avonds nam hij met Robert door wat hij gedaan had, een depressief iemand moest je ondersteunen, maar je moest niet alles voor hem doen, anders praatte hij zich nog aan dat hij niets meer klaarkreeg.

Hij keerde de volgende dagen nog heel wat keren voor de lunch in de pizzeria terug. Hij had te doen met de eigenaar. Als hij niet zou komen, zou er geen klant zijn.

's Avonds ging het beter. De verlammende angst van de ochtend, dat er een hele dag voor hem lag, een dag waarop weer zoveel dingen gedaan moesten worden, en waarop hij weer zoveel dingen niet zou doen, loste 's avonds in opluchting op: de dag was praktisch voorbij. Niemand wilde nog iets van hem.

's Avonds keek hij met Jörg bioscoopfilms, *Meet the Parents*, ze gingen naar het voetbal in Leverkusen en naar het feest van Verena en Walter, dat waren Jörgs vrienden, hij kende niemand en bleef desondanks tot drie in de morgen, zonder zich bijzonder onwel te voelen. De gedachten kwamen pas 's morgens.

Ik heb het gevoel dat ik nooit heb geleerd goed te leven. Waarom bijvoorbeeld wilde ik nooit feestvieren, waarom blijf ik het liefst thuis, waarom heb ik me nooit met andere dingen beziggehouden?

Een nieuwe poging, zei Jörg, oktober was al spoedig ten einde. Men had hem bij het Rheinische Klinikum een zekere dokter Markser aanbevolen. De praktijk lag dicht in de buurt, aan de andere kant van de Ebertplatz. Jörg wachtte voor het huis terwijl Robert de praktijk betrad. Een halfuur ging voorbij, 45 minuten.

'En?' vroeg Jörg toen de deur eindelijk openging.

'Is het proberen waard.'

Voor een man als dokter Valentin Markser, specialist op het gebied van de psychiatrie en psychotherapie, is het een geschenk dat hij na vijfendertig jaren in Duitsland nog altijd een Kroatisch accent heeft. Het verzacht het harde Duits. Dezelfde woorden die bij andere psychiaters stijf en theoretisch aandoen, klinken uit zijn mond melodisch.

Dat hij van goed eten houdt is aan zijn figuur niet spoorloos voorbijgegaan, maar de dokter behoort tot de benijdenswaardige groep mannen bij wie een buikje zich als vanzelfsprekend in de beerachtige lichaamsbouw inpast. Dokter Markser kan je aankijken, en je weet zeker dat hij naar je luistert met alle oplettendheid waarover een mens beschikken kan.

Hij was handbalprof voordat hij psychiater werd, bij VfL Gummersbach in de jaren zeventig, kampioen van Duitsland, Europacupwinnaar. Hij was keeper.

Zijn dagen kregen een structuur, dingen werden onder handen genomen. 's Morgens ging hij voor zijn krachttraining niet meer naar het Neptunbad, maar naar een revalidatie-instituut. Hij trainde met gespecialiseerde trainers te midden van geblesseerde basketbalprofs en ijshockeyspelers. Hij hoorde er weer bij. Hij zei tegen de andere sporters dat hij een blessure aan zijn voet had, zijn enkel. Na een tijdje had hij echt pijn aan zijn voet.

Hij ging dagelijks naar dokter Markser. Wat hij nooit had geleerd, zei zijn psychiater, wat hij leren moest, was fouten te maken.

De beste keeper, misschien ook de gelukkigste mens, was degene die met zijn fouten kon leven. Hij moest zichzelf aan het verstand brengen dat een fout nooit de hele wedstrijd was, een wedstrijd nooit het hele seizoen, een seizoen niet een carrière. Een carrière is niet het leven.

's Middags mocht hij incidenteel als gast bij de keeperstraining van FC Köln meedoen. Voetballen, dat had al bij de verstotenentraining in Barcelona gemerkt, kon hij ook als hij depressies had. Zijn jarenlang geschoolde lichaam nam de besluitvorming over voor het verlamde hoofd. Hij dook, hij reageerde bliksemsnel op schoten, hoewel vertraagde reacties toch een van de frequentste symptomen van de ziekte zijn. Hij keerde de schoten. Hij voelde er niks bij, alleen maar leegte.

Ging goed vandaag, zei Peter Greiber, de keeperstrainer van FC Köln, tegen hem. En hij werd bang. Betekende dat, dat hij al gauw herintreden kon in het profvoetbal, en dat al gauw weer iets van hem verwacht zou worden?

De telefoongesprekken met Teresa waren pijnlijk voor hem. Hij moest haar immers zeggen dat het beter met hem ging, dat verwachtte ze toch van hem, dat het zin had gehad naar Keulen te gaan? Maar hoe kon hij haar dat zeggen zonder dat ze het als een belediging opvatte, het gaat beter met me, ver weg van je? Hoe kon hij zeggen dat het beter met hem ging als het nog steeds slecht met hem ging?

Ze was een week bij hem geweest, eind november zou ze weer komen. Dokter Markser zei dat hij met Teresa ruzie moest maken als hem iets dwarszat, zoals het in huis rondrennen van de honden.

Heb hem gezegd dat ik conflicten het liefst uit de weg ga. Hij twijfelt of ik mijzelf, oftewel mijn eigen gevoelens en gedachten, eigenlijk wel serieus neem.

Heb je het al gehoord, vroeg Jörg Neblung hem op 23 november 2003, Teresa was voor de tweede keer in Keulen op bezoek, het was vrijdag, rond het middaguur, Jörg belde van kantoor op en was er helemaal niet in geïnteresseerd waar Robert zich precies bevond.

Sebastian Deisler had zich vanwege depressies in een kliniek laten opnemen.

Het grootste Duitse talent sinds Günter Netzer! hadden de sportverslaggevers bij de Bökelberg geschreeuwd toen Deisler vijf jaar daarvoor bij Borussia als een openbaring in de Bundesliga was begonnen. Robert Enke had toen in het doel gestaan. Zoals met alle medespelers behalve Marco Villa had Robert Enke in Mönchengladbach ook met Sebastian Deisler slechts oppervlakkig contact gehad.

's Morgens konden ze in de kranten, die Robert met de broodjes meebracht, opeens zeer uitvoerig over depressies lezen.

Depressies waren geen zwakheid van karakter, maar een ziekte, een democratische ziekte: ze overkwam mensen ongeacht hun status, succes, kracht, en los van de vraag of deze mensen alles hadden wat naar onze mening nodig is voor een gelukkig leven. Een van de standvastigste politici van de moderne tijd, ministerpresident Winston Churchill, leed net zo aan depressies als de onbekende secretaresse, en nu dus ook Sebastian Deisler, die in de afgelopen weken geweldig gespeeld had bij Bayern München. Depressies konden net als kanker velerlei oorzaken hebben en vormen aannemen, die van Deisler noemde de behandelend arts Florian Holsboer 'een typische depressie'. Want Deisler had een 'erfelijke aanleg' die zich vervolgens onder de extreme druk om te presteren kenbaar had gemaakt. De geweldige verwachtingen van het publiek dat hij Basti Fantasti, de nieuwe Netzer moest zijn, waren in combinatie met de nog grotere eisen die hij aan zichzelf stelde verstikkend geweest. Binnen vijf jaar profvoetbal had Deisler vijftien blessures en vijf operaties gehad.

Hij wist niet zeker wat hij van het bericht moest denken. Het deed goed te lezen dat hij niet de enige voetballer met depressies was, een monster. Anderzijds bemerkte hij een zweem van jaloezie. Iedereen had het over Deisler en deze ondervond daardoor van vele kanten begrip.

De Kicker *heeft bij Jörg ook een toespeling op mijn persoon gemaakt, maar tot nu toe is mijn naam nog niet in de pers genoemd. Ik weet niet of dat goed of slecht is.*

Hij gaf verder interviews. Veel verzoeken kwamen er niet meer, de sportjournalistiek heeft een kortetermijngeheugen, en hij had ook geen zin om te praten. Wat moest hij zeggen, hij had een blessure aan zijn voet en in Istanbul voelde hij zich gewoon niet lekker? Maar Jörg drukte hem op het hart twee, drie interviews niet uit de weg te gaan, dingen te ondernemen, aan een terugkeer in het voetbal te werken die wellicht nooit zou plaatsvinden.

Wanneer hij tegenover dokter Markser zat, wist hij zeker dat hij weer keeper wilde zijn. De angst die hij in de afgelopen jaren had gevoeld, was geen fundamentele, onveranderlijke angst, maar slechts de uiting van zijn ziekte. Als hij zijn faalangsten door therapie te boven kwam, zou met de ziekte ook de angst verdwijnen. De problemen, de gedachten begonnen als hij de praktijk verliet en weer naar buiten stapte.

Denk steeds weer aan dingen terug die meer dan twee jaar terugliggen. Wanneer zal bij mij eindelijk de knop omgaan, en verhef ik me van mijn achterste. Ik geloof niet dat het ooit nog gaat gebeuren.

De anderen wilden al sinds enige weken dat hij naar Manchester zou gaan. Manchester City had interesse in hem.

'Maak nu gewoon eens een lijstje met voors en tegens. Wat spreekt ervoor, wat tegen een overstap naar Engeland?' zei Teresa.

'We kunnen er toch zomaar een keertje heen gaan en dan bekijken we het allemaal eens,' zei Jörg.

Beschouw het aanbod van City eenvoudig als een kans of ook louter als een oefening en nu eens niet als alles of niets, zoals je in Istanbul en bij de wedstrijd in Novelda hebt gedaan, zei dokter Markser tegen hem.

'Nou goed, dan gaan we erheen,' zei hij en vroeg zich af wat dat zou opleveren.

Jörg Neblungs zakenpartner in Engeland liet hem de stad zien, het stadion en het trainingsterrein van de Citizen.

Uiterlijk afgelopen zondag moest ik beslissen of ik ja zeg tegen de onderhandelingen of nee. Dat heb ik gedaan. Dat ik grote twijfels heb, hoef ik niet uitvoerig te beschrijven.

Maar het herstel, dat hij zelf niet meer onderkennen kon, zag Jörg al sinds enige dagen. De knop zou weliswaar nooit omgaan. Dat was enkel het diepgewortelde verlangen van een voetballer die gewend was dat één moment alles kon veranderen. Maar sinds eind november, sinds de dagen met training, Markser, training een vast ritme hadden gekregen, gloorde er weer hoop. Hij gaf bij het ontbijt zo nu en dan antwoord. Hij ging 's avonds zonder tegenstribbelen mee een biertje drinken. Het stenen masker dat eens zijn gezicht was geweest, vertoonde de eerste scheurtjes. Sinds drie maanden nam hij antidepressiva.

In het weekend ging Jörg met hem joggen, daar beneden bij de Rijn, joggen was goed tegen depressies, de spieren ontspanden zich, stresshormonen werden afgebroken. Hij haatte het te joggen, het was het bewijs van zijn verval, hij was keeper en jogde.

Ze liepen langs de oude IJshal, op de parkeerplaats speelden een paar Turkse kinderen voetbal. De jongens wachtten tot hij voorbij was.

'Hé Enke, slechte keeper, slechte keeper!'

Robert jogde gewoon verder. Jörg had een paar looppassen nodig om te verwerken wat hij zojuist had gehoord. Toen keerde hij zich om.

'Wat zei je daar? Wat? Zal ik je eens zeggen wat Fenerbahçe voor een club is? Flut! Naar een keeper als Robert kunnen ze fluiten!'

'Jörg,' zei Robert kalm, vijf joggingpassen van hem verwijderd. 'Laat ze toch, het zijn kinderen.'

Ze jogden verder, zwijgend, Jörg brieste van woede. Pas veel later viel het Jörg op dat ze zich weer als vanouds hadden gedragen. Niet meer verpleger en patiënt, maar adviseur en cliënt in omgekeerde rollen. De beschermer had van de hem toevertrouwde man, zoals eertijds zo vaak, een lesje in bezonnenheid gekregen.

Midden in deze periode van voorzichtige hoop was het kersttijd. Adventskaarsen brandden op straat, de mensen stonden dicht op elkaar bij houten hutten met kersttakken, met bekers hete glühwein in de hand en een dampende adem voor hun gezicht. Hij voelde de overstelpende verwachting ook zo te zijn. Waarom kon hij niet meer zo zijn?

Jörg had voor Tanja een adventskalender in elkaar geknutseld, elke dag een kleine verrassing. Het geluk van anderen herinnerde Teresa aan haar troosteloosheid. Ze zou ook zo graag een adventskalender hebben, zei ze tegen hem. Hij meende bedroefdheid te bespeuren: De anderen kregen een adventskalender, en zij had nog niet eens haar man aan haar zijde in Barcelona.

Opeens kreeg hij een idee.

Hij zou haar een sms-adventskalender cadeau geven. Iedere dag stuurde hij haar een sms met een zelfgeschreven gedicht van vier regels.

Het eigen hart kan men niet bepalen,
Makkelijker is het de top van een berg te halen.
Alleen is hij ook moeilijk te vermeesteren, de berg,
Aan de voet voel je je een piepkleine dwerg.

Het beeld beviel hem wel. Hij was een dwerg. Hij merkte niet dat hij met elk rijm weer groter werd.

De dwerg zegt bij zichzelf: dat valt me niet licht,
Ik ben toch maar een dom wicht.
Hij denkt: daarvoor ben ik te klein,
Daarvoor moet je toch veel groter zijn.

Het was, zei dokter Markser tegen hem, een fout te wachten tot er iets gebeurde. Zich niet aan passiviteit overgeven, noteerde Robert, zette er een uitroepteken achter en ging naar Gierath. Hij wilde een verrassingsbezoek afleggen bij Hubert Roßkamp.

De oude vriend vocht om 'aan de dood te ontsnappen'. In Huberts Rijnlandse zangerige tongval klinkt zelfs zo'n zin nog vrolijk. Met moeite herstelde hij van een kankeroperatie.

Hubert droeg een grijze joggingbroek die zijn asgrauwe gezicht niet levendiger maakte: 'Ja, mijn hemel, Robert,' riep hij uit, 'nu heb ik helemaal geen aardbeientaart in huis!'

Ze begaven zich op weg om een wandeling te maken, over de oude hondenweg die ze in Mönchengladbachse tijden altijd hadden genomen. De smurrie klotste onder hun voeten. Hij haalde nog wel aardbeientaart, zei Hubert. Alamo, de oude jachthond, die Teresa zeven jaar geleden aangereden op straat had gevonden en bij Hubert had achtergelaten, liep naast hen mee. Robert informeerde naar Huberts operatie, de pijn, de vooruitgang. Dat hij zelf ook ziek was, verzweeg hij. Hij was immers gekomen om te helpen.

'Blijf je me desondanks elke dag toch nog een adventsrijm cadeau doen?' vroeg Teresa voor ze op 20 december nog een keer naar Keulen vloog. Met Kerstmis zouden ze samen naar Barcelona terugvliegen.

Hij dacht niet: ik ben genezen. Hij dacht eenvoudigweg niet zo heel vaak meer aan zijn ziekte. Op de radio zong Michael Jackson *Billie Jean*, en hij danste met Teresa in Jörgs woonkamer de moonwalk erbij, voorwaarts naar achteren gaan. Bij Jörgs vrienden waren ze uitgenodigd om kalkoen te komen eten, hij kende niemand maar dat stoorde hem niet, des te beter, hij zou nieuwe mensen leren kennen. Uit een café nam hij een stapel reclamebriefkaarten mee. Op een kaart stond een cocktailbar in zwart-wit afgebeeld. Hij schreef iets op de achterkant. Het beloofde adventskalendervers van vier regels werd op 20 december acht regels lang.

Vandaag is zaterdag, o hoe fijn,
We zullen op een party zijn.
Kalkoen eten, er eentje nemen,
En dan weer naar huis toe benen.
Tanja, Terri, Jörg en Rob,

Die met de kapotte kop.
Dat wordt geinig, wat een lol,
We raken hem eens lekker vol.

Drie dagen later landden ze in Barcelona. Van de luchthaven gingen ze over de ringweg langs de woontorens van de buitenwijken, monsterlijke lelijkheid heeft hier zijn ultieme expressie bereikt. Maar hij kon al snel het groen van Collserola ontwaren. Toen ze in Sant Cugat de Straat van de Drie Pleinen binnenreden, zag hij hun huis en wist: hij was er weer.

Marco Villa belde met Kerstmis op. Hij was met een sportpsychologe in zee gegaan. Hij zag weliswaar niet in hoe ze hem kon helpen, ademhalingsoefeningen, strak naar de wand kijken, maar hoe ook, hij had nieuws, hij zou hem meteen ook nog Christina geven. Zijn vrouw was zwanger.

Een kind te krijgen zou zeker mooi zijn, dacht Teresa even, maar absoluut niet op korte termijn. Nu waren ze eerst eens aan ontspanning toe, om bij te komen van wat achter hen lag.

Vier kinderen wachtten al ongeduldig op het Kerstkind, toen Teresa en Robert in Sant Cugat bij Axel en Susanne aankwamen. De harde kern van de Duitse kolonie was voor een gemeenschappelijk kerstfeest uitgenodigd. De cadeaus voor de volwassenen moesten een grapje, geen dure geschenken, zijn, hadden ze afgesproken. Het lot besliste wie welk geschenk kreeg. Teresa trok een turquoise boxershort met Snoopy-afbeelding in een mannenmaat. Ze trok hem meteen over haar spijkerbroek aan. Hij zat opeens afgezonderd op de bank. In zijn handen had hij een stapel papieren en hij nam de vellen zeer geconcentreerd door. Toen stond hij op.

'Ik heb Teresa met Kerstmis een gedicht gegeven en zou het haar en jullie willen voorlezen omdat ik weet wat jullie de laatste maanden met mij doorgemaakt hebben. Daarvoor wil ik jullie bedanken.'

Hij vertelde hun over de dwerg.

Maar nu naar de positieve dingen,
Nu de kerstklokken al luid klinken!
Ook de dwerg verheugt zich op het feest,
dat wordt voor hem een grote testcase.

Geeft hij de dwergin een hond?
Dan lacht haar kleine zoete mond.
Geeft hij haar een dikke poes,
ook dan glimlacht ze, de snoes.

Stel hij zegt, geen dier is 't
En dat zij dan iets mist?
Of toch raast en woedt
En haar kleine dwerg wat doet?

Aan het eind heerste er stilte. Ten slotte werd een van zijn vrienden zich weer van zijn eigen aanwezigheid bewust, hij begon te klappen, snel sloten de anderen zich erbij aan. Ze klapten steeds enthousiaster, in de hoop dat het lawaai de waas uit hun ogen zou verdrijven.

Het is twee uur in de nacht, Teresa ligt al in bed, voor het raam is de golfcourse van Sant Cugat alleen nog een zwarte muur. Hij zit aan zijn bureau en legt de aantekeningen neer. De vellen papier liggen voor hem, de hanenpoten met de naar links hellende letters laten er geen twijfel over bestaan. Dit heeft hij geschreven.

Hij kan niet geloven dat hij degene was, die hij de laatste vijf maanden in zijn dagboek heeft beschreven.

Hij heeft zijn aantekeningen net voor de eerste keer doorgelezen, het is januari 2004, een nieuw jaar. Bestaat de oude menselijke droom inderdaad dat je de oude kalender van de wand haalt, en streep eronder, het begint allemaal opnieuw?

Het lijkt bijna zo.

De meeste getroffenen gaan maar eenmaal in hun leven gebukt onder een depressie, in de regel duurt deze tussen de drie en zes maanden. Hij zou niet zover gaan te zeggen, ik behoor tot die groep, ik heb het achter de rug. Wat hij voelt is dit: deze maanden staan al vreselijk ver van hem af. Hij ziet zijn vreemde ik alleen nog maar wazig, alleen de contouren, van iemand die niets met hem te maken had, die om onverklaarbare redenen in zijn huid gekropen is.

Diep in hem voelt hij een stille dadendrang. Hij gaat weer voetballen, hij weet nog niet waar, het aanbod van Manchester City is afgeketst, hij weet niet of hij ooit nog het niveau van Lissabon zal halen, maar dat speelt ook geen grote rol. Hij heeft een zeer concrete voorstelling van geluk. Hij zal ergens in een doel staan, hij zal een of ander schot keren en merken hoe hij daarmee anderen, de toeschouwers, zijn ploeggenoten, gelukkig maakt. Hij zal met Teresa en de honden gaan wandelen, op de bosweg zal ze de honden van de lijn laten, de honden zullen lopen, hij zal zijn arm om Teresa leggen en haar glimlach bemerken, zonder naar haar te kijken.

Teresa is zwanger.

Ze weten het sinds negen dagen. Het moet in de euforie van de Keulse adventsdagen zijn gebeurd.

Het nieuws heeft Teresa geshockeerd, ze had na de depressie eigenlijk alleen maar gehoopt op een beetje rust. Maar hij was blij, zij verheugt zich inmiddels ook.

Als het een meisje wordt, hebben ze al een naam. Lara.

Onder de bureaulamp zoekt hij een pen, een vel papier. Hij moet nog iets afmaken.

16.01.2004, 02.00 uur. Ik ben op het moment gelukkig en tevreden. We hadden een echt mooi Oudjaar in café Delgado. Ik heb gelachen en gedanst – ongelooflijk!

Hij zoekt een ordner voor zijn depri-documenten, dat zijn zijn woorden, depri-documenten, depri-ordners. Hij vindt een map, knalrood, hij legt er de aantekeningen in, ook het dwergengedicht, en sluit de map.

DERTIEN

Het vakantie-eiland

's Middags had hij de tijd om het leven te bekijken. Hij wandelde naar de haven van Santa Cruz op Tenerife. Nadat hij een tijdje zomaar wat had rondgehangen, ontdekte hij een muur en hij sprong erbovenop. Vanhier reikte zijn blik over de kade met de cruiseschepen tot aan de hijskranen en containers voor het laden en lossen van vracht. Daarachter rezen de bergpieken van het eiland direct uit de Atlantische Oceaan op.

Robert Enke zat op de muur en bewoog zich niet. Hij keek naar de mensen in de haven. 'Hoe goedgehumeurd ze zijn,' dacht hij en voelde dat hij weer bij hen hoorde.

Op de laatste dag van de wintertransferperiode was hij overgestapt naar de club Deportivo Teneriffa. De aanbiedingen waaruit hij kiezen kon, zeiden hem iets over zijn nieuwe reputatie in het profvoetbal. AC Ancona, onderste op de ranglijst in Italië, FC Kärnten, idem in Oostenrijk, en ADO Den Haag, voorlaatste op de ranglijst in Nederland, trachtten hem voor zich te winnen. Dan ging hij liever naar Teneriffa, in de tweede divisie.

Daarmee was hij voor de Duitse voetbalwereld opgehouden te bestaan. Alleen degenen die hem persoonlijk kenden zochten tussen de klein gedrukte uitslagen van buitenlandse wedstrijden in de *Kicker* nog naar tekenen van leven. Peter Greiber, de keeperstrainer uit Keulen, stuurde hem een sms toen hij over een 1-0 overwinning van Teneriffa las. 'Gefeliciteerd, op nul gehouden.' Robert Enke schreef terug: 'Dank je. Helaas stond ik niet in het doel.'

Hij was zelfs in de tweede divisie slechts reservedoelman. Ze vertrouwden hem niet meer, iemand die in Istanbul na één wedstrijd al ontslag had genomen, en een halfjaar niet had gespeeld.

In Keulen vroeg Jörg Neblung zich af: reservedoelman in de tweede divisie, wat betekende dat, het einde? Hij belde Robert op, 'Man, je moet ze onder druk zetten!'

Robert antwoordde, rustig aan maar, het komt wel.

Hij zat bijna elke dag in de haven en zag de dingen anders dan Jörg, dan de voetbalwereld, 'Voetbal verleidt je ertoe steeds meer te willen, nooit tevreden te zijn,' zei hij. 'Ik heb de laatste maanden geleerd dankbaar te zijn voor dat wat je hebt.'

Vanuit de haven ging hij vaak naar de voetgangerszone, een milkshake drinken. Hij kende de beste ijssalons van de stad, zei hij. De trots was onmiskenbaar. Hij had in zijn eentje Santa Cruz ontdekt, en nu leidde hij het bezoek rond door zijn stad.

Teresa was in Barcelona gebleven. Ze was zwanger, ze hadden de honden, ze vonden een verhuizing niet de moeite waard, hij zou toch maar een half seizoen, vijf maanden, op Tenerife blijven, tot hij weer iets beters vond, hopelijk. Het was dezelfde situatie als bij zijn poging in Turkije. In Istanbul had hij zich zonder Teresa verloren gevoeld. In Santa Cruz voelde hij zich happy.

Hij woonde in een vierkamerappartement dat hij huurde dicht bij het García Sanabria-park. Het appartement was compleet gemeubileerd en deed toch leeg aan. Behalve een onuitgepakte op de grond liggende satellietschotel had hij geen persoonlijke spullen meegebracht, hij had niets veranderd, ook de schilderijen, stillevens van sinaasappels en bananen, aan de muur laten hangen. Het was niet de moeite waard de woning in te richten, voor die paar maanden, zei hij.

Op het bed lag een krimi van Henning Mankell. In het afdruiprek stonden, met de hand afgewassen, een bord en een glas.

'Het was als een studententijd voor hem,' zegt Teresa.

Elke morgen kocht hij bij de kiosk voor zijn woning twee sportkranten. Hij wierp een vluchtige blik op de pagina's. Hij zag de foto meteen. Het stond op de voorpagina van de ene krant, rechtsboven in de hoek, waarom ze uitgerekend deze foto hadden genomen, vroeg hij zich af, het was een foto van een halfjaar geleden. Hij herkende er zichzelf ternauwernood op.

Het was de archieffoto van zijn presentatie bij Fenerbahçe, met een rood gezicht, de mond open, de blik opgejaagd. 'Kijk die foto nou eens,' zei hij. 'Daarop ben ik toch niet mezelf.' Hij scheurde de pagina uit om hem te bewaren. Hij wilde zich bijtijds eraan herinneren hoe het met hem gegaan was toen hij de depressie had gehad.

Hij legde de kranten in de auto op de stoel naast hem. Hij moest naar de training. De sportauto had de club hem ter beschikking gesteld, hij had een clausule in het contract laten opnemen. Op de eerste dag was de technisch directeur Francisco Carrasco naar hem toe gekomen en had hem een autosleutel in de hand gedrukt. Zijn ploeggenoten lachten. 'Wat is er?' vroeg Robert Enke. De technisch directeur moest zijn dienstauto aan hem afstaan, want er was geen tweede. Het drong tot hem door dat profvoetbal in de Spaanse tweede divisie alleen oppervlakkig bekeken hetzelfde beroep was als hij tot nog toe had gehad. Zijn salaris in Teneriffa bedroeg tien procent van zijn inkomen bij Barça. Hij behoorde tot de bestbetaalde profs in de ploeg van Teneriffa.

Toen het eerste maandsalaris van Teneriffa binnenkwam, keek hij lang naar het rekeningafschrift. Na zeven maanden eindelijk weer een bijschrijving op zijn rekening. 'Het gevoel, dat er steeds alleen geld afging, was beangstigend.' Hij aarzelde. 'Je durft het immers als voetballer niet ter sprake te brengen, omdat anderen het veel moeilijker hebben. Maar het gevoel werkloos te zijn, is voor een prof niet minder erg dan voor een elektricien. Je voelt je waardeloos.'

Een clausule in zijn verdrag luidde dat de club Teresa drie vluchten uit Barcelona toestond. Toen hij er bij haar eerste bezoek achterkwam hoe goedkoop de vlucht was, schaamde hij zich. 160 euro retour en voor deze aanvulling in het contract had hij Jörg laten vechten. Wat moesten ze in de club wel van hem denken? CD Teneriffa deed al jaren moeite zijn profspelers enigszins te betalen, en hij, die toch al behoorlijk betaald werd, deed moeilijk vanwege driemaal 160 euro. Na de training, wanneer een van zijn ploeggenoten snel iets doen moest, zei Robert Enke vaak: 'Hier, pak maar,' en wierp hem de sleutel van zijn sportwagen toe.

Februari 2004 ging voorbij, hij bleef reservedoelman, en maart was al bijna voorbij. Jörg Neblung belde op. 'Dat gaat niet zo, je moet met de technisch directeur praten, hij heeft je als de nummer een aangetrokken!'

Heb nu maar geduld, antwoordde hij. Op zeker moment zou hij wel spelen.

Hij zou het nooit hardop zeggen, want dat hoorde niet naar zijn mening, maar hij vond dat hij beter was dan de nummer een, Álvaro Iglesias. Er waren enige objectieve argumenten die voor hem spraken, vangvastheid, sprongkracht, anticipatie, het subtiele verschil was dagelijks tijdens de training te zien. Maar hij zag ook dat Álvaro tijdens de wedstrijden onberispelijk overeind bleef, misschien acteerde Álvaro daarom zo overtuigend omdat hem een sterkere concurrent op de hielen zat. Een doelman die zich foutloos van zijn taak kweet, verdiende het volgens Robert Enke op doel te blijven staan. Dat gold ook wanneer hij er zelf door benadeeld werd.

Om zijn plicht te vervullen, om Jörg te kunnen zeggen, zie je, ik heb het gedaan, ging hij naar de technisch directeur.

Francisco Carrasco vond de situatie pijnlijker dan hij. Carrasco had hem naar Teneriffa gehaald, 'Robert was mijn persoonlijke gok', en nu stelde de trainer hem niet op. Op zijn vijfenveertigste oogde de technisch directeur minder als een voormalige voetballer dan als een actieve langeafstandloper, slank, rijzig, ascetisch. Ze wisten beiden wat ze moesten zeggen en dat ze allebei niets aan de situatie zouden veranderen.

'Je had me gezegd dat jullie me als nummer een contracteerden.'

'Ik weet het, maar ik kan de trainer niet voorschrijven wie hij moet opstellen.'

Opgelucht dat het achter de rug was wijdden ze zich aan andere gespreksonderwerpen.

'Ik merkte vooral hoe verliefd hij was op Teresa,' zegt Francisco Carrasco zes jaar later in de Madrileense voorstad Aravaca, waar hij tegenwoordig woont, op zijn eenenvijftigste nog steeds slank en elegant, in kostuum aan de ochtendkoffie. De liefde lijkt niet het voor de hand liggende onderwerp wanneer een technisch directeur en zijn keeper elkaar ontmoeten voor een crisisgesprek. 'Nu ja,' zegt Carrasco. Hij speelde ooit elf jaren bij Barça, zijn haren waren al grijs, daarom noemden ze hem 'lobo', de wolf, hij won drie keer de Europacup, met Spanje bereikte hij de finale van het EK in 1984, en daarna leerde hij zichzelf de journalistieke vaardigheden. Hij had in *El Mundo Deportivo* na Barça's 1-0 in Brugge geschreven: 'Enkes spel was een boodschap aan Van Gaal.' 'Dus,' zo begint Carrasco nog een keer opnieuw, 'met Robert was je graag samen, met hem kwam je automatisch op andere onderwerpen dan voetbal. Hij werd toen net vader, ik was destijds midden veertig, zelf al vader, ik was goed op de hoogte – dan merk je toch hoe verliefd iemand nog is.'

Wat Carrasco op het sportieve vlak onthouden heeft, was 'Roberts elegante houding waarmee hij de moeilijke situatie als reserve verdroeg. Hij bleef tegenover mij zakelijk, hij klaagde nooit in de pers.'

Álvaro Iglesias, de doelman, die door Robert Enke onder druk moest worden gezet en die door hem verdrongen moest worden wilde hij weer spelen, gaf hij acht paar keepershandschoenen. Hij kreeg van zijn sponsor op maat gemaakte modellen, waar Álvaro, die heel zijn keepersloopbaan in lagere divisies werkzaam was, de hand niet op leggen kon. 'Absolutgrip en Aquasoft, de beste soorten latexvoering van Uhlsport,' zegt Álvaro Iglesias vandaag de dag nog net zo idolaat als anderen de namen van hun kinderen noemen. De derde keeper, Adolfo Baines, stond hij eveneens acht paar af. Baines droeg ze echter niet bij de training. De handschoenen waren kwalitatief zo goed, zei hij Robert, die bewaarde hij liever voor bijzondere dagen.

Robert Enke was er nu in tweevoud op de training in het Heliodoro Rodríguez-stadion. Op het klittenband van de handschoenen van twee keepers prijkte in kapitalen 'ENKE'. Maar het origineel was nog steeds makkelijk te onderscheiden.

De trainer organiseerde een wedstrijdje, aanval tegen verdediging. De aanvaller was doorgebroken, alleen voor de doelman gekomen, en Robert Enke stond paraat, een knie naar binnen gebogen, opdat de aanvaller niet tussen zijn benen door kon schieten, het bovenlijf kaarsrecht, de armen gestrekt vooruit om breder te lijken, zo stond hij alleen voor een aanvaller. Die trapte tegen de bal met de binnenkant van de voet, om hem met een boogje om de keeper heen te spelen, Robert zette zich af van de grond, zijn sprongkracht was aanzienlijk, maar groots was zijn explosiviteit, bliksemsnel dook hij naar links. De gepensioneerden op de tribune applaudisseerden toen hij het schot dat al het doel in leek te gaan, langs de paal tikte. 'Dat heb ik het meest gemist,' zei hij, 'dit gevoel: voor iemand is het belangrijk wat je doet.'

Natuurlijk lieten de vragen hem nog steeds niet los, 's middags bij de beste chocoladeshake van het eiland. Wat als hij nooit bij Benfica was weggegaan, wat deed iemand zoals hij op de reservebank van de tweede divisie? 'En dan denk ik bij mezelf: het zal wel zin hebben dat Enke eens op zijn duvel heeft gekregen.' Hij had die zin al ontdekt: hij genoot weer van de simpele dingen des levens. 'Weer bij een elftal horen, weer te weten: om tien uur is de training. Weer nodig te zijn.'

Tot de training de volgende morgen was het nog maar negenenhalf uur. Hij zat in de woonkamer, de levensvreugde liet hem nog niet slapen. In de kast, waarin boeken en porselein thuishoorden, lagen twee dozijn keepershandschoenen en scheenbeenbeschermers. Hij had een spijkerbroek en een T-shirt aan en aan elke hand een ander model handschoen, Absolutgrip en Aquasoft.

Hij deed het klittenband dicht. Hij balde zijn vuisten, liet de vingers weer omhoogschieten, wreef de handschoenen tegen elkaar, stond op en bleef uiterst geconcentreerd in de kamer staan. Alsof hij naar de handschoenen aan zijn vingers luisterde.

Een keeper kent geen lekkerder gevoel dan zijn handschoenen aan te trekken en het klittenband dicht te doen. Dan voelt hij zich geborgen en veilig, vaak onkwetsbaar. De meeste doelverdedigers geven daarom de voorkeur aan stevige handschoenen, het harnas van hun ziel. Hij daarentegen droeg ongewoon lichte handschoenen. Hij wilde de beweeglijkheid van zijn vingers zo min mogelijk beperken, hij moest de bal, als hij hem ving, niet alleen in het schuimrubber van de handschoenen maar tot in zijn vingertoppen voelen.

Zijn sponsor wilde dat hij elk jaar met het nieuwste model speelde. 'Bij Robert hadden we dus elk jaar zo ongeveer acht pogingen nodig tot we de juiste handschoen voor hem hadden,' zegt Lothar Bisinger, die bij Uhlsport de profkeepers onder zijn hoede heeft. Acht pogingen, dat hield in dat Robert Enke na de eerste keer aanpassen zei dat de handschoen bij de rechterduim te eng zat, en dat de handschoen dan opnieuw vervaardigd werd met een één millimeter bredere duimopening. Bij de tweede poging bemerkte hij dat met de bredere duimopening de andere vingeropeningen te nauw aanvoelden. De kleermaakster verbreedde de vingers. 'Zo zijn we tastend millimeter voor millimeter verder gekomen,' zegt Bisinger. Op Tenerife vond Robert Enke dat het klittenband te strak zat als hij zijn pols boog.

De naad van zijn keepershandschoenen zat bij de duim altijd aan de buitenkant, bij de andere vingers stond hij erop dat ze aan de binnenkant zaten. Zonder buitennaad zonk de bal beter in het schuimrubber, bij de duim echter voelde hij de naad op zijn huid als die aan de binnenkant zat, dat irriteerde. 'Hij had ook binnen in de handschoen latex,' zegt Moreira, die Roberts handschoenen in hun gemeenschappelijke tijd natuurlijk had aangeprobeerd, 'dat kende ik voordien helemaal niet, dat bestond in Portugal vóór hem niet. Ik heb het toen ook direct bij mijn producent besteld.'

Het schuimrubber op het vangoppervlak van Robert Enkes handschoenen was zeven millimeter dik, vier millimeter schuim, drie millimeter bedekking. Zulke handschoenen kun je niet kopen. Bij serieproductie is de schuimrubberlaag hooguit zes millimeter dik. Wanneer Robert Enke normale keepershandschoenen aantrok, waarvan het vangoppervlak een millimeter minder gevoerd was dan de zijne, een enkele millimeter verschil, merkte hij direct dat de demping niet klopte.

Wat precies het verschil tussen de natuurrubberlaag bij de Absolutgrip en Aquasoft was, kon Bisinger hem ook niet zeggen. Er zijn maar drie rubberleveranciers op de hele wereld voor keepershandschoenen. 'De recepten zijn net zo geheim als bij Coca-Cola,' zegt Bisinger, 'of de temperatuur bij het bakken van het rubberdeeg met drie graden werd veranderd of dat een nieuwe chemische stof werd toegevoegd om een nieuwe, nog beter hechtende laag te vervaardigen, weten alleen de producenten.'

Het verschil tussen Absolutgrip en Aquasoft moest Robert Enke al spelend ontdekken.

Hij had tot nog toe in zijn loopbaan altijd Absolutgrip gedragen, maar nu in de woonkamer testte hij Aquasoft. Het was na middernacht in Santa Cruz, ik wierp de bal, hij ving hem op, tot hij niet meer bijkwam van het lachen over zijn eigen jeugdige nonchalance.

Nog, zei hij ten slotte weer serieus, had hij geen beslissing genomen welke handschoen hij in zijn eerste wedstrijd bij Teneriffa aan zou trekken. En een onverklaarbare, maar absolute zekerheid klonk door in zijn twijfelende woorden: ooit, gauw, zou hij zijn eerste wedstrijd spelen.

Zijn stille vreugde maakte Teresa gelukkig en herinnerde haar tegelijkertijd aan haar eigen verholen droevigheid. Ze was zwanger en alleen in Barcelona.

Op een nacht werd ze wakker, koude rillingen joegen door haar lichaam, ze was misselijk, ze ging naar de badkamer om uit de kraan te drinken en werd duizelig. Ze durfde niet meer naar de slaapkamer terug te lopen, de trap af. Ze nam een handdoek, ging ermee op de vloer van de badkamer liggen en wachtte af tot de duizeligheid voorbij was. Daar had ze te veel tijd om na te denken.

Normaliter verliep een zwangerschap anders. Dan leent je man je zijn schouder in dergelijke situaties.

Het is toch maar voor een paar maanden, zei hij tegen haar aan de telefoon. Ze dacht, die is zo door en door ontspannen, geweldig hoor; maar hoe triest dat ze dat moment niet met elkaar konden delen.

Hoewel ze uitgeput was door haar zwangerschap maaide ze het gras. De tuinman hadden ze tijdens Roberts depressie opgezegd, minder uit geldnood dan vanuit het vage gevoel dat ze niets meer verdienden.

's Avonds zat ze afgemat voor de tv. Opeens tikte er iets tegen het raam. Ze hield haar adem in. Toen ze pas in Sant Cugat woonden was er een schietpartij in hun straat geweest, herinnerde ze zich. Weer tikte een steentje tegen het glas.

Ze ging voorzichtig naar het raam. Onder voor de voordeur stond haar man en zwaaide met een stralend gezicht.

Hij was onaangekondigd uit Tenerife gekomen, drieënhalf uur met het vliegtuig, 's middag na de training was hij vertrokken, de volgende morgen moest hij in alle vroegte terug, om weer op tijd bij de training te zijn. Ze was kapot van het grasmaaien, het was nog geen negen uur 's avonds, maar voor haar ogen schemerde het, het speet haar maar ze moest naar bed. Maakt niet uit, zei hij en meende het echt. Hij keek toe hoe ze sliep.

Hij deed dingen die hij niet meer had gedaan sinds de profsport hem toen hij achttien was in zijn greep had gekregen. Hij ging alleen naar de bioscoop. Hij las urenlang een boek. Hij ging met het elftal carnaval vieren.

Hij deed even een gestreept T-shirt aan, plakte een A4'tje op zijn borst, tekende er een nummer op en ziedaar, hij was een uit de gevangenis ontsnapte zware jongen. Toen hij zijn ploeggenoten zag, kon hij wel door de grond zakken. Álvaro Iglesias was een verpleegster met een echt uniform, rode lippenstift incluis, Adolfo Baines was Rambo. Iedereen behalve hij had zijn uiterste best gedaan zich te verkleden. Hij was zesentwintig en leerde hoe anderen feestvierden.

Toen de harde kern na middernacht uit het restaurant verderging naar een nachtclub, ging hij moe maar voldaan naar huis. Helderder dan ooit stond hem voor ogen hoe hij zich wilde opstellen.

Zijn leven lang was hij tegenover andere mensen kalm, zakelijk, beleefd geweest, 'niet extravert maar open', zegt Álvaro Iglesias. En nu voelde hij zich voor de eerste keer sinds lange tijd ook innerlijk zoals hij naar buiten toe overkwam, nu was hij ook tegenover zichzelf omzichtig en begripvol. De bekrompen geestdrift van de jeugd had het veld geruimd voor een gezonde ambitie, de sterke begeerte van jonge sporters, hun absolute, euforische fixatie erop de beste te worden, had plaats gemaakt voor een grotere gelatenheid.

Hij had zich vaak afgevraagd hoe het zou zijn als hij met oogkleppen door het leven zou gaan, absoluut van zichzelf en zijn werk overtuigd. Misschien was hij dan een betere keeper. Nu echter zei hij tegen zichzelf, dan werd hij maar niet de allerbeste.

De bal sprong op in het strafschopgebied, de doelman moest uitkomen voor er ongelukken gebeurden. En daar was ook al Álvaro Iglesias. Hij pakte de bal vast besloten. Teneriffa stond 0-1 achter in Vallecano. Een aanvaller van Rayo Vallecano sprong op de keeper af hoewel het onwaarschijnlijk was dat hij de bal nog zou veroveren. Aanvallers gaat het bij zulke acties altijd al om de volgende doelkans: ze willen de doelverdediger angst aanjagen, hem bang maken, opdat hij bij de volgende kritieke situatie een ogenblik te lang aarzelt. Álvaro bloedde op zijn voorhoofd. Is maar een huidwond, zei de arts, naaide op het veld de wond dicht met drie steken, en verder ging het. Álvaro speelde de overige 48 minuten, Teneriffa wist in de extra tijd een 1-1 binnen te slepen. Uit de röntgenfoto die de volgende morgen werd gemaakt bleek dat Álvaro's jukbeen bij zijn rechteroog tweevoudig gebroken was. Met vier krammen werd het bot bij de ene breuk opgelapt, met zes krammen bij de andere. 'Voel eens,' zei Álvaro tegen Robert toen hij na de operatie voor de eerste keer in de kleedkamer langskwam. Met je vinger kun je de afzonderlijke krammen onder de huid voelen. Robert liep het koud over de rug toen hij de krammen betastte.

De plek in het doel viel vrij.

Hij dacht ook aan Álvaro, hoe het was je plek zo kwijt te raken. Álvaro werd over vier maanden tweeëndertig en speelde zijn eerste echte profseizoen, tot dan toe had hij een decennium in de derde en vierde divisie met de inzet van een prof en het salaris van een bijbaantje doorgebracht. Zodra hij Álvaro bij het stadion zag, ging hij op hem af en informeerde hoe ver hij al genezen was. In de wereld van het voetbal getuigde dat toch wel van een opmerkelijke hartelijkheid. 'Robert hield nauw contact met me in de dagen na mijn blessure,' zegt Álvaro, die zich ondanks de tegenslag nog tot zijn zesendertigste in de tweede divisie staande zou houden.

Ook in het negende jaar van Robert Enkes carrière leek het erop alsof het voor hem altijd hetzelfde spel zou blijven: zijn elftallen hadden hoge verwachtingen en konden er duidelijk niet aan voldoen. Mönchengladbach, Benfica, Barça, Fenerbahçe. Waar hij ook was, de ploeg sputterde. In Teneriffa was het niet anders. Voor het seizoen hadden ze naar de eerste plaats van de ranglijst gelonkt, voor de wedstrijd tegen Elche medio april stonden ze op een degradatieplek.

Hij was weer terug waar hij begonnen was: een halfleeg stadion in de tweede divisie, Hannover tegen Jena in november 1995, en de technisch directeur Lobo Carrasco vond de vergelijking niet krenkend: 'Robert had de geestdrift van een debutant.'

Hij sloot zijn handschoenen, hij had voor de Absolutgrip gekozen, zoals altijd. Hij had negen maanden niet meer gespeeld.

Elche brak op de vleugel door, de wedstrijd was nog niet eens een minuut oud, hij had de bal nog niet aangeraakt. De voorzet kwam, hoog, niet te scherp, Teneriffa's linker centrale verdediger Miroslav Djukić ging niet naar de bal, maar wachtte tot Enke eruit kwam, de bal was een zekere buit voor een keeper. Maar hij bleef in het doel staan. Hij had geluk. De bal vloog langs vriend en vijand en rolde over de zijlijn.

Robert Enke verontschuldigde zich bij Djukić met opgeheven hand en een fletse glimlach. Voor de toeschouwer zag het eruit alsof hij zijn eigen fout verder niet zwaar opnam. Natuurlijk, dachten ze, een ervaren doelman als hij, gepokt en gemazeld in de stress van Barcelona en Lissabon, liet zich immers niet gek maken.

Het was een van die wedstrijden waarin de keeper wordt herinnerd aan zijn machteloosheid: hij kon niks doen behalve wachten. In de drieënvijftigste minuut brak Elches Nino eindelijk door. Hij schoot, en gaf de bal met de binnenkant van zijn voet een geraffineerd effect mee. Enke hield de bal majestueus. Teneriffa won op het nippertje met 2-1, de tegengoal had verdediger César Belli op zijn geweten. Na de aarzeling bij de eerste voorzet had Robert Enke de klusjes van een doelman netjes opgeknapt, een paar niet al te gevaarlijke schoten tegengehouden, de uitworpen ver en met vaart, meer kon hij niet doen.

De sportverslaggevers in Santa Cruz deden hun best om in hem de grote keeper te zien die iedereen op Tenerife eindelijk zien wilde. 'Een kopbal van Zárate ging over het doel alsof Enke de bal met zijn blik over de lat stuurde,' schreef *El Día*.

Robert Enke kocht op de dag na de wedstrijd voor de eerste

keer in zijn leven vijf kranten tegelijk, alle die op een of andere manier over zijn comeback schreven.

Hij beloonde zichzelf met een dag Barcelona, 's morgens heen, 's avonds terug. De tweede ultrascan zat eraan te komen, in de twintigste week van de zwangerschap. Jullie zullen de handen en het hoofd van het kind al kunnen zien, zeiden vrienden met kinderen, als het meezit kun je zelfs al onderscheiden of het een meisje of een jongen wordt.

Een verpleegster leidde de sonde over Teresa's buik, een beeld ontstond op het scherm, witte contouren tegen een pikzwarte achtergrond, inderdaad, het was een meisje. Het was Lara.

Ze namen in de wachtkamer plaats, dokter Onbargi zou de resultaten van het onderzoek zo meteen met hen bespreken.

Teresa had het gevoel dat ze buitengewoon lang moesten wachten.

'Señora,' Spaanse doktersassistenten nemen een aanloop voor ze buitenlandse namen uitspreken: 'Enke?'

Dokter Leila Catherine Onbargi-Hunter, opgeleid aan de Northwestern University van Chicago, met het diploma van het Amerikaanse Comité voor geboortehulp en gynaecologie, behoorde tot de artsen die het Teknon in Barcelona de reputatie van een betere kliniek hebben bezorgd. Voor het grootste probleem dat alle artsen hebben had dokter Leila Catherine Onbargi-Hunter evenwel ook geen recept. Hoe vertel je slecht nieuws?

Teresa huilde toen ze de kamer uit liep. Robert probeerde haar te ondersteunen, hoewel hij zichzelf maar met moeite kon beheersen.

Lara had een hartafwijking. 'De waarschijnlijkheid is groot dat het kind in het lichaam van de moeder zal sterven.' Maar laten we nog een week wachten, dan onderzoeken we het nog een keer, had dokter Onbargi er snel op laten volgen toen de Enkes nauwelijks nog naar haar luisterden.

Teresa's telefoon ging. Ze waren nog in de kliniek. Voor de ingang stonden palmen gebogen over geometrisch geknipte heggen. Ze hadden een afspraak bij een hartspecialist gemaakt, nu meteen, zei Onbargi's assistente. Roberts vliegtuig ging over tachtig minuten terug. Het was de laatste mogelijkheid om de volgende morgen op tijd bij de training te zijn.

'Robbi, vlieg, het lukt wel.'

'Ik laat je nu toch niet alleen.'

'Kom, we hebben genoeg problemen. We willen er niet nog eentje bij krijgen bij het voetbal omdat jij niet naar de training komt. Ik wil dat je vliegt.'

Hij belde haar van het vliegveld op.

De hartspecialist zei dat ze het kind zo snel mogelijk uit het lichaam van de moeder moesten halen en aan het hart opereren.

Een dag later wilde Teresa zich de diagnose van dokter Onbargi nog een keer in alle rust laten uitleggen. Maar ze was bang dat ze door de zenuwen veel details verkeerd zou begrijpen. Ze liet een vriendin met de dokter bellen. Het kind had niet alleen een hartafwijking, zei dokter Onbargi, maar ook een chromosomale afwijking. Ze noemden het het Turner-syndroom. Mensen met een Turner-syndroom waren klein van gestalte, hadden een verhoogd risico op oorvervormingen en een lage levensverwachting, had een vriendin uitgezocht.

Teresa vloog naar München om bij het Duitse hartcentrum een second opinion te krijgen en bij de vrouwenarts te informeren hoe een abortus in zijn werk ging.

De cardioloog zei dat het ging om het hypoplastisch linkerhartsyndroom. Een vroeggeboorte op gang brengen, zoals de collega in Barcelona had gesuggereerd, mocht absoluut niet, dat betekende een wisse dood. Er waren na de geboorte in het eerste levensjaar drie hartoperaties nodig, zei de cardioloog, dan kon hun kind blijven leven. Teresa had de indruk dat hij het met grote vanzelfsprekendheid zei.

De intelligentie van kinderen met een Turner-syndroom was normaal, met een hormoonbehandeling vanaf het twaalfde levensjaar kon ook de groei worden gereguleerd, ontdekte een andere vriendin. Bij de mogelijke gebreken die ze hun eerst hadden genoemd, ging het om de extreemste symptomen van het Turner-syndroom, slechts weinig patiënten zouden er in hun volle omvang door worden getroffen.

Teresa's ouders en broers zeiden haar dat ze toch helemaal niet wist wat het betekende om zo'n zwaar ziek kind op te voeden! Roberts ouders zeiden hem dat ze elke beslissing zouden onderschrijven, om het even of ze de foetus af zouden drijven of zouden proberen het kind ondanks de vele risico's ter wereld te brengen.

Hij zat op een vakantie-eiland bij Afrika en voelde zich uit de verte aan al deze met elkaar strijdige meningen blootgesteld. Wie moest hij geloof schenken, hoe moest hij inschatten hoe slecht het werkelijk met het kind gesteld was? Toen Teresa voor hem tot de overtuiging kwam wat ze moesten doen, was hij daar blij mee. Afdrijven of laten leven, hij had geen keus meer, registreerde hij opgelucht. Nu ze eenmaal een besluit had genomen, kon hij zich toch alleen maar bij haar aansluiten, want zij droeg het kind in haar buik. Het ging er alleen nog maar om dezelfde vaste overtuiging als Teresa te ontwikkelen. Dit was haar kind, zei ze, het moest leven, met alle consequenties van dien.

Het besluit was genomen, en opeens leek alles heel simpel. Ze wisten heel goed dat het leven met een zwaar ziek kind moeilijk zou worden, maar het waren abstracte problemen zolang het kind er nog niet was. Toen ze probeerden zich het leven met zijn drieën voor te stellen, bespeurden ze een zeer theoretisch vertrouwen dat ze het wel klaar zouden spelen, op een of andere manier.

Een zin kwam weer bovendrijven, hij had hem anderhalf jaar geleden uitgesproken toen Kaiserslautern hem niet wilde hebben en Barça wenkte. 'Bij mij kan kennelijk niets normaal gaan.' Toen hadden we erom gelachen.

Terwijl hij vreesde voor het leven van zijn kind, werd hij op Tenerife 'als keeper herboren', zegt Lobo Carrasco. De club Deportivo Numancia uit de kleine stad Soria, vernoemd naar de Numanciërs, die 150 jaar voor Christus verbeten weerstand hadden geboden aan de Romeinen, kwam als eerste op de ranglijst naar Santa Cruz en reisde verslagen af naar huis. Hij verrichtte drie reddingen die de elfduizend man deden opspringen. 'De mensen waren op het eerste gezicht verliefd,' zegt Carrasco. 'Ze herkenden de doelman die door Barça was aangekocht en die alleen nog maar beter was geworden na alles wat hij had moeten doorstaan.

Het greep de mensen aan: dat iemand zoals hij voor Teneriffa speelde.'

Het gevoel gelukkig te zijn in het doel, gaf Robert Enke vleugels. Misschien zou hij nooit meer bij een grote club als Benfica of Barça spelen, misschien zou hij in de tweede divisie blijven hangen, maar hij wist opeens heel precies wat voor een doelman hij wilde zijn, en als hij zijn ideaal van een doelverdediger benaderde, dan zou hij tevreden zijn, om het even in welke divisie hij speelde. Hij had, midden in zijn keeperscarrière, zijn stijl gevonden.

Altijd had hij een voorbeeld genomen aan anderen, in Mönchengladbach aan Uwe Kamps die op de doellijn vastgeplakt stond, die spectaculair wilde zijn, dook en stompte, in Barcelona had hij zich gek laten maken door Hoek met zijn 'Verder naar voren!', 'Je voet!' en 'Van der Sar!' 'Dat ergert me nog het meest, dat ik me door hem heb laten aanpraten dat ik niks kon.' Altijd had hij zijn collega's heel precies geobserveerd, Kamps, Bossio, Bonano, van ieder kon hij iets leren, ook van Álvaro Iglesias, die tot nog toe alleen in de derde divisie had gespeeld maar die zich geweldig goed opstelde bij hoekschoppen en voorzetten. Het buitenland verrijkte hem, Robert Enke had bemerkt dat hij in Duitsland, het zelfbenoemde land van de doelverdedigers, in de jaren negentig met een keepershandboek vol rare ideeën was opgegroeid, het blijven wachten op de doellijn, het overdreven stompen, het vasthouden aan de eerste paal bij voorzetten, het eruit stormen en speculatieve neerwerpen wanneer een aanvaller alleen doorbrak, de op uithoudingsvermogen gerichte training. De nieuwe doelman werd eerder door de Argentijnse school beïnvloed, het roerloos voor de aanvaller blijven staan, de zijwaartse uittrap, de doelman van het Argentijnse elftal had zelfs een oefening bedacht om de menselijke reflex te onderdrukken door bij schoten van korte afstand het gezicht af te keren: de keeperstrainer bond de handen op de rug bij Burgos en schoot hard van heel dichtbij, Burgos moest de bal met het gezicht afweren, keer op keer, zijn neus brak meermaals. Robert Enke leerde van een Argentijn, Roberto Bonano, meer dan van alle anderen. Hij vervolmaakte zelfs zijn subtielste truc, de lichaamshouding bij het duel met een aanvaller nadat hij Bonano had geobserveerd. Hij maakte geen spagaat meer maar bleef net zoals Bonano rechtop, bevroren voor de aanvaller staan, alleen zijn naar binnen gebogen rechterknie, zijn handelsmerk, hield hij aan, zodat de aanvaller hem niet door de benen kon schieten. Andere doelverdedigers konden, met de knie naar binnen, niet meer krachtig afzetten. Robert Enke werd op Tenerife een koning in het duel met een aanvaller, van zijn lies omlaag was zijn houding nog Enke, van zijn heupen omhoog Bonano.

Maar hij wilde niemand meer imiteren. Voor de eerste keer zag hij duidelijk wat goed voor hem was, en wat niet bij hem paste. En zo schroefde hij uit de door de jaren heen opgehoopte afzonderlijke delen in Tenerife de keeper in elkaar, die veel anderen tot voorbeeld zou zijn.

Hij maakte zijn wezen, de zakelijkheid, de rust, tot de kern van zijn spel. Hij nam zijn positie duidelijk verder voor zijn doel in dan Oliver Kahn, de man van de spectaculaire reddingen, maar niet zover naar voren als Van der Sar, de elfde veldspeler. Hij zou niet bij elke voorzet eruit rennen, zoals Hoek dat eiste, en zoals de volgende generatie van keepers ook in Duitsland dat al leerde. Zelfs Álvaro speelde bij voorzetten van de buitenkant moediger, Álvaro stelde zich op in het midden van het doel, drie, vier meter voor het doel, Robert Enke stond dichter bij de eerste paal en dichter bij de doellijn. 'Robert, vandaar is de weg te ver naar het achterste deel van het strafschopgebied, als de voorzet daarheen zeilt, kom je er niet bij.' Hij wist dat Álvaro gelijk had, maar hij had zijn conservatieve positiespel sinds zijn jeugd verinnerlijkt, daarmee voelde hij zich veilig, dus zou hij er zich aan houden en menige voorzet naar het achterste deel van het strafschopgebied dan maar aan de verdedigers overlaten. Alleen wanneer hij bij een voorzet uitkwam, ving hij die beslist.

Robert Enke hield het midden tussen Kahn en Van der Sar, tussen reactie en anticipatie, tussen conservatief spel en risico. De middenweg lijkt vaak saai en is meestal verstandig.

CD Teneriffa, die ten tijde van Robert Enkes debuut op een degradatieplaats stond, verloor niet meer. 'Er zijn veel voetballers die een individuele betekenis hebben, en er is een klein aantal spelers dat van betekenis is voor het collectief,' zegt Lobo Carrasco. 'Robert behoorde tot de tweede categorie. Voordien waren we een elftal "light", met hem erbij kreeg het elftal een andere mentaliteit, een andere innerlijke overtuiging.'

Het is maar twee graden boven nul in Madrid, Carrasco draagt tussen het verfijnde, lichtblauwe hemd en zijn colbert een soort trainingsjack van polyester, bij hem ziet dat er zelfs mondain uit. 'Een ogenblik, alsjeblieft,' zegt hij en haalt zonder commentaar zijn laptop uit zijn tas. Hij moet me iets laten zien.

Hij schrijft net ook een boek. Een jongen begeeft zich in de wereld van het profvoetbal en vertelt wat hij meemaakt, dat moet het onderwerp zijn, zegt Carrasco, hij heeft groot respect voor het schrijven, hij leest veel om beter te worden – in elk geval: 'Ik heb Robert een plaats in het boek gegeven. Want hij heeft ons laten zien hoe een voetballer moet zijn.' Hij gaat met zijn wijsvinger over het scherm van de laptop, het is niet meer helemaal duidelijk of hij vrijuit spreekt of uit zijn manuscript voorleest: 'Robert, beleefd, sensitief in al zijn ernst, liet ons in Tenerife zien dat de dingen weer op hun plaats vallen als een mens tegen het falen, tegen de ongerechtigheid rebelleert. En hoe hij rebelleerde tegen wat ze hem bij Barça hadden aangedaan.'

Carrasco is ontroerd door zijn eigen woorden. 'Wanneer hij bij Barça, destijds na Novelda, een trainer had gehad die tegen hem had gezegd: "Wacht eens even, je zult voortaan mijn nummer een blijven, ik heb vertrouwen in je," dan was hij in Barcelona de speler geworden die wij op Tenerife hebben gezien.' Carrasco, die zich sinds drie decennia op het hoogste niveau in de voetbalwereld beweegt, vouwt zijn handen ineen achter zijn hoofd, om helder in het verleden te kijken. 'Ik heb in mijn leven geen tien keepers met Roberts potentieel gezien, hij was een stier. Maar ons leven wordt daardoor bepaald met welke mensen we op welk tijdstip in contact komen. Wanneer een keeper een trainer tegenkomt die hem na een enkele fout terzijde schuift, dan is de schade al toegebracht, dat is psychologisch afschuwelijk.'

Carrasco heeft geen koffie besteld waarin hij kan roeren, geen glas water waaraan hij zich kan vasthouden, hij brengt het ochtendkoffieuur door zonder iets te drinken. 'Ik moet eraan denken dat hij andere keepers handschoenen cadeau deed – wat een geweldig gebaar. Alsof hij tegen zijn tegenstanders zei: Ik geef jullie dezelfde wapens.'

Het beeldscherm van Carrasco's laptop is nog verlicht. 'Het is de donderdag na Roberts dood,' staat daar midden in zijn boekmanuscript. 'Sindsdien kon ik niet meer schrijven.'

Op Tenerife kreeg Robert Enke een nieuw gevoel voor afstand. Hij was niet alleen daadwerkelijk ver verwijderd van zijn vorige leven, 2236 kilometer zuidelijk van Barcelona, het vóélde ook erg ver weg. De berichten in de sportkranten las hij vanuit dezelfde optiek als de havenarbeider naast hem in het café. Hij was een buitenstaander geworden. Ooit ontdekte hij toevallig dat Timo Hildebrand in een interview zijn naam noemde. Hildebrand was in het jaar 2004 de rijzende ster in het Duitse doel, hij had net een Bundesligarecord gevestigd, 884 minuten zonder doelpunt tegen. Je moest heel goed nadenken over een overstap naar een grote club in het buitenland, zei Hildebrand, anders kon het je zo vergaan als Robert Enke, die veel te jong ver weg gegaan was.

Hij zou zich aan de simplificatie hebben moeten ergeren. Hij was blij dat Hildebrand zich hem nog herinnerde.

Als Barça speelde, ging hij naar een hotelbar om de wedstrijd op pay-tv te kijken. De tv in de huurwoning ontving alleen een handvol Spaanse publieke zenders. Bij haar bezoeken merkte Teresa tot haar vreugde dat hij 's avonds thuis bijna geen voetbal meer keek. Hij was trots dat hij de hotelbar voor het voetbalkijken had ontdekt, een gewoonte, een ritueel erbij dat hij helemaal alleen had ontsloten. Het woord routine had een slechte klank, maar voor hem waren routines van levensbelang. Iets waaraan je je kon vasthouden.

Hij zag Barça in een UEFA-Cupwedstrijd, ze gingen snel aan de leiding met 2-0, het werd saai. Hij hield zijn blik gericht op de man voor hem, die onophoudelijk in zijn neus peuterde. 'Wat is dat onsmakelijk, kijk nou toch eens!' Wat voelde hij wanneer hij Barça op tv bekeek? 'Helemaal niks. Ik had immers nooit het gevoel erbij te horen.'

De afstand tussen hem en dat wat hij voor het *ware* voetbal hield, kreeg in juni 2004 een nieuwe dimensie. Overal keken mensen naar voetbal, overal praatten ze erover, en hij ging gewoon door met voetballen zonder dat iemand buiten Tenerife het registreerde. Het EK in Portugal begon. Daar erbij te zijn was zijn allesoverheersende doel geweest, nog maar twee jaar geleden bij Benfica, in een ander leven. Nu moest hij parallel aan het EK het seizoen in de tweede divisie tot een goed einde brengen.

Niemand kwam op het idee een vergelijking te trekken, Kahn, Buffon, Casillas bij het EK, Enke tegen Eibar, Cádiz, Gijón, de confrontatie klinkt lachwekkend. Maar de waarheid is dat bij dit EK zonder buitengewone keepersprestaties weinig reddingen te zien waren als de zijne tegen Eibars Saizar en Cuevas of Gijóns Bilic.

Hij zelf kwam het minst op het idee de vergelijking te maken. Wat hem betreft was hij tijdens het EK een tevreden vakantieganger die voor de tv zat op Tenerife.

De technisch directeur vroeg hem naar zijn kantoor te komen. Lobo Carrasco wilde graag dat hij nog een seizoen aan Teneriffa verbonden bleef. 'Met Robert had het hele project een andere richting gekregen: naar boven.' En als hij nu inderdaad bleef, vroeg Robert Enke zich af. Vakantie voor altijd?

Hannover 96 en Albacete Balompié, twee clubs uit de hoogste divisie, dongen eveneens naar hem.

Hij sprak met Carrasco nog geen tien minuten over voetbal. Daarna ging het gesprek over Lara. Teresa was zeven maanden zwanger.

Ze kon het niet meer aan met Marco's vrouw Christina te spreken. Christina probeerde vaak op te bellen, Teresa hoorde de telefoon rinkelen en kon niet opnemen. Het was onverdraaglijk voor haar naar een vriendin te luisteren die een gelukkige zwangerschap beleefde.

Robert bedacht op Tenerife dat zijn keuze voor een nieuwe club hoe dan ook met Lara zou samenhangen, ze moesten op een plek wonen met een gerenommeerde specialist op het gebied van de kindercardiologie. Maar hoewel de geboorte nog maar zes of zeven weken verwijderd was, leken hem deze ingrijpende beslissingen ver weg. Hij had het onbestemde gevoel dat alles op zijn pootjes terecht zou komen.

Bij het EK in Portugal stond de eerste zware ontmoeting op stapel, Tsjechië tegen Nederland, twee ploegen boordevol terloopse elegantie zouden twee uitstekende keepers in het veld brengen, Peter Cech en Edwin van der Sar. En hij kon de wedstrijd niet zien. Robert Enke moest zelf in een wedstrijd die van geen belang was spelen. Ter afsluiting van het seizoen moesten ze in het Heliodoro Rodríguez-stadion aantreden tegen Getafe. Teneriffa was buiten gevaar. Hoewel bij Robert Enkes debuut medio april nog op de twintigste plaats, rijp voor degradatie, stond het elftal nu op plaats acht. Van de acht wedstrijden met hem in de ploeg hadden ze er niet een verloren.

Op maandag, vijf dagen voor de wedstrijd, kreeg hij een telefoontje.

Of hij zich hem herinnerde, vroeg degene die hem opbelde, hij was de vice-president van Alavés, ze hadden destijds onderhandeld toen Robert dan toch voor Barça had gekozen, goed, dat was begrijpelijk, Barça in plaats van Alavés.

Robert Enke ging ervan uit dat de vice-president hem een contract voor het volgende seizoen wilde aanbieden. Alavés speelde ondertussen ook in de tweede divisie, maar met een beetje geluk kon het op de laatste speeldag nog promoveren. Hij probeerde het zich te herinneren. Het stadje, Vitoria, was hem destijds bevallen.

Hij wilde hem een aanbod doen, zei de vice-president: hij zou het elftal van Teneriffa 100.000 euro betalen, als het van Getafe zou winnen.

Alavés zou alleen promoveren als Getafe op de laatste speeldag zou verliezen.

'Het uur van de geldkoffers' heet de laatste speeldag in de onderste Spaanse profdivisies. Sommige clubs vechten vertwijfeld voor promotie of tegen degradatie, andere bevinden zich al op een veilige plek van de ranglijst, die laatste moeten door de geldkoffers wat bij de motivatie geholpen worden.

Honderdduizend euro. Dat betekende dik vijfduizend de man, 'limpio', schoon, zoals netto in Spanje heet.

Op dinsdag, nog vier dagen te gaan tot de wedstrijd tegen Getafe, vroeg Robert Enke voor de training in de kleedkamer om een moment stilte. Hij had een interessant telefoontje gekregen.

'Positieve geldkoffers', overwinningspremies, zoals Alavés' vice-president ze aanbood, werden in Spanje getolereerd.

Op dezelfde dag, na de training, riep de technisch directeur de toonaangevende spelers van het elftal rond Antonio Hidalgo bij zich. 'Ik weet niet wat er speelt,' zei Carrasco, 'voor het geval jullie van Alavés een premie krijgen aangeboden om te winnen, oké. Maar er doen geruchten de ronde dat wij de wedstrijd aan Getafe zouden verkopen. Jullie zijn ervoor verantwoordelijk dat de ploeg de wedstrijd niet verprutst.' Als hij iets zou horen, zou hij ingrijpen, beloofde Hidalgo.

Te veel profs in de onderste Spaanse divisies worden door hun chronisch krap bij kas zittende clubs maandenlang niet betaald. Wie kan van zulke spelers verwachten dat ze in het licht van de 'maletas de dinero', de geldkoffers, op de laatste speeldagen niet beginnen na te denken?

Robert Enke wachtte in Tenerife nog op de helft van zijn salaris, en hij nam aan dat hij niet de enige was.

Hij ging een chocoladeshake in de voetgangerszone drinken, waarschijnlijk waren het zijn laatste dagen op het eiland. Hij had Ewald Lienen ontmoet, de trainer van Hannover 96, en was tot de slotsom gekomen dat een empathische trainer alleen al een reden voor een overstap naar een andere club kon zijn. De chocoladeshake dronk hij met het gevoel dat hij een beloning had verdiend.

Op woensdag voor de training nam een van degenen in het team die Robert beter kende het woord: 'Als je mijn naam niet noemt,' zegt deze speler zes jaar later tegen me, 'vertel ik je wat er gebeurde.'

Hij was op dinsdag door iemand opgebeld. Als hij op zaterdag een paar onopvallende fouten zou maken die Getafes overwinning zeker zouden stellen, zou iemand, hij zei niet wie, hem vijfentwintig miljoen pesetas betalen.

Nadat de speler het aanbod had afgeslagen, meldde de beller zich een dag later weer en bood veertig miljoen.

Robert Enke moest dat eerst eens laten omrekenen in euro's, die Spanjaarden met hun peseta's altijd, drie jaar na de invoering van de euro. Ongeveer 250.000 euro was dat.

Wat, dacht Robert Enke, hadden ze zich soms niet vergist bij de omrekening?

Het was precies 240.400 euro.

'Ik heb de beller gezegd, mij niet gezien, zoiets doe ik niet,' zei de speler voor de training op donderdag in de kleedkamer van Teneriffa. 'Mocht nog iemand zo'n telefoontje hebben ontvangen, dan is het nu het tijdstip het hier hardop te zeggen.'

Niemand zei iets.

Voor de laatste training van het seizoen kwam Lobo Carrasco naar beneden de kleedkamer in. De muren in de catacomben van het stadion waren blauw en wit geverfd, je zag de contouren van de kale tegels onder de verf.

'Als jullie van Alavés een premie voor een overwinning ontvangen, is dat oké,' begon Carrasco met rustige stem. 'Een premie voor een nederlaag echter zou voor altijd een donkere vlek op jullie cv en op jullie geweten blijven. Daar komen jullie nooit meer overheen. Wanneer ik iets meekrijg, wanneer ik iemand betrap, dan vliegt hij eruit. En ik zal ervoor zorgen dat hij nergens meer een contract krijgt, ik geef hem aan. Hebben jullie mij begrepen?' Sommige spelers knikten, anderen keken naar de grond. Niemand zei iets.

Wanneer de spelers in het Heliodoro Rodríguez-stadion naar boven keken, zagen ze de bergen van Tenerife, groen, lieflijk, natuurlijke verlengstukken van de tribunes. Van daarboven hoorde Robert Enke direct na wedstrijdaanvang een gemurmel dat hij niet kon thuisbrengen. Van de transistorradio's was het bericht onder de toeschouwers verspreid. Nederland leidde op het EK al na 19 minuten met 2-0 tegen Tsjechië, het moest een fantastische wedstrijd zijn. Maar eens kijken wat ze in plaats daarvan hier voor kegelwedstrijd te zien kregen. 'Er heerste een vakantiestemming in het stadion,' zegt Carrasco.

Robert Enke wilde absoluut winnen. Hij wilde bij zijn vertrek uit Tenerife kunnen zeggen, ik heb hier nooit een wedstrijd verloren. Na een halfuur kende hij geen Spaans meer. Hij schreeuwde tegen de centrale verdedigers Corona en César Belli. 'Maar ik was zo buiten mezelf van woede dat ik alleen nog in het Duits kon schreeuwen.' Robert Enkes vloeken in de vreemde taal heeft zelfs hij op de reservebank gehoord en begrepen, zegt Álvaro Iglesias, hij kan de woorden vandaag de dag nog altijd in onberispelijk Duits herhalen: 'Scheiße!', 'Arschloch!' Het stond 0-3.

Getafe had steeds weer direct Pachón aangespeeld, hun beweeglijke aanvaller, en 'mij kwam het voor alsof onze verdedigers hem ruim baan gaven, op een bepaald moment stonden zelfs twee tegenstanders vrij voor me,' zei Robert Enke. '"Jullie zijn toch compleet gestoord!" brulde ik.'

De wedstrijd bracht de gemoederen in beroering. De elfduizend toeschouwers geloofden dat het 't beste zomervoetbal was. Bevrijd van de druk te moeten winnen speelde Teneriffa enthousiast, vonden ze, maar ook ongeconcentreerd. Als ze zouden verliezen, zou dat niet zo erg zijn, de toeschouwers gunden Getafe de promotie, een club uit een Madrileense voorstad, twee jaar tevoren schijnbaar nog goed op hun plek in de derde divisie, een symbool van het charmante buitenbeentje. Robert Enke geloofde dat ze binnen één ploeg tegen elkaar speelden, negen man trachtten met volle overgave de wedstrijd te winnen en Alavés' legale geldkoffers binnen te halen, en een, misschien twee spelers probeerden kennelijk te verliezen, om hun eigen kas te spekken. Carrasco zat op de tribune en zag beide versies, de onschuldige van de toeschouwers en de vergiftigde van de weldenkende spelers. 'Mij viel niets merkwaardigs op, maar wat heet merkwaardig. Pachón was vliegensvlug, hij was één brok energie, en de onzen zaten in gedachten al aan het strand.'

In Aveiro, Noord-Portugal, boog Tsjechië in een wedstrijd die niemand zou vergeten de 0-2 achterstand nog om in een 3-2 overwinning op Nederland. In Santa Cruz scoorde Pachón vijf doelpunten. Getafe won met 5-3 en promoveerde naar de Primera División, en in een onvergetelijke wedstrijd die zelfs in de Spaanse sportkranten slechts vijftien regels op pagina 39 toebedeeld kreeg. Alleen een Canarische lokale krant, *La Opinión*, had tussen de regels zo zijn twijfels: 'De enorme kwetsbaarheid was iets zeer merkwaardigs bij een achterhoede die tot gisteren uiterst solide in elkaar stak.'

De grassproeiers gingen al aan toen de spelers van Getafe nog op het veld hun promotie wilden vieren. CD Teneriffa had haast het seizoen af te sluiten.

In de kleedkamer vond de vreugde over een al met al aanvaardbaar seizoen geen weg naar buiten. 'Natuurlijk waren we boos,' zegt Álvaro Iglesias. 'We zullen het nooit kunnen bewijzen. Maar het gevoel was dat iemand uit onze eigen groep de premie van Alavés voor ons verpest had. Iemand had zich op onze kosten verrijkt.'

In december 2008 kwamen er duidelijke aanwijzingen aan het licht dat onlangs meerdere wedstrijden in het Spaanse profvoetbal verkocht waren. De meeste kranten schreven er een enkele dag over. De Spaanse voetbalbond zei dat hij niet bevoegd was, de Spaanse justitie verklaarde dat zij dat evenmin was. En het leven ging weer gewoon door.

Op Tenerife opende Robert Enke het dak van zijn sportauto. Hij reed een bezoeker naar de luchthaven, spoedig zou hij zelf vertrekken. De hemel boven Tenerife was melkachtig, nevelig, de zuidenwind voerde zand uit Afrika mee. Voor de Duitse sportverslaggevers was het een absoluut dieptepunt geweest, Enke in de tweede divisie, op een vakantie-eiland. Voor hem was het een hoogtepunt, daaraan veranderde ook de ergernis over de laatste wedstrijd niets. 'Ik denk dat ik vandaag een hamburger ga eten,' zei hij en zette de autoradio harder. Hij neuriede een lied mee dat hij niet kende.

VEERTIEN

Daar is Robert, daar is geen goal

Voor een man die zijn huis dringend wilde verkopen stelde Jacques Gassmann een verbazingwekkende voorwaarde. Hij zou de eerste maanden na de verkoop nog in het huis blijven wonen. Hij had tijd nodig om een nieuw onderdak te vinden, hij was nog niet eens begonnen ernaar te zoeken.

Hij was een kunstenaar.

Typisch voor kunstenaars, dacht Robert Enke bij zichzelf, ze keken anders naar de wereld, daaruit ontstonden dan geweldige kunstwerken en curieuze eisen bij de woningverkoop.

Wat Teresa en hem bezighield toen ze Jacques Gassmanns verbouwde boerderij op het Nedersaksische platteland hadden bekeken, was niet zozeer zijn kunstenaarsziel als wel de vraag wat voor kunstenaars zíj waren.

'Hemeltje, zo koop je toch geen huis, hè? vroeg Teresa zich af. Je bekijkt een enkel object en zegt toe.

'Waarom eigenlijk niet?' vroeg Robert en wachtte op haar heldere lach in de zekerheid dat die er al aan zat te komen.

Ze hadden altijd in huurhuizen gewoond. Nu waren ze sinds een week terug in Duitsland.

Een dag na de contractondertekening bij Hannover 96 speelde Robert al de eerste oefenwedstrijd, het ritme van de profsport had hem meteen alweer te pakken, 's ochtends training, oefenwedstrijden, 's middags training. Teresa was hoogzwanger. Hoe sneller ze een huis vonden, des te beter.

Jacques Gassmann had de boerenhoeve met trefzekere smaak en liefde voor het detail heringericht, de paardenstal was nu een keuken met een Franse tegelvloer, in de hal hing een kroonluchter boven een lange boerentafel. Op de kosten had Gassmann bij de renovatie niet erg gelet, hij vond dat een kunstenaar moest trachten immaterieel te leven. Nu moest hij het huis verkopen. Maar hij wist nog helemaal niet waar hij met al zijn schilderijen heen moest.

In al zijn eigenaardigheid leek hij een sympathieke kerel. Teresa en Robert kochten de hoeve met de kunstenaar erin. Gassmann zou nog drie maanden bij hen mogen blijven inwonen en in die tijd in alle rust een nieuw onderdak zoeken.

Door het grote raam van de kleine zitkamer kon Robert Enke de kunstenaar bij het schilderen in de tuin observeren. Op een zeker moment ging hij naar buiten. Hij ging stilletjes dichterbij staan, kunstenaars stoorde je niet bij het werk. Stil stond hij achter Jacques' rug. Bij de kunstenaar reikten de grijze haren tot zijn schouders. Jacques kromp ineen toen hij opeens bemerkte dat Robert achter hem stond.

De keeper had een paar vragen. Waar kwam het duistere in Jacques' schilderijen vandaan? Waarom was alles steeds zwart, vaag, verdoezeld? Maar hoe kwam hij erbij als voetballer zulke vragen te stellen aan een kunstenaar? Hij vond dat hij hem met normale vragen moest benaderen, vragen die geoorloofd waren. Hij vroeg Jacques hoe dat eigenlijk ging met de stookolielevering voor het huis, of Jacques hem misschien een dierenarts kon aanbevelen, hij had toch ook een kat, en hoe had Jacques dat eigenlijk voor elkaar gekregen, elke maand 6000 euro aan krediet en nevenkosten op te brengen, als kunstenaar? Als hij geluk had, als het zo liep als hij had gehoopt, vertelde de kunstenaar daarna over zijn kunst.

Gassmanns cyclus *Apokalypse* had in de jaren negentig voor opschudding gezorgd, het werk werd dwars door Europa van expositie naar expositie vervoerd, enkele critici ontwaarden een lijn, Max Beckmann, Lukas Kramer, Jacques Gassmann. Daarna schilderde hij als antwoord op de tweede Golfoorlog innerlijk schreeuwende, geestelijk exploderende Amerikaanse bommenwerperpiloten, *Supersonic* heette de serie, hij kon er gewoon niet mee ophouden. Toen hij uit de roes wakker werd, had hij 160 schilderijen gemaakt. 'Als ik de kunst niet had, zou ik exploderen, Robert, ik moet mij via het penseel uitkotsen,' zei Jacques. Gewaagde, zwaarwichtige zinnen, van het soort dat van een kunstenaar, zo vond Jacques, werd verwacht. De echte antwoorden kon hij Robert echter niet geven. Hij had ze zelf nog niet kunnen vinden. Roberts dood bracht hem ertoe. 'Wat heb ik geschilderd? Afgronden heb ik geschilderd, mensen die zichzelf verscheuren,' zegt Jacques Gassmann drie maanden na Roberts dood. 'De eindtijd was een belangrijk thema in de jaren negentig, en ik schilderde nog steeds afgronden toen de jaren negentig voorbij waren. Ik had niet door dat ik mijn eigen gemoedstoestand verbeeldde.'

In de tuin in Empede, vierhonderd inwoners, het Steinhuder Meer begint vlak achter de paardenweg, legde Jacques zijn schilderijen in de wei te drogen.

'Wacht even, Jacques, ik zet Balu even achter het hek, niet dat hij nog wat kapotmaakt,' zei Teresa.

'Ach nee,' protesteerde Jacques, 'die kan bij mij hier buiten blijven, het is een kunstenaarshond!'

Balu leed aan de ziekte van Carré, een virusziekte die de hersens aantast, hij kon zich niet meer beheersen.

'Ik zou me beter voelen als hij niet bij je was.'

'Geen probleem. We begrijpen elkaar, nietwaar Balu, mijn kunstenaarshond?'

Tien minuten later hoorde Teresa een schreeuw uit de tuin.

'Dat moet jullie verzekering betalen! Jullie hond is over mijn schilderijen gelopen!'

Robert Enke ging elke dag naar de training in Hannover met het gevoel dat hij thuiskwam. Hij was in een stad waarin hij nooit had willen wonen, in een club waarvan hij nooit had gedroomd, maar alleen het feit dat hij na vijf jaar weer in Duitsland was overtuigde hem ervan dat hij eindelijk aangekomen was. Twee jaar had hij op zee doorgebracht. Met Hannover zou hij vermoedelijk in het onderste derde deel van de Bundesliga terechtkomen maar dat hinderde niet, daarmee kon hij leven. Zonder een steviger basis dan zijn eigen levensvreugde was hij er zeker van, 'ik zal me hier erg goed voelen'.

Omdat het Niedersachsenstadion voor het WK in 2006 werd verbouwd, kleedde het elftal zich voor de training in de sporthal van het stadion om, er was maar een kleine kleedkamer, de trainer

Robert Enke met de honden in zijn huis in Empede.

had het hokje van de huismeester. De nieuwe collega's stonden versteld toen Robert Enke op de eerste dag door de kleedkamer liep en zich voorstelde. Hij kende bijna iedereen bij naam. 'Jij moet Frankie zijn, hallo', 'O ja, jij bent Per'. Hij had het nieuwe elftal vaak op internet bekeken.

Hem herinnerde zich niet iedereen in Duitsland.

'Welk rugnummer moet ik hem geven, 25 of 30?' vroeg een van de twee elftalbegeleiders aan de trainer. 'De 1,' zei Ewald Lienen.

Lienen, die als jongeman had meegelopen in de demonstraties van de vredesbeweging voor de afschaffing van de Pershing-raketten en tegen de kerncentrales, hield er ook op zijn vijftigste nog zijn eigen ideeën op na. Terwijl de voetbalwereld Enkes vlucht uit Istanbul als onprofessioneel, als lafheid en zwakte uitlegde, vatte Lienen zijn stap op als een teken van de kracht van een moedige, gevoelige man. De waarheid kende immers niemand.

Robert Enke sprak in het openbaar over zijn depressies zonder dat iemand merkte waarover hij het had. 'Dat was een negatieve ervaring die niets met voetbal van doen had, maar eenvoudig met mijn welbevinden,' antwoordde hij de *Neue Presse* uit Hannover in zijn eerste interview na terugkomst op de vraag wat er toch in Istanbul was gebeurd.

Wanneer hij aan de depressie dacht, was hij in staat uit zijn huid te glippen en met distantie en zelfironie op die 'Robbie met zijn kapotte kop' terug te blikken, zoals hij de persoon die hij niet was noemde. 'Teneriffa was mijn kuurvakantie,' zei hij. 'Maar ik weet dat het ook heel anders had kunnen lopen. Ik stond niet langer in de belangstelling. Behalve Lienen was waarschijnlijk niemand meer op het idee gekomen mij nog eens naar de Bundesliga te halen. Daarvoor ben ik hem zeer dankbaar.'

Wat de nieuwe collega's merkten, zonder het in woorden te kunnen vatten, was een buitengewone natuurlijkheid die hem als een aura omgaf, de vanzelfsprekendheid dat hij zijn beroep zonder toneelspel en ellebogenwerk uitoefende. De verplichte elftalfoto bij seizoensaanvang werd gemaakt, op de eerste rij in het midden zit altijd de doelman, met zijn twee reserves, het is een machtsritueel, de koning op zijn troon, de onderdanen aan zijn zijde. Robert Enke en de reservedoelman Frank Juric besloten de eenentwintigjarige Daniel Haas, de derde doelman, de leerling, de plaats op de troon in het midden te geven. Die geste zou Robert Enke in al zijn jaren in Hannover aanhouden.

Al die ontspannenheid en vreugde konden echter die ene gedachte niet uitbannen toen de scheidsrechter het beginsignaal gaf voor het nieuwe voetbalseizoen van de Bundesliga: was hij nog goed genoeg voor dit niveau? Het was bijna tweeënhalf jaar geleden dat hij voor het laatst op het hoogste niveau had gespeeld.

Hannover 96 moest bij Bayer Leverkusen aantreden. De fans van Leverkusen wisten nog wie hij was: de keeper bij wie hun elftal zes jaar geleden in Mönchengladbach acht doelpunten in de touwen gejaagd had. Op de melodie van *Vader Jacob* zongen ze: 'Robert Enke, Robert Enke/weet je nog?/weet je nog?/Kun je 't je herinneren/Kun je 't je herinneren?/2-8, 2-8.'

Toen moest hij lachen. Hij applaudisseerde voor de supporters.

Hij onderschepte de voorzetten als vanzelfsprekend, hij ontlokte kreten van verbazing aan de toeschouwers toen hij twee pittige schoten van Dimitar Berbatov onschadelijk maakte. Bij de tweede poging dook Berbatov vrij voor hem op, maar de keeper, de armen voor zich gestrekt, het bovenlichaam recht, de knie naar binnen gebogen, kwam opeens als een reus op Berbatov over. Hannover verloor in de laatste minuut met 1-2, en de *Kicker* koos Robert Enke tot *man of the match*. De sportverslaggevers die hem na Istanbul in absolute bewoordingen voor mislukt hadden verklaard, vroegen als vanzelfsprekend of hij weer aan het nationale elftal dacht.

Na thuiswedstrijden nodigde de trainer de ploeg altijd uit voor een gemeenschappelijke maaltijd in het stadion. Een van de koks die tijdens de wedstrijd de logegasten verwenden, diende op. Met mes en vork incidenteel als aanwijsstok analyseerde de trainer in een kwartier de wedstrijd, tien minuten in het Duits, drie in het Spaans, twee in het Engels, en wenste smakelijk eten. Lienen organiseerde ook een bezoek aan de dierentuin met vrouwen en kinderen, hij was ervan overtuigd dat een ploeg die zich een familie voelde, beter presteerde. Met wie Robert Enke meteen een goede verstandhouding had, was een van de spelersbegeleiders. Tommy Westphal moest ervoor zorgen dat het wedstrijdformulier correct ingevuld bij de scheidsrechter werd ingeleverd, dat bij de lunch in het hotel ook een soep zonder selderie klaarstond, dat de nieuwe spelers aan een kinderspeelzaal en een mobieltje geholpen werden, kortom voor alles. Tommy Westphal kreeg het voor elkaar honderd kleinigheden op een dag te doen zonder er een te vergeten, en dronk vijf koppen koffie in anderhalf uur, misschien hing het een met het ander samen. 'We zaten meteen op dezelfde golflengte omdat we allebei ossi's zijn,' zegt Tommy met die soort humor waarachter serieuze onderwerpen schuilgaan. 'Bij ons gaat het immers net zoals bij de Joego's of Afrikanen in het profvoetbal: wij vormen onmiddellijk een clan om ons te verdedigen.' Tommy merkte op dat Robert van de eerste wedstrijd af aan heel aanwezig was binnen het elftal, zijn collegiale manier van doen was van invloed op het werkklimaat. Alleen Robert Enke zelf had het gevoel dat hij zich niet genoeg inzette en dat hij Lienens hoop een familiesfeer te scheppen niet genoeg vervulde. Hij had een verkeerd zelfbeeld over zijn rol in de ploeg omdat hij altijd ervandoor ging als de anderen na de training gingen lunchen, en omdat hij over het geheel genomen niet zo intensief als vroeger in het profvoetbal opging. Lara was op 31 augustus 2004 ter wereld gekomen.

Hij had zich een voorstelling gemaakt van zijn dochter. Ze zou de eerste tijd veel medische verzorging nodig hebben, Teresa en hij zouden haar daarom vaak in de armen nemen en via oogcontact duizend glimlachjes uitwisselen. Nu kwam hij erachter hoe de werkelijkheid eruitzag.

Lara kreeg direct na haar geboorte een openhartoperatie. Om ervoor te zorgen dat haar iele lichaam een kans had de inspanning van de operatie te overleven, werd ze in een kunstmatige coma gebracht. Haar borstkas was nog open, het hart had ruimte nodig om te slinken. Met de armen naar achteren lag ze op de intensive care. Het enige wat Teresa en hij konden doen was haar handje vasthouden en toekijken hoe haar hart in de open borstkas sloeg. Lara's polsslag lag rond de 210.

De onvoorwaardelijke wil om hun dochter te helpen en hun bonkende angst haar te verliezen, hielden Teresa en hem in een voortdurende staat van alarm. 'Toen we de beslissing namen Lara ter wereld te brengen, dachten we dat we erop voorbereid waren. Begrijp me niet verkeerd, ik zou ook nu altijd weer kiezen voor Lara, daarvan ben ik absoluut overtuigd. Maar ik weet ook: niemand is op het leven met een ziek kind voorbereid,' zegt Teresa. 'Je wordt door angst verteerd.'

Na vier dagen werd Lara's borstkas dichtgenaaid. Ze ging vooruit, iets ging tenminste beter, zeiden ze gelukkig tegen elkaar. De volgende ochtend deelde de verpleegster hun mee dat haar borstkas helaas weer geopend moest worden.

Wanneer hij 's ochtends tegen negenen naar de training vertrok, ging Teresa naar de kliniek van de geneeskundige hogeschool. Tijdens de training gaf hij zijn mobiel aan Tommy Westphal, voor het geval er iemand uit het ziekenhuis opbelde. Daarna ging hij direct naar Lara en Teresa. In de kantine van de kliniek lunchten de ouders en bleven ze tot het einde van de bezoektijd om acht uur, elke dag.

Niet zelden was de deur naar de intensive care dicht. Dan moesten ze met de andere ouders in de wachtkamer blijven, twee of drie uur gingen voorbij, ze wisten niet welk van de vier kinderen op dat moment voor zijn leven vocht, of het hun kind was.

Hij dacht: wie het echt moeilijk heeft, is Teresa. Ze heeft geen voetbalwedstrijd waarin ze negentig minuten kan opgaan. Hij merkte hoe zelfs het vervelendste van het voetbal, de urenlange busreizen naar uitwedstrijden, voor wat afleiding zorgden voor hem. Hij had nog steeds geen draagbare muziekspeler of een laptop om films te kijken. Hij was de enige in de bus die over de ingebouwde installatie naar de radio luisterde. Eins Live werd zijn zender waarop programma's als *Raum und Zeit* en *Kultkomplex* te horen waren en de muziek, zonder dat hij het precies kon definiëren, anders was. De buschauffeur vervlockte hem liefdevol als hij alleen voor hem elke zestig, zeventig kilometer alweer een andere frequentie moest zoeken.

Ondertussen ontdekte Teresa de verzadiging. Een sensor mat de zuurstofverzadiging in Lara's bloed. Die mocht nooit onder de zestig procent dalen, dan werd het kritiek, dan deed de sensor tuut-tuut-tuut. Teresa kreeg het getuut niet meer uit haar oren. Ze hoorde het ook wanneer ze al niet meer in de kliniek was, 's avonds in bed in Empede. De verzadiging werd haar fixatie, de meetlat van haar angst om Lara. Midden in de nacht, als ze in de keuken de moedermelk voor Lara afpompte, kon ze niet anders dan naar het ziekenhuis opbellen om te weten op hoeveel procent de zuurstofverzadiging nu zat.

Ze had haar man tijdens een vijf maanden durende depressie bijgestaan en zat nu de hele dag door op de intensive care aan de zijde van haar dochter, die ze nog niet één keer op haar arm had kunnen nemen.

'Ga toch alsjeblieft eens naar huis, neem wat rust, ik blijf wel bij Lara,' zei Robert tegen haar.

Maar ze kon niet weg, ze moest bij haar dochtertje blijven en naar de verzadigingsmeter staren.

De volgende morgen, elke morgen, namen ze zich voor zich het geluk niet door de situatie te laten afnemen. Ze hadden een dochter. En er waren heel wat dagen waarop het hun lukte om te lachen, zelfs in de wachtkamer van de intensive care. Ze ontdekten vrolijkheid waar er geen was, bijvoorbeeld wanneer Robert

Robert en Teresa met hun familieleden bij de doop van Lara.

het nuchtere standaardantwoord van de artsen op de vraag hoe het met Lara ging, imiteerde: 'We mogen al met al niet ontevreden zijn.' En natuurlijk vroegen ze zich op bepaalde momenten van dezelfde dagen toch weer af waarom de doktoren niet, al was het maar een enkele keer, iets optimistisch over Lara's gezondheidstoestand konden zeggen.

Volledig in zijn eigen wereld ondergedoken had hun medebewoner er moeite mee te begrijpen onder welke druk ze stonden. Jacques liet zijn stagiair elke morgen om halfnegen opdraven om met het werk te beginnen. De jongeman kwam op tijd, en Jacques sliep nog, daar kon je ook vast op rekenen. Haar halfuur met Robert aan het ontbijt was voor Teresa een rijkdom, bijna het enige moment van de dag dat ze voor zichzelf hadden. 'Maar ik ben niet zo dat ik dan gewoon kan doen alsof de stagiair er niet is. Dus vroeg ik hem, wil je ook koffie,' en weg was het dierbare ogenblik alleen met Robert.

Tegen negenen verscheen Jacques. 'Wat een kabaal! Ik word ziek van die koffiemachine! Wat ben jij aan het stressen, Teresa?'

Ze hadden een afspraak gemaakt. Hij zou op de bovenverdieping wonen, zij onder. Maar de gemeenschappelijke ruimten waren op de begane grond, de keuken, de hal, de woonkamer, de toegang tot de tuin. Feitelijk woonden ze met zijn drieën op de begane grond, minimaal. In september kwam een dichtervriend van Jacques wekenlang op bezoek, hij sloeg zijn kwartier op in de woonkamer. Eens kwamen Teresa en Robert uit de kliniek naar huis. In de hal stonden vier violistes. Ze waren bezig een gedicht van hun dichterlijke vriend in muziek te vertalen.

Jacques was nu eenmaal zo, trachtte Robert Enke niet te vergeten. Als hij daarin slaagde, vond hij zijn kunstenaar absoluut onderhoudend. Meestal nam hij echter 's avonds zijn toevlucht tot de televisie, keek hij naar een voetbalwedstrijd, als hij maar een alibi had om niet aangesproken te worden, om simpelweg rust te hebben.

Teresa zat dan met Jacques in de keuken. Ze las biografieën van kunstenaars, Monet, Picasso, Michelangelo, en zo begonnen hun gesprekken op die avonden in de keuken soms bij de grote meesters. Niet zelden liepen ze uit op Jacques' opvattingen over de wereld. Hij was tweemaal gescheiden, op zijn vijfentwintigste vader geworden, zijn eerste vrouw dressuurruiter, die had hem pas laten zien hoe je dat doet, op de kunstverzamelaars af, en de galeriehouders, hij dacht dat hij alles had, vrouw, dochter, dressuurpaarden, huis, succes, maar op een bepaald moment durfde hij het restaurant niet meer in, net als het vliegtuig niet, alles wat hij had sloot hem af van de wereld, drukte hem terneer. Nu had hij niets meer en was hij gelukkig, besloot Jacques. Daarna rookte hij nog een sigaret met Teresa.

Jacques bekeek zijn gastheer en -vrouw vanuit het perspectief van zijn eigen verleden. 'Die twee waren een hecht, goed stel. Maar in hun leven ontbrak de dagelijkse tederheid.' Is toch maar al te begrijpelijk wanneer een kind op de intensive care ligt? Nu ja, zegt Jacques verlegen, zo had hij het nog helemaal niet bekeken – maar in elk geval: 'Ik zou gezegd hebben dat ik precies de juiste voor hen was. Ik haalde ze uit die "vijf kilo aardappelen, twee kilo rijst en wat hebben we nog nodig"-sleur van alledag.'

Jacques Gassmann was niet geïnteresseerd in voetbal toen hij Robert Enke leerde kennen. Later ging hij regelmatig met Teresa naar het stadion.

'Ik was geïnteresseerd in Robert. Hij had een nuchterheid die nooit plomp was, eerder eigenzinnig, wakker, nieuwsgierig.' De kunstenaar wilde hem in actie zien en erachter komen of een wedstrijd iemand kan veranderen. 'In het doel had hij iets omvangrijks, bijna Schwarzeneggerachtigs. Hij trok geen grimassen, maar schrikte de aanvallers door zijn coole gedrag af. Maar wanneer hij me ter begroeting eens omarmde, dan voelde je door zijn massieve, in de dagelijkse training gestaalde lichaam een verbazingwekkende warmte en zachtheid.'

Op zijn verjaardag deed Jacques Robert een portret cadeau. Een met snelle zwarte streken getekende kop, daaronder sterke handen die iets rozekleurigs ronds vasthouden, op het eerste gezicht ziet het eruit als een losgereten hart, maar het is een voetbal. *Daar is Robert, daar is geen goal* noemde Jacques het schilderij. Het draait niet om voetbal in onze vriendschap, wilde hij daarmee zeggen. Gaande de weken werd de titel echter dubbelzinnig: daar was Robert, en daar waren verbazingwekkend weinig goals tegen Hannover.

Opgenomen in een middelmatig elftal kwam Robert Enke gewoonweg opvallend goed uit de verf. Hij was in de diaspora van het internationale voetbal terechtgekomen en nu weer de keeper die je ook zo in een topelftal zag spelen. Na hun ziekte gaan depressieve mensen vaak als vanzelfsprekend op dezelfde weg voort.

Jörg Neblung kwam op bezoek en ze namen de gelegenheid waar om voor het eerst na Lara's geboorte 's avonds uit te gaan, naar Heimweh. Een paar voetballers van 96 hadden het vaker over de lounge gehad. Het was 20 september 2004, Lara was bijna drie weken. Ze wilden Jörg iets zeggen. Ze wilden graag dat hij Lara's peetoom werd. Alleen wanneer de doop kon plaatsvinden, konden ze hem niet zeggen.

Tegen elven waren ze al terug in Empede. Ze waren het niet meer gewend lang op te blijven. Net toen ze ingeslapen waren, ging Teresa's mobiel. Het was de kliniek. Lara had een hartstilstand.

Ze renden het huis uit, in de woonkamer lag Jacques' dichterlijke vriend. 'Wat is er aan de hand, hé, wat is er aan de hand?' riep de dichter.

Toen ze in de kliniek aankwamen, probeerden de artsen al sinds een uur Lara te reanimeren. 'Als ze sterft gaan we uit Hannover weg,' zei Teresa. Hij knikte. Zo stonden ze tot vijf uur 's morgens op de intensive care. Vijf uur lang hadden de artsen het steeds weer geprobeerd. Toen leefde Lara weer.

Robert Enke lag, meer dan dat hij zat, op een stoel op de afdeling en zei toonloos: 'Wat doen we hier eigenlijk?' Over een dag moest hij met Hannover 96 naar Cottbus voor een DFB-bekerwedstrijd.

'Robbi, ga, waarom zou je hier blijven, Lara heeft het overleefd. De angst mag niet ons leven bepalen.'

In Cottbus eindigde de wedstrijd in 2-2. Penalty's moesten de beslissing brengen. Penaltyschieten is het oerduel van het voetbalspel, de lange weg van de schutter van de middenlijn naar de penaltystip, de keeper die wacht. Een moment lang bestaan in een afgeladen stadion alleen deze twee, schutter en doelman.

Robert Enke was zijn onfeilbare gevoel voor penalty's kwijt. In Lissabon was hij nog volgens de *Record* 'Super-Enke' geweest, omdat hij in de eerste maanden vier van de zeven penalty's had gestopt, maar sindsdien had hij alleen nog incidenteel een strafschop gekeerd. Ook in Cottbus schoten de eerste vier schutters tegen hem raak. Hij zag de vijfde, Laurentiu Reghecampf, vanaf de middenlijn eraan komen en wist plotseling, dit schot zou hij houden. Elke keeper weet dat het zelden een kunst is om een penalty stoppen maar meestal een falen van de schutter. Maar een penalty stoppen is de enige mogelijkheid voor een keeper om eens een held te worden zoals een aanvaller dat ieder weekend kan. Een enkele geslaagde actie maakt alles wat er tevoren is gebeurd, irrelevant. Hij stopte de penalty van Reghecampf inderdaad. Toen Thomas Christiansen de volgende voor Hannover inschoot en ze hadden gewonnen, liep Robert Enke zo snel hij kon naar Christiansen en tilde de maker van het doelpunt op. Zo kon niemand hém op de schouder nemen. Hij had geen zin in foto's van hemzelf als gevierd man.

Jacques Gassmann, die besloten had dat hij moest zorgen voor leven in het bestaan van de Enkes, hield niet op ze te verrassen. Ze moesten met hem naar het schuttersfeest van Empede gaan. Hij wilde niet dat het ze zo zou vergaan als hem, zei Jacques. Hij was er niet in geslaagd in het dorp te integreren.

In Empede is er geen winkel, wel een eethuis, de Ole Deele. Bij verkiezingen voor de Bondsdag dient het ook als stemlokaal. De paar huizen van het dorp zijn stuk voor stuk van klinkersteen, de straatwegen zijn lanen, in de lente bloeit het koolzaad op de velden. Toen in het eerste krantenartikel over Robert Enke terloops melding werd gemaakt van zijn honden, stuurde de dienst Openbare Orde ongevraagd de juiste hondenpenningen, rekening incluis.

De kunstenaar had in zijn begintijd in Empede briefjes aan de lantaarnpalen opgehangen, OPEN ATELIER, EEN GLAS WIJN. 'Maar er kwam geen hond'. Jacques was beledigd.

Op het schuttersfeest stelde de kunstenaar niet zonder voldoening vast: 'En nu staan ze allemaal te staren: wat krijgen we nou, daar komt die rare Gassmann met die stervoetballer?' Voor een diepgaandere dorpintegratie kwamen ze evenwel te laat. Het was even voor negenen 's avonds. Naar het zich liet aanzien was er al een eeuwigheid gefeest en vooral gedronken, en de gasten die nog in staat waren een normaal gesprek te voeren, waren langzamaan in de minderheid. De nuchtere tussen dronken mensen komt erachter wat eenzaamheid is. Voor de keuze gesteld zich navenant te bedrinken of de aftocht te blazen, zaten ze er een uurtje voor het fatsoen bij en gingen toen huiswaarts. Volgend jaar zouden ze er vroeger heen gaan, zei Teresa.

Jacques, die vond dat zijn gastheer en -vrouw euforischer, luidruchtiger moesten leven, verbaasde zich nu dat ze het onbehouwen schuttersfeest helemaal niet zo slecht vonden. 'Ze hebben Empede altijd hooggehouden. "Is toch aardig hier," zeiden ze.' Jacques mokt, misschien speelt hij het ook maar. 'Maar het dak ging er in Empede nu eenmaal niet af. Toen ik er vertrok, had ik het liefst een bordje in het dorp opgehangen met de tekst: leven verstoort alleen maar de rust.'

Het werd herfst, en ze ontdekten dat ook uitzonderlijke situaties alledaags worden als ze langer duren. In theorie had Lara maar drie weken op de intensive care moeten liggen. In feite ging alleen al anderhalve maand voorbij voor ze uit de kunstmatige coma werd gehaald, en tot haar ouders voor het eerst beleefden dat ze haar ogen en mond bewoog. De angst liet de ouders niet met rust, zelfs wanneer Lara's monitor een hoge zuurstofverzadiging toonde, wanneer de dokter zei, we kunnen al met al niet ontevreden zijn. Er was altijd een ander kind op de afdeling dat hen aan de kwetsbaarheid van het leven herinnerde. Op een morgen was de wieg naast Lara leeg, 'Waar is Sandra nu?' vroeg Teresa en kreeg geen antwoord meer. Ze weet niet meer hoe vaak ze de dood van een ander kind meemaakte, drie keer, vier keer? Maar ze slaagden erin ook dit alledaags patroon zijn mooie momenten te ontfutselen. Na goed drie maanden ondernamen ze een eerste uitstapje met hun dochter. Ze reden Lara in de kinderwagen het balkon op.

De wagen was beladen met een zuurstoffles en polsslagmeter, de voedingsslang stak in Lara's neus, de verzadigingswijzer deed tuut-tuut, nog maar 64 procent. 'Mag het nog?' vroeg Teresa de verpleegster. Eén keer op en neer mochten ze nog op het balkon. Dat was geluk, zegt Teresa, puur geluk.

Enkele weken daarna mocht Lara dan toch naar de cardiologische afdeling, 68b, op de deur hing een door een kinderhand getekende tijgereend.

Hij merkte hoe Lara hem als keeper veranderde. Hij observeerde zichzelf. 'Ik erger me nog steeds over slechte wedstrijden. Maar ik heb geen tijd meer de gedachten wekenlang met me mee te slepen.' Hij ging na een 3-0 zege op Bochum direct naar de kliniek, hij haastte zich na een 0-1 tegen Hertha BSC meteen naar afdeling 68b. 'En de vragen zijn opeens dezelfde, zege of nederlaag: hoe zijn de zuurstofwaarden, hoe is de pols?' Hij had wat geleerd, door de depressie, door Markser, door Teneriffa, door Lara. 'Ik weet nu dat fouten bij een keeper horen. Dat kon ik lange tijd niet accepteren.' Nu, nu hij fouten verdroeg, maakte hij die nauwelijks nog.

Hannover eindigde de eerste helft van het seizoen op een verbluffende zevende plaats, een speeldag eerder waren ze zelfs nog vierde geweest. De trainer had een elftal geformeerd dat zijn goede humeur in de wedstrijd tot uitdrukking bracht. Hun keeper werd het symbool van de mooie verrassing. De Bundesligaprofs kozen Robert Enke voor Oliver Kahn tot de beste doelman van de eerste helft van het seizoen. Het was een onderscheiding voor zijn betrouwbaarheid, al ging het er zoals altijd bij zulke verkiezingen natuurlijk ook een klein beetje onzakelijk aan toe. Enke, die niet met zijn kwaliteiten te koop liep, werd het succes meer gegund dan de op zijn tanden bijtende Kahn.

De trainer van het nationale team meldde zich. Acht maanden nadat Robert Enke in de tweede divisie op de reservebank had gezeten nodigde Jürgen Klinsmann hem uit voor een Aziëreis van het nationale elftal. Robert Enke zei af. Hij had met niemand ruggespraak, zelfs niet met Teresa, hij zei meteen tegen Klinsmann aan de telefoon dat het helaas niet ging, hij kon geen tien dagen weg. Hij moest bij zijn dochter blijven. 'Ik was ontroerd dat hij het me niet vroeg,' zegt Teresa. 'Dat hij er met zo'n overtuiging voor Lara was.'

Robert Enke voelde zich geliefd en erkend. Zo was het makkelijker liefde terug te geven en zich zelfs zijn eigen fouten te vergeven.

Maar wat het grenzeloze begrip betreft, dat was geen eenvoudige zaak. Bij Jacques hadden ze het er steeds moeilijker mee ruimdenkend te blijven. Het gevoel niet thuis te zijn in eigen huis, liet zich sterker gelden. Ze hadden nog steeds hun eigen meubels niet kunnen neerzetten. In het contract stond dat Jacques op zijn laatst op 1 oktober zou verhuizen. Nu was het medio december. Hij was niet eens begonnen naar een nieuw onderkomen uit te kijken.

'Ach, hoezo komen jullie nu met contracten aanzetten, ik dacht dat we vrienden waren!' riep de kunstenaar toen ze hem uiteindelijk 's avonds meedeelden dat het nu echt tijd was eruit te gaan. Jacques' dichterlijke vriend was vertrokken, in plaats daarvan was zijn dochter uit zijn eerste huwelijk op bezoek.

'Maar Jacques, begrijp je niet dat we op den duur niet kunnen samenwonen? En je bent nog niet eens begonnen aan een verhuizing te denken.'

'Oké, ik begin al!' Hij sprong op en begon zijn servies uit de keukenkasten te halen. 'Zien jullie dat, ik pak in!'

'Alsjeblieft Jacques.'

'En ik doe mijn uiterste best om met jullie en jullie kippenhok in één huis te wonen, al die beesten hier, en dan serveren jullie me zo af – als ik dat geweten had!'

Teresa was razend. Robert Enke, die normaliter kalm werd wanneer anderen zich opwonden, streed tevergeefs tegen zijn stijgende woede. Hij kon de situatie ook niet meer van zijn scherpe kantjes ontdoen. Dat nam Jacques' dochter toen op zich.

Een meisje van zestien dat heel rustig, heel bezonnen bemiddelde tussen de volwassenen in hun opgewondenheid. 'Die zit zo in elkaar, niet vertwijfelen,' zei ze tegen Teresa en Robert. 'Papa, kom, wij twee gaan nu naar boven en beginnen je dingen in te pakken.'

Jacques Gassmann ging inderdaad uit de woning, eerst naar een vriend, waar moest hij nu zo plotseling naartoe. Een verrassing had hij echter ten afscheid nog voor hen in petto. Teresa's moeder belde uit Bad Windsheim op. 'Geweldig hoor, dat bij jullie een vernissage plaatsvindt. Maak jij de hapjes?' vroeg ze haar dochter.

Jacques had mensen uitgenodigd voor een wintervernissage, als hij veel schilderijen verkocht, hoefde hij minder uit Empede te verhuizen. Ook Teresa's moeder was uitgenodigd omdat ze Jacques van haar bezoeken in Empede kende. Ze was weg van zijn kunst en stond op zijn adressenlijst. Teresa en Robert had Jacques niets over de gebeurtenis meegedeeld. Die zou toch in zijn atelier, naast hun huis, plaatsvinden.

De volgende avond zaten Teresa en Robert in hun keuken en keken sprakeloos toe hoe een hele hoop vreemde lui geheel vanzelfsprekend door hun huis liepen en wilden weten waar de wc was. 'Wat krijgen we nou?' vroeg Robert Teresa. 'Een slechte film? Of de volstrekt normale waanzin van ons leven?' Ze besloten erom te lachen. Het vatte hun begintijd in Hannover wel zo'n beetje samen, zegt Teresa. 'Het was een mooie, maar ook echt heel moeilijke tijd.'

VIJFTIEN

Lara

In een ruimte voor tweehonderd mensen waren zij de enige gasten. Rode plastic stoelen stonden bij eenvoudige houten tafels, een paar potplanten tussen de rijen tafels getuigden van de vergeefse poging de zaal uitnodigender in te richten. Teresa en Robert Enke brachten Kerstmis door in de ziekenhuiskantine. Sommige details vergeet je nooit: ze aten zalm met groene tagliatelle.

Onbedoeld hadden hun kennissen hen de afgelopen dagen verdriet gedaan met simpele vragen als: 'En, waar gaan jullie in de kerstvakantie naartoe?' Naar het ziekenhuis.

Buiten regende het. Maar de eenzaamheid in de eetzaal, die hen zonet nog aan hun trieste situatie had herinnerd, gaf hun minuten later het gevoel een bijzondere kerst te vieren. Ze hadden Lara, die nu op afdeling 68b vredig sliep. Ze hadden elkaar. Teresa fotografeerde het kantinevoedsel, hun unieke kerstmaal.

Robert Enke hield vakantie aan de telefoon. De gesprekken met Marco zorgden voor een beetje afleiding. Sinds Lara's geboorte belde ook Teresa weer regelmatig met de Villa's, die zelf een dochter hadden gekregen, Chiara. En terwijl Marco zich met Robert onderhield over zeer verschillende zorgen om de kinderen, meende hij te begrijpen waarom zijn vriend in Hannover zo fantastisch speelde. 'Hij voelde zich waardevoller omdat hij voor Lara zorgde. Uit dit gevoel van eigenwaarde haalde hij ontzettend veel kracht en trots.'

Te beleven hoe soeverein Robert zijn moeilijke situatie het hoofd bood, was voor Marco niet alleen maar een grote vreugde. Het stak hem ook een beetje. Want hij vroeg zich automatisch af waarom hij niet op eendere wijze met de druk van de profsport klaarkwam. Hij kwam in Arezzo slechts onregelmatig tot spelen, in de winterpauze zou hij naar Ferrara overstappen, weer derde divisie. Marco Villa had zich vanaf dag één altijd een beetje als Robert Enkes beschermengel gevoeld. Werden de rollen nu omgedraaid?

Toen Marco in Empede op bezoek kwam, zei Robert: 'Kom 'ns mee.' Hij nam zijn vriend mee naar zijn kantoor, de planken reikten tot het plafond, dozen vol foto's stonden naast cursussen Spaans en ordners met het opschrift 'Bedrijfsbelasting'. Robert pakte een van die ordners. 'Hier, kijk eens. Mijn depri-ordner.' Hij liet Marco zijn dagboeken zien, het dwergengedicht. Hij meende glimlachend erop terug te kunnen kijken.

Op Valentijnsdag 2005 kwam Lara naar huis. Haar ouders hadden sinds haar geboorte vijfenhalve maand geleden haar kamer voor haar ingericht. Nu hielden ze een kind met blauwe lippen in hun armen en moesten eraan geloven. Elke drie uur kreeg ze vloeibaar eten via een slangetje in haar neus. Als het verzadigingstoestel piepte, moesten de ouders op de monitor kijken of het zuurstofgehalte niet onder de zestig procent was gedaald. Dan zou Lara meteen naar de kliniek gebracht moeten worden. In de eerste vier dagen sliep Robert weinig en Teresa helemaal niet. 'Hij was blij dat Lara thuis was, maar ik was op van de zenuwen,' zegt Teresa. 'De verantwoording, de angst alles fout te doen, ik werd er stapel van.' De laatste van de drie hartoperaties stond Lara nog te wachten.

'Nu heeft ze alweer overgegeven!' riep Teresa vertwijfeld nadat ze Lara net de voedingsoplossing gegeven had, nu moest ze van voren af aan beginnen, elke voeding duurde anderhalf uur. Later zat ze eindelijk rustig in de keuken, toen ze het getuut van de verzadigingssensor hoorde, maar hoe moest ze nog weten of hij echt of alleen maar in haar hoofd tuutte? Voortdurend ging ze naar Lara's kamer, ter controle. Ze was een fervente slaapster geweest, ''s Avonds lekker onder de dekens kruipen en lezen was altijd het heerlijkste dat er was.' Sinds Lara's geboorte had Teresa nauwelijks een nacht doorgeslapen. 'Het zit zo diep in me, dat ik steeds wakker word.'

Na Robert Enkes dood ontstond de eenzijdige indruk van een

man die op Teresa's liefde en hulp was aangewezen. Vaker echter hielp hij anderen, ook haar.

'Je hoeft haar toch niet nog eens de hele dosis te geven, ze heeft toch niet alles uitgespuugd,' zei hij en leidde Teresa met zachte hand van Lara's bed weg. 'Ik ga al,' riep hij als ze weer obsessief naar de zuurstofverzadiging moest gaan kijken. 'Is tegen de zeventig procent,' zei hij tegen haar als de verzadiging rond de 67 procent was.

Op de vierde dag van het leven met Lara thuis zei hij, misschien had het een bedoeling dat een kind met Lara's problemen bij hen terecht was gekomen, een stel zonder financiële zorgen. Laten we toch een verpleegster voor de nacht aannemen, zelfs al vergoedt de ziektekostenverzekering de kosten niet.

Op 18 februari 2005 kwam de nachtverpleegster voor het eerst. Het was Teresa's verjaardag.

'En, wat doe je vandaag?' vroeg Jörg aan de telefoon nadat hij haar gefeliciteerd had.

'Ik ga slapen, eindelijk weer slapen. Dat is mijn verjaardagsfeestje.'

Met Lara thuis begonnen ze driekwart jaar na hun aankomst langzaam het land waar te nemen waarnaar ze waren teruggekeerd. Bij de supermarktkassa in Neustadt hield Robert Enke het bij het inpakken nauwelijks bij, de klant achter hem keek hem al nors aan, dat moest je toch sneller kunnen doen, ze begreep niet waarom hij glimlachte. Zijn glimlach was niet voor haar bedoeld, maar gold zijn gedachten. Hij herinnerde zich de supermarkt in Lissabon waar iedereen in de rij stoïcijns had gewacht tot de klant helemaal vooraan klaar was met haar kletspraatje met de caissière over het frambozentaartrecept.

Ze waren geen globetrotters uit overtuiging geweest, het toeval had ze vijf jaar door Zuid-Europa laten zwerven. Toch voelden ze de verscheurdheid van de thuiskomer. Ze misten het licht van Lissabon, het ruisen van de golven en het gevoel thuis te zijn, zoals ze dat met hun vrienden in Sant Cugat hadden gehad. Robert las vaak op internet in de Portugese sportkranten het nieuws over Benfica en, wat hij niet graag toegaf, in *El Mundo Deportivo* over Barça. Maar de herinnering aan het zuiden bedierf niet hun welbehagen in Empede. Het was mooi hier, de weidsheid van de velden, de rust van de bossen, het moest hier wel mooi zijn, als je met je baby lange wandelingen kon maken, als je bij vertrouwde buren even aanbellen kon, als je deed en kon doen wat normale ouders zoal deden.

In hun leven tussen intensive care en trainingsveld hadden ze nauwelijks iemand leren kennen. Hannovers aanvaller Thomas Christiansen en zijn vrouw Nuria waren een keer naar de kliniek gekomen. Christiansen moest kort daarna weer naar buiten. Hij hield de aanblik niet uit.

Met Christiansen, een Deen met een Spaanse moeder, praatte Robert Enke bij de training uit plezier in de taal nog vaak Spaans. Woensdags, wanneer het elftal tweemaal trainde, bleef een groepje spelers na afloop van de training nog bij elkaar. Ze waren weer terug in het stadion, de verbouwingen voor het WK waren afgerond, maar in de ruimte achter hun kleedkamer zag het allesbehalve naar wereldkampioenschappen uit. Lege kratten flessen stonden opgestapeld in de hoeken, het rook naar schoencrème. Het was Milles rijk. Materiaalverzorger heet in het voetbaljargon de job van Michael Gorgas, ook wel Mille genoemd, hij zorgt voor het onderhoud van het materiaal, onderhoudt de voetbalschoenen, verzorgt de sportkleding. Woensdags na de training kookte hij voor de profs in zijn kamer rookworst uit gesealde verpakkingen. In zijn koelkast sloeg Mille bier met citroensmaak op. Vertrek twee noemden de voetballers zijn kamer. Hier werd succes geboren.

Op plaats tien van de Bundesliga stond Hannover 96 aan het eind van Robert Enkes eerste seizoen, helemaal niet gek voor een club die niet meer gewend was aan succes. De trainer met zijn scherpe oog had spelers gevonden die een elftal beter maakten, Robert Enke, Per Mertesacker, Michael Tarnat. Hij had de achterhoede op orde gebracht en een concept bedacht voor de aanvallen, het was geen buitengewoon voetbal, alleen maar een met heldere concepten. De vakkennis van de trainer zou echter theoretisch gebleven zijn wanneer Lienen niet met zijn gemeenschappelijke acties aan de eettafel en in de dierentuin iets in gang gezet had. In vertrek twee zat de harde kern van het elftal, na de sauna alleen met handdoeken aan, rookworst en bier in hun handen. Michael Tarnat, Frank Juric, Vinícius, Robert Enke en nog een aantal, acht tot tien man, later ook Hanno Balitsch, Szabolcs Huszti en Arnold Bruggink amuseerden zich met lullen over voetbal en flauwekul maken, en ongemerkt ontstond in vertrek twee een teamgeest.

'Wedden, Mille, dat het je niet lukt vijftien rookworsten met broodjes in een halfuur naar binnen te werken,' zei een van de spelers. En Mille begon te eten.

De anderen haalden nog een bier. Na dertien rookworsten kon Mille niet meer.

'Kom, we doen een zevendaagse marathon.' Ze zetten afvalemmers, kratten water en voetballen als hindernissen op, en Mille maakte met zijn fiets bochtjes door de ruimte, door het parcours, 'sneller, Mille', hij vloog uit de bocht om de afvalemmer, hij maakte een harde val. Maar Mille lachte hartelijk met de andere voetballers mee. Naar zijn idee was de pias uit te hangen de belangrijkste taak van een materiaalknecht.

'Het is mooi om succes te hebben. Maar nog mooier is het met vrienden samen succes te hebben,' zei Robert Enke. 'Ploegen met een saamhorigheidsgevoel als het onze vind je maar zelden in het profvoetbal.'

In de kleedkamer zat hij naast Michael Tarnat. Tarnat was al zesendertig, hij had bij Bayern München gespeeld en op het WK van 1998 was hij voor Duitsland uitgekomen. Tarnats ideeën hoe het in een profelftal zou moeten gaan, stamden nog uit de oude tijd van Stefan Effenberg. Wanneer de twintigjarige Jan Rosenthal in de trainingswedstrijd de bal door een hakballetje kwijtraakte, vloerde Tarnat hem bij de volgende actie. Die manier van spelen zou de jongen heel snel afleren. Robert Enke nam Rosenthal in de arm en sprak hem moed in toen hij de jongen na een slechte wedstrijd vertwijfeld, hyperventilerend in de toiletruimte aantrof, over de wastafel gebogen.

Innerlijk had hij nog steeds zo zijn twijfels bij de harde manier van doen van de Effenberg-generatie. Maar anders dan destijds in Mönchengladbach stond hij nu niet meer aan de kant van degenen die het maar te slikken hadden, maar was hij een van de mensen die de regie voerden. Michael Tarnat was een van zijn beste collega's in het elftal. Tarnats compromisloze, vaak ook grappige manier om misstanden aan de orde te stellen, hielp het team, zoveel was hem nu wel duidelijk. Maar hij vond ook een antwoord op de vraag die hij zich acht jaar geleden tijdens zijn eerste weken in Mönchengladbach had gesteld: moest hij ook zo zijn? Nee, hij hoefde niet zo te zijn, en hij zou het ook nooit willen zijn.

In vertrek twee ontdekte hij het voetbalspel. Tot voor kort had hem het spel verder niet geïnteresseerd, alleen maar de zeer specifieke taak van de doelman. Nu luisterde hij naar Tarnat of Balitsch, hoe ze discussieerden. Hij begon als een trainer over het voetbal na te denken: moest een van de defensieve middenveldspelers vaker meegaan in de aanval? Waarom speelden ze niet meer in de breedte van de rechtsback naar de centrale verdediger om de pressie van de tegenstander te ontwijken? Zoals bijna iedereen die op een bepaald punt voetbal strategisch bekijkt, voelde Robert Enke zich plotseling verrijkt. Tegelijkertijd vroeg hij zich af wat een weggegooide tijd het was geweest voetbal jarenlang alleen maar oppervlakkig te bekijken.

Het voetbalspel, dat de wereld elk weekend weer schijnbaar eenduidig in winnaars en verliezers verdeelt, verleidt vaak de slimste observators nog tot simplificaties. Tot die conclusie moest hij komen, toen zijn tweede seizoen in Hannover in augustus 2005 nog maar net begonnen was. Hannover 96 hield maar moeizaam aansluiting bij de middenmoot van de ranglijst. Dat was, rekening houdend met de mogelijkheden van de club, acceptabel. Maar niemand buiten vertrek twee leek het elftal nog aan hun mogelijkheden af te meten, maar aan de geweldige tiende plaats van het jaar tevoren. Met Hanno Balitsch en Thomas Brdarić waren er twee sporadische internationals in de ploeg bij gekomen, moest het elftal daardoor niet nog beter zijn? In plaats daarvan verloor de ploeg eind oktober met 1-4 in Bielefeld. Een week later speelde Hannover nog slechter en stonden ze na 65 minuten met 0-2 achter tegen Mainz. De toeschouwers schreeuwden: 'We zijn het zat!', 'Weg met Lienen!'

De mannen uit vertrek twee wisten dat hun elftal door een van die fasen ging waarin weinig lukt, en die steeds weer voorkomen bij een team in de middenmoot. Maar ze vermoedden dat de clubmanager Ilja Kaenzig dat niet meer zag, onder invloed van de hysterie van het publiek, gevangen als hij zat in zijn eigen denkwijze dat ze dit seizoen nog hoger, steeds hoger zouden moeten komen. Bij een 0-2 zou de manager de trainer, hun trainer ontslaan.

Ewald Lienen, binnen de ploeg vaderlijk begripvol, in het openbaar zeer gevoelig, had zijn positie met klunzige mediaoptredens niet bepaald versterkt.

Vier minuten voor het eind van de wedstrijd scoorde Brdarić uit een strafschop de 1-2. In de laatste speelminuut, die al zo'n 180 seconden duurde, schoof Tarnat vanuit een srimmage de bal in de goal: 2-2. Tarnat was de eerste die naar de zijlijn liep, naar hun trainer. In een mum van tijd groeide het uit tot een demonstratie. Alle spelers stortten zich juichend op Lienen. Robert Enke moest vanuit zijn doel de langste weg afleggen. Zo kon hij zich helemaal boven op de mensenberg werpen.

Kaenzig aarzelde.

Je moet wel een manager met sterke zenuwen en vooral een grote vakbekwaamheid zijn om 'Weg met de trainer!'-kreten te negeren. Er zijn niet veel managers die bij het naderen van de degradatiezone nadenken. De automatismen in het veld functioneren nog, er heerst nog steeds een constructief werkklimaat in de ploeg, we zullen wel weer uit dat gat omhoogklauteren, de trainer blijft waar die is.

Kaenzig vergaderde twee dagen na de 2-2 drie uur lang in een Beurshotel met Lienen. Daarna zei hij hem, nou goed, kijken we eerst maar eens wat er gebeurt.

De volgende morgen kleedde Lienen zich voor de training om, hij had zijn voetbalschoenen en marineblauwe windjack al aan toen Kaenzig binnenkwam. Het speet hem zeer maar hij had besloten hem te ontslaan.

Het elftal werd in een vergaderzaal bijeengeroepen. De woede waaruit muiterijen ontstaan, kookte in heel wat spelers. 'We hebben geen crisissituatie maar een stagnatie geconstateerd,' zei de manager. De spelers zaten met de armen over elkaar voor hem en zwegen. Een prof moet de beslissingen van zijn superieur zonder te mokken accepteren, hij moet eventueel ook de club dienen als

Robert met Lara na de overwinning op Bayer Leverkusen in Hannover.

dat botst met zijn eigen mening. Dat behoort tot de ongeschreven wetten van het voetbal. Opeens stond er een speler op. Robert Enke sprak met een rustige, heldere stem. 'De beslissing van de club hebben we als werknemers te respecteren. Maar de manier waarop u de trainer eruit gegooid hebt, is beneden peil. Het is stijlloos.'

Conflicten vond hij nog steeds onaangenaam. Alleen, gesterkt na de depressie had hij gemerkt dat hij ze ook zakelijk, beheerst tot een eind kon brengen.

In januari 2006, zestien maanden oud, doorstond Lara ook de derde hartoperatie. 'De levensbedreigende fase is voorbij,' zei Robert. Trots bekeken de ouders hun kind. Het had de blonde haren van de vader terwijl je in de ogenpartij de moeder kon herkennen. Met enige maanden vertraging leerde Lara te zitten. Op een bepaald moment pakte ze een stoel vast en probeerde op haar wankele beentjes te gaan staan. Wanneer de ouders tegen haar praatten, bewoog ze haar mond alsof ze iets wilde zeggen. Er kwam geen woord uit. 'Echt gezond zal Lara nooit worden,' zei Robert en klonk enerzijds nuchter, anderzijds als een gelukkige vader die zijn kind tot alles in staat acht.

Het was opvallend hoe vaak Lara lachte. Wanneer ze een van de honden zag, wanneer haar vader voor haar met de ogen rolde, wanneer haar moeder een baseballpetje opzette. Voor Ela, de huishoudster, was Lara een kind dat je nu eenmaal geen potje babyvoeding gaf maar kunstmatig voedde, en dat gewoon nog niet kon lopen. Ela behandelde Lara zonder aanrakingsangst, zonder angst dat haar iets kon overkomen. Ze nam de kleine mee uit winkelen en naar andere kinderen. Ela liet haar ouders iets zien, zonder het te merken: het ging toch. Er was, ook voor Lara, een normaliteit. Of tenminste iets wat leek op normaliteit.

In maart werd ze door 37.000 mensen toegejuicht. Teresa had haar mee naar het stadion genomen. Toen Hannover FC Köln verslagen had met 1-0 en naar de zevende plaats op de ranglijst geklommen was, nam Robert Enke Lara mee bij de ereronde. Hij droeg haar op zijn keepershandschoenen.

'Met deze aanblik ging voor mij een wens in vervulling,' zegt Teresa. 'We hadden het 'm geflikt: de depressie en Lara's hartoperaties doorstaan, sportief gezien was hij er weer bovenop, als paar waren we gelukkig gebleven. Ik had het graag ingevroren, dat moment.'

De zomer kwam eraan. 2006, het zomersprookje, zeiden de Duitsers. Het WK-voetbal en de zomer waren in het land. Robert Enke was als vierde doelman op afroep voor het WK geselecteerd, zoals het in jargon heet: hij stond stand-by. In het geval dat twee van de drie keepers van het nationale elftal iets overkwam, zou hij ze opvolgen. Dat was zeer onwaarschijnlijk. Niet erbij te mogen zijn en toch klaar te moeten staan beschouwden anderen als een vernedering. De aanvaller van Schalke Kevin Kurányi deelde mee dat niemand hem hoefde op te roepen, hij ging op vakantie. Robert Enke stond in de tuin, trots op zijn quasi-selectie, en kreeg de parasol weer eens niet open.

Op mijn schoot in de tuin zat Lara. Terwijl Teresa een moment het huis in ging, zei Robert tegen mij, 'voor het geval je Lara's handen koud vindt, zeg er Teresa alsjeblieft niks over, ze maakt zich zo'n zorgen over haar koude handen'.

Lara had een PEG-sonde gekregen. Ze kon nu direct door de

buikwand worden gevoed in plaats van door een slangetje in haar neus. De ouders hoefden niet meer na het eten met een stethoscoop te checken of de melk echt in de maag terecht was gekomen en niet per ongeluk in een long.

Zonder een slangetje in het gezicht zag ze er opeens gezonder uit. De ouders pakten een koffer als voor een expeditie, melk, spuiten, tabletten, pulsoximeter, alles voor het geval dat, en gingen met haar naar de dierentuin. Ze deden Lara in een draagdoek op de buik en namen haar mee met de honden de velden in. Voor enige ogenblikken vergaten ze de eeuwige klok in hun hoofd, sonderen over een uur, tijd om te slapen over anderhalf uur. Op een avond lieten ze Lara langer dan gewoonlijk, als geprogrammeerd opblijven. Het waren maar dertig minuten, maar het leek wel een zomersprookje.

Zijn mobiel ging, het was Jörg Neblung, het ging over de contractverlenging in Hannover. Over een jaar zou zijn contract eindigen, Hannover wilde zo snel mogelijk zeker zijn van de continuering. Er waren aanlokkelijker vooruitzichten. Hamburger sv was latent geïnteresseerd. Bayer Leverkusen had zijn chef-scout Norbert Ziegler zelfs naar de training gestuurd om hem te observeren. De keeper van Leverkusen Hans Jörg Butt was al tweeëndertig, Bayers directeuren bespraken of ze niet eens langzaamaan naar een opvolger moesten uitzien, ook al waren ze een opwindende doelman van het Duitse juniorenelftal aan het opleiden. René Adler heette hij. Maar je wist immers nooit of talenten ook werkelijk tot volle wasdom kwamen. 'Natuurlijk zou ik naar een grotere club kunnen overstappen, als ik me erop toeleg,' zei Robert Enke in de tuin. 'Maar wanneer Hannover het salaris bijeenkrijgt, kan ik me goed voorstellen te blijven.' Hij wilde niet weer vergeten dat altijd verder, altijd hogerop niet altijd de juiste richting is. 'Ik weet wat ik hier heb: in de Bundesliga spelen, maandags de goede kritieken meepikken.'

Lara zat in het gras en keek naar een van de honden.

Voor de deur stond, zoals bijna elke dag, een gehandicapte man uit het dorp en wachtte, om een woord, een gebaar van zijn idool op te vangen. Robert Enke zei, nou, met alle liefde, maar nu moest hij toch eens een ernstig woordje spreken met de goede man, hij kon niet elke dag urenlang voor zijn deur gaan staan. Toen ging hij naar buiten, vroeg: 'Hoe gaat het?' en begon goedgemutst met de man te kletsen.

Later gingen we het huis in omdat er zo meteen een WK-wedstrijd begon. Italië tegen de VS. Hij wilde de grote Buffon eens nader bestuderen. 'Maar je ziet nooit wat omdat hij niets te doen krijgt in zijn doel.'

'Hij kijkt natuurlijk alle WK-wedstrijden,' riep Teresa me na.

'Hoezo, Zuid-Korea tegen Togo heb ik niet gekeken.'

In huis hadden ze naast veel vrolijke kleurenfoto's ettelijke zwarte schilderijen opgehangen. Schilderijen van Jacques Gassmann.

Sinds Jacques niet meer hun huis kraakte, voelde Robert Enke een toenemende genegenheid voor de kunstenaar die, ergens, toch zijn kunstenaar was. 'Ik heb mijn beeld van hem moeten herzien,' zegt Jacques Gassmann. Toen hij bij de Enkes woonde, had hij 's avonds vaak alleen met Teresa aan de keukentafel gezeten omdat Robert blijkbaar genoeg van hem had. Nu verzamelde Robert Enke de post van Jacques. De politie stuurde hem meer dan eens brieven, het was eens tot een handgemeen gekomen tussen de kunstenaar en een man in een autowasstraat, een andere keer was hij op de A7 bij Fulda geflitst. Het ministerie van Financiën moest hem er van tijd tot tijd aan herinneren dat er zoiets bestond als een belastingaangifte. Jacques woonde afwisselend in Hannover en Polen. De post werd nog steeds naar Empede gestuurd.

'Wanneer je hem nu ook nog met zijn brieven achterna loopt, leert hij nooit dat je in het leven ook bepaalde dingen moet regelen,' zei Teresa tegen Robert.

Hij was echter vastbesloten zijn kunstenaar erbij te helpen het leven op orde te brengen. Af en toe belde hij Jacques op, ze moesten afspreken, dan kon hij hem de post geven. Een keer stuurde hij de kunstenaar een ellenlange sms uit Saoedi-Arabië, waar hij net voor het voetbal verbleef. Hij wilde alleen nog even eraan herinneren dat op maandag de betalingstermijn voor een bekeuring afliep, zestig euro, het referentienummer was... Zijn sms-berichten aan Jacques begon hij steevast met 'Grote Meester!'

Robert en Teresa met Lara in de sprookjeszomer van 2006.

'Deels vond ik zijn toewijding bizar,' zegt Jacques, 'zou het niet eenvoudiger zijn geweest als hij die zestig euro voor mijn parkeerovertreding had betaald, in plaats van sms-berichten uit Arabië te sturen?'

Jacques' tegenwerpingen, het was wel aardig bedoeld maar hij hoefde echt niet zo gewetensvol te zorgen voor zijn post, wuifde de keeper weg. 'Jacques, je bent een chaoot, als je dat zelf doet, lukt het in elk geval niet.' Toen meende Jacques Gassmann te hebben begrepen waarom het Robert Enke echt ging. 'Die bekeuringen waren zijn navelstreng met mij. Hij had altijd een aanleiding nodig, een voorwendsel, om contact op te nemen. En dan begon het gekwetter vanzelf.'

Ze hadden niets gemeen behalve vijf gemeenschappelijke, vaak moeizame maanden onder één dak. Wanneer ze elkaar nu voor het overhandigen van de post ontmoetten, praatte Jacques Gassmann met hem over voetbalkeepers, iets waar hij geen notie van had, en Robert Enke vroeg naar de kunst, waar hij geen benul van had. Jacques kocht speciaal een tv om hem te zien spelen, Robert ging naar de expositie 'Apokalypse' in de St. Johanniskerk van Bemerode. Juist omdat Jacques zo anders was sprak hij graag met hem, zolang het maar niet te vaak was. De kunstenaar verging het net zo. Daarom ergert Jacques Gassmann zich erover dat hij Robert Enke het misschien wel belangrijkste nooit heeft verteld. Zijn eigen verleden.

Hij kreeg een stipendium van het Sprengelmuseum, de media berichtten dat er een nieuwe ster aan het firmament was verschenen. 'De mensen zeiden, nu heeft hij alles. Ik vond dat ik voortdurend onder druk stond.' Op een zeker moment had hij pijn in zijn borst, hij dacht dat hij longkanker had. In werkelijkheid had hij pijn aan zijn borstspieren van het windsurfen. 'Het geluk bestaat er immers niet uit helemaal aan de top te staan,' zegt Jacques Gassmann.

Maar waaruit dan wel?

'Geluk is te erkennen hoeveel druk je aankan. Geluk betekent je van mensen los te maken die je vanwege iets vereren wat je niet bent. Niet te proberen deze mensen te bevallen. Niet voortdurend ermee bezig te zijn, soeverein over te komen.'

Jacques Gassmann woont nu in Würzburg. De katholieke kerk is zijn grote opdrachtgever geworden. Later op de avond heeft hij nog een afspraak met de dompastoor. 'Die rockt,' zegt Jacques. Zijn blauwe broek is met kleine, witte verfspatten besprenkeld, wie zijn beroep niet kent, zou kunnen denken dat het een dure designbroek is. 'Dat vond ik ook aan Robert zo interessant: uiterlijk begon hij er steeds meer als een klassieke voetballer uit te zien.' Hij begon in Hannover zijn hemden wijdopen te dragen, hij kocht riemen met stanspatronen en reed voor de eerste keer een auto voor de show, een grote Mercedes. 'Maar in wezen had hij met dit cliché steeds minder van doen.' Op een keer kreeg Jacques een 'heel ontroerende brief'. Jammer dat ze elkaar de laatste tijd zo vaak misgelopen waren, ondertekend door Teresa en Robert. 'Dank je voor de mooie brief,' zei Jacques de keer daarop tegen Teresa aan de telefoon.

'Wat? Welke brief?'

Robert had hem alleen geschreven.

In de Duitse zomer van 2006 wist de zon van geen wijken. Teresa en Robert reisden het licht tegemoet. Het Goethe-Institut nodigde hem ter gelegenheid van het WK uit voor een manifestatie in Lissabon. Na vier jaar keerde hij voor de eerste keer terug. Toen ze de stad vanuit het vliegtuig zagen, begon Teresa te huilen.

'Wat doe je nou?'

'Ik ben zo gelukkig,' zei ze en dacht aan een zin waarvan ze dacht dat ze hem allang had vergeten, zijn eerste woorden in het Portugees. 'É bom estar aqui.' Het is goed hier te zijn.

Hij wilde meteen naar de zee in Cascais, naar La Villa in Estoril, naar het Pálacio Fronteira, naar het Blues Café. 'Het was mooi naast hem te lopen en te merken: hier is hij thuis,' zegt Paulo Azevedo, die de manifestatie van het Goethe-Institut organiseerde. Vaak moesten ze blijven staan omdat passanten Robert aanspraken. Ze wilden hem zeggen dat hij terug moest komen. 'En het verbazingwekkendste was dat het niet uitmaakte of het supporters van Benfica of de grote rivalen Sporting en Porto waren. De mensen zeiden allemaal: "Man, kom terug,"' vertelt Paul Azevedo. 'Wanneer het Sporting-fans waren, voegden ze eraan toe: "Maar dan naar ons." Dat bewijst wat een indruk hij hier gemaakt had.' Avonden van het Goethe-Institut met meer dan vijftig gasten zijn een uitzondering, op de discussie met Robert Enke kwamen achthonderd mensen af. Een Portugese tv-zender zond het live uit.

Lissabon was de grote tijd geweest, de gedachte schoot hem zonder hem pijn te doen te binnen. Het leven in Hannover had hem met zijn weg verzoend.

Hoewel Lara al anderhalf jaar bij hen in Empede was, voelden ze zich in de kliniek van de medische hogeschool nog altijd op een beklemmende manier thuis. Ze moesten vaak genoeg op controle. Ook deze keer hadden de artsen weer een nieuw bericht voor hen. Lara was doof. Alles wees er echter op dat haar gehoorzenuw nog functioneerde, vandaar dat ze erover dachten cochlea-implantaten in haar oren in te brengen. Ook met het hoorapparaat zou het twee tot drie jaar duren voor Lara leerde te horen, maar het was mogelijk. Teresa en Robert verschoven de operatie naar september, dan kon Lara haar verjaardag op 31 augustus thuis vieren.

Robert Enke en zijn nieuwe vriend Paulo Azevedo bij de tv-uitzending van het WK in Lissabon.

Het voetbalseizoen 2006-2007 was al aan de gang, zijn derde in Hannover. In het tweede seizoen waren ze na Lienens ontslag nog twaalfde geworden, heel solide, Robert Enke wilde het zich echter niet laten aanpraten dat het ontslag van zijn mentor iets had opgeleverd: 'We hadden het ook met Lienen nog wel gehaald.' Wat diens opvolger betrof, Peter Neururer, bleef hij sceptisch. 'Zou mooi zijn als we ook eens wat anders dan hoekschoppen zouden trainen.' Met doelpunten na goed ingestudeerde hoekschoppen tegen een gebrekkig gepositioneerde achterhoede had Neururer sinds jaren in de Bundesliga succes op korte termijn behaald, maar steevast liet het geluk hem, gezien zijn nicheprogramma, ook weer op de middellange termijn in de steek. Al na drie wedstrijden van het nieuwe seizoen werd hij ontslagen, met drie nederlagen stond het elftal helemaal onder aan de ranglijst. Dieter Hecking was de volgende in Hannover.

De eerste wedstrijd met de nieuwe trainer viel op de dag van Lara's ooroperatie. Robert Enke moest andermaal met zijn volledige aandacht op twee plekken tegelijk zijn, voetbalveld en operatiezaal. Maar deze keer stond de kliniek voor hoop, want de operatie zou in vergelijking met de drie ingrepen aan haar open hart minder gecompliceerd, minder beangstigend zijn. In het stadion wachtte een moeilijke test. Wanneer ze onder de nieuwe trainer niet meteen wonnen, konden ze makkelijk in de degradatiestrijd blijven steken.

Hij was met het elftal in het hotel om zich voor te bereiden op de Bundesligawedstrijd tegen VfL Wolfsburg. Teresa zat in de wachtkamer van de kliniek. Lara lag op de operatietafel. De artsen controleerden de waarden, hartslag, pols, zuurstofverzadiging, Lara's toestand onder volledige narcose was stabiel. Ze konden opereren. Nadat ze het eerste cochlea-implantaat hadden ingebracht zouden ze beslissen of ze het van Lara konden vergen, haar ook nog aan haar tweede oor te opereren. In Wolfsburg maakte de nieuwe trainer de opstelling bekend. Thomas Brdarić, de achtvoudige international, en Altin Lala, de aanvoerder, keerden in het elftal terug. In een van die voor het profvoetbal typerende conflicten waarvan niemand meer wist waardoor ze eigenlijk zijn ontstaan, had Neururer de twee in de weken daarvoor uit de basis gelaten.

Alles oké, zei de arts vroeg in de avond tegen Teresa, beide operaties waren geslaagd, de bloedsomloop van de kleine was stabiel. Ze brachten Lara uit de operatiezaal. Om haar hoofd had ze een verband. Om acht uur eindigde de bezoektijd op de intensive care, Teresa ging naar huis. Voor Robert begon in Wolfsburg de wedstrijd.

Algauw bleek dat een trainer een elftal met duidelijke instructies in een week kan veranderen. Niets is in het voetbal moeilijker te bereiken dan eenvoud, maar wanneer Dieter Hecking verdedigingssystemen uitlegde leek opeens alles wat wekenlang misging, helder, simpel. Hannover 96 controleerde de wedstrijd in Wolfsburg met zijn defensieve opstelling, de bal kwam niet van het middenveld af. Brdarić bracht hen op voorsprong, 0-1. Bij de tegenaanval viel echter de gelijkmaker al. Teresa had thuis de tv aangezet, bij tegengoals stokte automatisch de adem bij haar. Robert had er niets aan kunnen doen, daarvan overtuigde ze zich in de herhaling. Brdarić scoorde de 1-2. Hannover had voor het eerst

in het nog jonge seizoen gewonnen. Teresa sliep makkelijk in.
De volgende morgen om acht uur ging Robert naar de kliniek. Lara had 's nachts een beetje overgegeven, maar in beperkte mate, alles was in orde, zei de verpleegster. Ze namen zich voor om beurten bij Lara te waken, 's middags Teresa, 's nachts Robert. Lara sliep, nog steeds uitgeput door de narcose. Robert las de kranten. 'Over Neururer heeft in Hannover niemand het meer,' zei de tweevoudige doelpuntenmaker Brdarić in de *Hannoversche Allgemeine*. Aan Robert Enke werd, zoals altijd na de beste wedstrijden voor een doelman, geen woord besteed: hij had geen moeilijk werk hoeven verrichten. Teresa ging joggen door de velden. 's Middags loste ze Robert weer af. Hij ging naar Empede en keek Bundesliga, Bayern was op weg inderdaad in Bielefeld te verliezen, voor Hamburg liep het in Dortmund ook alweer op een nederlaag uit, die misten echt een uitstekende keeper. Op zijn laatst in de winterpauze zou hij beslissen of hij ging of in Hannover bleef.

'Alles in orde,' zei Teresa tegen hem toen hij voor de nachtwake terugkwam, 'maar probeer nog maar een beetje voeding te geven met de sonde, ik heb niet veel vocht bij haar naar binnen gekregen.' Kleine hapjes als een lepel pap at Lara al via de mond. Vast voedsel zoals een stukje brood nam ze meestal alleen in de mond en spuugde het daarna weer uit. Dat je zoiets doorslikken kon, wist ze nog niet. Soms gaven haar ouders haar een rode lolly, daar zoog ze een eeuwigheid op. Deze keer likte Lara maar twee keer aan de lolly en gaf hem daarna terug aan Teresa. Was dat een teken dat het nog niet zo goed met haar ging na de operatie? Of was het gewoon de stemming waarin hun kind verkeerde?

's Avonds in Empede maakte Teresa een pizza. Ze dacht, mooi, nu hebben we dat gedoe met de implantaten ook gehad. Hoe zou het worden als Lara eindelijk met hen kon praten? In de kliniek deed Robert nog maar eens een poging haar kunstmatig via de sonde te voeden, maar Lara nam niet veel op. Hij vond het niet dramatisch. Ze had in elk geval wat gegeten. Tegen 22.00 uur belde Teresa hem op. Alles oké, zei Robert. Lara sliep.

Hij mocht bij zijn dochter in de kamer overnachten. Na één, twee uur hoorde hij hoe Lara begon te woelen. Hij legde zijn hand op haar, om haar te kalmeren. Haar lichaam was koud. Om ergens mee bezig te zijn, om iets te doen deed hij nog eenmaal zijn best haar vloeibaar voedsel via de sonde te geven. Om middernacht riep hij de nachtdienst.

Waarschijnlijk had ze pijn na de operatie, zei de dienstdoend arts en diende haar een pijnstiller toe. Toen vielen zij en Robert in slaap. Tegen vijven werd hij wakker. Een verpleegster stond naast Lara's bed en schroefde iets vast aan de pulsoximeter. Het meetapparaat stond op nul. Vermoedelijk was de sensor kapot, zei de verpleegster. Haar bewegingen waren ernstig en kalm.

Ze verving de sensor. De nieuwe vond ook geen polsslag meer. Hectisch poogde de verpleegster Lara te reanimeren, ze riep de dienstdoend arts, de arts piepte de voor de intensive care van de kinderafdeling verantwoordelijke chef-arts op. 'Om wie gaat het?' vroeg de chef-arts. Lara Enke. Ze stond versteld. Lara was 's middags stabiel geweest. De verpleegster stuurde Robert het balkon op. Hij probeerde Teresa te bellen. Ze had de telefoon in de keuken laten liggen en hoorde het bellen in haar slaap niet. Hij belde het nummer van de huishoudster, of ze alsjeblieft snel naar Teresa wilde gaan en haar wekken. Het was kwart over vijf in de morgen. 17 september 2006. 'Lara is weg,' zei Robert Enke steeds weer aan de telefoon, 'Lara is weg.' Daarna werd het zwart.

Toen Teresa om zes uur in de morgen via de achteringang van de kliniek binnenkwam, omdat ze van daaruit sneller Lara's kamer bereikte, vond ze Robert voor de deur. Hij lag op de stoep.

'We hebben op de weg terug van het ziekenhuis al meteen tegen elkaar gezegd: het leven gaat verder. Dat was onze spreuk,' zegt Teresa. Dat was wat ze probeerden te doen. Op de autoradio was het bericht al te horen: Robert Enkes dochter gestorven. De doodsoorzaak kennelijk een plotseling hartfalen. Ze belden hun familie en vrienden op. Iedereen memoreert hoe beheerst Robert en Teresa klonken. Ze zeiden tegen iedereen, kom alsjeblieft niet naar Empede.

Ze wilden met zijn tweeën alleen zijn.

Ze baarden Lara thuis op. De kinderen uit het dorp kwamen een laatste keer bij haar op bezoek. Een lagereschoolmeisje verbrak de stilte met de vraag: 'Wat gebeurt er nu met al dat mooie speelgoed?' De wrede onschuld die kinderen eigen is kwam hard aan bij Teresa, en tegelijkertijd moest ze er innerlijk om glimlachen. Voor kinderen ging het zo eenvoudig, altijd speels verder. Hij stond er als verdoofd bij, alsof hij er niet meer was. Bij de rouwmis op de dag na Lara's dood merkte Teresa dat iets in hem wroette.

'En, training morgen, beter van niet, toch?' vroeg hij, zijn stem nog te broos om hele zinnen te vormen.

'Natuurlijk wel, Robbi!'

'Vind je?'

'Natuurlijk, als het je helpt. Voetbal is een deel van ons leven. Zorg dat je weer het normale leven oppakt.'

'En het weekend?'

'Spelen.'

'Ja?'

'Robbi, of je deze zaterdag weer speelt of de volgende, het verandert niets, behalve dat het steeds moeilijker zal worden terug te keren, hoe langer je wacht.'

Op dinsdag, twee dagen daarna, verscheen Robert Enke op de training. Hij sleepte een zwijgen achter zich aan, waar hij ook kwam verstomden de gesprekken, er vormde zich een corridor van geluidloosheid om hem heen. In de kleedkamer ging hij niet zitten. Hij had hun iets te zeggen, zei hij staande. De meeste spelers keken naar de grond. 'Zoals jullie weten is Lara gestorven. Ik vraag jullie, heb geen aanrakingsangst, spreek me spontaan aan als jullie vragen hebben. Ga natuurlijk met haar dood om.' Hij maakte een soevereine, sterke indruk.

'Het was een aangrijpend moment,' zegt Tommy Westphal, zijn vriend, de teambegeleider. 'Maar daarna heeft niemand hem naar Lara gevraagd. Niemand van het elftal heeft het klaargekregen iets tegen hem te zeggen wat boven de normale condoleance uitging. Ik had het gevoel dat het voor zijn medespelers moeilijker was dan voor hem met de situatie om te gaan.' Waarover konden ze nog met elkaar praten wanneer Robert zich onder hen bevond, konden ze eigenlijk nog wel lachen op het trainingsveld?

Voor de ouders en vrienden was het niet eenvoudiger. Hoe moesten ze hun medeleven, hun steun tot uitdrukking brengen wanneer Teresa en Robert niemand wilden zien?

Roberts moeder vluchtte de bergen rond Jena in. Het was een wonderschone dag, de dag na Lara's dood, officieel nog altijd zomer, de voorvoorlaatste dag van de sprookjeszomer van 2006. Gisela Enke spoorde zichzelf aan bijzonder veel water te drinken voor ze eropuit ging, ze marcheerde meer dan dat ze wandelde, als kon ze een bericht eruit lopen. Op een bepaald moment viel ze op het bergpad om. Ze probeerde niet eens op te staan, ze had het gevoel dat het haar toch niet zou lukken. Blijf rustig liggen, zei de moeder tegen zichzelf, er komt toch niemand voorbij.

Thuis schreef ze een brief aan Robert en Teresa. Ze deed alsof het Lara was die schreef: 'Weet je nog, papa, toen ik je van boven tot onder met het eten vol spuugde. Toen kon je niet lachen.' Toen Robert en Teresa de brief lazen, schoten ze vol, en het deed hun goed.

Zijn vader stond de zaterdag daarop plotseling voor hem. Robert Enke nam in de gang voor de kleedkamers zijn positie in, om met Hannover 96 voor de wedstrijd tegen Bayer Leverkusen het stadion binnen te gaan. Zijn vader omhelsde hem. Robert Enke bevroor, geroerd en tegelijkertijd gegeneerd. Het idee dat zijn vader zich langs alle ordebewakers het heiligdom van het stadion binnen geworsteld had, 'Ik ben Robert Enkes vader, laat u mij alsjeblieft door, ik moet naar mijn zoon', vond hij onaangenaam. Ook roerselen zoals schaamte functioneerden dus nog, het was verbazingwekkend wat allemaal nog functioneerde terwijl hij toch het gevoel had dat hij één grote leegte was geworden.

De scheidsrechter floot het beginsignaal. Zes dagen na Lara's dood speelde Robert Enke een wedstrijd in de Bundesliga. De toeschouwers zagen bij de 1-1 tegen Leverkusen een sterke keeper. Alleen hij registreerde als door een muur dat hij enkele kleine fouten maakte.

Niemand onder de ingewijden kwam op het idee dat hij door Lara's dood weer in een depressie terecht zou kunnen komen. In de rouw was er geen tijd voor de gedachte, bovendien maakte hij zo'n beheerste indruk. Teresa en hij verzochten de gasten bij de begrafenis wit te dragen.

Marco Villa kon er niet bij zijn. Hij was prof, hij moest spelen, inmiddels bij een club in een voorstad van Napels, vijfde divisie, waar een lokale heerser verbazingwekkende salarissen in het vooruitzicht stelde. Op de dag van de begrafenis speelde Marco zonder gevoel, hij dacht aan Lara en scoorde een goal zonder dat hij merkte wat hij deed. Drieduizend toeschouwers applaudisseerden, zijn ploeggenoten kwamen juichend op hem af, ze begrepen niet waarom hij zijn armen niet in de lucht stak, waarom hij niet straalde. Nog voor de rust scoorde Marco een tweede goal. Hij veinsde een verrekking en liet zich wisselen. Hij zat alleen in de donkere kleedkamer terwijl buiten de tweede helft aan de gang was. Hij was aanvaller. Hij had voor het eerst in zeven jaar weer een goal gescoord.

ZESTIEN

Erna

In Teresa's fototoestel zat nog een aantal foto's die ze nog niet had afgedrukt. De foto's waren enkele weken oud. Robert met Lara bij de Maschsee stond erop. Het laatste uitstapje. Wat moesten ze met die foto's doen, hoe konden ze nog iets daarmee doen, afdrukken, wissen?

'We hangen ze op,' zei Teresa.

Hij knikte, om niets te hoeven zeggen.

Ze wilden de dood van hun dochter niet ontwijken, ze wilden zich de mooie momenten herinneren. En natuurlijk lukte dat niet elke dag.

Teresa at niet meer. Ze keek machteloos toe hoe ze steeds dunner werd, geen eetlust had, geen drang iets tot zich te nemen. Hij werd door de vraag achtervolgd, had Lara's dood verhinderd kunnen worden? Wat als de artsen haar op die dag slechts aan één oor hadden geopereerd? Had haar kleine hart die belasting wel uitgehouden? 'We hebben allemaal haar kracht overschat,' zei hij zonder dat hij merkte hoe hard hij plotseling praatte.

Bij de keukentafel stond nog steeds haar kinderstoel. Ze konden hem toch niet zomaar wegruimen. Maar hoe konden ze bij de aanblik van de stoel niet aan de leegte denken?

Maar de talloze psychische inzinkingen, die meestal niet langer dan een minuut duurden, mondden uit in een onwerkelijk mooie ontdekking: de pijn bracht hen samen. 'Er zijn momenten in het leven waarop je met volle kracht merkt: met deze persoon wil ik oud worden. Zo was dat bij Robbi en Terri na Lara's dood,' zegt Marco Villa.

Ze gingen samen naar Lara's kinderkamer, haar naam stond

nog met kleurige magneetletters op de deur, haar speelgoed lag nog op het kleed. Ze gingen op de grond zitten. Weet je nog, zeiden ze tegen elkaar. Toen Lara absoluut wilde dat de verpleegster net zo'n baseballpetje als Teresa opzette. Toen Lara op de laatste dag voor de eerste keer een heel potje babyvoeding at.

Ze wilden de dood van hun dochter niet uit de weg gaan, ze wilden de mooie momenten onthouden. En op bepaalde dagen lukte dat inderdaad.

Lara's dood lag nog geen twee weken terug toen ze een bericht kregen. Hij was na zeven jaar voor het eerst weer voor een wedstrijd met het nationale elftal geselecteerd. Konden rouw en vreugde in zijn leven altijd alleen maar in extreme gradaties voorkomen? Hij zei tegen zichzelf dat hij op die selectie best trots mocht zijn, hij hoefde zich niet te schamen als hij nog zoiets als blijdschap voelde. Hij voelde zich een robot die zichzelf bevelen geeft: wees blij.

Het nationale elftal kwam begin oktober 2006 in Berlijn bijeen voor het trainingskamp. Aan het eind van de week zou het een oefenwedstrijd tegen Georgië spelen, ze hadden hem als reservekeeper op het oog. Voorzichtig vroeg de mediadirecteur van de Duitse voetbalbond hem wat hij van een persconferentie dacht. Zijn selectie na zo lange tijd was natuurlijk nieuws.

Vanzelfsprekend stond hij ter beschikking, zei Robert Enke.

Maar dan moesten ze ook rekening houden met vragen over Lara en wat haar overkomen was.

Dan zou hij wel weten welke hij zou beantwoorden en welke niet.

Hij had sinds haar dood niet met verslaggevers gesproken. Dat was niet moeilijk geweest. De verslaggevers, zelfs de boulevardkranten, hadden eerbiedig afstand gehouden.

Nu zat hij in Berlijn voor een honderdtal mensen op het podium en verzocht voor de eerste vraag iets te mogen zeggen. 'Ik zou allereerst de gelegenheid willen aangrijpen om ook namens mijn vrouw te bedanken voor het medeleven dat ongelooflijk veel mensen de laatste weken tegenover ons tot uitdrukking hebben gebracht. Elke afzonderlijke reactie heeft ons zeer goed gedaan en ook een beetje geholpen. Publiceer dat ook alstublieft echt! Het is voor mijn vrouw en mij buitengewoon belangrijk.'

De vragen die daarna kwamen werden met zachte stem uitgesproken. Zijn antwoorden onderbrak hij zelf steeds weer met een kuchje.

'Door Lara's ziekte werd ik steeds met leven en sterven geconfronteerd,' zei hij, daarom had hij zich ook al voor haar dood met de vraag beziggehouden wat er zou gebeuren als ze stierf. 'Dan moet het leven doorgaan. Het verdriet mag je er niet onder krijgen.'

Robert Enkes optreden was een van de indrukwekkendste geweest die men ooit op een voetbal-persconferentie had meegemaakt, schreven de sportverslaggevers daags daarna. Hij had getuigenis afgelegd van zijn enorme kracht.

Robert Enke zelf voelde zich niet enorm sterk. Hij vermande zich. 'Ik had gewoon angst dat mensen mij zouden gaan mijden omdat ze niet wisten hoe ze met mij om moesten gaan. Daarom heb ik van meet af aan geprobeerd me zo natuurlijk mogelijk te gedragen.'

Na twee, drie maanden begon hij soms vanzelf aan de telefoon te spreken over Lara. Hij had gisteren pas weer foto's van haar bekeken, 'op elke tweede lachte ze'. Maar toen we eens voor een reportage, als het ware in het openbaar, over haar praatten, wat hij zelf ook uitdrukkelijk wilde, zei hij: 'Kom, we laten de tv erbij aanstaan', er was juist een wedstrijd aan de gang. Dan hoorde hij zijn eigen woorden niet zo. 'Voor haar dood kan ik niet weglopen,' zei hij. 'Ik weet dat ik me erbij neer moet leggen.' Erbij neerleggen, dat was eigenlijk verkeerd uitgedrukt, maar hij vond geen beter woord, ik wist wat hij bedoelde, toch? Ik knikte, en we staarden naar de tv.

Vlak voor Kerstmis 2006 stelde hun dode dochter de ouders nog een keer op de proef. Moesten ze in Empede blijven wonen om dicht bij haar graf te zijn? Of moesten ze ergens anders heen gaan omdat ze alleen op afstand de verschrikkelijke ervaring echt achter zich konden laten? Zijn contract bij Hannover 96 liep over een halfjaar af. Het moment om te beslissen was gekomen: blijven of gaan? De opties Hamburg en Leverkusen waren op niets uitgelopen. De Hamburger SV had bij toeval plotseling met Frank Rost een keeper van allure aan zich kunnen binden. Bayer Leverkusen wilde het met Butt, en de getalenteerde Adler achter de hand, nog een tijdje proberen. 'Als mijn keeperstrainer mij niet had gehad, had hij vermoedelijk Robert aangetrokken,' zegt René Adler. 'Hij was altijd weg van Robert.' Nu echter bleef alleen VfB Stuttgart over, dat net op weg was naar het kampioenschap van Duitsland en hem voor zich trachtte te winnen.

'Laten we gaan,' zei Teresa. 'Laten we in Stuttgart opnieuw beginnen.'

'Ik weet niet. Ik heb zoveel aan Hannover te danken. Als zij me destijds niet uit Tenerife hadden gered, zou ik misschien vandaag nog in de tweede divisie spelen.'

'Maar op een nieuwe plek zouden we van deze loodzware herinnering verlost zijn die hier aan elk voorwerp, elk plekje kleeft.'

'Weggaan zou toch alleen maar weglopen voor de herinnering betekenen.'

'Goed, regel het dan maar met Hannover. Dan hoeven we er tenminste niet meer over na te denken,' zei Teresa abrupt.

Maar zo eenvoudig was het niet. Natuurlijk dacht hij er nog over na. Stuttgart zou wel een mooie locatie zijn, hij zou Champions League spelen en misschien eindelijk eens een titel winnen. Misschien moest hij in de winterpauze maar eens met Stuttgarts trainer Armin Veh afspreken. Maar Veh gaf geen gehoor aan zijn wens zonder verplichting om de tafel te gaan zitten.

Hoogstwaarschijnlijk zou Stuttgart tegen het eind van het seizoen over een halfjaar zijn keeper kwijtraken, Timo Hildebrand wilde naar het buitenland gaan. In dat geval wilde Veh Enke. De trainer vocht echter nog om Hildebrand te behouden, en zolang dit gevecht nog niet verloren was, wilde hij niet met een andere keeper gezien worden. Dus onderhandelde Jörg Neblung eerst met Hannover.

Hij sprak de voorzitter Martin Kind op de dag voor Kerstmis in zijn hoofdkantoor in Großburgwedel. Kind heeft bijna tweeduizend medewerkers in dienst, om gehoorapparaten te produceren en over de hele wereld te verkopen. Voetbal was niet zijn vak, daarom gissen velen er tot op de dag van vandaag naar wat hem ertoe heeft gebracht Hannover 96 met zijn miljoenen weer een plaats in de Bundesliga te bezorgen. Maar enerzijds schaadt het ook de verkoop van gehoorapparaten vast niet als een firmanaam door het voetbalengagement van de chef bekender wordt. Anderzijds kan Kind volstrekt niet zonder werk. Op zekere dag wilde hij vakantie nemen. Hij bezocht Hannovers voormalige technisch directeur Ricardo Moar in La Coruña. Kind keek voortdurend nerveus naar zijn twee mobieltjes, wanneer zou er eindelijk weer een gaan. Moar besloot hem bij wijze van toeristisch uitje naar het hoofdkantoor van Zara te sturen. Daar was Kind gelukkig.

Robert Enke was een van de weinige voetballers van zijn club met wie Kind zoiets als een persoonlijke relatie had. De analytische, boven de dingen staande manier waarop Enke het voetbal bekeek, beviel Kind.

Hij wist dat als hij Enke kwijtraakte, hij daarmee de club het optimisme zou ontnemen. Voetbalprofs worden al na drie goede wedstrijden te groot, en Robert Enke, topklasse bij een middenmoter, ondervond in Hannover de navenante bovenmatige erkenning. Hij gaf voedsel aan het verlangen dat Hannover 96 toch eens meer dan alleen maar een regionale favoriet zou zijn.

Om de keeper te behouden had Kind deels van externe sponsors een voor Hannover 96 uitzonderlijk bedrag bijeengebracht, meer dan zes miljoen euro. Maar al snel werd bij de onderhandelingen duidelijk dat er een probleem was. Kind dacht dat de zes, zeven miljoen voldoende waren voor een vierjarig contract. Jörg Neblung beargumenteerde dat Robert Enke hetzelfde geld voor drie jaar zou moeten krijgen. Dan zou hij nog steeds minder verdienen dan in Stuttgart.

Voor de scherpe kantjes had Kind het lid van de Raad van Toezicht Gregor Baum meegebracht, die in onroerend goed en renpaarden handelde. Baum zorgde er weliswaar voor dat de bijeenkomst sneller voorbij was, maar deze eindigde zonder dat er overeenstemming was bereikt.

Robert en Teresa hadden in hotel Kokenhof op Jörg gewacht, vlak naast het hoorapparatenbedrijf. Kerstversiering hing in de receptie. Nadat hij hun over de onderhandelingen had verteld, zei

Jörg dat hij ervoor was Hannover eerst maar eens af te zeggen. Dat hoefde nog niet te betekenen dat ze over een paar weken niet toch nog zaken konden doen. 'En toen,' zegt Jörg Neblung, 'viel in hotel Kokenhof de beslissing ten nadele van 96 uit.'

Hannover wist wat een keeper van zijn categorie elders verdiende, overlegde Robert hardop, hij zou bereid zijn geweest te blijven hoewel hij bij 96 slechtere sportieve vooruitzichten en een lager salaris dan bijvoorbeeld in Stuttgart zou hebben. Maar als de club hem financieel maar halfslachtig tegemoetkwam, was dat misschien het teken dat hij moest gaan.

Jörgs telefoon ging.

'Meneer Neblung, we hebben nog eens gepraat. We zijn bereid het aanbod te verhogen. We vinden het belangrijk dat Robert bij 96 blijft.' Martin Kind verzocht de agent liefst meteen nog eens naar zijn kantoor te komen.

Nog op dezelfde avond werd een persfotograaf naar hotel Kokenhof ontboden om Robert Enke en Martin Kind bij het handenschudden op de gevoelige plaat te zetten. Enke had een contract voor drie jaar tot juli 2010 getekend.

Twee maanden later werd bekend dat Timo Hildebrand van VfB Stuttgart naar FC Valencia ging. Nu zou Stuttgarts trainer Armin Veh dolgraag met Robert Enke hebben afgesproken.

In Hannover jubelden de supporters en lokale media alsof Robert Enke met zijn besluit te blijven hun een cadeau had gegeven. Hij werd een beetje bang. De uitbundige commentaren gaven de indruk alsof hij een romanticus was die zijn persoonlijke vooruitgang alleen uit dankbaarheid tegenover 96 op de tweede plaats zette. Maar wat als hij over twee jaar Hannover misschien toch nog wilde verlaten? Zou hij dan voor huichelaar worden uitgemaakt? 'Ik ben ook gebleven omdat 96 financieel ontzettend zijn best voor mij heeft gedaan,' onderstreepte hij, 'en omdat ik verwacht dat het hier sportief gezien vooruitgaat.'

Uiteindelijk was hij prof, geen idealist. Tegelijkertijd echter putte hij uit de toewijding van de Hannoveranen onbewust nieuwe levensvreugde. Omgeven door uitroepen van dank en bravogeroep twijfelde hij niet meer aan zijn besluit te blijven. Hij zat met

Teresa bij het graf van Lara, en opeens wist hij zeker dat hij niet weg had kunnen gaan.

Zo langzaam geloofde hij in wat Teresa en hij elkaar sinds de zeventiende september 2006 gebedsmolenachtig inprentten. 'Je kunt niet elke minuut rouwen. Het is niet afkeurenswaardig weer eens uit eten te gaan, weer te lachen.'

Wanneer een training in het wintertrainingskamp in Jerez de la Frontera in januari 2007 achter de rug was, gingen de mannen uit vertrek twee niet meteen van het veld.

Middenveldspeler Hanno Balitsch trok Roberts handschoenen aan en ging in het doel staan. Michael Tarnat nam vrije trappen, Robert Enke hing rond in het strafschopgebied, Tarnat schoot in plaats van op doel zo nu en dan ook eens met opzet tegen Roberts achterste. 'Zo kan ik niet werken!' riep Robert en lachte met de anderen mee.

In zijn lichaam leek er een gebied te zijn dat immuun bleef voor de lol, een laag waar geen gelach meer doordrong. Maar het lukte hem steeds vaker zich van dit deel van zijn lichaam af te sluiten. Hij kon op een moment vol vertwijfeling aan Lara denken en het volgende lachen om Tarnat.

Zelfs tijdens de Bundesligawedstrijden 'dwaalden mijn gedachten van tijd tot tijd naar haar af'. Hij glimlachte alweer. 'Maar dat is bij een doelman nu ook weer niet zo heel erg.'

Teresa had geen elftal. Ze begon in de velden van Empede te hardlopen. Op een gegeven moment liep ze elke dag, minstens tien kilometer, zo lang tot de pijn in haar voet schoot. Een vermoeidheidsbreuk, diagnosticeerde de dokter.

'Misschien zou deze keer ik naar een psycholoog moeten gaan,' zei ze 's avonds tegen Robert.

'Jij?'

'Ik denk dat ik er baat bij zou hebben.'

'Jíj hebt toch geen psycholoog nodig.' Hij zei het om haar te bemoedigen. Samen zouden ze hun leven zonder Lara wel op orde krijgen. Zei hij het ook omdat het zijn wereldbeeld verbrijzeld zou hebben? Zijn in zijn ogen toch sterke vrouw bij de psycholoog.

Teresa speelde in de weken daarop nog een paar keer met de

gedachte: misschien had ze toch professionele hulp nodig. Zijn afwijzing werd alleen maar heftiger, hoe vaker ze het idee te berde bracht. Op een zeker ogenblik dacht ze zelf dat ze het ook zonder psycholoog wel zou redden. Alleen, waarom hij zich zo heftig tegen het idee verzet had, vroeg ze zich nog vaak af.

Ze hadden nu opeens tijd. De middagen die aan het strikte ritme van Lara's behoeften onderworpen waren, lagen nu als een bezoeking voor hen. Zouden ze erin slagen iets te ondernemen en er ook zonder slecht geweten van te genieten?

Ze gingen naar Hamburg, ze gingen naar het Steinhuder Meer. Op een middag belde hij aan bij een buurman. Hij kwam het internet niet op, zou hij even de computer van de buurman mogen gebruiken? Uli Wilke was de beste voetballer in het dorp geweest, voor Robert Enke naar Empede verhuisde. Hij had in de derde divisie bij TSV Havelse gespeeld. Als beginnende veertiger werkte hij als autohandelaar. Nadat Robert het internet gebruikt had, kwamen ze in gesprek.

Uli kwam naar hem toe om naar de Europacup te kijken, Teresa en hij hielpen de Wilkes een stenen muur te bouwen in de tuin. De Wilkes hadden twee kleine meisjes, dat was de test die de anderen helemaal niet meekregen: het te verdragen dat andere getrouwde stellen prachtige kinderen hadden.

Zouden ze ooit weer kinderen hebben? Hij zei tegen zichzelf dat hij de vraag te vroeg stelde. Maar de vraag kwam steeds weer bij hem op.

Een vrouwelijke arts, die ze in de kliniek van de medische hogeschool hadden leren kennen, vroeg of ze niet eens op haar dochtertje Laura konden oppassen. Teresa en Robert durfden niet nee te zeggen. Laura kwam steeds vaker naar hen toe. Uiteindelijk realiseerden ze zich waarom de arts hun haar dochter toevertrouwde. Het ging minder om het meisje. Ze moesten weer wennen aan de omgang met kinderen. Ze moesten niet meer in ieder kind het ontbreken van Lara zien.

Teresa kan niet zeggen wanneer, of het na vier of vijf maanden was, hét ogenblik kwam niet, maar op een zeker moment waren ze blij wanneer weer iemand met een hoge stem voor hun deur

'Hallo?' riep. De kinderen uit het dorp kwamen onaangekondigd bij hen langs. Voor kinderen was hun huis Villa Kakelbont, het hek naar de tuin stond altijd open.

In deze tijd kwam op het kantoor van Hannover 96 een acht pagina's tellende fax voor hem binnen. De bondscoach nodigde hem uit voor de interland op 27 maart 2007 in Duisburg tegen Denemarken (en herinnerde hem verder eraan dat een geldige reispas of een geldig identiteitsbewijs nodig was om aan de scheidsrechter voor te leggen).

Het was niet meer over het hoofd te zien dat de bondscoach hem au sérieux nam. Op een leeftijd waarop carrières bij het nationale elftal eventueel eindigen, moest hij zijn eerste interland spelen. 'Ik had niet gedacht dat ik nog eens international zou worden, ik ben nou eenmaal al bijna dertig.' – 'Maak je niet ouder dan je bent, je bent nog altijd negenentwintig,' zei de keeperstrainer van de voetbalbond Andreas Köpke.

Na het WK van 2006 had Oliver Kahn van zijn plek in het Duitse elftal afgezien, Jens Lehmann had op zijn zevenendertigste niet bijster veel toekomst meer als de nummer een. De deur stond open en Robert Enke was na Timo Hildebrand de kansrijkste sollicitant.

Toen de Deense trainer Morton Olsen voor de wedstrijd de opstelling van bondscoach Löw vernam, mokte hij. Deze tegenstander was hem te zwak. Het was een oefenwedstrijd, Olson wilde een harde test voor zijn elftal. Löw wilde potentiële internationals op de proef stellen. Zeven spelers in het Duitse elftal, van Robert Enke tot Jan Schlaudraff, konden samen niet eens bogen op de ervaring van tien interlands. De toekomst lag in hun handen. De snelste carrière van alle nieuwkomers in Duisburg maakte vervolgens echter de scheidsrechter. Howard Webb, internationaal gezien ook een beginner, zou in 2010 de finale van het WK leiden.

In de tunnel voor de kleedkamers, voordat ze het veld op gingen, stond het haar van Robert Enke recht overeind. Hij had er met zijn handschoenen in gewoeld. Zijn lippen waren smal. In zijn ogen was nervositeit zichtbaar, geen angst.

De wedstrijd liet hem geen tijd om te tobben. Er was net een

'Enke vliegt': Roberts fenomenale saves in het doel.

minuut voorbij toen een vrije schop van de linkervleugel naar binnen gevlogen kwam, de Deen Daniel Agger sprong zeven meter voor het doel de lucht in, ongestoord, een kopbal uit het boekje, hard, op de rechterhoek van het doel gericht. Robert Enke had de bal nog niet aangeraakt in deze wedstrijd. Hij hing parallel aan de doellat in de lucht, de rug gebogen door de lichaamsspanning. Met één hand duwde hij de bal om de paal heen. Zulke saves beschouwt iedereen die zelf nooit keeper was, als de grootste daden van een doelverdediger.

Kort voor rust kwam de Deen Thomas Kahlenberg alleen met de bal op hem af. Robert Enke bleef eenvoudigweg staan. Voor het ongeoefende oog deed hij helemaal niets. Hij raakte de bal ook niet aan toen Kahlenberg aan hem voorbijging, 'Kahlenberg dribbelde om Enke heen,' schreven de sportverslaggevers. In werkelijkheid had Enke de grootste daad van de avond verricht. Hij had zo slim en zo lang de baan versperd waarlangs de Deense aanvaller op doel kon schieten dat Kahlenberg alleen nog links aan hem voorbij kon gaan en daar onvermijdelijk met de bal achter de achterlijn terechtkwam. 'Veel uitstraling en uitstekende reacties,' gaf de bondscoach hem te kennen na de wedstrijd. Robert Enke noemde het debuut 'heel redelijk'.

Duitsland verloor met 0-1. De sportverslaggevers in de gang naar de kleedkamers wilden een winnaar van hem maken. Nu kon hij aanspraak maken op de positie van Duitse reservekeeper, toch?

'U weet heel goed dat ik u daarop geen antwoord geef.'

Vond hij zelf ook niet dat hij na deze westrijd een voorsprong had op Timo Hildebrand in de strijd om de plaats van reservedoelman?

'U mag niet vergeten dat ik pas voor het eerst geslecteerd werd en Timo al veel vaker.'

Duitsland beschouwde zichzelf als het beloofde land van de doelman, het land waar Sepp Maier, Toni Schumacher, Oliver Kahn vandaan kwamen. Daar was zelfs de meest slaapverwekkende vraag voldoende voor een overspannen debat: wie werd de reservekeeper van het land?

'Ik zal nooit in het openbaar zeggen, die of die collega is slechter dan ik, ik sta op hem voor. Ik weet wat respect is.'

De sportverslagggevers waren teleurgesteld. Wat was er met de Duitse keepers aan de hand? Waren ze niet meer in voor een relletje? Ze hadden tenminste Lehmann nog een tijdje, *gekke Jens*.

Het had een groot voordeel weer in Duitsland te wonen. Ze konden nu eindelijk echt op zomervakantie gaan. In hun jaren in het buitenland hadden Teresa en Robert zich steeds verplicht gevoeld de zomerpauze voor een bezoek in eigen land te benutten. Daardoor waren ze in de eerste tien jaar van hun relatie, tot hun achtentwintigste levensjaar, maar tweemaal op vakantie geweest, op Kos en in Zeeland.

Nadat in de zomer van 2007 het derde seizoen van Robert Enke in Hannover op bekend terrein eindigde, op de elfde plaats van de Bundesliga, gingen ze net als het jaar tevoren op vakantie in Lissabon.

De vergelijking was onvermijdelijk: een jaar geleden hadden ze de dagen in Portugal in totale euforie doorgebracht, ook omdat het met Lara zo goed vooruitging. En nu? Nu waren ze weer enthousiast, ook al kon het enthousiasme hen niet meer volledig in beslag nemen. 'Een kind te verliezen blijft altijd verschrikkelijk,' zegt Teresa. 'Maar wij hadden met Lara twee jaar lang in een uitzonderlijke situatie geleefd, met de voortdurende angst dat ze dood zou kunnen gaan. Tijdens de vakantie in Lissabon merkte ik voor het eerst: zo onverdraaglijk als haar dood ook was, hij was deels ook een bevrijding. We konden weer zonder angst leven.'

Ze zaten in La Villa op het strand in Estoril, het was halftien 's avonds en nog was er daglicht. Zelfs de zee bewoog zich met de traagheid van een aflopende zomerdag.

'Hier zou ik graag voor altijd leven.'

'We zouden na mijn voetbalcarrière weer hierheen kunnen verhuizen.'

'En als wij eens een huis kopen? Dan zouden we wat vaker uit Hannover een paar dagen naar Lissabon kunnen gaan, niet alleen in de zomervakantie.'

De volgende morgen had hun wensdroom nog sterker postgevat.

Hij sprak af met Paulo Azevedo. Ze hadden contact gehouden sinds Paulo het jaar tevoren de avond bij het Goethe-Institut georganiseerd had en Robert erachter gekomen was dat ze zoiets als een gedeeld verleden hadden: bijna tien jaar geleden had Paulo eens twee doelpunten tegen hem gescoord. In Freiburg opgegroeid had Paulo in 1999 als prof bij Carl Zeiss Jena gespeeld. Bij een training had hij twee keer tegen Enke gescoord, die tijdens een bezoek in de zomer spontaan had meegetraind bij zijn oude club.

Nu praatten ze alweer over voetbal.

'Wat denk je ervan als ik ter afsluiting van mijn carrière, zo rond mijn vierendertigste, nog eens bij Benfica zou spelen,' zei Robert. 'Dat zou toch top zijn.'

'Even rekenen: vierendertig word je in augustus 2012. Past perfect toch? Dan heb je inmiddels het WK van 2010 en het EK van 2012 met Duitsland gespeeld en kun je hier je carrière op een grootse manier beëindigen.'

'En wat zijn er verder voor kleinere eerstedivisieclubs in de buurt van Lissabon?'

'Belenenses.'

'Natuurlijk, Belenenses! Daar zou ik dan van mijn zesendertigste tot mijn achtendertigste kunnen spelen, dat zou me ook nog wel lukken.'

Het klonk als een grapje, maar terwijl hij de zinnen uitsprak, veranderden ze in zijn hoofd in serieuze ideeën. Hij had weer dromen.

Hij begeleidde Paulo naar de Duitse ambassade, waar Paulo inmiddels werkte. In de schaduwrijke tuin was een ontvangst voor het nationale elftal van de gehoorgestoorden gepland, dat aan hun EK in Lissabon deelnam. Robert Enke was de verrassingsgast.

De dove voetballers stootten vreugdekreten uit toen ze hem herkenden. Hij probeerde niet te laten merken dat hij zich onzeker voelde. Kon hij met hen praten, konden ze wat hij zei door liplezen volgen? Hij liet zich leiden door de trainer, Frank Zürn, die niet doof was en de gebarentaal van zijn dove ouders had geleerd.

Zürn was aangenaam verrast hoeveel vragen de keeper stelde. Hoe redden de gehoorgestoorden zich in het beroepsleven, hoe communiceerden ze op het veld, konden ze ook in een normaal voetbalelftal spelen? Toen Robert Enke ergens in het gesprek zei: 'U weet immers misschien dat ik een gehoorgestoorde dochter heb gehad,' was het Zürn die niemand iets wilde laten merken. Hij was overweldigd door de vanzelfsprekendheid waarmee Enke over zijn dochter praatte. Aangemoedigd door de trainer dat de gehoorgestoorden hem begrepen als hij langzaam praatte, mengde hij zich onder hen. Ze wisselden de bekende voetbalgrapjes uit. Nee maar, hij was niet zo gespierd als Kahn, hij moest maar eens bij hen meetrainen, waarom stapte hij niet over naar Werder Bremen. Twee dagen later stonden de gehoorgestoorden versteld. Hij stond bij hen op het trainingsveld in Cascais en kleedde zich om. Ja wat was er nu, zei hij, hij ging meetrainen, dat wilden ze toch, of niet?

Enkele maanden na de zomervakantie belde Robert Enke de trainer van de gehoorgestoorde selectie op. Hij had nog eens nagedacht over wat Zürn hem op de avond op de ambassade in Lissabon had verteld. Dat de gehoorgestoorden problemen hadden de organisatie rond het elftal te financieren. Hij had daarom met zijn handschoenensponsor gesproken. Frank Zürn kon daar tegen inkoopprijs de outfit voor zijn team bestellen.

Lara's dood had Robert Enke iets gegeven: een diepere sensibiliteit voor de behoeften van anderen en de zekerheid hoe hij hun een plezier kon doen.

Hij zat bij zijn buurman in Empede in de tuin en hoorde dat de zwager van Uli Wilke, een dakdekker, over hardnekkige rugklachten klaagde. Hij nam de dakdekker mee naar de training van Han-

Robert in het zwembad van zijn vakantiehuis in Lissabon.

nover 96. Ze liepen door de kleedkamer van de profs. 'Zorg dat hij weer fit wordt, het is mijn klusjesman,' zei Robert Enke tegen de fysiotherapeut.

Hij verzocht de kliniek van de medische hogeschool, op de kinderafdeling van de intensive care een sterfkamer in te richten, om ervoor te zorgen dat de ouders tenminste op het moeilijkste ogenblik met hun kind alleen konden zijn. Hij begon giften in te zamelen om de verbouwing te financieren. Hij ging naar Göttingen om met hartpatiëntjes voetbal te spelen, kinderen die na de inspanning van een schot op doel aan het zuurstofapparaat moesten. 'Schiet vlak langs de grond, daar kom ik op mijn leeftijd niet meer bij,' zei hij tegen de kinderen.

Maar hij wilde niet iedereen helpen. Hij wilde niet goede dingen doen om te kunnen zeggen, ik doe wat. In de necrologieën stond vaak dat hij geen verzoek om een handtekening afwees. Alsof dat de hoogste graad van aardigheid van een voetballer was, alsof dat op menselijke grootheid wees. In werkelijkheid vroeg hij zich af waarom hij onbeleefde mensen handtekeningen zou geven. 'Dat kun je helemaal niet lezen,' mopperde een vrouw eens toen Robert Enke haar een handtekening had gegeven. 'O zo?'

vroeg Robert, pakte de kaart nog een keer en schreef zijn naam in kinderlijke blokletters. 'Zo beter?'

'Hé Enke, krijg ik een handtekening?' blafte een jongen een andere keer. 'Iemand die "Robert" of "meneer Enke" en dan "alsjeblieft" zegt, zou er een van me kunnen krijgen,' antwoordde hij en liep verder.

Toch had hij er nog steeds moeite mee iets onaangenaams tegen anderen te zeggen. In januari 2008 moest hij met een medewerker van Hannover 96 spreken. De poetsvrouw van de kleedkamers was naar Robert toe gekomen. De medewerker die tegen de voetballers altijd heel beleefd was, behandelde haar neerbuigend. Robert bracht hem de grondregels van goed gedrag bij, hij kon kalm en desondanks met donderende stem praten, dat kwam door het commanderen van de achterhoede en de honden. Maar wanneer hij het achter de rug had, voelde hij grote opluchting en geen voldoening.

Alle ruzies in het elftal kwamen nu bij hem terecht. Hij was sinds augustus 2007 aanvoerder. Zijn status liet er geen twijfel over bestaan dat de functie hem toekwam. Hij was dé man van Hannover. 'Ik vond ook dat hij in Hannover gegroeid was: uit een in zichzelf gekeerde speler die dankbaar was weer in de Bundesliga te zijn, was een prof gegroeid die zich voor de club als geheel interesseerde,' zegt Tommy Westphal. 'Maar Rob aanvoerder maken – ik weet het niet. Naar mijn gevoel was dat niet zijn natuurlijke rol. Hij was niet iemand die van nature bij alles een positie innam en op elk conflict inging.'

Hij was al eens aanvoerder geweest, in zijn laatste jaar in Lissabon. Toen had de Braziliaan Roger Flores eens spontaan een vrije trap genomen omdat hij daar zin in had, hoewel dat de taak was van Pierre van Hooijdonk als beste specialist. Rogers vrije trap vloog hoog over het doel. Na de wedstrijd ging Robert Enke met uitgestoken wijsvinger op hem af. 'Dat doe je nooit meer, hoor je, nooit meer!'

Als hij kwaad werd, stortte hij zich onverhoeds in conflicten. Wanneer echter bij Hannover trainer Hecking en Michael Tarnat een stilzwijgend conflict uitvochten, waarbij hij begrip had voor beide zijden, hield hij zich het liefst afzijdig. 'Er waren situaties waarbij de hele kleedkamer luid aan het discussiëren was, bijvoorbeeld of we in het middenveld in een ruit zouden spelen. Dan zei Rob achter uit de hoek een zin, en er was rust,' herinnert Hanno Balitsch zich. 'Maar ik geloof dat hij zich beter voelde toen Altin Lala nog aanvoerder was.'

De aanvoerder had in Hannover talloze taken, ontdekte Robert Enke tijdens de adventsdagen van 2007. Hij moest ook de kerstkaarten van het elftal voor de verzorgers schrijven.

In die dagen belde Marco hem op, Robert dacht om een gelukkig kerstfeest te wensen. In plaats daarvan vertrouwde Marco hem toe dat hij zich bij dokter Markser onder behandeling wilde stellen.

Robert was verbaasd, Marco had de indruk: haast kwaad. Marco was toch met lichtheid gezegend, altijd in voor een brutale grap, altijd in het middelpunt van de groep, aan Marco's goede humeur had hij zich vaak opgetrokken. Hoezo dacht Marco dus dat hij problemen kon hebben die vergelijkbaar waren met de zijne? 'Nou ja, je maakte je ook vaak zorgen om je blessures,' zei Robert ten slotte afwachtend alsof hij er nog over nadacht wat hij van deze wending moest vinden.

Marco had geen depressies, hij had geen idee wat hij had, hij wist alleen dat hij iets moest doen. Hij speelde ondertussen in de vijfde divisie, op dat niveau was hij beslist een uitstekende voetballer, maar ook deze zekerheid verloste hem niet van de zelf opgelegde druk die hem kwelde, integendeel, hij voelde alleen maar een nieuw soort druk: verwachtte men nu niet van hem dat hij elke zondag de beste was?

Vaak dacht hij aan die momenten in zijn carrière terug waarop alles anders had kunnen lopen: toen hij twintig was, altijd nog het talent met de drie Bundesligadoelpunten in de eerste zeven wedstrijden, Hertha BSC wilde hem absoluut contracteren. In een hotel in Essen werd hij het met Hertha's manager Dieter Hoeneß, hand erop, over een overstap eens, en tien dagen later kwam zijn adviseur Norbert Pflippen hem plotseling vertellen, weet je wat jongen, is toch beter als je in Gladbach blijft. Marco begreep Pflippen niet, hij zou bij Hertha een hoger salaris krijgen, de trainer daar zag een basisspeler in hem. Maar hij was twintig, had de moed niet tegen zijn adviseur in te gaan, die Flippi wist wel wat hij deed. 'Ja, weet je niet waarom Flippi je niet naar Hertha wilde laten gaan,' zeiden hem zijn oudere ploeggenoten later. 'Omdat Gladbach hem dreigde met: als Villa weggaat, verdien je bij ons bij geen enkele andere transfer meer wat.' Herinneringen bij de vleet: hoe Liberopoulos, zijn medeaanvaller bij Panathinaikos Athene, hem een te harde en slordige pass gaf opdat hij bij een doelkans naast zou schieten. Omdat Liberopoulos hem in werkelijkheid als een concurrent in de aanval beschouwde. Hoe de kranten in Nürnberg hem een 'misbaksel' noemden, dat 'eruit gegooid' moest worden. Herinneringen die tot eeuwige vragen uitgroeiden: moest een prof tegen zulke wreedheden bestand zijn? Had een prof zich moeten verzetten tegen Flippi en vast moeten houden aan de overstap naar Hertha? Had een prof Liberopoulos de dag erop tijdens de training een trap tegen zijn enkel moeten verkopen? Een ongelukkig duel, niet eens een overtreding, zoiets kon met een beetje handigheid voorgewend worden. Had een prof de schouders moeten ophalen wanneer hij in Nürnberg als een onbeduidend sujet werd behandeld. 'Als een stuk vee, een stuk pizza, een stuk kaas, dat gewoon opzijgeschoven moest worden.' Zijn ouders en leraren hadden hem altijd geleerd dat fijngevoeligheid en goed manieren tot de belangrijkste dingen in het leven behoorden. Maar ging het er misschien toch alleen maar om sterk te zijn? En zo ja, kon dokter Markser hem dan sterk maken?

'Ik ging naar Valentin Markser met het doel mijn hoofd leeg te maken,' zei hij.

Wat de gesprekken met de dokter Marco in eerste instantie opleverden, waren alleen maar meer en moeilijkere vragen. Wat was dan voor hem een succesvol leven, alleen de geslaagde actie voor het doel? Wist hij eigenlijk wat hij wilde bereiken? Wat nam hij trouwens waar in het leven, proefde hij bijvoorbeeld, om met iets simpels te beginnen, eigenlijk wel de koffie die hij nu net dronk? Marco Villa had tijd nodig om antwoorden te vinden. Maar langzaam begon hij niet alleen zichzelf maar ook zijn vriend duidelijker te zien. Robert Enke scheen inmiddels precies te weten wat hij wilde zijn. Een keeper met een gezonde distantie tot de drukte en opwinding van het voetbalbedrijf. Maar Marco zag ook hoeveel lastiger het in toenemende mate werd voor Robert zijn kalmte te bewaren.

Hoewel er onveranderlijk dertig- tot veertigduizend toeschouwers naar de wedstrijden van Hannover 96 kwamen kijken, voelde hij opeens veel meer ogen op zich rusten. Het land wilde zien of hij ook echt goed genoeg was voor het nationale elftal. Het EK van 2008 kwam dichterbij, en de vraag naar de juiste doelverdedigers begon volksvermaak te worden. Kon Jens Lehmann Duitslands nummer een blijven hoewel hij in Londen bij FC Arsenal al sinds weken op de bank zat? Moest in plaats van Timo Hildebrand en Robert Enke niet minstens een van de getalenteerde jongeren René Adler of Manuel Neuer worden opgeroepen? Niet te tellen waren de internetenquêtes, interviews met experts, krantencampagnes, het lobbyisme. 'Enke en hoe ze allemaal heten mogen kun je vergeten,' zei de manager van Bayern München, Uli Hoeneß, meer kans maakte Bayerns Michael Rensing om de volgende keeper van het nationale elftal te worden. Daarop kwam behalve Hoeneß niemand. Dus zei Robert Enke tegen zichzelf dat het een storm in een glas water was, belangrijk was alleen de zakelijke inschatting van de bondscoaches. 'Dat Hoeneß een speler naar voren schuift, dat kan hij doen, maar hij zou daarbij ook zijn fatsoen moeten bewaren. Dat heeft hij niet gedaan,' antwoordde hij. Hij klonk soeverein. Hij dacht zelf dat hij het achter zich had gelaten zich door zulke schermutselingen van de wijs te laten brengen. Hij moest bekennen dat hij zich had vergist. Kritiek greep hem aan.

Hannovers trainer Dieter Hecking bekritiseerde hem een enkele keer in het openbaar. In een oefenwedstrijd tegen de Grasshopper Club Zürich was Robert Enke langs een hoekschop gezeild en bij een doeltrap uitgegleden. 'Hij was niet zo geconcentreerd als nodig was,' zei Hecking tegen de sportverslaggevers. Het was maar een oefenwedstrijd, het was maar een eruitgeflapte zin van de trainer, het was twee dagen later vergeten. Alleen Robert Enke sprak er nog drie weken later over, zijn hand verkrampte van woede aan het autostuur. Hoe kwam Hecking erbij dat hij ongeconcentreerd was geweest, hoe kwam hij erbij hem openlijk te hekelen?

In april 2008, twee weken voor het EK, won Hannover met 2-1 van Eintracht Frankfurt. Robert Enke bekeek thuis in de zitkamer de samenvatting bij de Sportschau, hij bleef zitten toen ze Leverkusen tegen Stuttgart lieten zien. De camera liep aangenaam traag toen Stuttgarts doelman Sven Ulreich een voorzet uit het strafschopgebied wegstompte en Leverkusens Simon Rolfes de bal geniepig in het doel schoot. Minuten later kon Ulreich een afstandsschot niet klemvast houden, Stefan Kießling van Leverkusen benutte de terugstuitende bal en scoorde 2-0. Aan het eind van het item kwam de trainer van Stuttgart Armin Veh in beeld. 'Voetbal is soms heel simpel. We hebben door twee keepersfouten verloren. Dat heeft iedereen gezien. Dus heeft het geen zin de keeper in bescherming te nemen,' zei de trainer. Robert Enke werd woedend voor de tv. Hoe kon een trainer dat over zijn keeper zeggen! Temeer omdat het eerste doelpunt geen fout maar een keurige verdediging met de vuist van Ulreich was geweest, die per ongeluk bij de tegenstander terechtkwam. Dat de tv-commentatoren zoiets niet zagen, dat was hij gewend, maar een trainer! Robert Enke schreeuwde tegen de tv: 'Dat kan toch niet waar zijn!'

Sven Ulreich ging de dag daarop naar zijn moeder. Hij was negentien en woonde nog thuis. Hij had pas tien keer in de Bundesliga gespeeld en vroeg zich terneergeslagen af of dat het nu was geweest, of hij zijn kans had verspeeld. Toen zijn mobiel ging, keek hij naar het nummer van degene die opbelde. Hij kende het niet. Een moment dacht hij na en nam toen toch op.

'Toen ik zijn stem hoorde, schrok ik,' zegt Sven Ulreich. Robert Enke was aan het apparaat.

Hij kende Ulreich niet echt. Ze hadden twee weken eerder, na de wedstrijd Hannover tegen Stuttgart, drie minuten met elkaar gesproken, het mobiele nummer had hij zich laten geven door zijn handschoenenleverancier. Robert Enke meende dat hij de situatie kende waarin Ulreich zich bevond.

Ze spraken meer dan een halfuur. Enke analyseerde Ulreichs doelpunten tegen. Wat belangrijk was, zei Robert tegen hem, waren de beslissingen: de eerste bal te stompen, heel goed, en bij de tweede goal ging Ulreich eigenlijk ook goed naar de grond, verder was het pech hebben. Hij mocht niet vertwijfelen, zelfs wanneer de trainer hem uit het elftal zou halen, deze kritiek in het openbaar van Veh was werkelijk te gortig, maar hem was in Barcelona ooit precies zoiets overkomen, een bezopen wedstrijd, en hij was nergens meer geweest. Hij was door een heel diep dal gegaan en – dat wilde hij hem vooral zeggen – er weer uitgekomen. Hem zou dat ook lukken. Hij had echt enorm veel talent. 'Toen ik oplegde,' zegt Sven Ulreich, 'had ik kippenvel.'

Hij richtte zich tot zijn moeder. 'Dat was Robert Enke.' Zijn moeder wachtte op een verklaring, en Sven Ulreich had er eigenlijk geen voor: 'Zoiets is in het voetbal vermoedelijk nog nooit gebeurd: dat een keeper van het nationale elftal spontaan een onbekende negentienjarige opbelt, om hem te helpen.'

's Middags in Empede voerde de weg onveranderlijk naar het kerkhof, met Teresa en de honden de Lange Berg op, door de velden naar Lara. Als ze met de roedel van het graf aan de straatweg terug het dorp in gingen, zag hij de laatste tijd iets nieuws. Hij kon zich voorstellen met een kind aan het graf te staan en vanzelfsprekend tegen dat kind te zeggen: dat was je zusje.

Een tweede kind zou geen poging zijn Lara te vervangen. Het zou gewoon hun tweede kind zijn. Hij zag geen reden meer waarom ze van een tweede kind niet precies zo zouden kunnen houden als alle andere ouders van hun kinderen.

Teresa kon zich een zwangerschap níet meer voorstellen. Het risico, de angst nog eens een ziek kind te krijgen, zou ze niet aankunnen.

Ze kenden een echtpaar in Hannover dat een kind had geadopteerd. Ze hadden inlichtingen ingewonnen over de procedure, het onderzoek door het bureau Jeugdzorg, de wachttijden. En als ze het eens na de zomer probeerden?

De zomer lag als een grote brok steen voor hun toekomst. De vraag of hij voor het EK in juni geselecteerd werd, blokkeerde om te beginnen al alles. Jörg of Teresa ontstak in woede wanneer de sportverslaggevers met onverholen genegenheid de selectie van de jonge René Adler eisten omdat deze een aardige uitblinker was met sensationele reddingen. Robert Enke deed het goed wanneer Jörg of Teresa zich opwond. Wanneer ze een driftbui kregen, zag hij zich gedwongen kalm te blijven. Hij moest ze dan sussen: geen paniek, de keeperstrainer van het nationale team had waardering voor hem, bovendien gingen er drie doelverdedigers naar het EK, en na zijn prestaties van de laatste jaren, niet alleen van het moment, voelde hij zich eerlijk gezegd op een na de beste. Wanneer hij zo rustig de argumenten voor hen op een rijtje zette, had hij uiteindelijk meestal ook zichzelf overtuigd.

Anderhalf jaar na Lara's dood waren het weer de normale angsten, de gewone twijfels van een doelman die hem voortdreven. 'Het komt allemaal weer terug,' zegt Teresa. 'De woede over een doelpunt tegen, de irritatie omdat ze geen spijkerbroek in maat 36 hebben, al die dagelijkse banaliteiten. Het gaat alleen niet meer zo diep.'

Ze waren weer eens twee dagen naar Hamburg gegaan, om een normaal, gelukkig paar met alle gewone oppervlakkige zorgen te zijn. In een boetiek wilde Teresa een spijkerbroek kopen. Terwijl zij in de kleedkamer een broek aantrok, begon hij de *Kicker* door te bladeren.

'Hoe vind je deze?'

'Ja, goed.' Hij keek nauwelijks op uit de *Kicker*.

Teresa paste vijf verschillende modellen. Elke keer kwam ze uit het pashokje om naar zijn mening te vragen. Elke keer zei hij, met zijn ogen nog half op het voetbalblad, 'Ja goed'. Toen had ze er genoeg van. Nog een keer ging ze de kleedkamer in en trok een spijkerbroek aan.

'Of zal ik deze nemen?'

'Ja, die is ook goed.'

'Robbi, wil je misschien ook eens echt kijken!'

Ze had haar eigen spijkerbroek aangetrokken.

ZEVENTIEN

In het land van de doelverdedigers

Joachim Löw kwam naar de Königsallee om niets te bekijken en niet bekeken te worden. Terwijl anderen de nieuwste mode bewonderen en zichzelf een podium verschaffen, zocht de trainer van het nationale team de afzondering. Op 5 mei 2008 streek hij voor drie dagen neer in een hotelsuite aan genoemde boulevard in Düsseldorf. Hij wilde met zijn naaste medewerkers ongestoord over de selectie voor het EK beraadslagen. De keeperselectie was niet het dringendste maar wel het gevoeligste onderwerp. Er waren drie plekken. En vier kandidaten.

Jens Lehmann moest de nummer een zijn. Dat had Löw al maanden geleden besloten toen hij Lehmann in het doel liet staan hoewel hij bij zijn club, FC Arsenal, als reservedoelman geen speelervaring opdeed. De herinnering aan wat Lehmann op het WK in 2006 had gepresteerd, woog zwaarder dan het vermoeden wat de andere drie wellicht zouden kunnen presteren.

Bleven over: Timo Hildebrand, Robert Enke en René Adler. Hildebrand en Enke hadden sedert een jaar voortdurend als reservedoelman deel uitgemaakt van het nationale team. Adler was over het hele jaar genomen de opvallendste doelman van de Bundesliga geweest.

Het was makkelijker een beslissing te nemen als ze eerst zouden bepalen wie de derde doelman was. De derde keeper, de vervanger van de reservekeeper, was voor Duitsland nog nooit op een WK of een EK ingezet. Daarom was het traditie geworden als derde keeper een jongere mee te nemen die tijdens het wekenlange toernooi in het nationale team acclimatiseren kon. Ooit zou hij dan zijn plaats in het doel innemen. De drieëntwintigjarige René Adler, die een openbaring in de Bundesliga was gebleken, was de ideale bezetting voor die positie.

'De vraag was vervolgens of het Timo of Robert de kop zou kosten,' zegt de keeperstrainer van het nationale team Andreas Köpke.

Hildebrand was sinds vijf jaar als logische opvolger van Kahn en Lehmann naar voren geschoven, hij was bij het EK en WK daarvoor de nummer drie geweest, de jongen aan wie de toekomst toebehoort. Robert Enke was op zijn negenentwintigste het nationale elftal binnengeglipt en had één enkele interland op zijn naam. Timo Hildebrand had evenwel een moeilijk jaar achter de rug. In zijn eerste seizoen bij FC Valencia was hij op zijn collegadoelman Santiago Cañizares gestuit. Cañizares gaf zijn plek in het doel niet zonder slag of stoot op. Hij behandelde Hildebrand met kille verachting, hij sprak geen woord met hem, het was niet persoonlijk bedoeld, het was alleen maar een strijdmethode, zei Cañizares. Twee trainerswissels in een seizoen waren ook niet bevorderlijk voor de rust in de ploeg van Valencia. 'Hier is altijd wat aan de hand,' zei Hildebrand. Je kon zijn gespannenheid aan zijn spel aflezen. Als je het seizoen in Spanje zonder al te veel sentimenten analyseerde, zei een van Löws medewerkers in het hotel aan de Königsallee, 'had Timo in bijna elke wedstrijd fouten gemaakt'. Soms moest Hildebrand bij een schot nog een keer naar de bal grijpen tot hij hem vast in zijn handen hield, dan weer botste hij op een verdediger op het moment dat hij een voorzet wilde pakken. De fouten hadden weliswaar bijna nooit gevolgen, maar zekerheid straalde het niet uit. Ook in het nationale elftal had Hildebrand bij zijn enige wedstrijd waarin hij werkelijk onder druk stond, in de kwalificatiewedstrijd tegen Cyprus, niet stevig in zijn schoenen gestaan. Robert Enke daarentegen ging in Hannover sinds vier jaar met een geweldige beslistheid te werk. 'Bij zo iemand weten de jongens precies: hij staat er. En dat geeft de achterhoede de juiste zekerheid,' zei Andreas Köpke.

Maar Hildebrand had in Valencia ook grootse momenten gekend, een keer zagen de toeschouwers 'una mano de milagro', een wonderhand, toen hij een kopbal van Levantes Álvaro de Aquino tegen de looprichting van de doelman in tegenhield. Sinds vijf jaar nodigden ze Hildebrand voor het nationale elftal uit omdat ze in hem een mogelijke nummer een hadden gezien, moesten ze hem niet een wisselvallig seizoen onder de zwaarste omstandigheden vergeven?

Of ging het niet juist daarom: hoe een keeper onder de extreemste omstandigheden overeind bleef? Was dat niet het cruciale punt bij het zoeken naar een reservekeeper: 'Wat als Jens Lehmann echt eens uitvalt in de EK-finale?' vroeg Köpke en gaf zelf het antwoord: 'Dan kun je zonder probleem Robert in het doel zetten. Hij heeft zo'n sterke zenuwen, dat hij ook aan zo'n wedstrijd rustig begint. Na de dood van zijn dochter weet hij dat er belangrijker zaken in het leven zijn.' De anderen in het vertrek, de bondscoach, zijn assistent-trainer Hansi Flick en chef-scout Urs Siegenthaler dachten precies hetzelfde: de bedachtzaamheid van Robert Enke was indrukwekkend. De definitieve beslissing moest de bondscoach alleen nemen.

Op 16 mei 2008, drie weken voor het EK, zou hij de selectie bekendmaken. Zeven tv-zenders zouden het live uitzenden. Andreas Köpke belde de vier keepers kort daarvoor op, opdat een van hen het vervelende nieuws niet via de media vernam.

Timo Hildebrand was op 16 mei tegen negenen al onderweg naar de buitenwijk Paterna, naar de laatste training van FC Valencia van dat seizoen. Hij had zijn heup verstuikt. Hij wilde het laatste competitieduel van Valencia twee dagen later tegen Atlético Madrid overslaan om het gewricht voor het EK te sparen. Vijf jaar had hij geduldig achter Kahn en Lehmann gewacht, dit zou zijn laatste toernooi als reservekeeper worden, daarna zou Jens Lehmann ermee stoppen. De weg zou dan eindelijk vrij zijn voor hem. Het verwachte belletje van Andreas Köpke bereikte Timo Hildebrand in de auto.

Hij luisterde een dikke minuut naar de keeperstrainer, hij probeerde iets terug te zeggen, maar de woorden voegden zich niet meer aaneen tot zinnen. Hildebrand legde gewoon maar op.

Een kwartier had Timo Hildebrand nodig om enigszins tot bedaren te komen. Hij parkeerde zijn auto op het trainingscomplex en belde Köpke nog een keer terug. 'Maar waarom, Andy?' vroeg hij: 'Waarom in hemelsnaam?'

De drie keepers die waren geselecteerd had Andreas Köpke al de avond tevoren ingelicht. Terwijl het voetbalpubliek de selectie van bondscoach Löw op zeven tv-kanalen vernam en niets verhitter bediscussieerd werd dan de keeperselectie, belde Robert Enke een vriend op.

'Jacques,' zei hij, 'waar hang jij uit?'

'Man, Robert, te gek! Te gek! Ik heb het net op de radio gehoord, ik ben ongelooflijk blij voor je, niet te geloven, je gaat naar het EK!'

'Ja, dankjewel.'

'Dat moeten we vieren. Je moet toch uit je bol gaan van geluk, Robert!'

'Ik weet het toch al sinds gisteravond. Hoor eens, Jacques, ik wilde eigenlijk alleen weten waar jij bent. Dan breng ik je de post.'

Hij reed een stuk om op de weg naar huis van de clubtraining om Jacques aan het andere eind van Hannover de brieven te overhandigen en een praatje te maken. Daarna belde hij Timo Hildebrand op.

Hun verstandhouding was terughoudend professioneel geweest. Hij had Hildebrand in het nationale elftal meer geobserveerd dan met hem gepraat, maar daarbij was hem iets opgevallen: de transfer naar Valencia, waardoor hij sportief gezien enigszins uit zijn normale doen geraakt was, had Hildebrand op een andere manier ook goedgedaan. 'Ik heb de indruk, dat hij begripvoller, makkelijker in de omgang geworden is,' zei Robert Enke. Dat Hildebrand in zijn eentje in een buitenlands team in een ander land nu aan den lijve een zekere machteloosheid ondervond, had hem gevoeliger gemaakt tegenover anderen. Des te belangrijker leek het hem nu wat begrip te tonen voor Hildebrand. Hoe moeilijk hij het ook vond hem op te bellen.

Hij wist eigenlijk niet wat hij moest zeggen tegen zijn concurrent aan wie hij zijn plek had ontfutseld. 'Ik weet ook niet of er in zo'n situatie trouwens zoiets bestaat als de juiste woorden,' zei hij toen we er later over spraken.

Hij had er gewoon op los gepraat. Het speet hem. Hij kon goed begrijpen hoe Timo zich voelde. Over drie maanden begon al het nieuwe seizoen, er was nog veel te winnen in het voetbal. Ook voor Timo. Het was een kort gesprek. 'Maar ik had het gevoel dat Timo blij was dat ik hem opbelde.'

Het Europees Kampioenschap begon als een leuke boottrip. Een jacht bracht het nationale elftal naar open zee, de Middellandse Zee voor Mallorca. Ze konden er duiken en zwemmen en een middag lang geloven dat ze daadwerkelijk in het hersteltrainingskamp waren, zoals de trainers het eerste deel van de voorbereiding in Palma de Mallorca genoemd hadden.

Robert Enke had in zijn jaar bij het nationale team met de centrale verdedigers Per Mertesacker en Christoph Metzelder al zijn maatjes gevonden. De toenadering tot zijn natuurlijke vrienden, de keepers, kwam niet zo makkelijk tot stand, meende hij.

'Hij praat immers niet,' merkte hij schouderophalend op over Jens Lehmann.

Lehmann cultiveerde de rol van de keeper als lonesome cowboy, die grimmig en meedogenloos zijn weg moet gaan. Als hij zich al eens voor een ander openstelde, werd hij graag belerend. Een van zijn lievelingsonderwerpen in die tijd was wat er bij zijn club Arsenal en over het geheel genomen in Engeland allemaal beter was dan elders. Verbazingwekkend was alleen dat Lehmann in de vijf jaar die hij in Londen had doorgebracht niets opgestoken had van de belangrijkste Engelse waarden, de wellevendheid en de zelfspot.

Wat de andere keeper betreft had Robert Enke reserves. De gedachte dat er een tijd na het EK, na Jens Lehmann was, kon hij niet loochenen: dan zouden René Adler en hij de strijd aangaan om de nummer een te worden. Dat was wat de selectie signaleerde, ze waren de rivalen van morgen. Maar de jongere leek dat weinig te kunnen schelen. Verrast merkte Robert Enke hoe René Adler contact zocht. Terwijl Lehmann in zwijgen gehuld het trainingsprogram afwerkte, riep René Adler na een save 'Super, Robert!', of wilde weten of hij bij deze voorzet niet een beetje meer naar achteren had moeten staan. Na een paar dagen bood René Adler Robert Enke het ultieme verbroederingsritueel onder keepers aan. Hij vroeg of hij eens Roberts handschoenen mocht proberen. 'Hij had een echt brede klauw,' zei René Adler, 'ik zwom in zijn handschoenen.'

Robert Enke met zijn concurrent Jens Lehmann.

Robert Enke wist niet wat hij ervan moest denken. Adler was toch degene die er in de kranten altijd veel beter dan hij van afkwam. Onbewust had Robert Enke zijn wrok daarover voor het EK ook op Adler zelf geprojecteerd. En nu ontpopte deze zich als een sympathieke jongen.

René Adler was zeven jaar jonger dan Robert Enke, zeven jaar betekenden in het voetbal een generatiekloof. Toen Robert Enke in 1999 in de Bundesliga zijn debuut maakte, zat Adler als veertienjarige knul in Leipzig voor de tv en zag Enke de weg bewandelen die hij zelf voor zich had: net als Robert ging René uit het oosten naar het westen om triomfen te vieren in het voetbal. Als vijftienjarige kwam hij alleen in Leverkusen aan. Bayers keeperstrainer Rüdiger Vollborn en zijn vrouw namen hem als adoptiefzoon bij zich op in huis. René kreeg de zolderkamer. Het was een unieke verbintenis: de trainer die zijn doelman niet alleen trainde, maar ook opvoedde. Ver van zijn ouders en jeugd, onder dak bij een voormalige profkeeper naar wie hij opkeek en die hij absoluut niet teleur wilde stellen, versterkten Renés natuurlijke eigenschappen zich. Bijna allen die hem ontmoetten waren gecharmeerd van zijn gevoel voor tact en zijn toegankelijkheid. Hij viel in de nationale jeugdelftallen van alle leeftijden op als een uniek talent, 'hij "moest" mee naar het EK na zijn uitstekende seizoen,' zei de keeperstrainer in het nationale team, Köpke. René Adler zelf kon dat echter niet geloven. 'Ik liep immers pas anderhalf jaar in het profbedrijf rond, ik dacht dat je meer gepresteerd moest hebben om naar een EK te gaan,' zegt hij. 'En dan valt deze curieuze beslissing om mij mee te nemen.'

Hij zou helemaal niet geweten hebben hoe hij anders dan vriendelijk en respectvol tegenover Robert Enke had moeten zijn. 'Ik zag mezelf niet op één niveau met Robbi,' zegt hij. Leer wat van Lehmann en Enke, de groten, had hij zich voor het EK voorgehouden, en: 'Geef alles, heb lol.'

Die lol, dat was makkelijker gezegd dan gedaan. Achter het hersteltrainingskamp, zo ontdekte de ploeg al snel, ging een veeleisende fitnesstraining schuil, gecamoufleerd door een leuk algemeen programma. René Adler moest oefeningen afwerken die hij zijn hele leven nog niet had gedaan, hardloopwedstrijden waarbij ze kleine metalen sleden achter zich aan sleepten, op de eerste avond had hij zware benen, op de tweede een stijve rug. Hij moest een training overslaan en zich uitvoerig door de fysiotherapeut laten behandelen. Robert Enke hield zijn reserves tegenover de lieveling van de media en registreerde diens zwakte met interesse: was zijn toekomstige rivaal lichamelijk nog niet klaar voor de strijd?

De spelersvrouwen gingen ook naar het EK. De Duitse voetbalbond had een hotel in Ascona voor hen geboekt, in hetzelfde oord aan het Lago Maggiore waar het nationale elftal ingekwartierd was tijdens het toernooi. Op vrije avonden zag Robert Teresa. Ze had tussen de andere vrouwen een heel aardige vrouw leren kennen, vertelde ze hem, ze konden toch ook eens met zijn vieren uitgaan, met die jonge vrouw en haar vriend. 'Wat?' vroeg Robert Enke, 'ga ik nu ook nog met René Adler op stap?'

Ze hadden toen op die avond met hun vrouwen veel gelachen, zegt René, 'ten koste van de mannen vooral. Wij waren immers allebei even grote klunzen als het op huishoudelijke klussen aankwam, stof genoeg om over te vertellen.'

Algauw zat René Adler bij het gezamenlijk eten van het elftal vaker bij het groepje met Mertesacker, Metzelder en Enke. Wanneer Teresa en Robert in hun vrije uren al iets met anderen ondernamen, dan met René en zijn vriendin. Ze leerden ook een aardige vrouw kennen met wie Teresa altijd contact zou blijven onderhouden: Renés moeder.

Het was ook voor Robert Enke het hoogst bereikbare in het nationale elftal te spelen. Maar was de mooiste positie niet toch die van reservedoelman? Hij was een gewaardeerd onderdeel van de ploeg, hij beleefde heel de opwinding in Zwitserland mee, de overwinningen en de vermakelijkheden, net als elke andere speler en hoefde zich niet bloot te stellen aan de druk van de wedstrijden. 'Hij had tijdens het EK een perfect humeur,' zegt Teresa.

Na de 2-0 tegen Polen sprak een man hem in de gang naar de kleedkamers aan. Frans Hoek, de keeperstrainer uit Barcelona, die hem voor zijn gevoel afgemaakt had, begroette hem met een glimlach. Hoek was inmiddels keeperstrainer van het Poolse elftal. 'Zie je, is je toch nog recht gedaan. Nu ben je de keeper geworden die ik in je zag toen ik je naar Barça haalde. Ik ben blij voor je.' Robert Enke stond versteld. Hoek sprak verder alsof ze in Barcelona een innige verhouding hadden gehad. Naar Hoeks tijdsgevoel spraken ze zelfs drie kwartier met elkaar. Bij het afscheid vroeg hij of Robert Enke hem zijn shirt van het nationale team kon geven. Robert gaf het hem, te verbijsterd om iets anders te doen dan gehoor te geven.

Vier dagen later schudde de fraaie wereld van Tessin op zijn grondvesten. Duitsland had met 1-2 tegen Kroatië verloren. Uitschakeling in de eerste ronde lag op de loer. In het elftal vlamde de strijd op. Algauw daalde de discussie binnen de spelersgroep tot het niveau van de boulevardpers. Punt van discussie was ook dat een paar oudere spelers vonden dat de jonge spelers op de dag na de nederlaag geen cocktails aan het zwembad behoorden te drinken. Zoals zo vaak in die jaren ontbrandde in het Duitse elftal het grote debat over wie de leiding had. Was de weg naar succes gewaarborgd wanneer een elftal nog op de autoritaire, vaak lompe manier van de Effenberg-generatie door een klein aantal spelers werd gedomineerd, zoals Duitslands aanvoerder Michael Ballack dacht? Of had een succesvol team baat bij een platte hiërarchie met elf spelers die zich stuk voor stuk dienstbaar opstelden ten aanzien van een overkoepelende spelopvatting, zoals vooral de jongere profs ertegenaan keken? Robert Enke was blij dat hij als reservekeeper buiten schot bleef bij de strijd om de hiërarchie, de controverses en de cocktails. Hij zou niet geweten hebben aan welke kant hij moest staan. Principieel deelde hij eerder de opvatting van een elftal waarin iedereen elkaar helpt, in plaats van één leidende speler te volgen. Anderzijds betrapte hij zich als dertigjarige ook meermaals op de gedachte dat de ouderen ook best eens met harde hand voor orde konden zorgen.

Met het beste van beide modellen – een uitstekend spelende Ballack als aanvoerder, én een ploeg die vereend dienstbaar was aan een nauwgezet uitgewerkte spelconcept – won Duitsland in zijn indrukwekkendste wedstrijd sinds jaren in de kwartfinale van Portugal met 3-2. Het Duitse elftal bereikte de finale in Wenen, waar het tegen een speltechnisch superieure Spaanse selectie met 0-1 verloor.

Robert Enke lag na de nederlaag in de finale breedbeens op het gras van het Weense Ernst Happelstadion, met het gifgroene reserveshirt nog aan, de zilveren medaille om zijn hals. In het strijklicht was niet meer over het hoofd te zien hoe sterk hij in de laatste jaren lichamelijk veranderd was. Hij was hoekig geworden. Lara's dood had zijn gezicht het jongensachtige ontnomen. Dat hij sinds kort zijn hoofd kaal schoor omdat de inhammen op zijn voorhoofd onophoudelijk toenamen, benadrukte nog eens de nieuwe hardheid van zijn gelaatsuitdrukking. Zijn lijf was extreem gespierd geworden. Twee jaar eerder had hij nog gezegd: 'Die enorm grote bezetenheid van Olli Kahn had ik nooit, ik hoefde ook nooit zo te werken als hij, want ik had talent,' maar sinds het nationale team in zicht kwam, trainde hij hardnekkig in het krachthonk, omdat de niet bepaald innovatieve keeperstraining bij Hannover 96 niet voldeed. Toen hij na de finale in Wenen helemaal alleen tussen al die verslagen medespelers in het gras lag, richtte hij zijn blik naar voren. De carrière van Jens Lehmann in het nationale elftal was sinds een paar minuten voorbij. Het hing alleen nog van hemzelf af of hij Duitslands nummer een zou worden.

Hij vloog in de vakantie met Teresa naar Lissabon. Ze hadden daar inmiddels een huis gekocht.
'Het blijft erbij, als je vierendertig bent kom je naar Benfica terug?' vroeg Paulo Azevedo.
'Vanzelfsprekend,' zei Robert.

In het decennium met Oliver Kahn en Jens Lehmann was Duitsland gewend geraakt aan een keeper in het nationale elftal die een meedogenloze solist was. Toen in augustus 2008 het tijdperk na Kahn en Lehmann begon, leefde in het land het diepverankerde geloof dat een keeper zo moet zijn als die twee, in zijn complete isolatie vastberaden tot in het extreme.
Tot zijn ergernis merkte Robert Enke als keeper van het nationale elftal dat opeens alles tegen hem sprak wat ze in Hannover zo op prijs stelden: zijn zakelijke speelstijl, zijn terughoudende, respectvolle optreden in het openbaar. Nu vergeleken ze hem met Kahn, die een tegenstander op het veld in de hals had gebeten, met Lehmann, die in elk interview geprobeerd had Kahn te verslaan, en natuurlijk met René Adler die stoutmoedig de lastige voorzetten onderschepte waarbij Robert Enke in het doel bleef staan. 'Enke mist uitstraling,' was de conclusie die Ottmar Hitzfeld uit de vergelijkingen trok. Hitzfeld was de succesvolste Duitse clubtrainer.
Robert Enke dacht dat hij op deze populistische kritiek voorbereid was. Het was toch niet belangrijk wat de columnisten allemaal uitkraamden. Wat telde was het oordeel van de keeperstrainer van het nationale team. Andreas Köpke zag elegantie in de eenvoud van Robert Enkes spel: 'Zijn kalme manier van doen op het veld heeft mij geïmponeerd. Hij had een ongelooflijke présence en autoriteit, juist omdat hij zich niet zoals anderen aanstelde maar zijn acties zakelijk doch beslist uitvoerde. Zodra hij de eentegen-eensituatie tegen een aanvaller op superieure manier had opgelost, liep hij vervolgens terug naar het doel alsof zo'n redding

de normaalste zaak van de wereld was, geen theatrale gebaren, niets.'

Toen Robert Enke in augustus 2008 in Nürnberg tegen België de eerste interland na het EK mocht spelen, was dat een teken. De bondscoaches zagen in hem de eerste kandidaat van de drie, vier gelijkwaardige keepers voor de opvolging van Lehmann. Duitsland won met 2-0, hij had het weinige dat hij moest doen soeverein volbracht. Toen ik hem opbelde om hem te feliciteren, zei hij als eerste: 'Het was natuurlijk lullig dat ik niet de kans kreeg echt uit te blinken.' Hij wilde graag zijn klasse snel bewijzen. Hij kon tienmaal tegen zichzelf zeggen dat de algemene scepsis hem niet interesseerde, maar hij voelde desondanks de druk dat hij het land zo snel mogelijk van zijn kunnen moest overtuigen.

Alleen, hoe moest hij een publiek overtuigen dat het te koop lopen met je kwaliteiten met uitstraling verwisselde?

'Nou ja,' zegt Jörg Neblung, 'je mag het niet als gezwets afdoen wanneer een man als Hitzfeld het over een gebrek aan uitstraling heeft. Dan moet je je toch wel afvragen: hoe komt Hitzfeld daarbij?'

Jörg Neblung kwam tot de conclusie dat het ook een kwestie van image was. Met zijn nuchtere keepersstijl zorgde Robert voor minder spectaculaire taferelen dan andere keepers die ofwel bij voorzetten riskanter te werk gingen of op de doellijn dramatischer reddingen ten beste gaven. En als hij met zijn strakke gezicht na de wedstrijd droge interviews gaf, renden de massamedia vanzelf liever achter René Adler aan, die met zijn blonde surferharen en jeugdige glimlach van nature sympathie wekte.

Robert Enke luisterde naar Jörg aan de telefoon en reageerde wrevelig. De bondscoach kon ook heel goed zonder glimlachend gegeven interviews onderkennen of een keeper zekerheid uitstraalde naar zijn achterhoede. Dat gebeurde namelijk met duidelijke, zakelijke aanwijzingen, die niemand buiten het veld hoorde.

'Dat is helder, Robbi,' zei Jörg. 'Maar je zou je met een beter image de druk van het lijf kunnen houden dat de media voortdurend over je zitten te zemelen.'

Het gesprek kwam terecht op die andere keepers met hun opwindender image, en Jörg probeerde hem zakelijk uit te leggen dat spectaculaire keepersacties vaak alleen maar tot stand kwamen omdat de keeper zich op het laatste moment op goed geluk in de richting van het schot wierp. Daar was niets op aan te merken. Daarna ontglipte Jörg Neblung in de hitte van het debat die ene zin waar hij vandaag de dag nog spijt van heeft. 'Probeer toch gewoon eens je in hoogste nood op goed geluk voor een bal te werpen zoals Tim Wiese.'

Robert Enke was niet meer verbolgen. Hij was beledigd.

Tim Wiese van Werder Bremen was na het EK als derde keeper in het nationale elftal opgenomen, hij was een goede doelman, met een sprongkracht waar zelfs Jens Lehmann alleen maar van kon dromen. Voor de andere topkeepers was Tim Wiese echter zonder uitzondering een bron van irritatie. Hij was een boulevardkeeper. Hij wierp zich ook op de grond bij schoten die een halve meter naast hem landden en die hij ook staand had kunnen pakken. Maar dan zou het publiek niet opgekeken hebben. Wanneer een aanvaller alleen op Wiese af kwam, gleed hij als een kungfu-strijder met een uitgestrekt been op de aanvaller af, de sportverslaggevers riepen opgewonden: 'Wiese gaat tot het uiterste!' en de andere keepers briesten voor de tv van woede: snapten die verslaggevers dan niet dat het gewoon een fout was zich zo hectisch voor een aanvaller te werpen? Wie goed keek bemerkte dat Wiese ook nog zijn hoofd wegdraaide terwijl hij voor de aanvaller sprong. Het was voor elke aanvaller een koud kunstje hem te omspelen.

Na zijn ondoordachte voorstel Tim Wiese eens te imiteren, sneed Jörg Neblung nooit meer het onderwerp image aan met Robert. Maar hij merkte dat Robert Enke zich sinds die dag inspande om bij elk tv-interview te glimlachen.

In wezen echter bleef hij wat Britten een 'keeper voor keepers' noemen: een keeper die door zijn collega's des te meer wordt geprezen omdat de massa zijn waarde niet onderkent. Tegen de trend in, tegen het moderne rolmodel van de 'radicale keeper' in, die elke dieptepass, elke voorzet probeert te pakken, hield Robert Enke zich hardnekkig aan zijn opvatting van de 'verstandige doelman'. Wat had het voor zin als een keeper met zijn vermetele uitlopen achttien tot twintig dieptepasses uitstekend onderschepte, maar vervolgens door zijn riskante spel tweemaal te laat kwam? 'Ik vind het overdreven als men zegt dat een moderne doelman op elke dieptepass moet uitlopen, elke voorzet pakken moet. Wat een goede keeper nodig heeft, is het feilloze instinct, bij welke dieptepass loop ik uit en bij welke voorzet niet.'

Daarmee stond hij tamelijk alleen in een tijd waarin de volgende generatie, 'de radicalen' René Adler en Manuel Neuer met fantastische anticipatie, de manoeuvres van de tegenstander al ver voor het doel doorkruisten en de laatste 'traditionelen' zoals Tim Wiese keer op keer adembenemende reddingen op de doellijn verrichtten.

Maar alleen al het feit dat met Adler, Enke en Wiese in de herfst van 2008 drie doelverdedigers met volslagen verschillende speelstijlen uitkwamen voor het nationale elftal, laat zien hoe theoretisch de bewering is dat de ene stijl principieel beter is dan de andere. Bij aanvallers vindt het publiek het ook de normaalste zaak van de wereld dat er verschillende typen van zijn, snelle dribbelaars of stoere brekers, die allemaal op hun manier van wereldklasse kunnen zijn. Bij de doelverdedigers is het niet anders. Belangrijk is alleen dat een keeper volgens zijn eigen leer zeker van zichzelf is en consequent optreedt. Robert Enke was in de herfst van 2008 van de keepers van het nationale elftal degene die zijn stijl het meest geperfectioneerd had.

'Hij heeft nooit echt fouten met ernstige gevolgen gemaakt, daarin onderscheidde hij zich,' zegt keeperstrainer Köpke. Robert Enke stond daarom ook in september 2008 bij de kwalificatiewedstrijden voor het WK tegen Liechtenstein en Finland in het doel. 'Als je al zijn wedstrijden in het nationale elftal langsloopt, zul je geen enkel doelpunt vinden waarbij je kunt zeggen: die bal had hij toch wel moeten houden,' zegt Köpke, 'zelfs bij de 3-3 in Finland niet.'

De zwaarste test van het jaar wachtte hem na de wedstrijd in Helsinki. De adoptiemedewerker van het bureau Jeugdzorg kwam naar Empede. Ze gaf de Enkes nooit het gevoel dat ze op de proef gesteld werden. De bezichtiging van het huis was de laatste horde bij de geschiktheidstest voor de adoptie.

Ze lieten de ambtenares de kinderkamer zien. Lara's naam hing nog steeds in magneetletters op de houten deur. Teresa en Robert wilden de naam van hun adoptiekind ernaast plakken, ze wilden dat hun tweede kind op zo natuurlijk mogelijke manier mee zou krijgen dat het een overleden zus had.

In oktober ontvingen ze de bevestiging van het bureau, hun aanvraag voor adoptie werd ingewilligd. Nu moesten ze wachten en wisten niet of het vier weken of veertien maanden zou duren tot ze een kind zouden krijgen.

De tijd vloog, zo kwam het Robert Enke voor. De oproep voor het nationale elftal had zijn leven een nieuw tempo gegeven, alles leek sneller, onverwachtser, vooral de opwinding. Hij ging naar de voorbereiding van het nationale team in Düsseldorf, het hoogtepunt van de WK-kwalificatie kwam eraan, de wedstrijd tegen Rusland, de halve finalist van het EK. Hij had sinds Lehmanns afscheid in alle interlands op doel gestaan, hij had geen fout gemaakt. Maar in de boulevardkrant *Bild* stond vier dagen voor de wedstrijd tegen Rusland een kop die als een dreigement klonk: 'Enke : Jogi's nummer een – tot zijn eerste fout.'

Hij probeerde het niet persoonlijk op te vatten. Hij wist dat wat er als een hetze tegen hem uitzag, in wezen alleen maar een persoonlijke vergissing was: de *Bild*-correspondent bij het nationale elftal berichtte bij de doordeweekse Bundesligawedstrijden over René Adler en Bayer Leverkusen, de man mocht René zo, dat hij het met elke kop voor die jongen opnam.

Maar helemaal van zich afzetten kon hij de verontwaardiging ook niet: waarom moest de man van *Bild* zo ver gaan op hem in te hakken, alleen omdat hij de concurrent van René was? Een keer had hij met Hannover met 0-2 in Leverkusen verloren, een alledaagse Bundesliga-uitslag. In *Bild* zette de man de kop: 'Enke in de schiettent.'

Is allemaal niet zo erg, zo probeerde Enke zichzelf tot bedaren te brengen.

Ook in de andere media werden hij en René Adler in de dagen voorafgaand aan de wedstrijd tegen Rusland tot de grote rivalen uitvergroot. Lehmann tegen Kahn was verleden tijd, nu was het tijd voor de volgende ronde van de keepersstrijd, het grote Duitse duel: Enke tegen Adler. In werkelijkheid kwamen ze elkaar steeds nader. Het remmende bewustzijn dat ze om dezelfde plek streden, stond niet toe dat ze er met elkaar over praatten, maar stilzwijgend waren ze al bij het EK overeengekomen dat ze deze wedstrijd met vriendschappelijke hardheid zouden voeren. In het trainingskamp in Düsseldorf waren ze al hartelijke collega's. 'Robert en René waren eerder uit op harmonie,' zegt Andreas Köpke. 'Het waren andere types dan Olli Kahn of Jens Lehmann. Ze hadden geen behoefte aan de kick elkaar wederzijds te grazen te nemen, vijandschap op te bouwen. Maar die tijden zijn dan ook voorbij. Tegenwoordig is de manier van omgaan in een voetbalelftal veel meer: we doen het met elkaar.'

'Ik had altijd het gevoel dat er tussen ons geen concurrentiestrijd was,' zegt René Adler. 'En ik geloof dat dat ons beiden goed deed. Het helpt als je niet ook nog tijdens de training deze druk hebt: wanneer hij nu de bal stopt, moet ik zo meteen nog een betere redding verrichten.'

In Düsseldorf had de trainer drie dagen voor de grote wedstrijd een oefenpartijtje vier tegen vier op een klein veld gepland. Philipp Lahm schoot van korte afstand, Robert Enke stak zijn vuisten de lucht in en weerde de bal af. In het andere doel concentreerde René Adler zich op de wedstrijd omdat het volgende schot direct al op hem af kon komen, het ging heen en weer op het veldje, de spelers moesten leren in de kleine ruimte zo snel mogelijk beslissingen te nemen.

Robert Enke speelde tot de volgende drinkpauze verder. Toen stapte hij op Andy Köpke af. 'Toen ik de bal op de vuist nam is mijn pols naar achteren geknikt, ik heb er iets aan overgehouden, misschien heb ik mijn hand verrekt.'

'Doe er meteen ijs op en laat de dokter er maar snel even naar kijken.'

René Adler stond een paar stappen verder, in gedachten nog helemaal bij de wedstrijd, die meteen verderging. Uit zijn ooghoek zag hij dat Robert Enke niet meer het veld op kwam en Tim Wiese zijn plaats innam. René Adler had geen tijd om erover na te denken, het trainingsspelletje begon meteen weer in een hoog tempo.

De dokter bewoog voorzichtig Roberts linkerhand. Toen zei hij: 'We moeten naar het ziekenhuis.'

ACHTTIEN

Leila

Het wortelbeen was gebroken. Terwijl het nationale elftal in Düsseldorf op de afsluitende training voor de laatste keer hoekschoppen instudeerde, zat hij al op de afdeling voor handchirurgie in een kliniek in Hamburg.

Dokter Klaus-Dieter Rudolf had bij Robert Enke een schroef ingebracht, de zogenaamde Herbert-schroef, om het handwortelbeen op de plek van de breuk te stabiliseren. De operatie was succesvol verlopen, deelde Rudolf hem mee, alles wees erop dat de breuk mooi zou helen, de methode werd al meer dan twintig jaar met succes toegepast. Maar de dokter wilde eerlijk tegen hem zijn. Robert Enke was een keeper. Hij moest zijn pols extreem bewegen en belasten. Er bleef een risico bestaan dat hij zijn hand nooit meer volledig zou kunnen strekken, het was een gecompliceerd genezingsproces.

Teresa haalde hem op in Hamburg. Hij droeg een rood gipsverband met klittenband, hij moest het zo snel mogelijk een paar uur per dag kunnen losmaken om de soepelheid te trainen. Over drie maanden, had de dokter gezegd, kon hij normaal gesproken weer in het doel staan. Maar het was niet zo eenvoudig naar de toekomst te kijken. Waarom moest hem altijd zoiets overkomen? 'Het was een heel normaal schot, een schot van het soort dat ik al duizendmaal heb gehouden.'

Thuis belde hij zijn buurman Uli op. Wilde hij de twee toegangskaarten voor de wedstrijd tegen Rusland de volgende dag in Dortmund hebben? Normaal zouden Teresa en Jörg ze gebruikt hebben.

Uli vertelde hem dat zijn zwager Jürgen ook een keer zijn wortelbeen had gebroken, aan allebei zijn handen. Hij was bij zijn werk als dakdekker van het dak gevallen. Rustig is een adjectief dat Jürgen maar zeer gebrekkig beschrijft. Hij praatte als het absoluut noodzakelijk was, en liet verder zijn lichte glimlach al het overige zeggen.

'Kun je dan je handen tegenwoordig weer volledig strekken?' vroeg Robert hem later'

'Ik kan ze bijna helemaal niet meer strekken,' zei Jürgen en deed het hem voor.

Robert Enke staarde hem aan.

Hij bekeek de wedstrijd die de zijne had moeten zijn, op tv. Teresa ging naast hem zitten. Het Duitse elftal speelde energiek, flitsend, na een halfuur stonden ze voor met 2-0 door doelpunten van Lukas Podolski en Michael Ballack. Vlak voor rust verloor Philipp Lahm op de linkervleugel, maar tien meter van hun eigen doel verwijderd, de bal aan Aleksandr Anyukov. De Rus stak meteen naar binnen, in het Duitse strafschopgebied. René Adler kwam hem van ver tegemoet, hij volgde de leer van de 'radicalen', tot over de vijfmeterlijn rende Adler om Anyukovs schiethoek zo klein mogelijk te houden. Adler voelde dat de Rus, zo dicht bij de zijlijn, in de ruimte achter zich zou passen. Toen Anyukov ten slotte een lage voorzet gaf, deed de keeper daarom een snelle stap naar rechts. Maar Adler had pech. Anyukov passte rechtdoor, tussen Adlers benen door. Aan de achterzijde van het vijfmetergebied ontving Andrei Arshavin de assist en scoorde de 2-1. Het was geen keepersfout geweest maar een situatie waarin er voor een doelverdediger nauwelijks wat te redden valt. Alleen Robert Enke dacht, dat had je ook anders kunnen oplossen. Hij wist zeker, met zijn techniek de rechterknie naar binnen te buigen, zou hij de pass door de benen verhinderd hebben.

Er waren nog veertig minuten te gaan, en het doelpunt veranderde de dynamiek van de wedstrijd. De Russen gingen opeens in de aanval. René Adler tikte op heel knappe wijze een kopbal over de lat, hij wierp zich op het allerlaatste moment met succes voor Sergei Semak en ving, omringd door zeven spelers, op fabelachtige wijze een voorzet, waar Robert Enke niet op af gelopen zou zijn. Hij zat in de zitkamer en hoorde de tv-commentator roepen: 'Geweldig gedaan door Adler!', 'Ik herhaal mijn compliment: dat is echt geweldig gedaan door Adler', 'En weer Adler!' Het was twintig over tien 's avonds, nog tien minuten te spelen in Dortmund, de spanning was fysiek voelbaar, konden de Duitsers hun 2-1-overwinning vasthouden? Hij stond op en zei tegen Teresa: 'Ik ga naar bed.'

Hij wilde de dagen daarna de kranten niet lezen. Maar zijn collega's spraken hem bij de revalidatietraining in het stadion van Hannover aan: 'Dat kan toch gewoon niet, heb je gezien wat de kranten schrijven, zelfs de zogenaamd serieuze: "Het tijdperk Adler is begonnen, de keepersstrijd is beslist." Hebben die ze nog allemaal op een rijtje?' Jörg stuurde hem een sms. 'Het volgende nieuwtje: de *Kicker* geeft René het cijfer 9...'

De collega's en Jörg Neblung hadden het goed met hem voor. Ze wilden maar zeggen: dat zijn absurde juichkreten, hij moest zich door dat mediagebral niet in de war laten brengen. Doordat ze hem op de koppen wezen, brachten ze hem pas echt van zijn stuk.

Twee dagen na de wedstrijd tegen Rusland belde hij me op. Hij liet me weinig tijd om naar zijn wortelbeen te informeren. Hij wilde tot de kern van de zaak komen: 'Jij bent toch ook journalist!'

'Ja. Hoezo?'

'En wat vind jij er dan van, wat je collega's van Renés wedstrijd gemaakt hebben?'

'Je mag niet vergeten dat het Renés eerste interland was. Gezien dat feit heeft hij zich echt heel goed van zijn taak gekweten. En sportverslaggevers neigen er helaas bij jonge voetballers toe na een geweldige wedstrijd altijd meteen de grootste carrière te voorspellen, dat zijn de reflexen van het beroep. Destijds als negentienjarige in Gladbach ben je net zo gehypet. Probeer het allemaal te negeren.'

'Natuurlijk – mij maakt het ook helemaal niks uit! Ik wilde alleen eens weten hoe jij ertegenaan kijkt.'

Met de afstand van een maand na de interland gaf hij het tijdschrift *11 Freunde* in november 2008 een interview. Het werd Robert Enkes meest openhartige interview zonder dat de lezers het konden merken. Hij zei over zijn tijd na Istanbul: 'Dat was geen crisis zoals elke keeper die weleens doormaakt als hij in de Bundesliga vijf- of zesmaal misgrijpt. Het had iets existentieels.' Maar één passage uit het interview verscheen nooit in druk. Hij liet hem eruit schrappen omdat deze hem achteraf te eerlijk en te verbitterd leek. Wat hij ervan vond dat de media René Adler na een enkele interland tot nummer een hadden uitgeroepen, luidde de vraag, en zijn antwoord was: 'Deze hype rond René is niet pas in de laatste weken ontstaan. Deze situatie werd al lang aangewakkerd. Ik vraag me soms af wat er aan de hand is. Het was toch een heel normale wedstrijd van hem tegen Rusland, niets sensationeels! Het is niet eenvoudig voor mij daarmee om te gaan... Ik heb in de publiciteit het nakijken tegenover de generatie Adler en Neuer, ik moet blijkbaar accepteren dat dat zo is.'

Sinds zijn comeback op Tenerife had hij druk soeverein weten te verwerken, stress en bedroefdheid gerelativeerd. Na de dubbele klap, de wortelbeenbreuk en de publieke kroning van René Adler, vernauwde zijn waarneming zich weer. Waarheen hij ook maar keek, hij zag alleen nog maar zwart voor zich.

De herfstdagen op het platteland van Nedersaksen begonnen grijs en eindigden grijs. 'Ik word gek van deze duisternis,' zei hij tegen Teresa. Hij reed dagelijks naar de hersteltraining, hij mocht zijn pols nog steeds niet bewegen en vroeg zich voortdurend angstig af of zijn hand ooit wel weer voor een keeper op het hoogste niveau geschikt zou zijn. Wat als het hem net zo zou vergaan als zijn vriend, de dakdekker? Wanneer hij de vragen eenmaal toeliet, kwamen er steeds meer. Had hij eigenlijk nog wel een kans op de nummer een in het nationale elftal, stond hij er niet helemaal alleen voor, tegen René Adler en de media, tegen het hele land? Deze vragen voedden zijn angsten en zo groeiden ze tot irrationele proporties. Eind november zat hij zoals elke dag ter behandeling in de kamer van Markus Witkop, de fysiotherapeut van Hannover. Hij moest hem in vertrouwen nemen, zei Robert Enke. Toen begon hij te huilen. Hij had al eens aan depressies geleden, en hij was bevreesd dat ze nu weer de kop opstaken. Vijf jaar lang had hij geen noemenswaardige psychische problemen gehad, zelfs na Lara's dood niet.

Voor Witkop was de aanblik van de huilende aanvoerder maar moeilijk te verwerken. Voor hem zat Robert Enke, die bij deze club sinds vier jaren vooropliep, en die maakte opeens de kwetsbare indruk van een kind. Net zo zwaar gebukt ging de fysiotherapeut onder de last dat hij nu ingewijd was. Het is de moeilijkste taak voor de verzorgers van een profelftal: al de geheimen die hun door de profs worden toevertrouwd, voor zich te moeten houden. 'Zoveel dingen gisten in je en vreten aan je omdat je ze in geen geval prijs mag geven,' zegt Tommy Westphal.

Eén man in Duitsland deelde Robert Enkes mening dat hij er bij de vergelijking met René Adler slecht van afkwam: René zelf.
'Ik kon Robbi begrijpen, dat hem de berichtgeving na de wedstrijd tegen Rusland stoorde. Het was een goede wedstrijd van me maar geen superprestatie. Wat de media ervan maakten, was inderdaad extreem. Ik vond het onplezierig.'
In de weken daarop overwoog René vaak of hij Robert zou bellen of een sms sturen. Hij had Teresa's telefoonnummer sinds het EK in zijn telefoon opgeslagen. In zijn hoofd formuleerde René de woorden al die hij wilde schrijven. 'Maar ik voelde me – ik wil niet zeggen: slecht,' zegt hij. 'Ik was gewoon bang huichelachtig over te komen. Want ik had, eerlijk gezegd, al het gevoel hem iets ontnomen te hebben, zijn tegenslag uitgebuit te hebben. Ik had het idee: het zou zijn wedstrijd zijn geweest.'

Robert Enke beschouwde zijn depressies als een voorhoedespeler van de tegenstander, die hem aanviel. Die hij nog kon tegenhouden als hij juist handelde. De alomvattende duisternis was nog niet ingetreden, hij stond 's morgens zonder problemen op, hij had geen gebrek aan motivatie, alleen de neerslachtigheid, de voorbode van de ziekte, had hem beet. Hij meende de afweermechanismen te beheersen, door de dag een structuur te geven, dingen te doen. Hij besloot een aantal weken naar een revalidatiekliniek voor profsporters in Neder-Beieren te gaan. Daar, onder gelijkgezinden, lijdenden als het ware, zou de angst de boot te missen misschien weggaan. Als hij half december zou terugkomen, zou hij in Hannover een psychiater zoeken.

Het plan stond vast. Maar het stemde hem niet optimistisch.

'Ik had het zoals jij moeten doen,' zei hij vertwijfeld tegen Marco aan de telefoon, 'waarom heb ik toch na de depressie in Barcelona niet verder uit voorzorg met een psychiater samengewerkt?'

'Robbi, het is nog niet te laat. Doe toch ook zoals ik en telefoneer regelmatig met Valentin.'

'Ach, telefoneren, dat helpt toch niet.'

'Mij heeft het heel erg geholpen.'

Sinds meer dan een jaar telefoneerde Marco Villa elke maandagavond met Valentin Markser. Hij had het idee alsof hij gewoon met een goede vriend praatte, en aan het eind van de maand kwam de rekening van Markser.

Marco was begonnen bewuste beslissingen te nemen. Hij woonde met zijn vrouw en inmiddels twee kinderen in Roseto degli Abruzzi, een kleine plaats aan de Adriatische Zee, en daar zou hij maar eens een tijdje blijven. Hij zou niet meer vanwege het voetbal elke vijf maanden verkassen. Hij genoot van het leven met zijn gezin aan zee, en ze konden er goed van leven nu hij in het amateurvoetbal van seizoen tot seizoen bij de hoogstbiedende club in de omgeving in dienst trad. 's Ochtends studeerde hij bedrijfseconomie via een schriftelijke cursus, hij was niet weg van het vak maar hij deed het ook om zichzelf te bewijzen dat hij nog iets anders kon dan voetballen. Inderdaad had hij voor het eerst beroepsdromen die verder reikten dan voetbal: hij wilde na de bedrijfseconomie homeopathie studeren en op het gebied van de acupunctuur werkzaam zijn. Het fascineerde hem hoe mensen het alleen met hun handen voor elkaar krijgen pijn te verzachten.

Het werd niet allemaal meteen beter, alleen omdat hij begon zich niet meer door het profleven te laten opjagen. Hij reed nu voor de training van L'Aquila Calcio, een vijfdedivisieclub, naar een sportveld dat meer stof dan gras was. In de kleedkamer hadden de regionale spelers die na hen trainden, zijn voetbalschoenen gejat. En 's avonds was dan de Seria A op tv, Genua tegen Udinese, innerlijk voelde hij zich nog steeds in deze wereld van het profvoetbal thuis, de vraag kwam nog steeds in hem op, de vraag deed onveranderlijk pijn: hoe heeft het zover kunnen komen dat je in de vijfde divisie beland bent? Maar hij had geleerd met de vraag te leven.

Van tijd tot tijd haalde hij ook als tweeëndertigjarige in de vijfde divisie nog met hetzelfde plezier zijn grappen uit zoals destijds in Mönchengladbach. Op zijn verjaardag serveerde hij zijn collega's van L'Aquila zoete deegballetjes. De vanillevulling had hij door shampoo vervangen.

Hij had over het geheel genomen een zekere tevredenheid met zijn leven bereikt.

'Robbi,' zei hij aan de telefoon, 'ik weet, het is lastig, mij lukt het ook vaak niet, maar probeer je niet te erg op het voetbal te fixeren.'

'Maar ik kan niets anders dan voetbal. Ik heb me altijd alleen als voetballer beschouwd.'

'Dan laat je je door mij ervan overtuigen dat je veel meer bent dan een voetballer: je bent een bijzondere vriend voor mij.'

'Maar ik heb toch altijd al mijn vrienden en mijn gezin alleen maar verwaarloosd. Zelfs de verjaardagen van mijn ouders vergeet ik constant.'

'Nou en, wat zegt dat nou dat je een verjaardag vergeet? Niets! Dat is toch maar een formaliteit. Wat telt is dat je ook een leven buiten het voetbal hebt, met vrienden die je waarderen – dat het gewoon niet alles is wanneer je eens drie maanden niet kunt spelen.'

'En zo is het maar net, meneer Markser,' zei Robert.

Marco moest lachen. Een beetje beter leek het met zijn vriend al te gaan.

In de revalidatiekliniek in Donaustauf leerde Robert Enke een nieuwe teamgeest kennen. In de fitnessruimtes was meer dan een dozijn voetballers aan het trainen. Vinícius, zijn vriendelijke collega bij Hannover 96, probeerde zijn rug na een ongelukje met een tussenwervelschijf sterker te maken, Roland Benschneider, een tweededivisiespeler uit Augsburg, was na het scheuren van zijn kruisband bezig aan een opbouwtraining. Op het eerste gezicht was er niets wat hen verbond, ieder voor zich werkte zijn oefeningen af, maar het gevoel voor hetzelfde doel te vechten schiep een band. En hij mocht zich de aanvoerder van deze FC Geblesseerd wanen. Hij was de international tussen de Bundesligaprofs, Tweede Liga-sterretjes en Derde Liga-reserves, hij bespeurde een zeker ontzag in de toon waarop ze iets vroegen, door de manier waarop ze hem benaderden. Door de erkenning – eindelijk weer een zekere vorm van erkenning – ontspande hij zich. Het zwartkijken en de onverklaarbare treurigheid, de eerste tekenen van een depressie, trokken hem alleen nog incidenteel de diepte in.

'Je voelt je Rocky in zo'n kliniek,' zegt Marco Villa: 'Wekenlang in de tredmolen, om je op één enkele dag voor te bereiden: je comeback.'

Robert Enke bleef Rocky toen hij half december naar Hannover terugkeerde. Hij kon zijn eerzucht nauwelijks beteugelen. In het wintertrainingskamp na Oud en Nieuw zou hij weer in het doel staan, bij de opmaat tot de tweede helft van de competitie op 31 januari 2009 zou hij weer spelen, nam hij zich met een vastbeslotenheid voor alsof hij de terugkeer kon afdwingen.

Angst overheerste hem niet meer. Maar hij verdween ook niet.

Hij zat aan de keukentafel en strekte de hele tijd zijn linkerhand naar achteren om te zien hoe ver hij hem alweer kon bewegen. Hij strekte zijn hand tijdens het avondeten wel twintig keer naar achteren. Hij leek de beweging helemaal niet meer waar te nemen.

In de Pius in Neustadt wilde hij met de Wilkes uit Empede een leuke avond bij een glas wijn doorbrengen toen zijn vrienden hem betrapten. Wat deed hij toch de hele tijd met zijn hand? Een paar minuten later waren alle anderen aan tafel bezig te kijken hoe ver ze hun linkerhand naar achteren konden strekken. Hij kwam al verder dan Jürgens vrouw Ines met haar gezonde wortelbeen kwam.

De fysiotherapeuten hadden een apparaat voor hem geconstrueerd. Hij legde er zijn hand in, en het apparaat trok zijn hand naar achteren. Tien minuten lang moest hij zijn hand in het apparaat laten liggen. Daarna probeerde hij meteen uit of zijn hand alweer een beetje meer gestrekt kon worden.

Hij wilde coûte que coûte alles goed doen. Daarom ging hij in januari 2009 naar dokter Johannes Stroscher. Een bevriende arts had hem de psychiater en psychotherapeut aanbevolen. Ook als hij deze keer hooguit leed onder een depressieve stemming en het ergste al afgewend scheen, zou hij alle maatregelen ten volle benutten. Hij wilde het nooit meer zo ver laten komen als na Istanbul.

De praktijk van dokter Stroscher lag in een woonerf niet ver van de dierentuin. Robert Enke trok een baseballpet diep over zijn gezicht, opdat niemand hem herkende toen hij het huis binnenging. Hij moest de pet de komende weken beslist in de auto klaar hebben liggen, zei hij tegen zichzelf.

Wat hem in deze situatie goedgedaan zou hebben, was de oude saamhorigheid bij Hannover 96. Maar vertrek twee was nu een rustruimte met ligstoelen en massagestoelen. Robert Enke kwam na de behandeling bij de fysiotherapeut langs het gerenoveerde vertrek. Hun oude hol deed zijn nieuwe naam op treurige wijze alle eer aan: er heerste enkel rust in de rustruimte. Hij kon de gedachte niet onderdrukken hoezeer alles binnen een halfjaar was veranderd.

Hannover 96 was het afgelopen Bundesligaseizoen op de achtste plek geëindigd, zo goed was het in geen drieënveertig jaar gegaan. Het was de dag na zijn selectie voor het EK, 17 mei 2008, geweest, ze hadden Cottbus in de afsluitende competitiewedstrijd met 4-0 verslagen, dat de trainer de microfoon had gepakt en overmoedig had uitgeroepen: 'Dierbare fans! Ik beloof jullie, het volgende seizoen halen we de vijf punten die we dit jaar nog tekortkwamen om ons te kwalificeren voor de internationale toernooien!' Zevenenveertig duizend mensen hadden gejuicht. Robert Enke en zijn ploeggenoot Hanno Balitsch hadden elkaar verbijsterd aangekeken.

De achtste van de Bundesliga is de beste van de middenmoot. Daarvóór staan alleen nog de topclubs. Maar geen sprong is moeilijker dan die van de achtste plek naar de vijfde of zesde. Nummer acht, *the best of the rest*, kan een redelijk elftal worden als het al de simpele dingen goed doet, consequent verdedigend speelt en doelgericht countert. Maar om zesde te worden, om de onderste van de top te zijn, moet een elftal tot iets bijzonders in staat zijn, een wedstrijd actief vormgeven, de bal rond laten gaan, de aanvallen afwisselend opzetten.

Hannover 96 vroeg te veel van zichzelf in de herfst van 2008 toen ze de ambitie had een bijzondere kwaliteit aan de dag te leggen.

Trainer Dieter Hecking wilde nu 'altijd offensief en dominant spelen', met twee aanvallers in plaats van een, zoals tevoren. En een elftal dat moest aanvallen, incasseerde doelpunten tegen als nooit tevoren.

De relaxruimte werd het symbool van de goede bedoelingen waarmee alles slechter werd. Jens Rasiejevski, de assistent van de technisch directeur, was bij de meest gerenommeerde clubs ter wereld gaan kijken, bij Manchester United, FC Chelsea en het American footballteam Baltimore Ravens, om iets op te steken van de verfijndste trainingscomplexen. Dat leidde ertoe dat Hannover 96 net zo'n relaxruimte kreeg als Manchester, Chelsea, Baltimore, en niemand in de clubleiding merkte dat het beste verloren ging, het afgetrapte vertrek twee – de bijzondere saamhorigheid van het team. Wie ging er naar een relaxruimte om samen te lachen?

Robert Enke leed onder het gevoel dat de voetballers om hem heen steeds minder zíjn elftal waren. Het aantal spelers met wie hij in vertrek twee samengekomen was om rookworst te eten of uit pure overmoed Mille het hoofd kaal te scheren, nam steeds verder af. Frank Juric, Silvio Schröter, Dariusz Zuraw, meer dan een dozijn van zijn vrienden in de ploeg was de afgelopen drie jaar bij Hannover vertrokken. Een club die hogerop wilde meende voortdurend betere spelers aan te moeten trekken. Hannover 96 contracteerde profs als Valerién Ismaël of Jan Schlaudraff, die door de betere clubs afgestoten en daarom zeer met zichzelf bezig waren. Er kwamen Bulgaren en Denen bij, die in hun carrière nooit hadden geleerd ergens te aarden omdat ze door hun clubs elke een of twee jaar als koopwaar doorgestuurd waren. Robert Enke en de geschrompelde vriendengroep uit vertrek twee vonden dat deze nieuwelingen niet integreerden. 'Het heette steeds, we halen nieuwe spelers met individuele kwaliteit. In feite haalde men alleen individualiteit,' zegt Hanno Balitsch, die Robert Enkes intiemste vertrouweling in het elftal was geworden. Veel nieuwe spelers echter vonden dat de ouderen een gesloten machtsblok vormden. En er was geen vertrek twee meer waarin beide zijden hadden kunnen constateren dat de anderen helemaal niet zo erg waren.

De trainer probeerde een professioneel saamhorigheidsgevoel op te bouwen. De training was woensdags om halfvijf afgelopen. Dieter Hecking verordonneerde: tot minstens vijf uur blijft iedereen in het clubhuis. Een, twee jaar geleden hadden woensdags na de training tien, twaalf man urenlang bij elkaar gezeten. Nu douchten veel spelers in vijf minuten, gingen zwijgend in de voorruimte zitten, staarden naar de tv en keken steeds weer op hun horloge of het eindelijk vijf uur was. Robert Enke bleef op het trainingsveld en oefende tot exact vijf uur. Eensgezind waren ze slechts in hun mening wat voor zinloze actie van de trainer dat nu weer was.

De spanning waaronder de club door zijn grote ambities was komen te staan, was in de herfst van 2008 alomtegenwoordig. Veel spelers zoals Robert Enke, Hanno Balitsch of Steve Cherundolo stonden sceptisch tegenover de offensieve dromen van de trainer. In zijn eerste anderhalf jaar had Dieter Hecking een elftal uit hen gemaakt dat precies wist wat het kon, uitmuntend verdedigen en eenvoudig aanvallen. Waarom veranderde hij nu wat had gewerkt? Hecking van zijn kant was weer geïrriteerd omdat hij vond dat de spelers simpelweg niet in de praktijk brachten wat hij van hen verwachtte. Hij had de droom van de grote sprong immers verbreid om een klimaat van verandering te scheppen.

'Zo, ik teken hier maar eens een rugzak op het bord,' zei Hecking op een middag in de kleedkamer, 'en daar gooien we alles in wat ons de laatste tijd heeft gestoord.'

Het was een aanbod tot verzoening. Maar aan het eind van de discussie ging het er weer vrolijk aan toe. Michael Tarnat, een van de oude bewakers van de teamgeest, keek een van de nieuwelingen aan. Jan Schlaudraff had herhaaldelijk tijdens lichtzinnige dribbels de bal verspeeld en het team in de problemen gebracht. 'Ik zal je bij je lurven grijpen en een trap verkopen!' zei Michael Tarnat.

Robert Enke was te gefixeerd op zijn hand om zich druk te maken om de geprikkelde stemming in de club. Maar onbewust drukte het op hem, nog een donkere vlek, een bewijs temeer dat zich alles tegen hem had gekeerd. Hij zelf had zich in de geladen atmosfeer ertoe laten verleiden Schlaudraff openlijk te bekritiseren vanwege het meermaals dom verspelen van de bal. Daarna schrok hij van zichzelf. Hoe kon het zover komen dat hij zijn belangrijkste, onwrikbare regel nooit een collega openlijk te berispen, vergat? Hij dacht eraan wat een geweldig elftal ze in Hannover waren geweest, en betrapte zich erop dat hij in de verleden tijd aan dit elftal dacht.

Hij was nerveus toen hij voor de eerste keer na drieënhalve maand weer zijn tweede huid aan zijn vingers voelde. Hij sloot het klittenband van zijn keepershandschoenen en wachtte de eerste bal van de keeperstrainer af. Toen hij hem gevangen had, drukte hij met zijn vingers op de bal om zich ervan te verzekeren dat het zijn oude handen waren, dat hij er niets, zelfs niet een vreemd gevoel, in zijn pols aan overgehouden had. De bal voelde nog precies hetzelfde aan in zijn handen. Hij rolde hem zwierig terug naar de keeperstrainer, en de volgende bal kwam al op hem af.

Wat zich leek te hebben veranderd toen Robert Enke zich in januari 2009 weer bij de training van het elftal voegde, was niet zijn hand maar zijn domein. De twintig meter voor het doel. Hij wist immers heel precies waar hij in welke spelsituatie moest staan, maar het leek wel alsof hij zich op onbekend terrein bewoog, de afstand tot de verdedigers en de aanvallers van de tegenstander leek hem nu eens te groot, dan weer te klein, zelfs het doel achter hem scheen afwisselend groter te worden en ineen te schrompelen. 'Ik ben mijn gevoel voor ruimte kwijt.'

Hij was nog volop met de herovering van zijn domein bezig toen op 31 januari de Bundesliga na de winterpauze weer begon. Hij had, na drieënhalve maand rust, maar twee weken voetbaltraining achter de rug.

Voor zijn comeback trok hij nog eenmaal de baseballpet diep over zijn hoofd en ging naar zijn psychiater. Hij vond dokter Stroscher sympathiek, na de gesprekken voelde hij zich elke keer beter.

Hij wikkelde voor de wedstrijd tegen Schalke 04 zijn rituelen af om het gevoel af te dwingen dat het net zo'n wedstrijd was als honderden daarvoor. Hij at zijn rijstepap met appelmoes en kaneel aan de vooravond van de wedstrijd. Hij keek naar de Bundesligawedstrijd van vrijdagavond onder in de bar van het hotel samen met een aantal andere spelers. Hij liet het wedstrijdformulier dat hij als aanvoerder moest ondertekenen voor het begin van de wedstrijd door Tommy Westphal onder de deur door schuiven terwijl hij op de wc zat.

Op de dag na de wedstrijd zou Teresa met vrienden een week gaan skieën, herinnerde hij zich. Dan was hij alleen. Hij stuurde Teresa een sms. 'Sorry voor mijn gedrag de laatste dagen. Ik ben op het moment zo gespannen.'

Schalke begon alsof iets het elftal tot razernij had gebracht. Ze walsten over Hannover hen. Na twee minuten stond Jefferson Farfán vrij voor Robert Enke. Hij voelde zich nog stijf, hij merkte niet dat zijn lichaam alweer de oude automatismen afspeelde, zich groot maken, lang blijven staan. Farfán passeerde hem. Hij had hem door zijn positiespel echter zo ver naar buiten gedirigeerd dat Farfán in plaats van in het doel op de paal schoot. Robert Enke lag nog op de grond toen de rebound er al aan kwam en de bal – over het doel ging. Een andere bal zoefde vlak over het doel, een geplaatste kopstoot van Heiko Westermann hield hij tegen. Er waren nog niet eens zes minuten voorbij. Maar twee minuten later viel het eerste doelpunt.

Hannover kreeg eindelijk eens de bal op het middenveld te pakken, Pinto zag dat Schalkes doelman Manuel Neuer volgens de leer van 'de radicalen' ver voor zijn doel stond, en trapte de bal van 25 meter afstand over hem heen in het doel.

Tot aan het eindsignaal had Robert Enke nauwelijks nog rust. Duizenden vuisten staken in de lucht toen hij een bal van Halil Altintop met een ongelooflijke reflex over de doellat tikte, een minuut later had hij geluk toen het volgende schot op de paal afketste. Hannover won met 1-0. Hij had een van zijn beste prestaties in zijn vijf jaar bij Hannover geleverd.

Toen hij Teresa in een stadionlounge afhaalde, zag ze meteen de rode vlekken in zijn gezicht.

'Alles oké, Robbi?'

'Ik heb het zo heet.'

Hij had koorts. Het was de reactie van zijn lichaam op de spanning.

'Heb je liever dat ik niet op skivakantie ga?' Ze zei het simpelweg om hem gerust te stellen.

'Echt, zou je dat doen?'

's Avonds, het was al na elven, belde hij Sabine Wilke op.

'Bij onaangename dingen belde altijd Robbi op, niet Teresa,' zegt Sabine, 'ook als ze eens geen warm water hadden en Teresa wilde vragen of ze bij ons kon douchen.'

Teresa kon helaas niet mee op skivakantie, zei hij. Hij was ziek, had griep, wie moest er voor de honden zorgen als Teresa weg was.

Twee dagen later belde hij Sabine weer op. Ze zat na het skieën in de buurt van Kufstein voor een alpenhut.

'Het gaat alweer veel beter met me. Ik heb tegen Terri gezegd dat ze alsnog op skivakantie moet gaan, maar nu wil ze niet meer. Kun jij eens proberen met haar te praten?'

Hij gaf de hoorn aan zijn vrouw.

'Teresa, wil je niet toch komen, je had je toch ook al maanden op de vakantie verheugd?'

'Ik weet niet, het gaat niet zo goed met Robbi.'

'Ik heb toch gezegd: ga!' riep hij op de achtergrond.

'Wil je echt de vakantie laten schieten omdat je man een verkoudheid heeft?' vroeg Sabine.

'Dat moet ik je maar eens in alle rust vertellen,' zei Teresa.

Op de achtergrond zei Robert dat hij nu gewoon een vlucht voor haar ging boeken.

De volgende middag zat Teresa bij de après-ski in Oostenrijk en vertelde Sabine dat Robert Enke depressies had.

'Wat heeft hij?' riep Sabine. Ze had bijna twintig jaar als doktersassistente in de neurologie en psychiatrie gewerkt. Uit deze tijd had ze een ander beeld overgehouden van mensen die aan depressies leden dan dat van de evenwichtige doelverdediger die ze de laatste jaren had leren kennen.

Hij had al jaren geen aanval meer gehad, zei Teresa tegen haar, maar door de wortelbeenbreuk was hij weer gaan kwakkelen, ook al was de ziekte deze keer niet echt uitgebroken.

Robert Enke had met Teresa afgesproken dat ze de vrienden in

Empede zou inwijden. Het putte hem uit overal degene te moeten spelen voor wie ze hem allemaal hielden.

Langzaam vergat hij de schroef in zijn pols. In het ononderbroken ritme tussen training en Bundesligwedstrijden kwamen zijn gedachten weer in het oude spoor terecht, niet te vroeg naar de grond gaan, de verdedigers zeggen: twee stappen naar voren, welk cijfer heb ik in de *Kicker*, hoe heeft René Adler gespeeld?

Vaak maakte hij nu notities op velletjes papier, thuis op kantoor en in het hotel voor Bundesligawedstrijden. Hij was bezig met een gedicht voor de drieëndertigste verjaardag van Teresa. Ze had het tussen neus en lippen door gezegd dat hij haar maar een gedicht voor haar verjaardag moest geven. Zij zou ervan opkijken als hij het ook echt schreef.

In de lente, zeven maanden na de wortelbeenbreuk, zei dokter Stroscher tegen hem dat hij de therapie als afgesloten beschouwde. Robert Enke bekeek het leven weer met gematigd optimisme.

Hij dacht eraan wat Marco en Jörg hem hadden aangeraden. Zou hij niet in gesprekstherapie blijven net zoals hij dagelijks ter preventie aan ruggymnastiek deed? Stroscher had hem geantwoord dat het weinig zou opleveren als ze zouden afspreken om zomaar wat te praten, vertelde Robert Teresa. Alleen als Robert het gevoel had dat hij nog oude, dieper gelegen geestelijke trauma's moest helen, dan moesten ze vanzelfsprekend verder werken, had de arts hem gezegd. Maar dat was nu eenmaal niet het geval, zei Robert tegen Teresa. Zijn hand was genezen en daarmee ook zijn hoofd.

Met hem ging het beter dan met Hannover 96. Voor het elftal was de overwinning tegen Schalke slechts bedrieglijk geweest. De ploeg sleepte zich onder aan de middenmoot door het Bundesligaseizoen, dicht bij de degradatieplekken. Tegengoals vielen in beangstigende mate, drie tegen Cottbus, Stuttgart, Mönchengladbach, vijf tegen Bayern München, vier tegen Dortmund. Bij de uitwedstrijd in Wolfsburg was de trainer in de rust weer eens tekeergegaan, ze stonden alweer met 0-1 achter. Hij verwachtte een positieve invloed van hem op de ploeg, had Hecking Hanno Balitsch toegeschreeuwd. 'Bent u dan ook eens positief!' had Balitsch geantwoord. De meesten in het elftal hadden het gevoel dat Balitsch voor hen had gesproken. Hecking wisselde de middenveldspeler en schorste hem voor een week van de training.

'Hecking was echt een goede trainer, met heldere ideeën en een competente training,' zegt Balitsch. 'Maar in het derde jaar was de verhouding tussen hem en de ploeg totaal aan gort. We konden de trainer niet meer zien, de kreten niet meer horen – en hem verging het vermoedelijk precies zo met ons.'

'De kat' noemden de spelers hun trainer nu omdat hij zeven levens leek te hebben en zelfs na de de zwaarste nederlaag niet werd ontslagen. 'Miauw, miauw,' deden sommige voetballers in de kleedkamer, en Heckings assistent-trainer Dirk Bremser deed nietsvermoedend enthousiast met het gemiauw mee.

De sportverslaggevers telden de tegengoals. Het waren er al meer dan vijftig. Kon een keeper van het nationale elftal in Hannover spelen, vroegen ze elke week opnieuw gezien de eindeloze stroom doelpunten. Had een keeper van het nationale elftal niet de zekerheid nodig dat hij zich achter een soevereine achterhoede bevond? Had hij niet in elk geval de harde wedstrijdervaring van de Champions League nodig? 'Hij werd steeds weer met dezelfde argumenten geconfronteerd, hij werd dagelijks als keeper van het nationale elftal in twijfel getrokken omdat het bij zijn elftal niet liep,' zegt Jörg Neblung. 'Dus was de gedachte onvermijdelijk: misschien zou ik hier echt moeten vertrekken?'

Eén man bekeek de tegengoals evenwel nauwkeurig in plaats van ze alleen te tellen. De keeperstrainer van het nationale team, Andreas Köpke, kwam de tegenslag van Robert Enke in Hannover niet ongewoon maar juist al te bekend voor. Als doelman van het nationale elftal in de jaren negentig was Köpke met FC Nürnberg en Eintracht Frankfurt twee keer gedegradeerd. 'Ik herkende me een beetje in hem en kon me goed in hem verplaatsen.' Köpke nam de doelpunten door, hij had gezien hoe Rangelov, aanvaller van Cottbus, vrij kon inkoppen, hoe twee spelers van Dortmund onbewaakt voor Robert Enke opdoken. Hij zag een keeper die tegenhield wat hij kon. Voor de kwalificatiewedstrijden voor het WK tegen Liechtenstein en Wales eind maart werd hij weer uitgenodigd.

De keeper zou voor een wedstrijd tegen Liechtenstein niet absoluut een man van belang zijn. Maar de sportjournalisten bespeurden onverdroten weer hun favoriete onderwerp. Wie was nu de nummer een? René Adler, die tegen Rusland zo meeslepend en later tegen Noorwegen zo solide zijn taak vervuld had? Of toch Robert Enke, die alleen vanwege een blessure zijn positie verspeeld had? Die vraag kon alweer niet beantwoord worden.

René Adler kon vanwege een elleboogblessure niet eens trainen.

René en Robert zaten aan de hotelbar in Leipzig waar het nationale elftal kwartier hield. Robert kon gissen hoezeer het die jongen raken moest dat hij de interland in Leipzig, de stad waar hij vandaan kwam, vanwege een blessure moest missen. En toch onderhield René zich uitgelaten en vriendelijk met hem zonder ook maar iets van bedroefdheid of jaloezie te laten blijken. Een kort ogenblik schaamde Robert Enke zich. Hoe unfair was zijn aanvankelijke argwaan tegenover deze jongen geweest.

Soms vroeg hij zich af wat het spelletje met hem deed. Hoezo riep het profvoetbal soms een trek in hem wakker die hij tevoren niet bij zichzelf had ontdekt: afgunst. Nu nog, na zeven jaar, lukte het hem niet Victor Valdés de plek bij Barça te gunnen waarom ze gestreden hadden. Hij wilde niet horen dat Valdés een uitmuntende keeper was geworden. 'Ik speel het niet klaar om bij Victor objectief te zijn,' gaf hij toe. Hij wist het te waarderen dat René Adler op hem af gekomen was. Misschien zou hun goede verstandhouding hem helpen zich beter tegen de verbittering te beschermen die bij zijn mooie beroep op de loer lag.

Tegen Liechtenstein won Duitsland met 4-0. Hij kreeg in negentig minuten één schot op doel.

In Cardiff stak hij vier dagen later na het eindsignaal van de wedstrijd tegen Wales als enige de handen in de lucht. De veldspelers zoals Michael Ballack of Mario Gómez registreerden de 2-0-overwinning met koele onverschilligheid, zoals het hun na de ongeconcentreerde wedstrijd terecht scheen. Hij geloofde evenwel een moment lang dat hij iets had bewezen. Met mooie reddingen en goede reflexen had hij tweemaal het juichen om een doelpunt bij de aanhangers van Wales abrupt doen verstommen. Nu moest iedereen toch hebben gezien dat hij Duitslands nummer een kon zijn?

In feite waren de zeurende vragen of een doelman van Hannover 96 in het nationale elftal kon spelen al sedert enkele weken afgezwakt, misschien omdat de sportverslaggevers de eeuwige herhaling zat waren, misschien ook omdat Robert Enke met wedstrijden zoals die in Cardiff steeds meer van hen had overtuigd. Maar in zijn hoofd bleef de vraag rondzingen. Hij nam de verslaggevers de vraag kwalijk en stelde hem zichzelf al lang: was hij nog op de juiste plek? Maar drie dagen na zijn demonstratie in Cardiff leed Hannover 96 zijn jaarlijkse pijnlijke nederlaag bij Werder Bremen. Veertig doelpunten moest Robert Enke in zijn negen Bundesligawedstrijden met Hannover tegen Werder incasseren, 'de volgende keer tegen Werder kom ik niet meer' had hij eens na een 2-4 nederlaag gezegd. Deze keer was het 1-4. 'Same procedure as every year, James!' schreef hij in zijn dagboek. Maar hij merkte al snel dat deze nederlaag niet als het jaarlijkse prijsschieten van Bremen kon worden afgevinkt.

Het aanzwellende conflict tussen trainer en elftal escaleerde. Dieter Hecking had bij de stand 1-1, toen nog maar zestien minuten speeltijd over was, de verdedigende middenveldspeler Altin Lala door aanvaller Mikael Forssell vervangen, een tactische wissel waartoe talloze trainers in zijn plaats ook besloten zouden hebben. Hannover kreeg na de wissel drie doelpunten om de oren. De spelers mokten. Hoe had de trainer Altin in zo'n kritieke fase kunnen wisselen? Altin begon na een lange blessuretijd net weer zijn ritme te vinden!

Het ging er niet meer om of de trainer alles juist had gedaan of een kleine fout had gemaakt, het speelde geen rol meer of Hecking in principe een goede trainer was. Het was zo ver gekomen dat het elftal voor elke tegenslag de schuld bij de trainer zocht.

Voorzitter Martin Kind kon er niet meer omheen dat er iets niet klopte. Maar Kind had net pas zijn technisch directeur Christian Hochstätter ontslagen vanwege spelerscontracten die geen rendement opleverden, het stond hem tegen nu ook nog de trainer te ontslaan. Hecking had zich immers in het vorige seizoen bewezen, en het idee hogerop te willen had de voorzitter de trainer zelf ingegeven. Kind belde Enke op.

'De voorzitter heeft me verzocht bij hem langs te komen,' zei

Bijna elk jaar weer ging Robert Enke met Hannover 96 op weinig verheffende wijze het schip in tegen Werder Bremen. Hier zijn Miroslav Klose (links) en Hugo Almeida van Bremen blij met het kunstje dat ze zojuist weer hebben geflikt.

Robert Enke tegen zijn intiemste ploeggenoten. 'Hij zal willen weten wat hier aan de hand is. Wat zeg ik tegen hem?'

De zeven, acht spelers die op een of andere manier belangrijk waren in het team, kwamen in een Italiaans restaurant bijeen waarin ze anders nooit gingen lunchen. Al bij het voorgerecht werd duidelijk dat er in wezen maar één enkele zin ter discussie stond. Zou Robert de voorzitter namens het team overbrengen dat het met de trainer niet meer verder kon gaan?

Robert Enke luisterde aandachtig en praatte weinig. Toen het hoofdgerecht werd geserveerd, was er al geen twijfel meer mogelijk. Robert moest Kind zeggen dat het elftal met een trainerswissel zou instemmen.

Hij werd steeds stiller. Zijn gelaatstrekken waren bijna verstard.

'Het viel hem zwaar met zo'n boodschap naar de voorzitter te moeten gaan,' zegt Hanno Balitsch. 'Robs was niet het type dat een trainer wegstuurde. Toch merkte ook hij dat het zo niet

kon doorgaan. Maar hij zag ook de kant van de trainer.'
Dan ging hij maar eens, zei Robert bij zijn vertrek.

'En?' vroeg Hanno toen Robert hem vroeg in de avond opbelde.
'Ik ben niet bij Kind geweest.'
'Hoezo, had je autopech?'
Pech was een gepast woord om het voorval te beschrijven.
Onderweg van Hannover naar Burgwedel had Jörg Neblung hem opgebeld.
'Waar ben je?'
'Op weg naar Kind.'
'Keer dan maar om.'
'Wat zeg je?'
'Keer om. Een informant heeft me zojuist opgebeld. De pers heeft lucht gekregen van de bijeenkomst. Een fotograaf wacht al voor Kinds bedrijf op je. Als je erheen rijdt, sta je morgen als degene in de krant die de trainer wil afzetten.'

Robert Enke nam de volgende afslag. Hij belde de voorzitter op en bracht hem een klein gedeelte van de waarheid over. Hij kon helaas niet komen. De boulevardpers had over hun afspraak gehoord en hij was bang dat er gezien de gespannen situatie speculaties zouden ontstaan over wat hij dan wel bij de voorzitter deed.

De grote waarheid, dat het elftal de trainer kwijt wilde, bracht hij daarna de voorzitter nooit meer over. Iemand van de acht samenzweerders moest hem aan de krant verraden hebben. De verdenking rustte zwaar op hem. Robert Enke trok zich tijdens de training in zichzelf terug.

Dieter Hecking bleef trainer.

De kranten meldden dat Robert Enke kennelijk op het punt stond aan het eind van het seizoen naar Bayern München te gaan. Het was slechts een gerucht dat de sportverslaggevers zo vaak van elkaar overschreven tot ze het zelf geloofden. Robert Enke wist dat de Münchense bazen Uli Hoeneß en Karl-Heinz Rummenigge in werkelijkheid geen interesse in hem hadden. Toch hield hij zich tegen beter weten in bezig met de gedachte dat de Duitse kampioensploeg hem zou kunnen contracteren.

Hij wilde niet tegen elke prijs uit Hannover weg. Een overstap naar een buitenlandse club sloot hij uit, hij had geen behoefte aan avontuur. Maar indien een van de topclubs uit de Bundesliga hem daartoe zou verleiden, zou hij tegen het einde van het seizoen vertrekken, had hij besloten.

Tommy Westphal bedacht dat Robert hem drie jaar geleden had gevraagd: 'Wat vind je, Tommy, zal ik gaan of blijven?'

'Je móét blijven!' had Tommy destijds vol overgave en overtuiging gezegd. Nu, in april 2009, overdacht de teambegeleider al die motieven die hij Robert drie jaar eerder had opgesomd, de unieke saamhorigheid bij Hannover 96, het gevoel thuis te zijn, het vertrouwen dat het vooruitging met de club. Tommy Westphal overdacht wat van dat alles geworden was en had het gevoel dat Robert hem deze keer helemaal niet eerst om raad zou vragen.

Op 28 april, een dinsdag, kwam de vrouw van het bureau jeugdzorg op bezoek om de Enkes iets mee te delen. Ze waren weer ouders geworden.

De adoptiebeambte vertelde hun wat er bekend was over hun nieuwe dochter en haar oorspronkelijke moeder.

'En wanneer kunnen we haar zien?'

'Morgen.'

'Morgen!'

Hij voelde alleen maar uitroeptekens in zijn slapen kloppen.

Ze bezochten hun dochter bij het pleeggezin en bleven twee dagen om zichzelf en hun dochter een klein beetje tijd te geven om aan elkaar te wennen. Hij wist nauwelijks wat hij aan moest met al die kloppende uitroeptekens in zijn hoofd en schreef een paar regels in zijn agenda.

29 april 2009: Leila stapte rond halfvijf ons leven binnen! Ze is een zonnestraaltje, en het voelde meteen vertrouwd aan.
30 april 2009: Leila is thuis! Lara heeft een zusje! We zijn weer een gezin!

De Bundesliga hield geen rekening met zijn vaderlijke blijdschap. Dezelfde dag nog moest hij alweer op stap, naar het hotel in Bo-

Robert en Teresa met hun adoptiefdochter Leila.

chum, om de volgende dag te spelen. 's Middags belde hij Teresa minstens tien keer uit het hotel op. Wat doet Leila nu? Heeft ze haar ogen open, met die doordringende blauwe kleur? Heeft ze al gedronken?

Dit geluk kenden ze immers helemaal niet. Gewoon toekijken hoe hun dochter heel normaal de fles kreeg.

Hij liet de toeschouwers in Bochum versteld staan. Hij zweefde door de lucht, hield een kopbal van Wahid Haschemian, schoten van Mimoun Azaouagh en nog zo wat meer. Hannover won met 2-0. Bij hun vijftiende poging in dat seizoen hadden ze voor het eerst een uitwedstrijd gewonnen. De *Kicker* jubelde over een 'uitstekend geluimde Enke' en wist niet half hoe exact die beschrijving in elk opzicht op hem van toepassing was.

Tegen halfdrie in de nacht kwam hij thuis. Zijn hart sloeg nog snel van de inspanning van de wedstrijd. Hij ging naast Teresa en Leila op het bed zitten en keek eindeloos lang naar ze. *Geslapen heb ik toen ook nog!* noteerde hij in zijn agenda.

Hannover speelde in de weken daarna 1-1 tegen Frankfurt en won met 3-2 in Karlsruhe. *Leila blijft ongeslagen*, concludeerde hij daaruit.

Hij belde zijn vrienden op om hun te zeggen dat hij weer vader was geworden. Onvermijdelijk kwamen ze ook over zijn toekomst te spreken.

'De keepersmarkt van de Bundesliga is gesloten, daar gebeurt niets,' zei hij. 'Misschien komt er bij VfL Wolfsburg nog een plek vrij. Dat zou ideaal zijn, dan zou ik in Empede kunnen blijven wonen en pendelen. En zo niet, dan blijf ik toch in Hannover en dan zal ik ook gelukkig zijn.'

Leila veranderde zijn kijk op de dingen. Zo erg was die heisa bij Hannover 96 eigenlijk helemaal niet, zo scheen het hem opeens toe. Ze hadden in Jörg Schmadtke een nieuwe technisch directeur. 'Ik hoop dat hij een evenwichtig element tussen het elftal en de trainer kan worden.'

De mensen waardeerden hem in Hannover, hij voelde zich hier thuis, of ze nu achtste of elfde werden was immers geen zaak van leven of dood. Het was toch maar voetbal.

Hij had na zijn comeback een van de beste seizoenshelften uit zijn carrière gekeept en rondde die in mei af met een bezienswaardige interland tegen China.

Het seizoen liep ten einde en geen van de clubs aan de top van de Bundesliga was op zoek naar een nieuwe doelman. Het dagdromen over Bayern München was op de meest groteske manier uit de wereld geholpen. Bayern had Louis van Gaal als nieuwe trainer voorgesteld, zijn plaaggeest bij Barcelona. Die zou hem gegarandeerd niet halen. De enige die Robert Enke een aanbod deed was Tim Wiese.

'Misschien ga je wel naar Werder,' zei de keeper van Werder Bremen tijdens een voorbereiding van het nationale elftal. Robert Enke keek hem aan en wachtte op de pointe.

'Als Manchester United mij aantrekt.'

Robert Enke glimlachte en schrok toen hij Tim Wieses gezicht zag: Tim geloofde blijkbaar echt dat het grote United in hem geïnteresseerd zou kunnen zijn.

Het was vakantie. De druk die tijdens het seizoen zelfs op trainingsvrije dagen op zijn schouders rustte, viel van hem af. In de vakantie maakte hij een praatje met een onbekende naast hem in het vliegtuig of ging hij op de foto als een fan bij een Benfica-speler van karton in het winkelcentrum.

Hij ging weer naar Lissabon. Voordien wilden ze nog met Marco afspreken in het Rijnland en naar de bruiloft van Simon Rolfes gaan, een collega uit het nationale elftal. Op de bruiloft in Eschweiler bij Aken ontwaarde hij René Adler. Ze begonnen met-een te praten en hij merkte helemaal niet dat ze in de slottuin op een paar meter afstand van alle anderen gingen staan. Ze spraken over blessures, de druk en Tim Wiese, en op een bepaald moment, Robert Enke wist niet hoeveel tijd er voorbijgegaan was, waren ze volkomen bevrijd van het gevoel dat ze voor elkaar de schijn op moesten houden.

Alle mogelijke mensen drongen er sterk bij hem op aan dat hij nu absoluut naar een grote buitenlandse club moest verkas-sen, vertelde René hem. Maar hij was er niet zeker van of hij echt wel vertrekken moest, of hij er rijp voor was. En Robert vertelde hem over Frank de Boer, Frans Hoek en Novelda, over zijn grote vernedering. Hij drukte René op het hart zich niet door agenten, medespelers of kranten het idee te laten aanpraten dat hij zo snel mogelijk hogerop, verder moest. Het enige wat deze drang naar de volgende stap met zich meebracht was dat de meeste profs niet merkten hoe lekker ze zich nu net voelden. Misschien kwam er eens een punt waarop René zelf voelde dat het tijd was te gaan. Maar tot dat moment was het beter dat hij zich realiseerde wat hij had, in plaats van dat hij geforceerd naar iets hogers op zoek ging wat misschien nooit kwam.

Voor René Adler was het het eerlijkste gesprek dat hij ooit met een collega had gevoerd. 'Onder Bundesligaprofs spiegelen ze el-kaar altijd voor hoe geweldig ze wel niet zijn. Daarom deed het echt goed eens met iemand te praten over je angsten, over hoe moeilijk het is met de druk om te gaan die iedereen nu eenmaal voelt.'

René dacht nog lang over hun gesprek na. En ondertussen rijp-te bij hem niet alleen het inzicht dat hij zeer sterk in zijn schoenen moest staan voordat hij de sprong naar een club van wereldniveau aandurfde. Zoals Robert hem had aangeraden, riep hij ook in herinnering wat hij allemaal al had bereikt: hij was een international op zijn vierentwintigste.

Natuurlijk wilde René Adler meer, Duitslands nummer een worden. Hij zou vanzelfsprekend geweldig zijn best doen om bij het WK van 2010 in het doel te staan. Maar iets anders was net zo belangrijk voor hem: zich niet af te matten voor een droom. Hij zei tegen zijn keeperstrainer en pleegvader Rüdiger Vollborn: 'Als Robbi de WK 2010 speelt, dan is dat voor mij geen probleem. Dan vergaat de wereld niet. Dan ga ik op de reservebank zitten en zie ik wel wat er daarna gebeurt.'

Robert Enke ging op de bruiloft van Simon Rolfes de dinerzaal in huize Kambach binnen en haalde luid adem zoals hij dat altijd deed als hij iets belangrijks ging zeggen. Toen zei hij tegen Teresa: 'Die René is echt een toffe peer.'

Op vakantie in Portugal begon hij na een paar dagen vol dadendrang te trainen voor het nieuwe seizoen. Het moest het seizoen van zijn leven worden, het vriendschappelijke duel met René Adler om de nummer een-positie bij het wereldkampioenschap in Zuid-Afrika. Hij was vol vertrouwen dat hij met het eindresultaat kon leven, om het even of hij uiteindelijk Duitslands nummer een of de reservekeeper zou worden. Bovenal was hij er echter op onverklaarbare wijze zeker van dat hij in Zuid-Afrika in het doel zou staan.

De Portugese zon had zijn huid gebruind. Leila lag op een dekentje op het terras. Hij werkte met ontbloot bovenlijf zijn nieuwste trainingsoefening af. Hij maakte boven Leila opdrukoefeningen en gaf haar iedere keer dat hij zijn lichaam liet zakken, een kus.

NEGENTIEN

De zwarte hond

Robert Enke vond de kusmachine uit. Hij zat in Keulen bij Jörg Neblung op de parketvloer en tilde diens een jaar oude dochter Milla trapsgewijs met de hoekige bewegingen van een robot op. 'Ik ben de kusmachine,' zei hij tegen zijn petekind en ging met rukjes verder, totdat hij het kind tot voor zijn gezicht opgeheven had. Daar beëindigde het apparaat zijn programma met een smakkende kus voor Milla.

Jörg keek naar hen beiden en dacht bij zichzelf, hoe blakend Robert eruitzag. Hij had een wit zomerhemd aan, zijn huid was gebronsd. Hij had zijn vakantie in Lissabon even onderbroken om een benefietwedstrijd in Duitsland te spelen. 'Nog een keertje?' vroeg hij Milla, en de kusmachine begon opnieuw te puffen.

Een maand later zag Jörg hem weer. Hij reisde met het beeld van de kusmachine in gedachten naar Kärnten, waar Hannover 96 in juli 2009 voor het nieuwe seizoen trainde. Hij trof een nuchtere keeper aan.

'Ik weet niet wat er aan de hand is, ik voel me de hele dag slap.'
'Dat is normaal, Robbi, je wordt oud.'
Hij werd over een paar weken tweeëndertig.
Jörg deed zijn best, maar tot een echt persoonlijk gesprek kwam het niet. Ze bleven in de vertrouwde gespreksthema's van het vak steken, invaliditeitsverzekering, René Adler en de eeuwige vraag of Hannover met een of twee aanvallers moest spelen. 'Dit seizoen wordt het vechten tegen degradatie,' voorspelde Robert Enke. Hannover had in de jaren daarvoor miljoenen voor spelers uitgegeven, die de kwaliteit van en de sfeer binnen het team niet

verbeterden. Nu was er geen geld meer voor versterkingen, en met Michael Tarnat had een van de oprichters van vertrek twee zijn carrière beëindigd.

Jörg dacht, misschien drukte de toestand waarin Hannover zich sportief gezien bevond op Roberts gemoedstoestand.

'Ik ben de hele tijd zo moe,' zei Robert aan de telefoon tegen Teresa.

'Je was altijd moe in het trainingskamp.'

Hanno Balitsch viel het op dat Robert Enke zich 's middags vaak op zijn kamer terugtrok terwijl de anderen op het terras van het hotel nog eens de oude verhalen ophaalden, bijvoorbeeld hoe ze Mille twee jaar geleden in het trainingskamp met eieren en veren ingesmeerd hadden. De grappenmakerij en over het vak lullen met de ploeggenoten, dat was altijd Roberts favoriete uurtje geweest. Vaak had hij voor hen een imitatie gedaan van de serieheld Stromberg.

Zelfs tijdens de training leek Robert niet meer echt bij het elftal te horen. Hij trainde heel veel apart met keeperstrainer Jörg Sievers. Het jaar van het wereldkampioenschap was begonnen. Hij werkte hard aan zijn spel als doelman. Maar hij begreep desondanks niet waarom hij 's ochtends altijd zo moeilijk uit zijn bed kon komen. 'De vakantie was ook best wel vermoeiend,' zei hij toen hij Marco uit zijn hotelkamer opbelde.

Marco toonde zich even verbaasd: hoezo vermoeiend? Toen ze elkaar in de vakantie in het Rijnland hadden gezien, had Robert hem nog verteld hoe heerlijk alles was.

'In de laatste twee weken in Lissabon kon ik me geen moment echt ontspannen, mijn broer was er, en we hadden ruzie, zieke straathonden renden over ons terrein, die moesten we naar de dierenarts brengen, daardoor was er ook weer een dag foetsie, en vanwege het huis kwamen er voortdurend arbeidslieden bij ons over de vloer. Maar ik vertel je dat bij gelegenheid nog wel eens uitvoeriger.'

De uitputting bleef toen hij uit Oostenrijk terugkwam. Hij probeerde er geen acht op te slaan.

De keeperstrainer van het nationale team, Andreas Köpke, zocht hem op in Hannover bij de training. De dag tevoren was

Köpke bij Tim Wiese in Bremen geweest. Een jaar voor het wereldkampioenschap wilde Köpke zijn keepers van het nationale elftal nog een paar tips geven hoe ze hun spel konden verbeteren. Daartoe had hij een dvd met spelsituaties voor hen samengesteld, waarin de ideale keeper zichtbaar werd. Voor Robert Enke was een beeldsequentie met Chelseas doelman Peter Čech interessant. Bij voorzetten van de zijkant stond Čech midden in het doel, vaak drie meter voor de doellijn. Robert Enke stond veel dichter bij de eerste paal, bij de doellijn. 'Als je in het midden staat, kun je voorzetten in de rug van de keeper of ver in het strafschopgebied pakken, waar je anders nooit bij komt,' legde Köpke hem uit. Precies hetzelfde had Álvaro Iglesias, de keeper in de tweede divisie van Tenerife, Robert al vijf jaar eerder uitgelegd. Nu Köpke hem erop had gewezen, probeerde hij tijdens de training Čechs positie meter voor meter te benaderen.

Toen hij op 2 augustus het seizoen met een bekerwedstrijd tegen Eintracht Trier uit de Vierde Liga begon, was hij gespannen. Hij beschouwde het als de normale toestand. Het ging weer beginnen.

Het Moezelstadion in Trier had lage tribunes met daken van lichtblauwe golfplaten, het was niet eens uitverkocht. Bij de rust stond Hannover voor met 1-0 en had het twee, drie doelpunten meer kunnen scoren. Trier schepte moed uit de geringe achterstand. Alles was nog mogelijk. Euforisch doordat de schijnwerpers op hen waren gericht rende de club uit de regionale competitie zich het vuur uit de schoenen. Een voorzet kwam neer op de vijfmeterlijn voor Robert Enke, hij zag Martin Wagner van Trier nog op de bal af sprinten en stormde uit het doel, strekte zijn armen uit om het doel voor Wagner klein te maken. Maar die had al de 1-1 gemaakt. Niemand stelt de keeper verantwoordelijk voor zo'n goal. Alleen de keeper zelf. Hij was te laat gekomen. Vier minuten later stond het 2-1. Zijn achterhoede was door de gelijkmaker van slag geraakt en hij was alleen tegenover twee spelers van Trier komen te staan.

De gedachte was niet te onderdrukken: Trier was Novelda.

Het spelverloop was exact hetzelfde. Zelfs de spelminuten, waarop de tegenstander de eerste twee goals liet aantekenen, kwa-

Robert tussen Hanno Balitsch (achter) en
Mikael Forssell (voor) tijdens het trainingskamp
van Hannover 96.

men bijna overeen. Dat Trier met 3-1 in plaats van Novelda met 3-2 won, kwam op hetzelfde neer.

Het seizoen was pas één wedstrijd oud, en bij Hannover 96 vervloog al het vertrouwen dat het goed zou kunnen aflopen. Een zomer lang hadden de spelers en trainer Dieter Hecking hun best gedaan en op zichzelf ingepraat dat het toch nog iets kon worden met hen. Maar deze ene nederlaag haalde weer alle destructieve gedachten bij het elftal naar boven: het spelsysteem met een defensieve middenveldspeler en twee aanvallers werkte toch niet, ze waren geen echt team meer, wanneer zou de club hen eindelijk van de trainer verlossen, het moest toch voor de trainer zelf een kwelling zijn bij hen.

De gedachten woedden in Robert Enkes hoofd, en steeds weer kwam hij tot dezelfde slotsom: het kon toch helemaal niets meer worden. De zwarte gedachten vermenigvuldigden zich, onder hun gewicht werd zijn hoofd loodzwaar, en plotseling drong tot hem door wat hij sinds juli uitbroedde, welke ziekte door de nederlaag in Trier uiteindelijk was uitgebroken.

Hij had een Moleskine-zakagenda, waarin hij zijn afspraken noteerde. Onder woensdag, 5 augustus 2009, had hij '10 + 15.30 uur training' geschreven. Vlak daarachter voegde hij nu toe:
Op het moment is het verdomde moeilijk positief te zijn. Het heeft me deze keer tamelijk snel en onverwachts overvallen. Heb met Terri gepraat en haar over mijn behoefte verteld openheid van zaken te geven. Ik weet zelf dat dat niet mogelijk is.

Hij vroeg zich af: waarom nu? De eerste klinische depressie had hem overvallen toen hij in 2003 bij FC Barcelona als veronachtzaamde reservedoelman zijn gevoel van eigenwaarde had verloren. Maar deze keer zag hij niet zo'n duidelijke katalysator.

Hij vond het antwoord niet waarom de zwarte gedachten in de zomer van 2009 terugkwamen – en niemand zal het antwoord ooit kunnen geven.

Er was een en ander dat op dat moment op hem drukte. Hij voelde de door hemzelf geschapen en door de media vermenigvuldigde druk zich vanaf nu, in het seizoen van zijn leven, geen enkele fout te mogen veroorloven als hij Duitslands nummer een wilde worden. De gespannen situatie bij Hannover 96 waarin hij als aanvoerder tussen de partijen stond, werkte op zijn zenuwen. Lara's dood was altijd present, ook al was hij bijna twee jaar lang zo goed en zo kwaad als het ging klaargekomen met het afscheid van haar, maar de dood van een kind kun je nooit vergeten. Het kan zijn dat deze last de duisternis terugbracht. Maar het kan net zo goed zijn dat een heel andere oorzaak zijn tweede klinische depressie teweegbracht, misschien een minieme stressfactor die niet door Robert Enke of zijn psychiater noch door iemand anders werd onderkend. Depressies breken niet volgens een patroon uit. Wanneer iemand vatbaar is voor de ziekte, kan het zijn dat hij regelmatig de extreemste stresssituaties probleemloos doorstaat en op een bepaald moment door een – van buiten beschouwd –

kleinere belasting van zijn stuk gebracht wordt.

Hij dacht dat hij wist wat hem te doen stond. Hij moest 's morgens tijdig opstaan, liefst meteen Leila verschonen, niet te lang blijven zitten aan het ontbijt en hup naar de training. Als hij de dag gestructureerd begon, als hij het ene na het andere deed, kreeg de angst geen kans om in zijn hoofd binnen te dringen. Beslissend was de morgen. Hij werd met angst voor de dag wakker, en als hij maar een ogenblik langer bleef liggen, zou de angst hem gevangennemen.

Hanno Balitsch verbaasde zich over zijn voetbalvriend. Robert beet voortdurend op zijn lippen en zei nauwelijks nog iets. Zelfs wanneer hij op het jaagpad tussen de andere spelers van het trainingsveld terug naar de kleedkamers sjokte, straalde hij iets afwijzends uit. Zijn blik was nergens meer op gericht. Hij keek door zijn ploeggenoten heen.

De veldspelers hielden na de training tijdens de tweehonderd meter terug naar de kleedkamers hun voetbalschoenen met de korte plastic noppen aan. De keepers vervingen hun voetbalschoenen met de lange aluminium noppen door gymschoenen, omdat het laatste stuk over de parkeerplaats van het stadion anders te onaangenaam zou zijn. Hanno maakte van de gelegenheid gebruik dat Robert bij het verwisselen van de schoenen een ogenblik alleen op het gras kniede.

'Verlaat je het zinkende schip, Rob?'

'Wat bedoel je?'

Hanno had erover nagedacht wat zijn vriend kon bedrukken. En toen was hem te binnen geschoten wat Robert hem kortgeleden had toevertrouwd. Hij zou nog voor het begin van de Bundesliga naar Schalke 04 kunnen gaan, indien Bayern München toch nog Schalkes doelman Manuel Neuer zou weten los te krijgen. Schalkes trainer Felix Magath had Robert Enke al eens gepolst, voor het geval dat.

'Nee, geen beweging,' antwoordde Robert.

'Maar iets zit je dwars?' vroeg Hanno.

'Ja, maar dat kan ik je nu niet vertellen.'

'Oké.'

Hanno Balitsch vroeg niet door. Hem en Robert verbond een vriendschap met duidelijke grenzen. Over privézorgen hadden ze het niet. Hanno meende, 'Rob was niet het type dat ermee kon omgaan als je hem intimiteiten toevertrouwde als "Weet je, ik heb problemen thuis". Dat zou hij niet prettig hebben gevonden.'

Ze liepen de laatste meters naar de kleedkamers. Alleen de voetbalschoenen van Hanno Balitsch klepperden op het asfalt van de parkeerplaats.

Thuis zei Robert tegen Teresa: 'Shit, Hanno heeft iets gemerkt.'

's Middags zocht hij naar iets wat hij kon doen, waarmee hij zou bewijzen dat hij de dingen nog onder controle had. Hij maakte de whirlpool schoon. Hij voelde geen verbetering. Hij werd woedend: hoe zou er ook iets door het reinigen van de whirlpool op vooruit kunnen gaan? Hoe zou het eigenlijk ooit weer goed moeten komen?

Tijdens het avondeten dacht Teresa hardop na. Misschien moesten ze het iemand vertellen, op zijn minst de intiemste vrienden, zodat hij zich niet overal anders hoefde voor te doen.

Voor de training de volgende morgen vroeg hij Hanno of hij even had.

'Ben je al eens in aanraking geweest met depressies?'

'Nee,' antwoordde Hanno voorzichtig en dacht dat iemand in Roberts gezin ziek geworden was.

'Ik heb het er nu echt mee te stellen.'

Hanno Balitsch zei het begrip depressies natuurlijk zoals de meesten wel iets. Maar toen hij onderweg naar huis erover nadacht wat het voor een ziekte was, merkte hij dat hij er zich niets concreets bij kon voorstellen.

Hanno kocht het boek *I Had A Black Dog* van Matthew Johnstone. Het is een klein geïllustreerd boek waarin een jongeman met een schitterende kuif door een zwarte hond wordt achternagezeten. Wanneer de zwarte hond opduikt, heeft de man nergens meer plezier in, hij kan zich nergens meer op concentreren, niets meer eten, hij heeft alleen nog angst voor de zwarte hond. En hij schaamt zich zo voor zijn angst dat hij niemand over de zwarte hond vertelt – wat alles alleen nog maar erger maakt: 'Een emotionele leugen volhouden kost ongelooflijk veel kracht,' zegt de man in het plaatjesboek. 'Hoe ik mijn depressie aanlijnde,' luidt de ondertitel van het boekje.

'Ik kan me nu een beetje voorstellen wat Rob doormaakt,' zei Hanno tegen Teresa. Ze verzocht hem op haar man te passen. Het is belangrijk dat hij op de training niet afdwaalt, niet wegglijdt in duistere gedachten. 'Als je merkt dat hij de kop laat hangen, geef je hem een schop onder zijn kont.'

'Teresa! Met alle liefde en plezier. Maar ik kan toch niet onze aanvoerder voor ieders ogen de mantel uitvegen.'

'Nou goed. Probeer hem dan maar positief te motiveren.'

Hanno Balitsch heeft een vaste blik met heldere ogen. Hij is ervan overtuigd dat je de dingen in het leven het best altijd rechtlijnig oplost. Ook al heeft hem dat enige problemen in zijn carrière opgeleverd. Met de *Bild*-verslaggevers in Hannover sprak hij niet meer nadat hij zich onrechtvaardig behandeld had gevoeld. Als gevolg daarvan kon hij bij mindere wedstrijden rekenen op vernietigende kritiek. Robert Enke bewonderde Hanno's rechtlijnigheid en schrok er tegelijkertijd van. 'Hanno kan voor de trainer en zijn ploeggenoten, maar zeker ook voor de tegenstander zeer onaangenaam zijn,' zei hij eens. Ze hadden direct een goede verstandhouding in Hannover. 'Bij voetbalkwesties hadden Rob en ik vaak dezelfde mening.' Hanno onderbreekt zichzelf met een voorzichtige glimlach. 'Waarbij we ons meestal anders uitten. Ik was misschien vaak te duidelijk. Ik heb dingen tegen de trainer of manager gezegd waartoe ik als speler helemaal geen recht had. Rob kon hetzelfde zeggen, en opeens klonk het diplomatiek, acceptabel.'

Een beetje raar vond Hanno het wel dat hij Robert nu tijdens de training voor reddingen prees om hem op te monteren, reddingen die hij vier jaar lang vanzelfsprekend had gevonden. Maar als Hanno Balitsch iets kan, dan is het de dingen schouderophalend nemen zoals ze zijn. Zelfs al waren ze dramatisch. Hij haalde Robert ertoe over na de training met hem nog tafeltennis te spe-

len, hij nam hem tussen twee trainingsonderdelen mee uit lunchen. Eens ging Roberts mobiel toen hij met Hanno op weg naar het restaurant was.
Teresa aan de lijn.
'Ik ga lunchen,' zei Robert haar.
'Ben je alleen?'
'Wees niet bang. Je pitbull zit naast me.'

Een week na de nederlaag in Trier ging Robert Enke met het elftal met de ICE naar Berlijn voor de eerste Bundesligawedstrijd van het seizoen. Zoals altijd bij treinreizen zat hij naast Tommy Westphal en nam zijn fanmail door. 'Hij is een gewoontedier,' dacht Tommy bij zichzelf. Robert had het gevoel dat zijn pen hem zo meteen uit zijn hand zou vallen. Hij voelde zich zo ongelooflijk moe.

In Berlijn verloor Hannover van Hertha BSC met 1-0. Hij had het al voorvoeld, hij had het immers geweten, niets lukte meer. Jörg Neblung zat in Keulen voor de tv en dacht het tegenovergestelde. 'Ongelooflijk hoe Robbi in zijn toestand nog speelt!' Zijn verdedigers hadden Robert Enke een kwartier voor het eind van de wedstrijd het zicht ontnomen, hij zag het spectaculaire afstandsschot van Raffael de Araújo pas toen hij al over de achterhoede heen op het doel af gevlogen kwam, en tikte de bal nog net met zijn vingertoppen om de paal heen. Als hij zulke ballen hield, dan kon de depressie toch nog niet zo ver voortgeschreden zijn, zei Jörg tegen zichzelf. Hij wilde Robert meedelen: 'Die redding was sensationeel'.

Robert was hem aan de telefoon voor. 'Ik voel niets meer,' zei hij toonloos. 'Geen nervositeit, geen blijdschap, niets. Ik stond op het veld, en het liet me allemaal onverschillig.'

Wat Robert Enke wel degelijk nog voelde was dat de zwarte hond almaar groter werd. Hij zette de baseballpet weer op en ging naar dokter Stroscher. Hij had voor de tweede keer in zijn leven antidepressiva nodig. Hij wilde absoluut hetzelfde medicament dat hem in 2003 had geholpen. Het middel was er alleen nog in een nieuwe samenstelling. Dat het vernieuwd was zou toch moeten betekenen dat het medicament beter werkte. Lang kon hij niet op de werking van de antidepressiva wachten, was zijn gevoel.

Teresa en hij waren op een kinderfeestje uitgenodigd. De jongste dochter van de Wilkes werd zes. Het weer was goed genoeg om het feestje in de tuin te houden, het was 16 augustus. Hij voelde zich benauwd. Iedereen verwachtte ongetwijfeld dat hij met hen praatte en hoe moest hij dat voor elkaar krijgen, hij geloofde niet dat hij een redelijk gesprek kon voeren. Hij ging op een ligstoel liggen en deed alsof hij sliep.

Uli Wilke dacht, mooi, hij voelt zich hier al zo thuis dat hij gewoon een dutje doet.

Teresa werd ongeduldig. Ze wist dat hij zich na het feestje weer met zelfverwijten zou overladen dat hij het niet eens meer klaarkreeg zich normaal te gedragen op een kinderpartijtje. Dat was de val waarin depressies je lokken: ze ontroofden hem van de kracht om de normaalste dingen te doen, en daarna maakte de constatering dat hij niets meer tot stand bracht hem nog depressiever.

Teresa legde haar hand op zijn schouder. Hij rekte zich uit op het ligbed en deed alsof hij wakker werd.

'Kom, we spelen tennis.'

Ze duwde hem een racket in de hand. Hij moest de bal slaan, en zij probeerde hem te vangen. Tegelijkertijd hield ze Leila op haar arm. Niet dat het kind ook nog begon te huilen als ze het neerlegde.

Sabine Wilke vroeg zich verbaasd af waarom Teresa voortdurend voor Robert antwoordde, waarom ze hem als een klein kind voorhield: 'Kom, Robbi, eet toch eens een stuk taart, daar houd je toch zo van.'

Het kostte hem grote moeite om zelf te kiezen of hij pruimenvla of kaastaart wilde. Hij voelde zich chronisch overbelast door de minimale eisen die het leven van alledag aan hem stelde. Maar hij laveerde door de dag heen, hij trainde, hij glimlachte op het kinderfeestje, hij speelde een rol. Zomaar iets te doen, hoeveel kracht het hem ook kostte, was altijd nog beter dan toe te geven aan zijn moeheid en te rusten. Want dan kwamen de gedachten. Dan zag hij op zijn kantoor drie ongeopende brieven en kreeg hij het gevoel dat het kantoor in de chaos omkwam, hij dacht, ik speel het niet eens meer klaar mijn kantoorspullen op orde te houden, dacht, ik krijg helemaal niets meer klaar, dacht, het is hoe dan ook al niet meer te redden, ik heb het allemaal al verkeerd aangepakt.

De marge tussen de noodzaak gestimuleerd te worden en het gevaar overbelast te worden, was smal. En wat er gevergd werd bij Hannover 96 nam in augustus ook voor een gezonde prof de vorm aan van een buitengewone aanslag op de zenuwen. De voorzitter Martin Kind en technisch directeur Jörg Schmadtke overtuigden de trainer ervan dat het 't beste voor iedereen was als hij ontslag nam. Het goede voornemen na de spanningen van het vorige jaar met Dieter Hecking gewoon een nieuw begin te maken, was na precies twee competitierondes in het nieuwe seizoen een illusie gebleken. Het was 19 augustus, nog steeds dezelfde week waarin Robert Enke met de antidepressiva was begonnen en waarin hij op het verjaardagfeestje niet meer in staat was te kiezen tussen twee soorten taart. Nu moest hij voor de tv-camera's een standpunt innemen ten aanzien van Heckings vertrek, hij moest de nieuwe trainer Andreas Bergmann als aanvoerder bijzonder tot steun zijn, en hij moest met de gewetenswroeging afrekenen dat ze als elftal medeverantwoordelijk waren voor het falen van de trainer.

Toen Hannover de eerste wedstrijd onder Bergmann in Nürnberg met 2-0 won, vierden de spelers in de kleedkamer feest alsof ze verlost waren. Robert Enke was er niet bij. Hij moest het ene tv-interview na het andere afgeven. Vijfentwintig minuten na het eindsignaal kwam hij eindelijk de kleedkamer binnen, stille blijdschap was al ingetreden. Hanno Balitsch wist hoeveel moeite het Robert op dat moment kostte persvragen te beantwoorden.

'Meneer Kuhnt,' zei Hanno nog in de kleedkamer tegen de persvoorlichter van Hannover, 'het klopt niet dat Rob alle interviews moet geven en er daarom niet bij is wanneer het elftal feestviert. We moeten de interviews verdelen, bijvoorbeeld Brug een, Steini een en ik een.'

Niemand vermoedde iets. De persvoorlichter kon zich vinden in wat Hanno zei, het was immers van belang voor de teamgeest dat ze allemaal samen feestvierden.

Ook voor Robert Enkes veranderde gedrag leek er altijd een logische verklaring te zijn. Tommy Westphal viel het op dat Robert opeens alle optredens afzegde voor goede doelen, waaraan hij vroeger altijd buitengewoon veel tijd besteed had. Nou ja, hij wil nu natuurlijk ook weleens bij zijn dochtertje thuis zijn, zei Tommy tegen zichzelf.

Tijdens de lange busreizen naar uitwedstrijden vertelde Robert Enke Hanno Balitsch stukje bij beetje alles over zijn zwarte hond. Minstens driekwart van alle spelers van een elftal in het jaar 2009 had onderweg een koptelefoon op om zich te vermaken met muziek, film of computerspelletjes, in plaats van met elkaar te praten. Zodoende konden Robert en Hanno een gesprek met elkaar voeren zonder bang te hoeven zijn dat iemand in de buurt meeluisterde.

Robert vertelde hem over zijn vlucht uit Lissabon, over Novelda, Frank de Boer, Istanbul. Een depressie doodde alle positieve gevoelens, 'plotseling vind je alles zinloos, uitzichtloos,' zei hij tegen Hanno. Het was alsof de toegang tot zijn hersens tot een kleine kier werd gereduceerd, waar alleen nog negatieve emoties doorheen glipten. Angst, stress, bedroefdheid, woede, overbelasting, uitputting. Niet-depressieve mensen konden de macht van de depressies bijna nooit begrijpen omdat ze niet doorhadden dat het een ziekte was. Ze vroegen zich af waarom hij zo'n sombere kijk op de dingen had, waarom hij zich niet eens beheerste. Ze zagen niet in dat hij machteloos stond tegenover zijn sombere kijk op alles. Hij had dat niet meer onder controle. Zijn hersenfuncties waren veranderd, hij kon het niet precies uitleggen, de synapsen in zijn hersenen maakten geen contact, zoiets. Het viel hem zwaar zich in het dagelijks leven te concentreren, maar over zijn ziekte kon hij gedetailleerd en inzichtelijk vertellen.

Het werd er niet beter op. Op 24 augustus, zijn tweeëndertigste verjaardag, begon hij te huilen toen zijn zus Anja opbelde. Voor anderen die hem feliciteerden, zoals Torsten Ziegner, de jeugdvriend uit Jena, speelde hij soeverein de coole keeper: 'Ik hoef alleen maar verder te spelen, dan ben ik bij het WK de nummer een.'

Toen zijn moeder hem de beste wensen had overgebracht, vroeg hij plotsklaps: 'Ma, heb jij weleens depressies gehad?'

'Nee, nooit gehad. Ik was ook weleens in- en intreurig, maar depressies, nee.'

Tegenwoordig vraagt zijn moeder zich af of hij op een tegenvraag van haar had gewacht, of hij haar over zijn donkerste ogenblikken wilde vertellen. Of wilde hij misschien weten of hij erfelijk belast was?

Maar Gisela Enke durfde het niet aan dieper op het onderwerp in te gaan.

Daarna telefoneerde zijn moeder alleen nog met Teresa. Hij wilde met niemand praten, had rust nodig en zijn routines om zijn evenwicht te hervinden, liet hij aan haar overbrengen. De familie hield zich aan zijn verzoek. Ze wilden hem immers helpen.

De Wilkes hadden nog een straalkachel voor hem. Hun verjaardagscadeau, hij zat toch altijd zo graag laat op de avond in de tuin. Het was maar beter dat ze hem het cadeau nog niet brachten, zei Teresa. 'Anders slingert er nog meer rond. Hij windt zich al genoeg op over alles wat er staat.'

Ze had de vrienden uit de buurt ingelicht. 'Gedraag je heel normaal,' zei ze tegen de Wilkes. 'Maar het lukte me niet,' zegt Uli. 'Ik wist niet meer hoe ik met hem moest omgaan, ik was totaal verkrampt.'

Op Lara's verjaardag, een week na die van hemzelf, ging hij met Teresa 's ochtends naar het graf en liet een witte ballon opstijgen. Hij transpireerde van nervositeit. Om 15.31 uur ging de ICE naar Keulen. Hij zou tien dagen lang bij een voorbereiding zijn van het nationale elftal. Hoe moest hij daar doorheen komen? Hoe moest hij terwijl ze tien dagen lang heel dicht op elkaar zaten met het elftal niets laten blijken? Als het bekend werd dat hij een depressie had, was alles voorbij. Of was dan eindelijk alles goed?

'Robbi zat gevangen,' zegt Marco Villa. 'Hij had twee grote dromen: het wereldkampioenschap spelen en naar buiten treden met zijn verhaal. En hij wist, allebei gaat niet, het ene sloot het andere absoluut uit. Hij had het gevoel, om het even wat hij deed, er was geen uitweg uit de muur die om hem heen stond.'

Een bevriende arts schreef hem voor de duur van de voorbereiding uppers voor.
Robert Enke schreef een zin in zijn Moleskine.
31 augustus 2009. Het was een gevecht, maar Terri heeft me zover gekregen naar Keulen te gaan.

Maandag was de dag van aankomst van het nationale team. De internationals zaten ontspannen in het hotel bijeen, er stonden geen activiteiten op het programma. Voor hem werd de avond echter al een beproeving. De vakbond van profvoetballers VdV had hem in het elftal van het seizoen 2008-2009 gekozen en hem uitgenodigd voor de prijsuitreiking. Hij nam de uppers om het feest te doorstaan.

Een kleine bus bracht hem met drie andere spelers van het nationale elftal naar het Brauhaus bij het centraal station, waar de plechtigheid plaatsvond. Bij de ingang werden ze begroet door Tim Jürgens, de adjunct-hoofdredacteur van *11 Freunde*. Het tijdschrift organiseerde de bijeenkomst in samenwerking met de vakbond. Jürgens wist dat Robert Enke zijn tijdschrift wel mocht, de keeper had *11 Freunde* twee openhartige interviews toegestaan. Waarom reageerde Enke dan zo koeltjes op zijn begroeting, vroeg Jürgens zich af. Robert Enke leek hem helemaal niet te zien.

Het hoge plafond van de taveerne weerkaatste de stemmen van de gasten in de zaal. De voetbalwereld kwam hier bijeen, een paar Bundesligaspelers uit Bochum en Keulen kletsten met oud-spelers en makelaars. Jörg Neblung onderbrak zo nu en dan abrupt het gesprek om te kijken waar de spelers van het nationale elftal waren en of Robert zijn rug recht hield.

Gelukkig was hij de keeper. De nummer een werd als eerste geëerd. Hij droeg een bruin ribfluwelen colbert boven zijn spijkerbroek en had een mager gezicht. Ascetisch, dachten velen in de zaal. De gesprekken achter in de zaal werden voortgezet, een geroezemoes hield aan toen hij op het podium stond. Zijn laudator, de zakelijk leider van de Duitse voetbalbond, hield een droge lofrede. Toen de zakelijk leider Robert de microfoon gaf, wachtte Jörg Neblung verstijfd af wat er de volgende seconde zou gebeuren.

Sommigen in het publiek dachten dat Robert Enke verlegen was. Anderen dat hij zijn dankwoord zo kort hield omdat de lofrede zo sober was geweest. Jörg Neblung vond dat zijn vriend juist een acteursprestatie leverde die een Oscar waardig was. Hij glimlachte zelfs! Jörg maakte snel een foto met de camera van zijn mobiel en stuurde die per sms naar Teresa. 'Je gelooft niet hoe je man zich hier nu presenteert,' schreef hij erbij.

Na een uur haalde de bus de spelers van het nationale elftal weer op. Het buffet was nog niet begonnen. Tim Jürgens van *11 Freunde* snelde naar de uitgang. 'Nogmaals hartelijk bedankt voor jullie komst, zonder jullie was het een treurige bijeenkomst geweest,' zei hij tegen Robert Enke. De keeper schudde zijn hand en liep door, zonder Jürgens aan te kijken, zonder een woord te zeggen. 'Nou, die vliegen blijkbaar op een andere schotel door de wereld zodra ze in het nationale elftal zitten,' dacht Jürgens bij zichzelf, 'als zelfs zo'n beleefde man als Robert Enke zich zo gedraagt.'

Op het moment dat Robert Enke van het podium gestapt was, was alle energie weer uit hem weggevloeid. Hij was niet meer in staat op onvoorziene situaties te reageren.

Daarna lag hij in zijn hotelbed. De uppers hielden hem wakker. Hij lag te woelen, hij was uitgeput en klaarwakker, alleen in het donker. Hij was een makkelijke prooi voor zijn gedachten. Hoe kon hij morgen trainen, een sprongtest stond op het programma, aan de uitslag konden de bondscoaches zwart op wit aflezen dat hij nog slechts een wrak was. Hoe kon hij echter ooit weer fit worden als hij morgen niet zou trainen?

Toen hij de volgende morgen wakker werd, had hij nog geen twee uur geslapen. Hij wilde niet opstaan. Maar hij moest opstaan, dat was immers het belangrijkste, niet blijven liggen. Maar eenmaal uit zijn bed wachtten hem slechts uitdagingen, eisen, verwachtingen die hij niet kon inlossen. Alleen in zijn bed, in het donker van zijn met rolluiken en gordijnen hermetisch afgesloten kamer voelde hij zich veilig.

Zijn mobiel ging. Teresa.

'Ik heb geen minuut geslapen. En nu lig ik hier, staar naar de wekker en het lukt me niet eruit te komen.'

'Robbi, je staat nu op. Ik bel over vijf minuten weer op, en dan heb je de gordijnen geopend en gedoucht.'

Vijf minuten later.

'En?'

'Het is gelukt. Dank je!'

Teresa lichtte Jörg in. 'O mijn god, en dat bij het nationale elftal!' Hij reed meteen naar het hotel.

Teresa had hem het kamernummer gezegd. Hij nam de lift, zonder iets aan de receptie te vragen, en klopte op de deur. Robert liet hem niet binnen. Jörg kon niet schreeuwen: 'Robbi, doe open!', aan de gang lagen de kamers van de andere spelers. Hij ging weer naar beneden en liet de dame aan de receptie voor hem bellen. Robert nam de telefoon op, misschien omdat hij bang was dat iemand van de Duitse voetbalbond aan het apparaat was.

'Ik kom naar beneden,' beloofde hij Jörg.

Jörg wachtte tevergeefs. Hij belde weer op.

'Ik kan onmogelijk vandaag de sprongtest doen. Dan merkt iedereen dat mijn benen nog maar luciferstokjes zijn.'

Jörg wist dat Robert lichamelijk in behoorlijke conditie was. Maar hij besefte dat dit niet het moment of de plek was om tegen de zwarte muur in Roberts hersenen in te praten.

'Oké,' zei Jörg. 'Je gaat naar de teamarts en zegt hem dat je vannacht koude rillingen hebt gehad en het zweet je uitgebroken is, en dat je je nu vreselijk slap voelt.'

Dat was niet ver bezijden de waarheid.

De teamarts zei dat hij dan maar beter de training moest overslaan. Hij zou hem een bloedtest afnemen om te onderzoeken of hij zich een virus op de hals gehaald had.

Robert Enke ging weer naar bed.

Hij moest net als bij de eerste depressie een dagboek bijhouden, het hielp bij het ordenen van de gedachten als hij ze opschreef. Maar verder dan een of twee zinnen kwam hij meestal niet.

1 september 2009. Lag de halve dag in bed, totdat Terri me aan de telefoon ertoe gedwongen heeft op te staan. Geef niet op!

De bondscoach ging er nog steeds van uit dat Robert Enke in de kwalificatiewedstrijd voor het WK tegen Azerbeidzjan aan het eind van de voorbereiding kon spelen.

Joachim Löw had er in de zomer verrassend genoeg toe besloten dat Enke tot en met de resterende kwalificatie in het doel zou staan. 'In een fase waarin niemand het verwachtte hebben we bekendgemaakt: hij is onze nummer een in de beslissende wedstrijden in de herfst. Een groter bewijs van vertrouwen kun je een keeper niet geven,' zegt Andreas Köpke. Robert Enke, die geen uitglijers liet zien, leek op dat moment de veiligste keus. Löw en Köpke hadden echter niet alleen het spel van de keeper maar ook het gedrag van Robert Enke en René Adler geobserveerd in dat ene jaar dat ze in het nationale elftal zaten. De bondscoach meende dat het beiden goed zou doen als hij met een duidelijke verklaring het keepersduel zou ontdoen van het vuurtje, dat de sportverslaggevers er rond opstookten. Het verlangen van beide keepers naar een leven zonder conflicten was de belangrijkste reden om het keepersduel zo vroegtijdig op te lossen.

De bloedtest was negatief, meldde de arts. Medisch gezien was er geen reden waarom Robert over een week niet in het doel zou staan. En de wedstrijd tegen Azerbeidzjan vond in Hannover plaats, in zijn stad. Dat zou hij zich toch niet laten ontgaan?

Hij voelde zich echter nog steeds slap, zei Robert Enke. Hij werkte op de derde dag van de voorbereiding maar twee lichte onderdelen buiten de teamtraining af. In het hotel zag hij een aantal spelers van het nationale juniorenelftal, die in Keulen een prestatietest aflegden. Hij herkende de grote, slanke jongen met de steil omhoog gecoiffeerde pony tussen hen en liep meteen op hem af.

Duitse voetballers begroetten elkaar meestal met een handslag waarbij de handen luid tegen elkaar sloegen. Robert had de Portugese gewoonte aangehouden mensen die hij mocht te omarmen. De reflex Sven Ulreich in het Keulse hotel tegen zich aan te drukken overkwam hem spontaan, een moment lang vergat hij zijn depressie, dat gebeurde ook weleens. Anderhalf jaar geleden was het dat hij de jongeman had getroost. Intussen was Ulreich keeper van het nationale juniorenelftal geworden en hij zou in de zomer van 2010 bij VfB Stuttgart Jens Lehmann in het doel opvolgen. Hij lag weer op koers. Ze praatten een paar minuten, bij het afscheid zei Ulreich: 'Mochten we elkaar niet meer zien, wens ik je alvast heel veel succes bij het wereldkampioenschap.'

En opeens leek Robert Enke in zijn gedachten te verdwijnen. 'Ja,' zei hij ten slotte, nog steeds afwezig, 'maar eens kijken of we elkaar nog een keer zien.'

Een merkwaardige manier om afscheid te nemen, dacht Sven Ulreich een ogenblik lang nadat ze uit elkaar gegaan waren.

3 september 2009. Heb niet geslapen. Vind alles maar zinloos. Heb moeite me te concentreren. Denk aan z.

Hij had de zwarte hond niet meer onder controle. Hij ging naast René Adler en Per Mertesacker aan de eettafel zitten, de vierde van het groepje, Christoph Metzelder, maakte helaas niet meer deel uit van het nationale team. René en Per begonnen een gesprek, 'en Robbi moest je de woorden uit zijn strot trekken,' zegt René. 'Hij at mechanisch. Dat was Robbi niet.' Hij beschikte niet meer over de concentratie deel te nemen aan een vlot gesprek. Hij wilde alleen nog maar zo snel mogelijk terug naar zijn hotelkamer, naar zijn schuilplaats.

Maar de beproevingen waren nog niet ten einde. Ze moesten naar een promotie-event van Mercedes. Ze wezen hem een cabriolet aan, om filmopnamen te maken. Hij kon zich niet meer beheersen. 'Hoe lang gaat dat nog duren?' zei hij tegen René, 'wat is hier eigenlijk allemaal de bedoeling van?' René Adler wachtte tot hij Per Mertesacker op een rustig moment kon aanschieten. 'Wat is er toch met Robbi aan de hand?' zei hij, 'die loopt hier een potje verloren rond.' Maar er was, zoals altijd, een verklaring. 'Hij schijnt zich echt slecht te voelen, met koortsrillingen en nog zo wat.'

Zo doorstond hij de dagen, de testen. Maar elke doorstane dag bracht hem nog meer in het nauw: de wedstrijd in Hannover tegen Azerbeidzjan kwam steeds dichterbij en daarmee de verwachting dat hij zou spelen.

Op zaterdag, vier dagen voor de wedstrijd tegen Azerbeidzjan, had het elftal 's avonds vrijaf. Jörg maakte een afspraak voor hem bij Valentin Markser.

Ze hadden elkaar lang niet gezien. Na Lara's dood, toen hij Jörg eens in Keulen had bezocht, was hij ook bij Valentin langs geweest. Deze keer zou het geen sessie in de gebruikelijke zin zijn. Valentin Markser moest hem op de beslissende dag voorbereiden. De volgende dag of de dag daarna moest hij de bondscoach meedelen of hij in Hannover zou spelen of zou afreizen.

De psychiater nam plan A met hem door. Volgens dat plan zou Robert Enke de teamarts melden dat hij chronische klachten had, dat het zweet hem uitbrak en dat hij aan slapeloosheid leed. Hij wilde zich in Hannover bij zijn vertrouwensarts laten onderzoeken, moest hij zeggen, en daarom moest hij de voorbereiding verlaten. Valentin Markser probeerde Robert Enke ervan bewust te maken wat het voor zijn geestesgesteldheid zou betekenen als hij de wedstrijd in Hannover zou afzeggen. Daarna kwam plan B aan de orde.

Hoe Robert zich verder bij het nationale elftal zou opstellen, hoe de wedstrijd door te komen.

6 september 2009. 's Avonds sessie bij Valentin. Ben niet eerlijk tegen hem.

Hij had zijn leed tegenover de psychiater proberen te bagatelliseren. Hij had voortdurend een rol gespeeld, hij had onbewust, zelfs tegenover de man die hem moest helpen, gemeend de schijn op te moeten houden dat het wel meeviel. Waarom, dat begreep hij zelf niet.

Hij had via de Duitse voetbalbond een auto geleend en reed, na de sessie met Valentin Markser, de nacht in.

Teresa probeerde meermaals, tevergeefs, hem te bereiken. Om halftwaalf nam hij eindelijk zijn mobiel op.

'Ik rijd net de parkeergarage van het hotel binnen.'
'O, goed dat het gesprek met Valentin zo lang heeft geduurd.'
'Dat heeft niet lang geduurd.'
'En waar was je dan zo lang?'
'Ik ben door de stad gereden.'
'Robbi, waarom ben je door de stad gereden?'
'Zomaar, een beetje.'
'Zeg me waarom je door de stad bent gereden!'
'Ik heb gekeken waar ik me van kant kon maken.'

'Ben je niet helemaal normaal!'
Hij slaagde erin haar te kalmeren, het was maar een bevlieging geweest, het was alweer over. Daarna nam hij de lift naar zijn hotelkamer, opende de balkondeuren, ging vlak bij de balustrade staan en stelde zich voor hoe het zou zijn als hij naar beneden sprong.

Op zondagmorgen ging hij naar de teamarts Tim Meyer en legde plan A ten uitvoer. De bondscoach deelde de sportverslaggevers mee, 'vanwege een algemene infectie' viel Robert Enke voor de wedstrijd tegen Azerbeidzjan af. Concretere informatie kon de teamarts hem niet geven. Tim Meyer had evenwel noch een virus- noch een bacteriële ziekte vastgesteld. De vage formulering zette de verslaggevers aan tot speculaties. De Mexicaanse griep was net het onderwerp van de dag, had hij die te pakken? Verder schreven de verslaggevers openingszinnen als: 'Het is waarachtig een drama met Robert Enke.' Telkens wanneer hij zich als de nummer een van het nationale elftal leek te vestigen, zette een ongelukkig toeval hem de voet dwars.

Dat viel de bondscoaches natuurlijk ook op.

'We hebben er hele discussies over gehad: destijds het wortelbeen, nu het virus, het is toch niet te geloven, telkens wanneer er belangrijke wedstrijden op stapel staan, heeft Robert toch een pech,' vertelt Andreas Köpke. 'En toen Tim Meyer vervolgens zei, het bloedbeeld is normaal, hebben wij ons ook afgevraagd: heeft hij een psychisch probleem?' Köpke zelf was tijdens zijn loopbaan als keeper vrijwel nooit geblesseerd geweest, maar toen er een keer een interland tegen Georgië in zijn bloedeigen voetbalstad, Nürnberg, plaatsvond, scheurde er op de dag ervoor bij de training een spiertje in zijn kuit. Hij is ervan overtuigd dat zijn lichaam gezien de bijzondere stress destijds een time-out nam. 'Maar een wortelbeenbreuk bij het stompen – dat kan toch geen psychische oorzaak hebben,' zegt Köpke. 'Dat konden we ons niet voorstellen.' Het virus daarentegen bleef merkwaardig. De trainers gingen te rade bij Hans-Dieter Hermann, de sportpsycholoog van het nationale elftal. Hij had met Robert Enke gesproken. Bij de symptomen die hij vertoonde, uitputting en slapeloosheid zonder een infectie, moest je ook verder zoeken of hij niet aan depressies leed, zei Hermann tegen de doelman. Een depressie, in godsnaam, hij was toch net vader geworden, hij was gelukkig, antwoordde Robert opgeruimd. Hij kon niets merkwaardigs vaststellen, deelde Hermann de trainers mee. Daarmee was de kwestie voor de trainers voorshands afgehandeld. Robert had simpelweg altijd pech.

De vervoersdienst van het nationale elftal bracht hem naar Empede terug. Hij had zich niet geschoren, hij had noch de energie noch de lust ertoe. Hij keek op zichzelf neer. Hij had opgegeven. Hij had gefaald.

'Robbi, je moet me iets beloven,' zei Teresa toen ze in het huis waren, alleen. Hij keek haar onwillig aan.

'Ik weet dat de depressie maakt dat je op dit moment alles zwart ziet, maar je moet ertegen vechten, wij vechten allemaal met jou mee, je kunt niet zomaar op een balkon gaan staan en springen!'

'Het is toch hoe dan ook allemaal zinloos.'

'Robbi, beloof me dat je er geen eind aan maakt!'

'Ik beloof het.'

Ze keek hem in de ogen, en hij ontweek haar blik niet. 'Als je maar eens een halfuur mijn kop zou hebben, zou je weten hoe ik me voel,' zei hij. Het klonk als een voorstel tot verzoening.

De doodswens duikt bij de meeste depressies in meer of mindere mate op, het hoort bij de ziekte. Bij Robert Enke had zich dit nog nooit zo concreet voorgedaan als in die zaterdagnacht in Keulen. De intensiteit van de depressie ging ver boven die van 2003 uit. Hij had gedacht met zijn afzegging voor de wedstrijd in Hannover van de druk verlost te zijn. Maar nu rustte het als een nog veel grotere druk op hem, dat hij had afgezegd. In zijn eigen ogen had hij gefaald.

Jörg Neblung brak zijn vakantie op Mallorca af om naar Robert en Teresa te gaan. Ze zaten, zoals zo vaak, op de oranjekleurige stoelen in de keuken. Ze namen Roberts opties door. Moest hij een blessure voorwenden en stilletjes in therapie gaan? Moest hij met zijn ziekte naar buiten treden en zich laten behandelen in een kliniek?

Hij zag bij elke mogelijke uitweg meteen een reden waarom

het nooit kon lukken. Overal alleen maar uitzichtloosheid te zien lag in de aard van de ziekte besloten. Maar Teresa en Jörg konden hem maar moeilijk weerspreken. Elke mogelijke uitweg leek slechts nieuwe problemen op te leveren.

Toen hij zes jaar geleden bij Fenerbahçe ontslag had genomen, was hij voor het publiek een halfvergeten talent geweest, hij kon vier maanden verdwijnen, en niemand vroeg ernaar wat hij eigenlijk deed. Nu was hij de nummer een in het land van de keepers. Als hij maanden rust nam voor een therapie of naar een kliniek ging, zou hij dat niet verborgen kunnen houden. Aan het wereldkampioenschap hoefde hij dan helemaal niet meer te denken, maar wat zou er dan gebeuren na de therapie, na de kliniek? Zou hij sterk genoeg zijn om onder het toeziend oog van de media als 'de depressieve' weer een comeback te maken? Zou hij verbitterd raken als hij het voetbal helemaal eraan zou moeten geven?

'Ik ga niet naar een kliniek!' riep hij.

Aan het eind van het gesprek leken ze weer aan het begin te zijn beland: ze zagen geen andere uitweg dan dat Robert doorging met verstoppertje spelen en met de behandeling bij dokter Stroscher. Eens moesten de antidepressiva toch aanslaan!

Toen Robert naar bed gegaan was, bleven Jörg en Teresa nog een ogenblik in de gang staan.

'Wat doe jij nou?' vroeg Teresa.

Jörg zette een kaarsenstandaard achter de tussendeur.

'Voor het geval hij 'm vannacht smeren wil, om zich iets aan te doen. Dan struikelt hij over de standaard, en horen we hem.'

Ze wisten van Valentin Markser dat zelfmoordgedachten alleen nog geen reden tot paniek waren. Ze moesten alert blijven, maar ook erop letten dat ze hem door een te sterke controle niet het gevoel gaven dat hij onder curatele stond. Anders joegen ze hem nog dieper de depressie in.

De tweede morgen brak de porseleinen kaarsenstandaard. Teresa had vergeten dat hij achter de tussendeur stond, en was erover gevallen.

Valentin Markser was het gewend dat ze tegen hem logen. Depressieve patiënten hebben vaak de neiging om met een misplaatst soort zelfbescherming hun ziekte zelfs tegenover hun psychiater mooier voor te stellen dan hij is. Robert Enke vormde daarop geen uitzondering bij zijn zaterdagavondbezoek in Keulen. Markser had desalniettemin de zwaarte van de ziekte onderkend. Maar Robert was in behandeling bij een collega, hij kon zich er niet in mengen. Hij kon slechts waarschuwen.

Toen Marco Villa net als elke maandagavond met Markser telefoneerde, meende hij te beluisteren dat er dringend iets gedaan moest worden. Marco belde Jörg Neblung op.

'Jörg, we kunnen dat niet zo verder laten gaan. Als het voetbal voor Robbi zo'n belasting is, moeten we hem daaruit halen.'

'Daarover hebben Teresa en ik het toch al vaker met hem gehad. Hij wil onder geen beding naar een kliniek. Hij wil het voetballen niet kwijtraken.'

'Hij zal eroverheen komen, mocht hij geen voetballer meer zijn. Hij zal wel iets anders vinden. Dan wordt hij maar hoteleigenaar of wat dan ook. Het gaat nu niet om zijn carrière maar dat hij een uitweg vindt uit zijn depressie.'

'Maar wanneer hij het voetbal achter zich laat, zal hem dat pas echt goed ziek maken.'

Voor de eerste keer maakten Roberts beste vrienden ruzie.

Marco zat in Italië en kon Robert maar beter niet opbellen omdat hem dat alleen maar van streek zou maken. Jörg had zijn vrouw met hun kleine dochter in Keulen achtergelaten en was in Empede ingetrokken, om Teresa te ondersteunen. De vertwijfeling echter die Marco en Jörg op dat moment voelden was dezelfde. Ze waren noch competent noch bevoegd om over Robert Enkes leven te beslissen. En toch leek de situatie precies dat van hen en Teresa te eisen.

Hij zat in de tuin en huilde.

Teresa rende op hem af.

'Robbi, wat is er?'

'Ik wil niet sterven. Ik wil nog een keer naar Lissabon.'

LISBOA! Schreef hij 's avonds zonder commentaar in zijn zwarte boek.

Op een middag vroeg Jörg hem om eventjes naar de waskeuken te komen. Jörg deed het licht uit. De ruimte had geen ramen, het was donker. 'Dat is jouw toestand op het moment,' zei Jörg. 'En probeer nu maar op de tast langs de muur de deur te bereiken. Dat is jouw weg. De muren bouwen wij voor je, maar lopen moet je zelf.' Als Robert de deur zou openen, zou hij licht zien, was Jörgs opzet geweest. Dr. Stroscher vond het een uitmuntend idee toen Jörg hem later erover vertelde.

Robert daarentegen ging niet naar de deur maar naar de lichtschakelaar. Hij duwde erop en riep als een spook: 'Boe!' Toen liep hij naar de deur, opende hem en zei: 'En wat zie ik achter de deur? Mijn kantoor. Daar word ik pas echt depressief van.'

Korte momenten, 's avonds soms ook enige uren, leek hij zonder aanwijsbare reden verlost van zijn ziekte. En even abrupt viel hij weer terug in de duisternis.

Het nationale elftal was ondertussen uit Hannover vertrokken. Het had van Azerbeidzjan gewonnen met 4-0, René Adler had het weinige dat hij moest doen soeverein opgelost. De competitie ging verder. Elke dag stonden verslaggevers bij het trainingsveld die nauwkeurig noteerden welke speler ontbrak. En wie ontbrak moest een goede reden hebben, een kruisbandscheuring of een gescheurde pees. Robert Enke werkte een lichte individuele training af, maar er was nog steeds geen motief, geen legitieme reden waarom hij zich had teruggetrokken uit het elftal. In de kranten werd de 'algemene infectie' in de loop der dagen tot een 'raadselachtige virusziekte' en ten slotte tot een 'geheimzinnig virus'. Robert Enke ging gebukt onder een nieuwe, zware druk. Wanneer zou hij eindelijk met een toelichting komen?

Hij had de teamarts van het nationale elftal gezegd dat hij zich in Hannover door zijn vertrouwensarts zou laten onderzoeken. Dat betekende dat hij nu met medische tests van enigerlei aard moest komen, anders werd hij ongeloofwaardig. En het was ook niet uit te sluiten dat hij inderdaad een virus met zich meedroeg. Zijn permanente vermoeidheid in de zomer had hem immers al vóór de depressie geplaagd, misschien was het ene toch oorzakelijk verbonden met het andere, misschien had de lichamelijke uitputting hem zo verzwakt dat de psychische kon terugkomen?

Hannovers teamarts stuurde hem voor een hartonderzoek naar het bondstrainingsinstituut bij het stadion. De onderzoekend arts stond versteld. Robert Enkes hartslag reageerde met een korte vertraging op een belasting. Dat was niet normaal. De arts wist immers niet dat Robert vanwege zijn depressie psychofarmaca nam die zijn reactie vertraagden.

Hij werd naar een hartspecialist in het Agnes Karll-ziekenhuis doorverwezen bij het beursterrein. Jörg Neblung ging met hem mee en nam in de wachtkamer plaats. Opeens riep Robert of hij naar de onderzoekskamer wilde komen. De arts wilde hem ook een urine- en bloedtest afnemen om de onregelmatigheid van zijn hartslag nauwkeurig te onderzoeken. Robert Enke transpireerde van angst en opwinding. Wat als ze in de bloedproef sporen van medicamenten vonden? De arts was even naar een andere patiënt gegaan, ze hadden maar enkele minuten de tijd om een truc te verzinnen. Robert Enke wilde de eenvoudigste weg bewandelen: 'We moeten hier weg.'

Toen de arts terugkwam, legde Jörg Neblung hem uit dat Robert weigerde mee te werken, in elk ziekenhuis moest bloed bij hem worden afgenomen, dat kon toch gewoon niet, hij mocht niet zoveel bloed verliezen, hij was een sportman. Ze gingen nu. De arts keek hen met een blik na die leek te zeggen: ze weten niet wat ze doen.

De sportverslaggevers schreven: Raadsels rond Enke. Nog steeds geen verklaring voor zijn hoogst mysterieuze virusziekte.

Ongemerkt had hij zich door de dynamiek van de gebeurtenissen in een volgende vicieuze cirkel laten manoeuvreren. Hij moest absoluut met een virus voor de dag komen, dat er mogelijkerwijs helemaal niet was.

'Ik doe er niet meer aan mee!' schreeuwde hij thuis. Toen Teresa hem voorzichtig vroeg of het dan misschien toch niet beter was zijn ziekte openbaar te maken en in therapie te gaan, riep hij: 'Ik ga niet naar een kliniek.'

In plaats daarvan ging hij naar een tekenbeetspecialist in Langenhagen en naar het tropeninstituut in Hamburg. Weer werd bloed bij hem afgenomen, voor de vierde keer in tien dagen. En warempel ontdekten de doktoren iets. Hij had een campylobacterie-infectie in zijn darm, liet de clubarts hem weten. De bacteriën verzwakten zijn lichaam en veroorzaakten vooral diarree. Het was geen infectie waardoor een voetballer wekenlang uit de roulatie was. Maar zo nauw zou niemand het hopelijk nemen.

Jörg Neblung verheugde zich over de bacteriën als over een overwinning van Hannover in de voetbalcompetitie. Eindelijk had Robert een reden om tenminste voor een tijdje uit beeld te verdwijnen zonder dat hij meteen zijn droom over het wereldkampioenschap definitief vaarwel zei.

Op 18 september, tien dagen na de wedstrijd tegen Azerbeidzjan, meldden de sportverslaggevers: 'Enke mist kwalificaties!' De doelman die altijd zoveel pech had zou vanwege een nu vastgestelde darminfectie voor minstens twee weken uitvallen. In de nu resterende kwalificatiewedstrijden zou René Adler in het doel staan en daarmee was hij duidelijk favoriet voor de positie bij het wereldkampioenschap.

Het was de laatste weken allemaal te veel voor Robert geweest, de afzegging voor de interland in Hannover en Lara's sterfdag, zei Jörg Neblung tegen Hannovers technisch directeur Jörg Schmadtke. Robert moest er eens uit. 'Als het hem goed doet, kan hij wat mij betreft ook vier weken naar Portugal vliegen,' antwoordde Schmadtke. 'Robert heeft hier alle vrijheid.'

Nog dezelfde dag ging Robert Enke met Jörg Neblung naar Keulen. Hij wilde weer bij Valentin Markser in behandeling gaan, zoals destijds. Daarop had hij zijn hoop gevestigd: dat alles weer zou worden als destijds, in 2003.

's Avonds keek hij met Valentin en Jörg de vrijdagwedstrijd van de Bundesliga op tv, Schalke tegen Wolfsburg. Ze aten pizza en dronken bier. *Kon er niet van genieten*, schreef hij in het zwarte boek.

Het werd weer 2003. Hij ging dagelijks naar Valentin, Valentin zei hem dat hij moest hardlopen, dat was goed voor zijn hoofd, hij ging het doen en zei bij zichzelf: ik haat hardlopen. Jörg bedacht weer een bezigheidsprogramma voor hem, 's morgens de krant en broodjes halen, 's middags met Milla het bos in, bergop liet hij Robert met de kinderwagen lopen, dan spande hij zich in en kreeg hij na afloop het gevoel dat hij iets had gedaan.

In die dagen kreeg ik plotseling een sms van hem. Sms-berichten beantwoordde hij gewoonweg dwangmatig, maar de afgelopen weken had hij ook dat niet meer voor elkaar gekregen. Nu verontschuldigde hij zich in de sms voor zijn zwijgen en schreef over zijn ziekte: 'Ik zeg maar zo, weer een aardig hoofdstuk voor ons boek. Vele groeten, Robinho.'

Ronninho en Robinho noemden we elkaar als we goede zin hadden, ter herinnering aan onze gemeenschappelijke tijd in Barcelona, geïnspireerd op Barça's idool Ronaldinho. Waar kwam midden in zijn depressie zijn goed humeur vandaan, de zelfspot, om zijn ziekte als een aardig hoofdstuk te betitelen? Hij had met Jörg de haag in de tuin gesnoeid. *Daarna ging het weer wat beter met me*, staat in het zwarte boek.

Maar het was niet over het hoofd te zien dat deze depressie een andere intensiteit dan die van 2003 had. Na een week in Keulen wilde hij absoluut terug naar Empede, naar Teresa. 'Ik moet in Keulen voortdurend met een baseballpet op rondlopen, ik heb er geen zin meer in me te verstoppen.' Na een dag in Empede dacht hij hetzelfde als in Keulen: hij hield het hier niet uit. Hij wilde eigenlijk nergens zijn.

24 september 2009. Heb besloten weer naar Keulen te gaan. Idioot gewoon!

Vier dagen later ging hij alweer naar Empede terug. Hij wilde weer trainen, hij moest en zou weer voetballen. Zulke opwellingen kreeg hij wel vaker. Plotseling kreeg hij weer een strijdbare geest, opeens wilde hij in een paar seconden inhalen wat hij maandenlang meende te hebben verzuimd. Deze keer verdween zijn elan niet zoals gewoonlijk na een paar minuten weer.

Valentin Markser had hem een ander antidepressivum gegeven.

Hij sprak met de psychiater af de gedragstherapie vanuit Empede aan de telefoon voort te zetten, met een grotere frequentie, driemaal per dag.

Op 29 september, een dinsdag, kwam hij weer naar de training van Hannover 96. Hanno Balitsch omarmde hem, Tommy Westphal zei hem, goed dat je er weer bent. En hij voelde geen angst meer. De angst doorzien te worden, de angst niet meer goed genoeg te zijn als doelman, de angst een heel normaal gesprek met collega's te moeten voeren.

'Ik geloof dat het een beetje beter met me gaat,' zei hij thuis tegen Teresa.

De volgende ochtend werd hij wakker, stapte uit zijn bed en hield even halt. Was hij zonet gewoon uit zijn bed opgestaan? Hoe had hij 'm dat geflikt?

Toen hij van de training thuiskwam, belde hij de bondscoach op, hij meldde zich bij Andreas Köpke. Hij trainde weer, wilde hij maar zeggen, echt sterk voelde hij zich natuurlijk nog niet, tot hij weer in het doel stond zou het nog wel even duren, hij wist niet hoe lang. Maar hij was terug. Dat wilde hij even zeggen. Daarna ging hij de kinderkamer in en speelde met Leila. De volgende morgen bracht hij Teresa koffie op bed.

30 september 2009. Het is weer iets lichter! Neem weer deel aan het leven.

Het was hem gelukt. Het was hun gelukt. Teresa wilde de gedachte nog niet toelaten, maar het maakte haar wel heel blij.

Twee maanden had ze met hem in zijn duisternis moeten leven, met al de nukken en ongerechtigheden van iemand die depressief is. Ze had haar best gedaan zelfs dan geduldig te reageren op zijn onophoudelijke klachten als ze dacht dat haar geduld al lang op was. Het echtscheidingspercentage bij huwelijken met een depressieve partner was volgens wetenschappelijke enquêtes negenmaal zo hoog als bij niet-depressieve huwelijken. En ze stonden op het punt ook deze aanval te doorstaan.

Op de derde dag na zijn terugkeer naar de training ging het onveranderd goed met hem, op de vierde kwam hij met drie rozen in zijn hand terug van de training.

Voordat hij haar de bloemen gaf, declameerde hij een gedicht. Hij had het zelf geschreven, het ging over de twee Robbi's. De ene Robbi hield van haar, ja, zeer. De andere kon het niet tonen, niet meer.

De aankoop van de rozen had hem echter eraan herinnerd dat de ziekte nog in hem sluimerde. Toen de verkoopster hem had gevraagd hoeveel rozen hij wilde hebben, had hij haar geen antwoord kunnen geven. Drie of zeven, hamerde het in zijn hoofd, drie of zeven? Hij wist niet hoe lang de verkoopster hem aankeek tot hij panisch zei: 'Drie graag.'

Op de vijfde dag had hij 's ochtends geen zin om te trainen. Hij had met de fitnesstrainer in het krachthonk afgesproken. Het elftal was in het hotel, het speelde 's middags tegen sc Freiburg.

Hij belde Edward Kowalczuk op, hij liet de training vandaag liever schieten, hij voelde zich niet zo lekker. Geen probleem, zei de fitnesstrainer. Robert Enke sprak men niet tegen in Hannover.

Is toch een goede testcase, zei Robert Enke tegen zichzelf, eens zien hoe het met hem zou gaan als hij de dag niet dwangmatig van begin tot eind zou structureren.

Rond het middaguur, op weg naar het stadion, vroeg hij zich af: 'Waarom heb ik eigenlijk niet getraind? Hoe moet ik ooit weer een goede keeper worden als ik niet train? Nu is het te laat, nu heb ik niet getraind en zal ik het nooit meer kunnen inhalen.

In het stadion zocht hij de kleedkamer op om het elftal succes te wensen. Hij keek ook rond in de behandelkamer. Er was iets veranderd. Zijn foto aan de muur was weg. Een van de fysiotherapeuten had een foto van de reservedoelman Florian Fromlowitz erover geplakt. Een kleine geste om de jongeman een steuntje in de rug te geven nu hij voor de zware taak stond de keeper van het nationale elftal te vervangen. Robert Enke zei niks en ging de kamer uit.

Hij nam plaats op de tribune. Het duurde nog een tijdje tot de aftrap, de ploegen waren zich pas aan het opwarmen. Hij had geen zin aangesproken te worden en pakte de stadionkrant op om er zich als was het een schild achter te verbergen. Hij bladerde het door en bleef bij de spotprent steken. Fromlowitz was als een bakstenen muur voor het doel afgebeeld.

Wat moest dat betekenen, hadden ze hem hier al afgeschreven? Dachten ze opeens allemaal dat Fromlowitz een geweldige keeper was?

Hannover won met 5-2 tegen Freiburg. Fromlowitz speelde degelijk, en Robert Enke vatte het gejuich van de toeschouwers als een belediging aan zijn adres op. Zat niemand meer hier op hem te wachten, hadden ze hem al vergeten, was hij alleen nog maar een gezicht van gisteren waar eenvoudigweg een nieuw gezicht overheen werd geplakt?

In Empede probeerde Teresa hem met logica te bereiken. Het was toch begrijpelijk dat de fysiotherapeuten de reservedoelman een hart onder de riem probeerden te steken, dat was toch niet tegen hem gericht. Bovendien kwam niemand op het idee dat Fromlowitz een concurrent van hem was. Zodra hij terugkwam, zou hij weer spelen.

'Je hebt ook gelijk,' zei hij, en aan de abrupte beweging waarmee hij zich afwendde, kon Teresa zien dat ze hem met logica alweer niet meer bereikte.

Ze hoopte op de volgende morgen. Misschien had hij alleen maar een slechte dag?

Wanneer ze op zondagmorgen wakker werd, was het in de halve seconde die ze ter oriëntatie nodig had, vroeger vaak schrikachtig door Teresa heen gegaan: 'Hoe was het ook alweer gisteren, gewonnen of verloren?' Ze wist dat het van het antwoord afhing hoe mooi de zondag werd. Nu schokte de angst alweer door haar heen, met een andere vraag: in welke stemming zou hij ontwaken?

Hij voelde zich niet slecht, maar ook niet goed.

De dagen daarna wilde hij 's morgens weer niet opstaan.

Teresa loog: 'Ik heb zo'n buikpijn, kun jij alsjeblieft tien minuten op Leila passen?' Zo kreeg ze hem uit bed, de dag in.

Hij vocht zich door de dag heen, maar een angst was teruggekomen, de oorspronkelijke angst: de angst dat al de angsten zouden terugkeren.

In het weekend ging hij zoals op bijna alle vrije dagen naar Valentin Markser in Keulen. Op zaterdag was er een voetbalwedstrijd op tv. Rusland tegen Duitsland, de return in de kwalificatie voor het wereldkampioenschap. Bijna op de kop af een jaar geleden had de eerste ontmoeting plaatsgevonden, en aan de vooravond daarvan had hij zijn wortelbeen gebroken. Weer zat hij voor de tv, weer speelde René Adler uitmuntend, weer hemelde de commentator hem nog een beetje op. Door een overwinning met 1-0 kwalificeerde Duitsland zich voor het wereldkampioenschap in Zuid-Afrika, dat het hoogtepunt in zijn carrière moest worden. De tv-beelden toonden het gejuich van het Duitse elftal, in triomf

staken ze hun vuisten in de lucht, en hij kreeg de indruk als sloegen de vuisten van zijn gelukkige collega's hem in het gezicht.
Vier dagen later brak hij zijn training in Hannover af.

Hij gleed weer af in het verleden. Hij kon niet ophouden aan de vier, vijf lichte dagen aan het eind van september te denken. Waarom had hij toen opeens weer geleefd, en vooral: waarom was de ziekte toen weer teruggekeerd? Wat was het dat hij verkeerd had gedaan dat de duisternis hem weer kon overrompelen? 'Het is voorbij, Terri, ik heb de kans gehad eruit te klimmen en heb hem verspeeld.'

'Robbi, stel je bijvoorbeeld eens voor dat je naar Lissabon verhuist en voordien geen taalcursus hebt gedaan. Dan zeg je toch ook niet, nu is het te laat, ik kan nooit meer Portugees leren.'

'Geweldig voorbeeld.'

'Het is niet afgelopen! Het ging je eventjes beter, dat spreekt er alleen maar voor dat het spoedig echt beter met je gaan kan.'

Ze ging nu vaak met hem mee naar de training. Hij moest zich niet eenzaam voelen. En bovenal moest hij zo weinig mogelijk zonder toezicht zijn.

De keeperstrainer beulde zijn drie beschermelingen achter elkaar af. Teresa ging langs de zijlijn staan, ter hoogte van het doel. De gepensioneerden die elke dag kwamen kijken, stonden dichter bij de middencirkel, halverwege het veld. De keeperstrainer schoot de bal met een volley in de linkerhoek van het doel, en nauwelijks had Robert Enke de bal gehouden, of hij moest opspringen en een tweede bal vloog richting de rechterhoek. Dit drie keer achter elkaar, daarna was Fromlowitz aan de beurt. Wanneer ze merkte dat Robert heel even zijn lichaamsspanning verloor en zijn hoofd liet hangen, trapte ze even tegen de reclameborden. Hij voelde het geluid meer dan dat hij het hoorde, en keek naar haar. Ze balde haar vuist. Concentreren. Vechten.

Na twee bezoeken aan de training belden de sportverslaggevers Jörg Neblung al op. Wat deed mevrouw Enke toch steeds bij de training?

Ze durfde er niet meer heen. Omdat ze hem echter niet dagelijks tijdens de autorit van een halfuur aan zijn gedachten mocht overlaten, reed ze desondanks nog steeds met hem mee naar Hannover. Soms ging ze naar het Landesmuseum. Dan weer wachtte ze in de auto, twee uur lang.

Dat was nog niet alles. 's Middags ging het verder. Hij moest worden beziggehouden, hij mocht geen tijd om te piekeren hebben. Ze haalde hem over met Leila en haar naar de dierentuin te gaan. 's Avonds gaf ze hem een fotoboek over de regio Hannover. 'Zoek een plek uit waar we samen een uitstapje naartoe kunnen maken.'

In de dierentuin zag hij een zesjarig kind ruziemaken met zijn ouders en kreeg angst voor de toekomst: 'Hoe moeten wij dat eigenlijk voor elkaar krijgen, met het huis, de honden, en als Leila dan ook nog opgegroeid is?' Het fotoboek werd door een van de honden kapotgebeten toen het dagenlang ongebruikt naast Roberts bed lag.

16 oktober 2009. Het elftal gaat naar Frankfurt, en ik denk niet dat ik ooit nog eens meega.

In deze stemming kreeg hij van Teresa het nieuws dat zijn moeder langskwam.

Gisela Enke had zich net als de anderen in de familie aan Roberts verzoek gehouden hem met rust te laten. Terughoudendheid gold in haar familie als goed fatsoen. Maar zijn moeder vond het nu welletjes. Ze had haar zieke zoon sinds bijna twee maanden niet gesproken of gezien. Ze liet hem gewoon overbrengen dat ze niet voor hem kwam maar voor Leila. 'Ik wil mijn kleinkind zien.'

Zijn moeder zat al in de keuken in Empede toen hij de volgende avond van de training terugkwam. Eén emotie in hem functioneerde nog. De aanwezigheid van zijn moeder maakte hem niet enthousiast, maar zoals vroeger werd hij er ontspannen door. Ze opende een fles rode wijn, en hij dronk zelfs een glas mee. Een ondertoon van vormelijkheid verdween niet uit hun gesprek omdat zijn moeder voelde dat er iets was wat ze niet ter sprake mocht brengen. Maar hij deed zijn best een gesprek te voeren, wat meer was dan hij op dat moment de meeste mensen gunde. Hij vertelde haar zelfs een beetje over de dieptepunten van zijn ziekte. Toen zij ten slotte van tafel opstond, was het halfelf. Zo lang was hij al weken niet meer opgebleven.

De volgende morgen omhelsde hij zijn moeder, 'Goed dat je er was', begaf zich op weg naar de training, en toen hij terugkwam was het alsof de ontspanning van de avond tevoren er nooit was geweest.

'Wil je een espresso?' vroeg Teresa na de lunch.

'Nee.'

'Maar je drinkt toch altijd een espresso.'

'Maar nu niet.'

Hij wilde zichzelf straffen. Hij verdiende geen mooie momenten, en gisteren had hij een glas rode wijn gedronken, daarom moest hij zich des te meer bestraffen.

Zijn moeder vertelde zijn vader over haar bezoek.

'Ik krijg hem niet te pakken,' zei Dirk Enke.

'Nou, dan doe je net als ik en ga je er gewoon heen.'

'Nee, ik wil me niet opdringen. Hij is een volwassen man, als hij mij niet wil zien moet ik dat respecteren.'

Maar uiteindelijk vond zijn vader een weg om zijn eigen terughoudendheid te omzeilen. Zijn schoonzoon had een nieuwe auto aangeschaft, die in de Volkswagenfabriek in Hannover kon worden afgehaald. Hij kon dat toch doen, zei Dirk Enke. Hij was toch al in de buurt, daarom zou hij eens langskomen, zei hij tegen Teresa aan de telefoon. Ze haalde hem af van het station. Robert opende de deur voor zijn vader in Empede. Ter begroeting zei hij: 'Nou, heb jij even geluk dat je me nog levend ziet.'

Robert maakte geen aanstalten zijn ergernis over het bezoek onder stoelen of banken te steken. De agressie liep langzaam op.

'Heb jij eigenlijk *I Had a Black Dog* echt gelezen?' vroeg zijn vader aan de keukentafel gezeten.

'Natuurlijk.'

'Hoe vaak?' was de scherpe vraag die er meteen op volgde.

'Het gesprek bevalt me niet. Ik ga naar bed,' zei Robert en stond op. Het was vlak voor halftien.

'Dan praten we morgen?'

'We praten morgen niet.' Hij liep al de keuken uit.

Dirk Enke had geen psychotherapeut hoeven zijn om te zien

Gisela Enke met zoon Robert op haar rug.

dat de depressie van zijn zoon niet meer veel van zijn werkelijke persoonlijkheid heel liet.

Soms keken de collega's bij Hannover 96 raar op. Tommy Westphal kreeg merkwaardige sms'jes van hem. 'Wanneer is de training morgen?', 'Wanneer is het voor de wedstrijd bedtijd?' Waarom vroeg hij dat? Dat wist Robert toch allemaal, dat vergat iemand als Robert toch niet.

Arnold Bruggink, die meer dan drie jaren met hem speelde in Hannover, viel het op dat Robert tijdens de trainingswedstrijd nauwelijks nog emoties toonde.

'Alles oké, Robert?'

'Ja hoor, gaat wel.'

De antwoorden die ze niet van hem kregen, gaven Tommy Westphal en Arnold Bruggink zichzelf dan wel. Misschien sliep Robert weinig omdat zijn dochter hem 's nachts geen rust gunde.

Het knaagde vast aan hem dat hij nog steeds niet spelen kon en dat hij de nummer-eenpositie in het nationale elftal voorlopig was kwijtgeraakt.

De herfstregen had het grasveld drassig gemaakt, bij Robert Enke plakten grashalmen op het gezicht. Na zo'n training zei keeperstrainer Jörg Sievers tegen hem: 'Het ging fantastisch vandaag, binnenkort ben je er weer helemaal klaar voor.' Sievers had het beste met hem voor. Hij werd panisch. Hij kon onmogelijk spelen met zo'n hoofd, ook niet met zo'n lichaam, had dan niemand behalve hijzelf door dat zijn spieren achteruitgingen?

'Hij was lichamelijk niet in topconditie, maar hij was op Bundesliganiveau,' zegt Jörg Neblung. 'Hij zag het alleen niet meer.'

Hij zat 's avonds aan de keukentafel, voor hem lag een berg toffee- en chocoladewikkels. Het was zijn toetje. Daarvoor had hij een pizza voor twee en een kommetje ijs gegeten. Van de psychofarmaca, die Valentin Markser hem voorgeschreven had, kreeg hij onbedwingbare honger.

Jörg zat tegenover hem aan tafel. Hij was uit Keulen gekomen, voor de hoeveelste keer wist hij niet meer, hij was er vaker voor hem dan voor zijn gezin. 'De wedstrijd op zaterdag tegen Stuttgart, daar kom je nog omheen,' zei Jörg. 'Maar dan heb je vijf weken rust genomen sinds de bacteriën ontdekt werden. De journalisten zien hoe je elke dag je mannetje staat op de training.' Jörg zei het niet met zoveel woorden: komende week moest Robert Enke ofwel weer spelen of een verklaring afleggen.

TWINTIG

De verstomde vrolijkheid van de xylofoons

De autoradio sprong automatisch aan toen hij de sleutel in het contact omdraaide. Hij liet de muziek aanstaan, hij hoorde hem toch niet. De B6 was vrij, het was zondagmorgen, wijd en zijd niemand te bekennen, niets wat de situatie kon beletten waarop hij aanstuurde. Gisteren had Hannover met 1-0 van VfB Stuttgart gewonnen. De laatste wedstrijd was voorbij waarbij hem nog een geloofwaardig respijt was vergund.

Hij was op weg naar het stadion. Het liefst zou hij zich echt stom gedragen op de training, dan zouden ze allemaal inzien dat hij nog niet kon spelen. Maar wanneer hij niet goed trainde, zou iedereen zich afvragen wat er met hem aan de hand was, en dan zou vast iemand hem doorzien.

Wat baatte het trouwens als hij om de wedstrijd van zaterdag heen kon? Dan wachtte hem op de zaterdag daarna gewoon de volgende wedstrijd. In zoverre zijn angst hem toestond vooruit te kijken, zag Robert Enke alleen maar beproevingen die tot zijn falen zouden leiden, daar onherroepelijk toe moesten leiden.

Op maandag was er geen training. Een beproeving minder – een dag meer waarop hij te veel tijd had om zich zorgen te maken. Teresa kwam aan zijn bed staan om hem te helpen opstaan. Soms moest ze meermaals terugkomen tot het hem lukte. Als Jörg er was, gooide hij het raam open, nam Roberts kussen van hem af en riep: 'Kom op, Robbi, blijven liggen helpt niet, d'ruit, het is alleen maar je hoofd, niet jij!' Robert bleef meestal roerloos liggen en zweeg. Ook deze morgen was het niet anders. Teresa ging weer de slaapkamer uit en riep om de zoveel minuten onder aan de trap 'Robbi, opstaan!' naar boven, een idiote toestand waar je gewend aan kon raken. Een keer was ze zo vertwijfeld geweest dat ze een trap gaf tegen het bed. Ze ging weer de kamer in naar hem toe, het vertrek had maar twee smalle ramen, hadden ze maar een lichter huis, dan had hij niet zo gemakkelijk voor de dag kunnen wegkruipen. Hij lag in bed en deed alsof hij haar helemaal niet zag. Opeens zei hij echter met wanhoop in zijn stem: 'Ik wil op zaterdag niet spelen!'

Hij bleef de hele morgen in bed liggen.

De dagen daarna wedijverden de angsten met elkaar. De angst te moeten spelen werd op de hielen gezeten door de angst ontmaskerd te worden. Dus reed hij elke dag naar de training.

Daar vroegen de sportverslaggevers hem of hij zaterdag tegen FC Köln weer in het doel zou staan. 'Dat moet ik nog met de trainer bespreken.' Het was donderdag.

De verslaggevers hadden de training gezien en schreven dat je ervan uit kon gaan dat Robert Enke in Keulen in het team terugkeerde.

Op vrijdag zou het elftal na de ochtendtraining naar Keulen vertrekken. Teresa speelde met Leila in de kinderkamer toen hij 's ochtends de trap af kwam.

'Hoe gaat het vandaag met je?'

'Ik kan niet spelen! Kijk eens naar mijn dijbenen, daar zit toch niets meer, de hele spiermassa is weg.'

Ze had de zin al dertig keer gehoord, en dertig keer had ze geantwoord: 'Robbi, je hebt toch de hele tijd getraind, je benen zijn zo sterk als altijd, het is niet afgelopen!'

Deze keer antwoordde ze: 'Kijk eens, het heeft toch allemaal geen zin meer. Laten we naar de kliniek gaan.'

Een ogenblik zei hij niets, en daarna alleen maar: 'Oké.'

Hij wilde zich bij de privékliniek Bad Zwischenahn melden. Valentin Markser had hem die kliniek weken geleden aanbevolen, ze hadden het scenario doorgenomen wat er zou gebeuren als Robert zich zou laten opnemen. Robert Enke ging bij Leila zitten op de wollige vloerbedekking in de kinderkamer. Teresa haalde het informatieblad van de kliniek en belde al lopende Valentin alvast op.

'We doen het,' zei ze. Markser informeerde hoe het met Robert ging. Nou, zei hij vervolgens, dan zou hij meteen chef-arts Friedrich Ingwersen in de kliniek opbellen om hun komst aan te kondigen. Hij zou zo weer terugbellen.

In de tussentijd belden ze Jörg op.

'We gaan naar de kliniek.'

Jörg was verrast over zijn eigen gevoel. Hij was opgelucht. 'Oké, maar zorg er dan ook voor dat jullie het huis al hebben verlaten wanneer het bekend wordt,' zei hij.

Teresa moest even naar de badkamer. Het lukte haar nog net haar tranen te bedwingen totdat ze de deur achter zich had gesloten. Uit was de droom dat ze weer hun mooie oude leven zouden oppakken. Nu was het voorbij. En het volgende moment – of was het nog hetzelfde moment – dacht ze: eindelijk, het is voorbij.

Valentin Markser belde weer op. Dokter Ingwersen was vandaag niet in de kliniek. Maar hij had geïnformeerd, een andere arts zou haar ontvangen, hij wachtte op een telefoontje van hen. Teresa schreef de naam van de arts op.

Ze dacht hardop na: 'Maar we moeten ook het bureau jeugdzorg opbellen, voordat ze het uit de krant vernemen.' Wat zouden ze daar zeggen wanneer bekend werd dat Leila's adoptiefvader zich vanwege depressies moest laten opnemen? Konden ze zijn dochter van hem afnemen? Hij had te veel andere angsten om zich daarover ook nog zorgen te maken? Hij belde het nummer van het bureau, zonder te dralen.

Teresa stond erop dat hij opbelde omdat ze wist dat er geen weg terug was zodra de adoptiebeambte was ingelicht. Dan kon hij niet meer onderweg naar Bad Zwischenahn plotseling omkeren.

De collega was er niet, zei een onbekende vrouwenstem aan de telefoon. Moest ze een boodschap overbrengen?

'Nee, bedankt.'

Toen hij had opgelegd, hield hij nog steeds het informatieblad in zijn hand. Een scherpe geur bereikte Teresa's neus.

'Wat is dat?'

'Ik transpireer zo.'

'Dus ik bel daar nu op?' vroeg ze en wachtte tot hij haar het papier met het telefoonnummer van de kliniek aanreikte.

'Zo meteen.' Hij wilde eerst naar de badkamer gaan, om zich te wassen.

Twee minuten later kwam hij met ontbloot bovenlijf Leila's kamer binnengestormd.

'Ik ga nu naar het stadion! Ik speel morgen.'
'Robbi, kijk naar jezelf, je kunt toch niet spelen!'
'Ik speel!'
'Laten we tenminste Valentin en Jörg nog een keer opbellen.'

Dokter Markser wilde hem spreken. Meteen was Robert Enkes stem kalm, zijn argumentatie verstandig. Hij wilde het nog een keer proberen. De optie met de kliniek zou hij openhouden.

Een man die duidelijk zei dat hij voetbal wilde spelen en die elke zelfmoordgedachte ontkende, kon er door Valentin Markser niet toe worden gedwongen naar een kliniek te gaan.

'De mogelijkheid bestaat dat Robbi alsnog voor de wedstrijd afhaakt,' zei Jörg. 'Dan moet hij gewoon bij de warming-up doen alsof hij een spiertje gescheurd heeft.'

Robert deed zijn jas aan.
'Dan ga ik maar.'
'Wat? Alleen?'
'Ja, alleen.'
'Dat gaat niet, Robbi.'

Teresa belde Valentin Markser weer op.

Hij mocht absoluut niet alleen in de auto stappen, onder geen beding, zei dokter Markser en hoefde niet meer uit te leggen waarom niet. Ze lieten Leila bij de huishoudster en gingen op weg. In de auto belde Teresa Marcus Witkop op, de fysiotherapeut. Robert kon een spiervezel scheuren wanneer hij maar wilde, vandaag nog bij de afsluitende training, morgen bij de warming-up, tijdens de wedstrijd of wat hem betrof ook in het hotel, zei Witkop. Hij zou het zijne ertoe bijdragen dat het niet in de publiciteit kwam.

Teresa wachtte tijdens de training in de auto, opdat de sportverslaggevers geen argwaan kregen. Ze durfde niet de stad in te gaan, want wat als hij 'm tijdens de training smeerde en zij dan niet in de buurt was?

Hannover 96 oefende hoekschop- en vrijeschopvarianten, ter afsluiting liet de trainer het elftal tweemaal tien minuten vrij spelen om hen de kans te geven zich uit te leven. Bij het uitlopen sjokte Robert Enke samen met Hanno Balitsch vijftien meter achter de rest van het elftal aan.

'Ik kan morgen niet spelen, Hanno.'

'Hoezo, je kunt morgen niet spelen?'

'Mijn benen zijn moe, ik kan me totaal niet van de grond afzetten.'

'Rob, je hebt zonet bij de training drie ballen gehouden die niemand anders in Duitsland houdt, en jij wil me nu vertellen dat je geen kracht in je benen hebt?'

'Ik voel niet meer hoe ik spring. Ik voel gewoon helemaal niks meer.'

'Dan speel je morgen maar zonder gevoel, voor vijftigduizend mensen in Keulen. Dan moet het gewoon voldoende zijn dat ik je zeg: jij zult desondanks uitmuntend spelen.'

Teresa zag hem in de auto op haar afkomen.

'Ik ga met het elftal mee,' zei hij.

Het elftal nam de ICE naar Keulen. De spelers liepen met hoofdtelefoons op door het centraal station. Hij verzekerde zich meteen van een enkele zitplaats aan het raam.

Tommy Westphal was verbaasd: 'Heb je mij vergeten?'

In de bus zat Robert altijd naast Hanno, in de trein altijd naast Tommy.

'O zo, nee,' antwoordde Robert en maakte geen aanstalten op een bank met twee zitplaatsen naast elkaar te gaan zitten.

Hij ziet er moe uit, dacht Tommy Westphal bij zichzelf, hij wil waarschijnlijk eens rust hebben. Het schoot Tommy te binnen waarover hij deze week verbaasd was geweest. Robert had, midden in het seizoen, zeker vijftien tot twintig paar keepershandschoenen van hem aan fans gestuurd. Dat deed hij anders altijd alleen in de winter- of zomerpauze als hij wist dat de nieuwe levering onderweg was. Tijdens de treinreis had hij Robert kunnen vragen wat er achter deze actie zat, maar nu moest hij een andere zitplaats zoeken. Nou ja, bedacht Tommy, misschien krijgt hij dit jaar om een of andere reden de nieuwe handschoenen al begin november geleverd.

Toen Robert vertrokken was vroeg Teresa zich af wat zij nu eigenlijk moest doen.

'Je hoeft niet speciaal naar Keulen te gaan,' zei Jörg tegen haar. Hij zou 's avonds in het hotel langsgaan, en verder stonden Hanno en Witti Robert terzijde.

'Maar ik denk dat het voor mijzelf erger is wanneer ik niet in Keulen ben.'

's Avonds in het hotel zag Tommy Westphal Robert samen met Teresa, Jörg en Markus Witkop in de lounge zitten. Logisch, dacht hij, Jörg woonde in Keulen, Teresa wilde waarschijnlijk de wedstrijd benutten om Jörg en zijn vrouw Tina te bezoeken, ze hadden toch ook kortgeleden een kind gekregen als hij het zich goed herinnerde. Tommy Westphal probeerde tevergeefs oogcontact te krijgen met iemand in de groep, en liep verder. Ze leken in een ernstig gesprek verdiept.

'Man, het spijt me dat ik jou nu ook nog erin betrek,' zei Robert Enke tegen Markus Witkop.

'Geen probleem.'

'Maar je krijgt toch ook problemen als het in de publiciteit komt.'

'Ik doe het graag voor je.'

Iedereen in de voetbalwereld die nog een beetje gevoel heeft wordt door een slecht geweten geplaagd omdat hij zijn vrouw en kinderen op zoveel avonden en weekends niet ziet. Voor Jörg Neblung was de zaterdag een van de dagen waarop hij Tina onder geen beding alleen wilde laten. Hij had in dit weekend hun verhuizing gepland.

Terwijl Jörg in zijn nieuwe huis dozen uitpakte, ging Sebastian Schmidt, een medewerker van zijn agentschap, met Teresa naar het voetbal. Een uur voor de aftrap stonden ze in het stadion zonder een idee te hebben of Robert Enke zo meteen het veld op zou komen of dat de angst hem op dat moment in de kleedkamer besprong.

'Ik heb allereerst een sekt nodig,' zei Teresa.

Hij verscheen op het veld om zich op te warmen. Hij maakte

een geconcentreerde en sterke indruk in zijn zwarte trainingspak. Zijn gezicht was weer voller geworden, van alle pizza's voor twee en de toffees. Wie hem kende, wie nauwkeurig keek, vroeg zich af waarom hij sommige ballen van zijn keeperstrainer apathisch liet lopen.

Een kwartier voor de aftrap gingen de ploegen terug naar de kleedkamer om hun shirts aan te trekken. De trainer zei nog een paar dingen, de bal in de achterhoede rustig heen en weer passen, liever nog eens terug dan te riskant naar voren. Hannover was onder leiding van de nieuwe trainer Andreas Bergmann naar de elfde plaats van de Bundesliga geklommen. Ze waren weer daar waar ze thuishoorden.

De spelers namen hun plaats in in de gang voor de kleedkamers. Buiten op het veld stond de erehaag van cheerleaders in rode rokjes op hen te wachten. De stadionomroeper had het clublied opgezet, 'in Rio, in Rome, Jläbbisch, Prüm en Habbelrath' waren er FC-fans, zongen *De Höhner*, de supporters zwaaiden met hun roodwitte sjaals, en toen het rustig werd, liep de scheidsrechter voorop het veld op. Robert Enke stond als aanvoerder vlak achter hem. In zijn rechterhand droeg hij zijn keepershandschoenen, aan zijn linkerhand hield hij een jongen met zwarte haren, die als mascotte voor de wedstrijd was geselecteerd. Op het moment dat de scheidsrechter zich in beweging zette, bewoog Robert Enke met een ruk zijn hoofd naar rechts alsof hij het op zijn schouders wilde leggen. Het was dezelfde beweging als die waaraan Teresa tien jaar geleden in het winkelcentrum van Lissabon had afgelezen dat de angst bezit van hem had genomen.

De aanvoerders moesten naar de middencirkel gaan om een kant van het veld te kiezen.

'Wit of geel, meneer Enke?' vroeg de scheidsrechter.

'Wit.'

De scheidsrechter wierp de munt in de lucht en ving hem weer op.

'Wit!'

Hij mocht beslissen aan welke kant zijn ploeg in de eerste helft speelde. Elftallen hebben hun voorkeuren, sommige spelen bij een uitwedstrijd liever eerst aan de kant waar hun supporters staan. De aanvoerders hebben daarom doorgaans lang voor ze hun keuze moeten bepalen hun gedachten erover laten gaan op welke speelhelft ze willen beginnen. Robert Enke keek hectisch achter zich naar het ene doel, keek nog eens naar voren naar het andere doel, pakte zijn neus vast en zei: 'Uhmmm.'

Vijf seconden lang dacht hij al na. Scheidsrechter Helmut Fleischer, een man met een ingehouden ironie in zijn gezicht, keek hem verwonderd aan.

'We blijven staan,' zei Robert Enke ten slotte, wat in voetbaljargon betekende dat zijn elftal op de speelhelft zou beginnen waarop ze elkaar op dat moment de bal toespeelden.

'Duidelijk!' riep de scheidsrechter vrolijk.

Helmut Fleischer, orthopeed bij het leger in Fürstenfeldbruck, blies op zijn fluit, en twee geheel verschillende wedstrijden begonnen. Vijfenveertigduizend toeschouwers zagen Robert Enke die in een gewone competitiewedstrijd na een of andere infectie weer in het doel stond. Teresa en Sebastian zagen Robert die aan de riskantste wedstrijd van zijn carrière begon.

Het behoorde tot de bijwerkingen van de antidepressiva dat ze de reacties vertraagden. Hoe kon een doelman die onder een dergelijke invloed van medicamenten stond een competitiewedstrijd spelen? Kon een man voor wie de vraag bij de bloemenkiosk of hij drie of zeven rozen wilde hebben, te veel was, bij een voorzet in het hoogst mogelijke wedstrijdtempo beslissen of hij uitliep of niet? Kon een patiënt die niet meer de concentratie kon opbrengen voor een gecompliceerde zin, negentig minuten in de hoogste staat van paraatheid blijven?

Vanaf de aftrap hield het Keulse middenveld de bal in bezit, geen Hannoveraan die eraan kwam. Nog geen halve minuut was voorbij toen Lukas Podolski de bal abrupt van veertig meter afstand steil en vlak in het strafschopgebied van Hannover passte. Robert Enke rende de bal tegemoet. De vijfenveertigduizend fluisterden even teleurgesteld omdat Enke de dieptepass had onderschept zonder dat een Keulse aanvaller ook maar in de buurt was gekomen. Teresa en Sebastian schreeuwden van enthousiasme.

Het was voor een keeper maar een alledaagse ingreep geweest. Maar het kon je niet ontgaan hoe bliksemsnel en vastbesloten hij op de dieptepass af gelopen was. Op het veld had hij nauwelijks tijd na te denken, dat was in zijn voordeel. Het instinct van een keeper besliste, na twintig jaar scholing, voor hem.

Maar kon hij de concentratie vasthouden?

Langzaam, voorzichtig speelde Hannover de bal door zijn achterhoede, hadden de Keulenaren de bal in bezit dan deden ze precies hetzelfde. Zodra de wedstrijd vervolgens op het middenveld aan vaart won, maakten beide teams grove fouten. Bij tijd en wijle toonde Hannover iets van esprit. Köln werd daarentegen ontmaskerd als een team zonder ook maar een enigszins acceptabel aanvalsconcept. Op de banaalste manier probeerde de FC steeds weer de bal diep in de vrije ruimte achter Hannovers achterhoede te passen. Robert Enke moest een paar keer op ongevaarlijke steekpasses lopen.

Teresa en Sebastian juichten telkens wanneer hij ook maar de makkelijkste bal in zijn handen hield. Wat is er met die lui aan de hand, vroegen de blikken van hun buren op de tribune.

Eindelijk brak Podolski eens krachtig door op de linkervleugel, hij zette voor, en Robert Enke ving de bal zeker op. Vijfenveertigduizend mensen hadden een onberispelijke actie van de doelman gezien. Wie op de hoogte was van zijn ziekte kon daarentegen bij deze actie zien dat hij niet fit was: hij had bij de eerste paal gestaan, niet zoals hij de laatste tijd wilde, meer in het midden van het doel. Zijn instinct draaide de bewegingen af die hij zich sinds zijn jeugd eigengemaakt had, voor complexere manoeuvres ontbrak het hem aan alertheid en kracht.

Teresa zag dat hij steeds weer zijn lichaam spande als de bal op de andere speelhelft, ver van hem vandaan was. Hij moest ongelooflijk veel kracht investeren om zijn concentratie vast te houden.

Na zevenendertig minuten bracht Jan Rosenthal Hannover met 1-0 op voorsprong. Maar het doelpunt veranderde niets. Köln passte de bal diep en slecht. Meer viel het elftal niet in. Een hoekschop nog voor Köln, dan zou het rust zijn.

Lukas Podolski nam een aanloop. De bal kwam neer ter hoogte van de vijfmeterlijn, Robert Enke stond in het midden en moest de bal ongehinderd kunnen vangen. Maar terwijl de bal al onderweg was, duwde Robert met zijn rechterhand Jan Rosenthal naar voren om meer ruimte te hebben om op te springen. Het duwtje bracht hemzelf een fractie van een seconde uit zijn evenwicht. Hij sprong te laat omhoog om de bal in een ideale houding op te vangen.

Deze keer schreeuwden de vijfenveertigduizend unisono met Teresa en Sebastian.

Hij had de bal laten vallen. Kölns Pedro Geromel trapte ernaar, drie meter voor het doel.

Geromel raakte de bal slechts met de punt van zijn schoen. De bal vloog hoog de lucht in, in plaats van op het doel af, Robert Enke, alweer zeker van zijn zaak, ving hem en probeerde hem meteen naar een medespeler te werpen, om het spel verder te laten lopen.

Dat overkwam Robert Enke anders nooit, fluisterden de sportverslaggevers. Het was zijn eerste wedstrijd na die infectie, zo verklaarden ze in de volgende zin zijn onzekerheid tegenover elkaar.

De tv-camera zoomde in op zijn gezicht. Het leek strak te staan van concentratie, geen ergernis, geen nervositeit te bespeuren. Hij zou er de volle negentig minuten hetzelfde uitzien. Eén ding was merkwaardig. Voor een doelman ademde hij zwaar.

Teresa beet op haar nagels. Het was rust. Nog vijfenveertig minuten resteerden, waarin de schrik die de hoekschop teweeggebracht had zich kon herhalen.

Maar zijn elftal nam hem in bescherming. Het verdedigde al op het middenveld nadrukkelijk, in hun counters dook zelfs zoiets als spelfantasie op. Köln viel hem nauwelijks nog lastig. In een meeslepende reflex stompte hij een afstandsschot van Petit uit het doel, het zou in de ogen van de vijfenveertigduizend de enige zware test blijven. In feite was het indrukwekkend, misschien ook ongelooflijk hoe wakker hij was. Hij speelde zeer offensief, elke kans op een bal te lopen, greep hij meteen aan, ook buiten het strafschopgebied. Toen scheidsrechter Fleischer de 1-0-overwinning met het eindsignaal bevestigde, rende Hanno Balitsch meteen op hem af.

'Dat was de eerste stap terug,' zei Robert terwijl zijn vriend hem omarmde.

Op de tribune vroeg een supporter aan Teresa: 'Wat is er met jou aan de hand?' Ze huilde.

Het elftal rende, met de shirts uit de broek, op de supporters af, Robert mengde zich onder hen en sloeg op de handen van de supporters. Toen ze terugliepen gaf Hanno Balitsch hem een overmoedige stoot met zijn borst.

Hij zag Teresa op de hoofdtribune achter de reclameborden staan. Ze omhelsde hem, ze liet haar tranen nog steeds de vrije loop. 'Ik ben zo trots op je, Robbi.' Hij glimlachte.

'Ik heb weer wat gevoeld,' zei hij tegen Markus Witkop.

Op weg naar huis, deze keer in de bus, stak Hanno Balitsch een film in zijn laptop. Hij had een dubbelstekker voor twee koptelefoons gekocht, opdat Robert samen met hem films kon kijken. Tussendoor schreef Robert Teresa sms'jes. 'Rij niet zo hard', en: 'Ben je al dronken?'

Invoelingsvermogen en humor, twee emoties die de depressie milderen, schemerden weer door.

Teresa wachtte al bij het stadion in Hannover toen het elftal tegen negenen 's avonds aankwam. Misschien konden ze nog wat gaan eten, hoopte ze, een beetje – het woord leek haar gepast – feestvieren.

'En, hoe gaat het nu met je?' vroeg ze toen hij naast haar zijn riem omdeed.

'Slecht.'

Het woord gaf haar een stomp in haar maag.

'Niet een klein beetje beter?' Haar stem klonk zacht, alsof ze bedelde om een positief antwoord.

'Nee.'

Hij wilde naar huis. Daar legde hij zijn keepershandschoenen te drogen in de badkamer, nam een slaaptablet en ging naar bed.

Teresa zat in de keuken en haalde herinneringen op aan al de fantastische momenten 's middags in Keulen, de gehaalde dieptepass in de eerste minuut van de wedstrijd, zijn innige omhelzing met Hanno, zijn glimlach toen hij na de wedstrijd naar haar toe kwam. Toen ze zijn glimlach had gezien, was ze er zeker van geweest dat de wedstrijd hem had geholpen.

'Ik moet nu denken aan de woorden in zijn afscheidsbrief,' zegt Hanno Balitsch. 'Hij schreef dat hij ons tijdens zijn laatste weken allemaal heeft misleid, dat hij alleen maar deed alsof het beter met hem ging. Daarom ben ik bang dat hij alleen maar zei wat we horen wilden toen hij direct na de wedstrijd op me af kwam en zei: "Dat was de eerste stap."'

De zondag lag als een woestijn voor hem. De teleurstelling dat de wedstrijd geen verandering had gebracht in zijn gemoedstoestand, verlamde Robert. Een moment lang dacht Teresa dat ze de situatie niet meer in haar eentje zou kunnen hanteren.

Ze belde de Wilkes op.

'Schat, we zitten verlegen om bezigheden, we moeten iets doen, kunnen we niet samen wat ondernemen?'

Sabine Wilke sprak met haar man, ze belde met haar zus Ines, opeens voelden ze zich vreselijk onder druk gezet, wat moesten ze nu doen?

De kaastaart, schoot Ines toen te binnen. Haar kaastaart, daar had Robert toch altijd van gehouden. Ze sloeg aan het bakken.

's Middags zat iedereen bij Ines en Jürgen aan tafel, Robert en Teresa, Uli en Sabine en de kinderen. Voordat Ines de taart kon aansnijden, sprong Robert weer op. Hij moest naar de badkamer.

'Waar blijft hij nu?'

'Ik ga hem halen!' Teresa schoof haar stoel naar achteren. Ze klopte op de badkamerdeur en ging niet weg tot hij eruit kwam.

Hij ging zitten, zei dat de kaastaart heerlijk was, maar na een paar minuten stond hij alweer gejaagd op.

'Wat wil je hebben, Robbi?'

'Ik haal alleen maar een Schöfferhofer uit de koelkast.'

'Wacht, ik haal het wel voor je.'

'Nee, nee.'

Hij bleef in de keuken, tot Jürgen naar hem toe ging.

Korte tijd daarna ging hij alweer naar de wc. Nauwelijks terug liet hij weten dat hij eens in de woning rond ging kijken. Een kwartier lang zwierf hij door de kamers. Hij kende de woning van Ines en Jürgen allang.

Hij kon het niet meer aan, aan tafel te zitten en een gesprek te voeren, terwijl ondertussen de gedachten door zijn hoofd raasden. Waarom had zijn comeback hem geen voldoening gegeven, hoe moest het ooit weer goed komen, als het na deze wedstrijd niet eens wat beter ging? Waarom maakte hij niet gewoon een eind aan deze waanzin?

Hij liep door de woning, zijn lichaam had beweging nodig om hem van zijn gedachten af te leiden.

De anderen bleven in de zitkamer en probeerden voor hem te verbergen hoezeer zijn gedrag hen verontrustte. Het was een normale reflex in de omgang met depressieve mensen. Zijn vrienden meenden uit consideratie met hem te moeten doen alsof er niets aan de hand was. Ze wilden hem niet nog eens aan zijn misère herinneren. Daardoor is iemand met een depressie niet alleen een toneelspeler, maar maakt hij de meeste mensen om hem heen tot figuranten.

Hij schreef al langer geen volledige zinnen meer in zijn zwarte boek.

2 november 2009. Alleen maar zelfverwijten.

Hij was nu al drie maanden ziek. Bij zijn eerste depressie had hij tegen deze tijd 's avonds met Jörg alweer naar comedy's gekeken en gemerkt: hij verheugde zich van tijd tot tijd weer over dingen. Vijf jaar later voelde hij de hele tijd hetzelfde: dat het slechter met hem ging.

Eén geluid was al weken uit hun boerderij in Empede verdwenen. De vrolijkheid van de xylofoons, de enthousiaste mars van de trommels wanneer zijn mobiel ging en een rokerige, geweldige vrouwenstem zong: 'Como la rabia de amar, como un asalto de felicidad.' Hij had, in goede tijden, het lied 'Alegría' van het Cirque du Soleil als zijn beltoon ingesteld, de strofe: 'Als de razernij van de liefde, als een overval van geluk.' Nu had hij zijn mobiel standaard op stil ingesteld.

Die knipperde weer eens in de keuken. Hij nam praktisch nooit meer op als iemand belde, het oplichten van de telefoon joeg hem angst aan, wat moest hij dan zeggen, wat wilden ze nu weer van hem?

'Wie is het?' vroeg Teresa hem. Als ze hem er tenminste weer toe kon aanzetten de telefoon op te nemen, zou hem dat misschien een beetje voldoening verschaffen. Hij keek op de display.

'Alex Bade.'

'Hij heeft het toch al vijf keer geprobeerd. Neem hem nou op, Robbi.'

Hij vermande zich.

Alex Bade, de keeperstrainer van FC Köln, wilde horen of er een mogelijkheid was Enke het volgende seizoen naar de FC te lokken. Robert Enkes contract in Hannover liep over acht maanden, eind juni 2010 af.

'Ik kan nog helemaal niet zeggen wat ik zal doen,' antwoordde hij Bade. En het gesprek eindigde nog voor het goed en wel begonnen was omdat Robert Enke bijna niks zei.

Maar daarna lag de mobiel voor hem, en hij raapte al zijn moed bijeen.

'Ik zou ook Lothar Bisinger moeten bellen.' Een reusachtige kleinigheid aan zijn keepershandschoenen stoorde hem. Als hij het klittenband aan de pols sloot, ontstond er aan de bovenkant van de handschoen een heel kleine vouw.

'Bel hem dan op,' spoorde Teresa hem aan.

Hij legde Bisinger het probleem uit, en zoals altijd zei zijn man voor de handschoenen, geen probleem, dat zou hij meteen regelen.

Het gesprek had nog geen minuut geduurd.

'Goed dat ik dat gedaan heb,' zei Robert Enke in de keuken. 'Dat heeft me al weken dwarsgezeten.'

Uit zulke alledaagse triomfen putte Teresa hoop en moed voor hele dagen. Iets positiefs was er wel. Je moest er alleen in de kleinste details naar zoeken.

Ze haalde hem over de kliniek in Bad Zwischenahn te gaan bekijken. 'Gewoon een keertje kijken,' zei ze.

Dokter Ingwersen maakte een afspraak met hem op donderdagmiddag 6 november.

Hij zei meteen tegen Teresa dat hij dan niet kon, hij had tot het middaguur training, ze zouden nooit op tijd in Bad Zwischenahn zijn. Het was 150 kilometer naar Ammerland, waar de stille landwegen en de brede horizon eerder fietstoeristen dan haastige autorijders aantrokken.

'Robbi, zeg de trainer dat je een beetje eerder weg moet, dat we met Leila naar een speciaal onderzoek moeten gaan, en dat je vrouw daar niet alleen heen wil.'

De psychiatrische kliniek in Bad Zwischenahn was net als hun eigen huis een verbouwde boerderij van klinkersteen. Er was natuurvoeding, draadloos internet en een privétoegang tot het Zwischenahner Meer. Wie niet heel nauwkeurig keek, kon geloven in een plattelandshotel van de hogere klasse te zijn beland. Robert Enke liet zich alles tonen, alles uitleggen, zonder een vraag te stellen. Hij zou erover nadenken, zei hij dokter Ingwersen toen hij wegging.

Toen ze weer in de auto stapten, zei hij nog voordat hij zijn riem aandeed: 'Daar ga ik niet heen!'

'Laat het nu toch eerst eens op je inwerken.'

'Ik ben de keeper van het nationale elftal, ik kan toch niet naar een kliniek gaan.'

'Robbi, in deze kliniek zitten advocaten, hoogleraren, ondernemers! Denk je dat die het makkelijker vonden hierheen te gaan? Maar ze hebben het gedaan omdat het soms de enige oplossing is.'

'Dat is iets heel anders dan mijn geval. Als het bij hen in de publiciteit komt, is het niet zo erg.'

'Een advocaat of een huisarts over wie het verhaal in hun woonplaats de ronde doet: "Die is depressief", heeft net zo'n fundamenteel probleem als jij. En die lukt het ook het leven daarna weer op te pakken!'

Hun discussie eindigde in stilzwijgen. Zoals altijd wanneer zich een ruzie tussen hen ontspon, hielden ze op een zeker moment gewoon op en probeerden ze het conflict te vergeten. Deze keer sliep hij gewoon in.

De vroege duisternis van de novembermaand was ingevallen. Teresa's ogen deden pijn omdat ze zich ononderbroken op de weg moest concentreren, en opeens voer er woede in haar. Ze keek naar hem. Hij zag er vredig uit, onschuldig, in zijn slaap naast haar in de auto. 'Hoe kun je woedend zijn,' zei ze bij zichzelf. 'Hij is ziek.'

Terwijl zij door het Nedersaksische veenland reden, werd hij in de wereld van het profvoetbal weer een gespreksonderwerp. De bondscoach had 's ochtends de selectie voor twee interlands tegen Chili en Ivoorkust medio november bekendgemaakt, en Robert Enke zat er niet bij. Joachim Löw had moeten merken dat niet alleen Robert maar ook René Adler zich voor interlands vaak geblesseerd afmeldde, daarom wilde hij Tim Wiese en Manuel Neuer als eventuele alternatieven uitproberen. In de wereld van het voetbal, altijd strikt verdeeld in winnaars en verliezers, konden maar weinigen de selectie van Wiese en Neuer louter als een proef beschouwen. Velen verweten de bondscoach dat hij, door Enke niet te selecteren, deze een slag toebracht.

Robert Enke joegen de gedachten door het hoofd – de kliniek is niet de oplossing, gewoon maar doorgaan lukt me ook niet meer lang, dan resteert nog maar één uitweg – en tegelijkertijd moest hij zich op vrijdag na de training voor de sportverslaggevers met de gebruikelijke heilige ernst aan het spektakel van de profsport wijden. Met de keeperstrainer van het nationale team was afgesproken dat hij deze interlands zou overslaan, zei hij. Hij kon beter in Hannover gericht trainen, hij had een achterstand in te halen. 'Ik kan ermee leven.'

Omdat hij zo monotoon sprak, was de interpretatie van menigeen dat hij vast en zeker bedroefd, misschien zelfs woedend over de uitsluiting was en het alleen niet wilde tonen. De opluchting die Robert Enke in werkelijkheid voelde niet weer naar het nationale elftal te hoeven, liet hij alleen tegenover Teresa blijken.

Nu hij in Keulen een keer had gespeeld, werd als vanzelfsprekend verwacht dat hij verder zou gaan met spelen. Jörg Neblung kwam een dag voor de wedstrijd tegen Hamburger sv naar Hannover, om hem terzijde te staan. Hij reed Robert naar de afsluitende training. Niemand bracht meer zoals een week geleden de mogelijkheid ter sprake dat hij kon doen alsof hij een spiertje gescheurd had. De ingewijden wilden Robert Enke het gevoel geven dat het volstrekt vanzelfsprekend was dat hij weer speelde.

Op zondag om drie uur in de middag was in het stadion het kunstlicht al ontstoken, om op het donker voorbereid te zijn. De gang voor de kleedkamers deed sinds de verbouwing voor het wk in 2006 meer denken aan een congrescentrum dan aan een sportveld, de muren waren fris wit geschilderd, boven de blinkende kunststofvloer schenen halogeenspots in het plafond. De meeste spelers stonden al op hun plek toen Robert Enke uit de kleedkamer kwam. Hij gaf twee ploeggenoten, Steve Cherundolo en Sérgio Pinto, in het voorbijgaan een klopje. Uit zijn ooghoeken zag hij in de rij van de tegenstander Piotr Trochowski, zijn collega uit het nationale team. Trochowski wilde hem een hand geven en werd door Robert Enkes omarming verrast. Als had hij Trochowski lang niet gezien of zou hij hem lang niet meer zien, legde hij tijdens de omhelzing even zijn gezicht op diens schouder, tegen diens wang. Hij droeg, net als bij zijn eerste Bundesligawedstrijd tien jaar geleden, een zwart shirt, de lievelingskleur van grote keepers.

De elftallen liepen het veld op, een zee van vlaggen verhief zich op de tribunes, de wedstrijd was uitverkocht, een derby, negenenveertigduizend toeschouwers vulden het stadion. Teresa liep een rilling over de rug. Hij had zijn haren tot op een paar millimeter afgeschoren. Hij moest het voor de wedstrijd in de kleedkamer gedaan hebben. Alsof deze wedstrijd om een militante haardracht vroeg.

'Wit of geel?' vroeg de scheidsrechter, weer won Robert Enke de keuze voor de speelhelft, weer keek hij gejaagd achter zich. Hij hield zijn ogen secondenlang op het vak met de Hamburgse supporters gericht alsof hij moest inschatten hoeveel tegenstanders daar stonden. Toen herinnerde hij zich weer wat hem te doen stond. Zoals altijd als hij de keus had, speelde hij in de tweede helft met de Hannoversupporters in de rug.

De wedstrijd oogde anders dan die in Keulen. Hamburg combineerde snel en vindingrijk, na vijftien minuten viel al de 1-0 na een Hamburgs een-tweetje in het strafschopgebied, Robert Enke wierp zich naar het schot van Marcell Jansen en vermoedde al dat een keeper daarbij geen kans maakte.

Hannover probeerde zich aan het vloeiende Hamburgse spel aan te passen, als een golfbreker onderbrak Hanno Balitsch op het middenveld een paar keer het Hamburgse tiktakspel.

Thuis in Nürnberg zat keeperstrainer van het nationale team, Andreas Köpke, voor de tv. Robert kwam verbazingwekkend apathisch op hem over. Hij praatte, voor zover je dat op tv zien kon, niet met zijn verdedigers. Wat er ook op het veld gebeurde, zijn gezicht bleef emotieloos, zelfs toen Hannover de 1-1 scoorde.

Hij had op de avond voor de wedstrijd weer psychofarmaca genomen, die hem kalmeerden.

De scheidsrechter floot voor een vrije trap voor Hamburg, op vijfentwintig meter van het doel, halverwege de linkerhelft, en Hannovers spelers wisten, nu wordt het riskant. Trochowski gaf dit soort vrije trappen een moeilijk in te schatten curve mee. Trochowski nam een aanloop. Robert Enke stond vier meter voor zijn doel, de perfecte positie. Hannovers achterhoede stond acht meter voor het doel zoals ingestudeerd. Trochowski trapte de bal precies in het niemandsland tussen doelman en achterhoede. Robert Enke moest snel twee stappen naar voren doen, de spelers van Hamburg renden hem al tegemoet om voor hem met het hoofd bij de hoge voorzet te komen, hij had maar een kwart seconde de tijd om te reageren, het was een uitermate moeilijke vrije trap voor een keeper, en de kwart seconde waarin hij een beslissing had moeten nemen was al voorbij. Robert Enke was niet van zijn plek gekomen. De kopbal van Eljero Elia vloog in het doel.

Even maaide Robert Enke geërgerd met zijn hand door de lucht, en daarna was zijn gezicht weer uitdrukkingsloos. Hanno Balitsch dacht bij zichzelf, hopelijk raakt hij door het doelpunt nu niet volledig van streek.

Teresa probeerde haar rust, of wat er nog van over was, te bewaren, maar na vijfenvijftig speelminuten hield ze het niet meer uit. 'Ik ga naar buiten,' zei ze tegen Jörg.

Ze liep voor de hoofdtribune heen en weer. Ze blies de sigarettenrook heftig uit, alsof de kringen ver weg moesten vliegen. Behalve zijzelf was er geen mens voor het stadion. Ze werd een grote stilte gewaar. Het geschreeuw dat uit het stadion naar buiten doordrong leek van ver weg te komen. Maar het lukte haar niet zichzelf wijs te maken dat het lawaai niets met haar van doen had.

Je weet wat er bij een voetbalwedstrijd gebeurt als je buiten staat en alleen de reacties van het publiek volgt. Het gefluit wanneer de tegenstander de bal lang in de achterhoede rondspeelt, het oplaaien van de verontwaardiging wanneer een speler van de thuisspelende partij onderuit wordt gehaald, het gejuich dat plotseling wegsterft wanneer de keeper toch nog een bal heeft gehouden, de stilte wanneer de schutter bij de elfmeterstip staat. Teresa hoorde geen langgerekt, onderdrukt zeuren. Daardoor wist ze ten minste dat Robert niet nog een doelpunt had geïncasseerd.

Kort voordat de wedstrijd naar haar inschatting voorbij moest zijn, ging ze het stadion weer in. Een hostess wierp haar een glimlach toe alsof ze maar al te precies begreep wat Teresa doormaakte. Ze was te vroeg. Ze speelden nog. Weer klonk er een schreeuw op. Woede en geluk, wild vermengd in een schril geluid. Een penalty voor Hannover.

Jiří Štajner scoorde 2-2, en de wedstrijd was afgelopen.

Jörg omhelsde Teresa en had veel tijd nodig voor hij haar weer los kon laten. Robert had nog twee knappe staaltjes van reddingen in de tweede helft laten zien.

'De vrije trap die leidde tot de 1-2 was een hondsmoeilijke bal voor een keeper, trek het je niet aan, voor de rest was het heel goed,' zei Jörg toen ze elkaar later in een lounge in het stadion zagen.

'Ja, ja.' Robert keek in een andere richting.

Op een parkeerplaats bij het stadion nam hij afscheid van Jörg. Een korte omarming, zijn gezicht toonde geen bijzondere uitdrukking meer, een enkel woord: 'Het beste.'

Op de terugweg naar Keulen, twee uur op de autoweg, dacht Jörg Neblung, het was weer een stapje vooruit. Maar het was eerder een mechanische dan een werkelijk hoopvolle gedachte. De laatste maanden waren niet alleen voor Robert maar voor hen allen afmattend geweest.

Robert Enke stapte bij Uli Wilke in de auto. Ze waren met zijn vieren. Uli, Jürgen en Teresa hadden door het toekijken en wegkijken in het stadion minstens zozeer als Robert het gevoel dat het voor vandaag wel genoeg was geweest.

'Laten we een paar pizza's halen in plaats van nog iets te koken.'

De honden sloegen aan toen ze door het tuinhek naar binnen gingen. De kroonluchter in de hal was aan, Sabine en Ines hadden op Leila gepast. Sabines kinderen maakten huiswerk aan de lange eettafel. Ze openden de pizzadozen en de geur van gesmolten kaas verspreidde zich. Er was geen spannender gespreksonderwerp dan de wedstrijd. Maar het was moeilijk erover te spreken omdat ze de hele tijd moesten oppassen het tweede doelpunt van Hamburg niet ter sprake te brengen. Hij maakte geen aanstalten te verbergen dat hij het gesprek niet volgde.

'Wat?' schrok hij elke keer op wanneer iemand hem aansprak.

Al te laat wilden ze het ook niet meer maken, zei Sabine, vanwege de kinderen. Toen de Wilkes weggingen, omarmde Robert Enke de vrouwen. Daarna nam hij het gezicht van de kinderen in zijn handen en kuste ze op het voorhoofd.

Titanic was op tv.

'Ga je niet naar bed?' vroeg Teresa verbaasd.

'Ik kijk nog een beetje,' zei hij. Hij was op de leren bank gaan liggen, met een kussen onder zijn hoofd. Hij zag er ontspannen uit. Zo had hij vroeger vaak op de bank gelegen. Wanneer hij 's avonds na de zware training een en al loomheid was, die gelukkig maakt.

Buiten viel de tuindeur makkelijk in het slot, met een duwtje.

'Heb je dat ook gezien?' zei Sabine zodra ze buiten stond tegen haar man. 'Hoe Robbi de kinderen kuste. Dat heeft hij nog nooit gedaan! En hoe hij mij omhelsde. Veel krachtiger dan anders.'

'Misschien wilde hij je voor de hulp bedanken.'

Titanic duurde meer dan drie uur. Hij keek de film helemaal uit, met Kate Winslet en Leonardo DiCaprio in de hoofdrollen. Hij had al maanden geen film meer helemaal uitgekeken. Het was over halfeen toen hij ging slapen. De laatste tijd had hij vaak al om tien uur in bed gelegen.

De volgende morgen besloot Teresa hem alleen naar de training te laten gaan.

Er waren geen regels bij het balanceren tussen controle en zelfstandigheid, ze moest op haar gevoel vertrouwen. De afgelopen week was ze bijna elke dag meegegaan naar de training, gisteren had hij de wedstrijd doorstaan. Dus leek het een goede dag hem weer eens alleen te laten gaan. Weer een stuk normaliteit te heroveren.

Tijdens de training moesten ze uitlopen. Hij liet zich met Hanno Balitsch tijdens het rondje om de Maschsee ver achter de anderen terugzakken. Hanno maakte bij de eerste meters een paar opmerkingen over de wedstrijd van de dag tevoren. Hij kreeg afgemeten antwoorden terug en vatte het als een hint op. Robert had geen zin om erover te praten. Hanno dacht bij zichzelf, misschien was deze staat van onverschilligheid al een vooruitgang. Sinds de wedstrijd in Keulen had Robert in elk geval geen twijfels aan zichzelf meer geuit.

Robert Enke zei kortaangebonden en onpersoonlijk goedendag in de kleedkamer, niemand verwachtte iets anders. Constant Djakpa, die afkomstig was uit Ivoorkust, was een halfjaar bij de club. Hij had Michael Tarnats plaats in de kleedkamer naast Robert ingenomen. Hij ging er ongetwijfeld van uit dat de keeper nooit sprak. Hij had Robert Enke nooit anders meegemaakt.

Het was begonnen te regenen toen Robert thuiskwam. De druppels kletterden tegen de vensters, en Teresa werd onrustig. Hoe moest ze met zulk weer nou de middag met hem omkrijgen?

'Kom, laten we de stad in gaan,' zei ze. Al gaan we maar naar IKEA, dacht ze.

Ze namen Leila mee. Teresa reed inderdaad eerst maar eens richting IKEA, ze waren er nog steeds niet uit wat ze eigenlijk precies wilden doen. De ruitenwissers gingen onophoudelijk heen en weer. Toen ze al vlak bij de meubelhal waren, zag Teresa in de buurt van het oude wereldtentoonstellingsterrein de affiches.

'Of zullen we naar die expositie gaan?'

'*Echte lichamen*' stond op de affiches. 'Maar enkele dagen'. Naast de tekst stond een lijk afgebeeld. Teresa had over de expositie in het Britse paviljoen gelezen. Geconserveerde lijken stonden in vitrines, om voor de bezoekers de mens, of beter het menselijk verval te veraanschouwelijken.

Voordat Teresa voor het paviljoen kon stoppen, zei hij: 'Is dicht.'

'Dat weet je toch helemaal niet.'

'Maandags zijn de musea dicht.'

'Ga toch eerst eens kijken.'

Hij sprintte door de regen. 'Het is open. Maar ik heb geen cash bij me.'

'Dan gaan we naar de geldautomaat.'

Ze was niet verbaasd dat hij alle trucs uit de kast haalde om niet naar de expositie te hoeven gaan. In zijn depressie trachtte hij elk initiatief de kop in te drukken.

Een bezoeker die uit het paviljoen kwam herkende Robert Enke en gaf hem een entreekaartje.

Binnen was het koud, de muren en vensters waren met zwarte doeken bedekt. Alleen de vitrines waren verlicht. Teresa had de expositie zonder bijgedachten uitgekozen. Ze wilde iets ondernemen en kunst leek haar onderhoudender dan IKEA. Dat de verzameling lijken, het gruwelijk schouwspel van het vervallen lichaam, Robert van zijn zelfmoordgedachten kon afleiden, die hoop koesterde ze niet. De laatste twee, drie dagen leek hij toch al betrekkelijk stabiel; alleen onverschillig, niet zozeer vertwijfeld.

Hij ging alleen langs de vitrines, een rokerslong, een hoofd met een zichtbare halsslagader. Teresa had algauw genoeg gezien.

Maar met de bevreemdende indrukken van de expositie wilde ze niet naar huis gaan. 'Laten we nog naar café Kreipe gaan.'

In alle steden waarin ze hadden gewoond, hadden ze hún plekken, het La Villa in Estoril, het Blues Café in Lissabon, de paardrijschool in Sant Cugat. Deze plekken hadden voor hen een magische kracht. Zodra ze er binnenkwamen, was het alsof ze in een warm bad gleden. Café Kreipe was hun plek in Hannover.

Het heette allang Coffee Time. Voor hen was het café Kreipe gebleven. Op de bovenste verdieping stonden eenvoudige houten tafels op grijs tapijt, een glazen pui gaf uitzicht op de opera.

Hij bestelde pruimentaart met vanillesaus. Zij registreerde het met vreugde. Hij gunde zichzelf weer iets, hij bestrafte zichzelf niet meer. Kleine stapjes op alle fronten. Als het zo verderging als vandaag, kwam hij het weer te boven.

Teresa maakte een foto van hem en Leila. Hij zette zijn glimlach aan, als kostte het hem geen moeite.

'Sinds wanneer kennen we café Kreipe eigenlijk al?' vroeg hij en keek om zich heen alsof hij een hoop herinneringen opriep.

Voor zevenen waren ze thuis. Met de lampen aan in huis klonk de regen tegen de vensters aangenaam, kalmerend. Hij bood aan Leila naar bed te brengen. Teresa zette de tv aan en bleef bij *Boer zoekt vrouw* hangen, hij kwam erbij zitten, 'als je maar niemand vertelt dat ik *Boer zoekt vrouw* leuk vind' had hij haar ooit gezegd.

Teresa vlijde zich tegen hem aan, en hij liet het gebeuren. Om negen uur telefoneerde hij met Valentin Markser, de tweede sessie van de dag, zoals elke dag.

'Ik hou van je, Terri,' zei hij voor ze gingen slapen.

'Ik hou ook van jou, en we komen erdoorheen.'

De volgende dag, dinsdag 10 november 2009, ging Teresa 's middags met Leila naar de dokter. Op de terugweg kocht ze runderfilet en vijgen, daar hield hij altijd zo van. Hij zou tegen halfzeven van de training thuiskomen. Hij had op eigen initiatief twee trainingsonderdelen gepland hoewel het elftal vrij had. Hij wilde zijn achterstand inhalen. Was dat niet het duidelijkste teken dat hij zijn motivatie weer herwonnen had? Ze belde hem op om te horen of hij al op weg naar huis was. Zijn mobiel stond uit. 'Shit, Robbi, doe me dat niet steeds aan!' riep ze uit, alleen in huis. Niet opwinden, zei ze tegen zichzelf, zo meteen kwam hij toch.

Haar telefoon ging. Snel pakte ze hem.

Het was Jörg maar. Hij wilde iets met Robert bespreken, maar zijn mobiel stond de hele tijd uit.

'Hij is nog niet thuis. Ik heb vanmiddag nog met hem gebeld, maar nu maak ik me ook zorgen.'

'Ik word er niet goed van, wanneer hij alleen onderweg is. Terri, we mogen hem nooit meer alleen met de auto laten gaan!'

'Nu moet hij eerst maar eens thuiskomen.'

Jörgs nervositeit had die van haar vermenigvuldigd. Ze had ternauwernood opgelegd toen ze hem weer opbelde.

'Jörg, geef me alsjeblieft even het telefoonnummer van Colt, ik wil hem vragen wat er aan de hand is.'

Ze belde de keeperstrainer op. Het was vlak na halfzeven. Jörg Sievers, die ze Colt noemden, vroeg verbaasd: 'Teresa?'

'Robbi is nog niet thuis, daarom wilde ik eens horen wanneer jullie weggegaan zijn na de training, om te weten wanneer ik op hem kan rekenen.'

Het werd stil op de lijn. Ten slotte zei Jörg Sievers voorzichtig: 'Er was geen training vandaag.'

Toen hij had opgelegd, belde de keeperstrainer meteen Roberts nummer. Na twintig jaar in het vak kon Jörg Sievers maar één reden voor Robert Enkes leugen bedenken: hij was bij een andere vrouw. Sievers wilde hem waarschuwen. Roberts mailbox ging aan.

Teresa had Jörg Neblung alweer aan de telefoon.

'Doorzoek onmiddellijk zijn kamer, of je een afscheidsbrief vindt!'

Ze rende de trap op naar de slaapkamer. Het fotoboek waar de hond aan geknaagd had lag nog steeds op het nachtkastje, daarnaast tijdschriften, een thriller, het was de eerste plek waar ze zocht. Ze veegde de tijdschriften van het kastje, en een wit vel papier viel eruit. 'Lieve Terri, het spijt me dat...', ze las niet meer verder, Jörg was nog aan de telefoon, hij schreeuwde: 'Ik bel de politie!'

Vaak zijn depressieve mensen in de dagen voor hun zelfmoordpoging opeens in een betere stemming. Ze zijn opgelucht dat ze eindelijk besloten hebben de enige in hun verwrongen waarneming zichtbare uitweg te kiezen. Tegelijkertijd is hun betere humeur de façade waarachter ze hun doodsverlangen voor hun naasten verbergen.

Robert Enke had op dinsdag 10 november 2009 acht uur in de omgeving van Empede rondgereden. 's Middags herinnerde hij zich dat hij nog iets moest doen: hij ververste bij een tankstation de olie van zijn auto. Daarna reed hij langs Empede naar de volgende spoorwegovergang in Eilvese. Af en toe had hij nog de trein genomen naar de training, een keeper van het nationale elftal in de trein, waarom niet, vond hij, het was een goede verbinding. Hij kende de dienstregeling uit het hoofd. Hij wist dat om 18.15 uur de regionale express uit Bremen zonder te stoppen door Eilvese raasde.

NAWOORD

Het uitzicht op het paleis

In de keuken in Empede hangt naast de koelkast een nieuwe foto. De kleuren op de achtergrond van de foto zijn een beetje wazig, daardoor lijkt het alsof de geportretteerden worden omgeven door een zachtere tint. Robert Enke glimlacht voorzichtig, het lijkt wel gelukzalig, Leila zit op zijn schoot.

Het is de laatste foto die van hem werd gemaakt.

En daardoor is de mooie foto ook een verontrustend bewijs: wat voor een vermogen hij in zijn depressie ontwikkelde om de ziekte achter een onschuldig gezicht te verstoppen. Toen hij op maandag 9 november in café Kreipe glimlachend voor Teresa's camera poseerde, had hij naar alle waarschijnlijkheid al besloten zichzelf een dag later te doden.

Een doelman traint er zijn hele leven lang op zijn vertwijfeling, zijn teleurstelling of angst niet te laten merken. Dit vermogen altijd een soevereine uitstraling te hebben, hielp Robert Enke verder te leven toen de depressie hem overviel. En deze gave werd hem fataal toen zijn ziekte hem op het dwaalspoor gebracht had, er een eind aan te maken: hij hield zijn plannen zo goed verborgen dat niemand hem meer kon helpen.

Veel kranten schreven daarna abusievelijk over zijn zelfgekozen dood. De dood van iemand met een depressie is nooit een vrije keuze. De ziekte vernauwt de waarneming zozeer dat de zieke niet meer begrijpt wat het betekent te sterven. Hij denkt dat het betekent dat hij van de ziekte afkomt.

Hoe depressies precies ontstaan is nog altijd niet volledig onderzocht. Zelden wordt de ziekte door één enkele, eenduidige oorzaak teweeggebracht, soms blijft het onverklaarbaar waar ze uit voortgekomen is. Sommige mensen zijn elke winter weer depressief, velen worden er zoals Robert Enke op een enkel punt, gedurende korte perioden van hun leven, door getroffen.

Ewald Lienen, die hem als trainer beter kende dan de meesten in de voetbalbusiness, belde na Roberts dood Jörg Neblung totaal van streek op en vroeg: 'Maar waarom heb ik dan nooit wat gemerkt?' Omdat Robert Enke in de tijd waarin hij dagelijks met Lienen samenwerkte, vrij van de ziektesymptomen was, is het simpele antwoord. Hij leed tweemaal in zijn leven aan depressies, in 2003 en 2009. In alle andere perioden was hij zo, zoals wij hem meemaakten. Een warm mens die vond dat deemoed ook voor een keeper geen slechte karaktertrek is.

Zijn dood ging ook daarom velen aan het hart omdat ze voelden dat waarden als solidariteit en zorgzaamheid waarin hij geloofde, hem in de wereld van het profvoetbal vaak niet gegund werden. Daaronder leed Robert Enke, daaronder lijden veel voetbalprofs die merken dat mededogen of invoelingsvermogen hun door menig trainer, maar meer nog door het publiek als zwakte wordt aangerekend. 'Zo ben ik niet en zo wil ik ook niet zijn,' riep Robert Enke toen de gedachte hem weer eens aangreep dat hij voor zijn spel minder erkenning kreeg omdat hij niet de grimmige keeper was die eenzaam en meedogenloos zijn eigen weg gaat. Te weinig mensen wilden blijkbaar begrijpen dat Robert Enke iets beters was: een doelman met een geweldige afsprong en reflexen zoals weinigen die maar hebben, die van zijn kwaliteiten geen grote show maakte, en die er stellig van overtuigd was dat ambitie ook wellevend en respectvol kan worden ontplooid.

Zoals zo vaak in november in Empede leken de kleuren van de natuur uitgewassen toen hij werd begraven. Het bruin van de velden en de kale bomen maakten een matte indruk onder het grijs van de hemel. Toen de rouwplechtigheid in de kleine kloosterkerk Mariensee afgelopen was, was het begonnen te regenen. Zonder jas, zonder paraplu, alleen gekleed in Benfica's dunne clubkostuum, stond José Moreira op het kerkhof. De druppels liepen langs zijn zwarte haren af, zijn pak was allang donkergrijs gekleurd door de regen. Zijn aanblik herinnerde eraan hoe onvoorbereid we in elk opzicht waren op de dood van Robert Enke. Met de kwestie depressies geconfronteerd merkten de meesten dat ze hoogstens een vage notie hadden van deze ziekte. Vandaar ook dat zo vaak ter sprake kwam dat het tragische lot van Robert Enke ertoe zou moeten leiden de ziekte te onttaboeïseren. Want nog altijd weet een groot deel van de mensen met een depressie helemaal niet dat ze aan de ziekte lijden. Symptomen als apathie of slapeloosheid worden vaak verkeerd geduid als puur lichamelijk lijden. Het zou overdreven zijn te hopen dat de ziekte nu als bij toverslag beter wordt begrepen. Maar misschien draagt ook dit boek er een beetje toe bij dat mensen met een depressie op meer begrip stuiten.

De laatste foto van Robert Enke in de keuken wordt wazig voor mijn ogen, en er komen tegelijkertijd zoveel andere beelden terug.
Robert Enke zoals hij op het terras van zijn vakantiehuis in Portugal zat. Hij hield ervan in de buitenlucht te zitten wanneer de nacht inviel en zich na de hitte van de dag een aangename koelte op de huid neervlijde. Op de berg ertegenover straalde in zijn schoonste pracht het Palácio da Pena.
'Dat is zo mooi, dat kun je alleen geloven als je het steeds weer tegen jezelf zegt: ik zit hier op het terras en kijk uit op het Palácio da Pena.'
Teresa, die de zin al talloze keren had gehoord, kon niet verhinderen dat ze uitbarstte: 'Je hebt het voortdurend over je prachtige Palácio, maar hebt het in tien jaar nog niet klaargespeeld er een kijkje te gaan nemen!'
Het was juli 2009, vier maanden voor zijn dood, en hij ging zo op in het geluk van het moment dat hij Teresa's uitval zelfs vermakelijk vond. Hij pakte haar hand vast. 'We gaan het paleis heus nog wel bekijken,' zei hij. 'We hebben toch nog ons hele leven de tijd.'

OPMERKINGEN

Behalve de in het boek geciteerde geïnterviewden wil ik nog een aantal mensen heel hartelijk bedanken die mij bij het werken aan Robert Enkes biografie geholpen hebben: Rudiger Barth, Barbara Baumgartner, Matthias Cleef, Jan Döhling, Lotfi El Bousidi, Christoph Fischer, Max Geis, Rui Gomes, Thomas Häberlein, Karsten Kellermann, Christof Kneer, Birk Meinhardt, Jörg Nabert, Peter Penders, Cordula Reinhardt, Harald Stenger, Josep Miguel Terés, Daniel Valdivieso, Tino Zippel.

Aan interviews met Robert Mucha in *11 Freunde*, Michael Richter in *Kicker*, Matthias Sonnenberg in *Sport-Bild* en Katharina Wolf en Gregor Ruhmöller in *Bild*-Zeitung heb ik elk een citaat ontleend. Twee citaten van Victor Valdés heb ik aan een gesprek ontleend met Michael Robinson voor *Informe Robinson*.

Als achtergrondliteratuur heb ik gebruikgemaakt van Josef Giger-Bütler, *Sie haben es doch gut gemeint. Depression und Familie*, Beltz 2010; Piet C. Kuiper: *Seelenfinsternis: Die Depression eines Psychiaters*, Fischer 1995; vert. *Ver heen. Verslag van een depressie*, SDU 1988; *Psychologie Heute-compact*, 'Depression. Die Krankheit unserer Zeit verstehen'; Thomas Müller-Rörich o. a.: *Schattendasein. Das unverstandene Leiden Depression*, Springer 2007; Ursula Nuber: *Depression. Die verkannte Krankheit*, dtv 2006.

Problematisch vond ik de vraag hoe ik met Robert Enkes dagboeken moest omgaan. Enerzijds garandeerden ze een uniek zicht op de wereld van een depressieve man – en een van de doelstellingen van dit boek is inzichtelijk te maken wat depressies zijn. Anderzijds zijn het persoonlijke aantekeningen. Als aanknopingspunten had ik alleen Robert Enkes wens zelf over zijn ziekte te vertellen, én een uitspraak van hem die hij in februari 2004 in Santa Cruz de Tenerife tegenover mij deed: 'Ik ben nu ook notities voor ons boek aan het maken.'

Ik heb getracht uit zijn dagboeken enige passages te selecteren die naar mijn mening de ziekte depressie indrukwekkend beschrijven. Passages waarvan ik vond dat ze te openhartig waren heb ik, net als opmerkingen over andere personen (op één uitzondering na waarvoor ik een reden had), bewust niet opgenomen. Welk deel van zijn aantekeningen hij gepubliceerd zou hebben en welk niet, zal ik nooit weten.

Ronald Reng
Barcelona, augustus 2010

ILLUSTRATIEVERANTWOORDING

p. 63: picture alliance/Sven Simon
p. 96: Getty Images/Martin Rose
p. 140: picture alliance/dpa
p. 185: Silke Witzel
p. 195: ddp images/AP/Murad Sezer
p. 301 Getty Images/Vladimir Rys
p. 278, 318, 347, 357: Ulrich zur Nieden
p. 16, 19, 24, 32, 48, 54, 70, 90, 99, 104, 115, 168, 187, 258, 263, 282, 285, 305, 350, 387: privécollectie
p. 2: Kai Stuht